国际政治语言学丛书

国际政治语言学：
叙事、话语与国际话语权

International Political Linguistics:
Narrative, Discourse and International Discursive Power

孙吉胜 等 ◎ 著

世界知识出版社

图书在版编目（CIP）数据

国际政治语言学：叙事、话语与国际话语权 / 孙吉胜等著. -- 北京：世界知识出版社，2025.3.
（国际政治语言学丛书）. -- ISBN 978-7-5012-6864-1

Ⅰ. D5；H0

中国国家版本馆CIP数据核字第2024FK5093号

书　　名	**国际政治语言学：叙事、话语与国际话语权** Guoji Zhengzhi Yuyanxue: Xushi, Huayu yu Guoji Huayuquan
作　　者	孙吉胜 等
责任编辑	张子悦
责任出版	赵　玥
责任校对	陈可望
出版发行	世界知识出版社
地址邮编	北京市东城区干面胡同51号（100010）
网　　址	www.ishizhi.cn
电　　话	010-65233645（市场部）
经　　销	新华书店
印　　刷	北京盛通印刷股份有限公司
开本印张	980毫米×680毫米　1/16　25¾印张
字　　数	390千字
版次印次	2025年3月第一版　2025年3月第一次印刷
标准书号	ISBN 978-7-5012-6864-1
定　　价	119.00元

版权所有　侵权必究

外交学院中央高校基本科研业务费专项资金资助

丛书总序

国际关系自英国威尔士大学1919年设立世界上第一个国际关系讲席开始作为一门学科得以创立。之后，它作为一门年轻的学科开始迅速发展起来。在过去近百年中，国际关系理论作为国际关系研究的重要组成部分在不断争论中演进，从20世纪三四十年代现实主义和理想主义的思想辩论，到20世纪60年代美国科学行为主义和传统理论的思想与方法之争，到20世纪七八十年代新现实主义和新自由主义之间的"新–新融合"和90年代建构主义的兴起，到21世纪初的反思主义与理性主义之争，再到国际关系研究的"实践转向"及"全球国际关系"的探索，国际关系理论的发展为世界现实提供了越来越多的观察、理解和诠释路径。

当然，国际关系理论的发展在很大程度上由西方学者主导。近年来这种态势也在渐渐发生变化，非西方学者的主体意识逐渐增强，他们越来越多地基于本国的历史、文化、传统和经验提出一些新概念和新理论，使国际关系理论向着更加多样的方向发展。但是，不管怎样，无论是对于西方学者还是非西方学者，就国际关系理论的发展而言，来自经验层面的主要动力是国际关系本身的变化，这些变化为理论研究提供了诸多经验困惑和研究动力。而各理论内部的纵深发展和理论之间的学理争论也是推动理论发展的重要力量。此外，另一个重要推动因素是国际关系理论本身的开放性和包容性，学者们不断向其他学科借鉴，汲取影响，拓宽研究思路，推动理论的多元发展，不断为国际关系的诸多变化和现象提供新的描述、解释和预测。

值得一提的是，在这个过程中，随着20世纪80年代美苏之间关系的缓和以及冷战的悄然结束，人们对当时所谓的主流理论新现实主义和新自由主义的质疑日益增多，质疑这些理论对国际关系变化的解释力和预测力。因此，许多之前不被学界关注的文化、身份、认同、情感等概念以及女性主义、后现代主义等思想流派开始进入人们的研究视野，学者们开始努力从这些新的视角来重新研究国际关系。而语言作为一个重要的社会因素也随着国际关系学界出现的"语言转向"在这一时期进入国际关系学者的研究议程。国际关系研究为何要关注语言？实际上，语言不仅是一个表达信息、呈现事实的镜像工具，同时也具有建构功能，能够建构社会现实，建构社会存在。行为体在语言面前具有施动性，既可以有目的地使用语言建构不同的社会现实，同时不同的行为体对同样的语言也会产生不同的理解。语言使用以及对语言的理解本身就是一种特殊的实践，语言的使用会形成特定的话语，话语本身也会产生一种结构，进而产生约束力。语言与权力之间也具有密不可分的联系。而由语言所衍生的话语权、图像等研究对当前的国际政治而言也是十分重要的。语言的以上这些特点在时刻影响国际关系的过程与结果。无论是国外还是国内学术界，针对国际关系中的语言研究都取得了诸多研究成果，这些成果大大丰富了国际关系多元研究的图景，使人们以语言为切入点对国际关系有了更多新的解读。

外交学院一直重视对国际关系理论的研究，重视学科交叉创新。鉴于语言对国际关系研究的重要性，外交学院于2010年在国际政治专业下正式设立了国际政治语言学（International Political Linguistics）这一博士研究方向，这也是国内设立的首个国际政治与语言学之间的跨学科博士研究方向。该博士研究方向在2012年正式招生，以期对国际政治中的语言以及语言中的国际政治进行深入系统的探讨，同时也希望产生一系列的前沿研究成果。为此，笔者专门设计了"国际政治语言学丛书"，陆续推出相关研究。

丛书主编　孙吉胜
2017年5月29日

前　言

本书汇集了国际政治语言学领域的一些最新研究成果，主要从叙事、话语与国际话语权来看国际政治。

自20世纪80年代末国际关系研究出现"语言转向"以来，无论是从语言的角度来观察和理解国际政治，还是研究国际政治中的语言规律，都出现了诸多研究成果。我在2008年完成了《语言、意义与国际政治》，重点探讨语言如何进入国际关系研究领域，尤其是语言如何建构意义以及由此所导致的语言对国际政治的影响。自此，学界也意识到研究国际政治必须关注语言，语言是国际政治的一个重要研究维度。随着对该领域研究的深入，2017年，我主编了《国际政治语言学：理论与实践》，继续对该领域一些重要的理论和具体问题进行探讨。

在此基础上，本书重点聚焦近年来备受关注的叙事、话语与国际话语权，以对国际政治语言学领域的一些新的发展变化，如叙事、政治修辞、话语实践、话语燃烧、国际话语权、话语场域、话语危机等，进行学理层面的研究。在研究过程中，本书也从以上概念或视角出发，对国际政治中的具体问题，如霸权护持、本体安全、安全化、情感、国际合作、国际规范、知识生产等进行了新的理论解读。

本书坚持理论研究与实践研究相结合，每章结合具体案例对相关理论进行验证和说明，具体案例涉及新冠疫情、"一带一路"合作、5G问题安全化、安全危机、能源安全、国际捕鲸规范、文明对话、话语危机等重要议题。与此同时，本书也紧密结合中国近年来的理论研究需求和政策需求，对中国如何加强话语体系建设、如何构建中国叙事、如何提升国际话语权等进行了理论分析和经验思考。本书的出版将对国际关系、外交学、国际政治、国际安全、国际传播、区域国别、外国语言文学等领域的相关研究提供理论指导，也有助于深化对相关议题领域的理解，更好地满足学界对国际政治进行跨学科学习和研究的需要。

本书是一个合作成果，汇集了各位参与者的研究、思考、学术努力和创新。具体分工如下：孙吉胜负责全书的设计、修改和统稿，并负责丛书总序、前言、第4章、第11章、第12章；赵一衡负责第1章；薛丽负责第2章和项目协调；王雨辰负责第3章；汪利华负责第5章；岳圣淞负责第6章、第10章；包吉氢负责第7章；郑世高负责第8章；刘锋负责第9章。

本书一些章节的主要内容在写作过程中已经由《世界经济与政治》《外交评论》《当代亚太》《国际安全研究》等期刊部分发表，感谢这些期刊对国际政治语言学研究的关注和支持，尤其是对年轻学者的支持。研究成果能够在这些优秀期刊发表对年轻学者而言是莫大的学术鼓励。本书有些章节是我指导的博士生在其博士论文基础上深化而成的，展示了他们在该领域的探索与创新。也正因如此，本书聚焦叙事、话语与国际话语权，各章相互关联，也有一定的独立性。为不影响每章的思路和完整性，在选入本书时对每章的一些基础性论述进行了保留。

本书在出版过程中受到世界知识出版社张子悦编辑和其他编校人员的大力支持。他们的精心设计和细致工作得以使本书顺利出版，在此一并表示感谢。

本书主编　孙吉胜
2024年1月28日

目 录

第1章 叙事与霸权护持 1
一、叙事与霸权护持研究 2
二、叙事在霸权护持中起作用的基本原理 9
三、叙事策略在霸权护持中的作用机制 14
四、美国的新冠疫情叙事与霸权护持 25
结 语 38

第2章 战略叙事、本体安全与对外政策 39
一、战略叙事 40
二、本体安全 45
三、战略叙事策略与本体安全建构 51
四、本体安全与对外政策 59
五、特朗普政府对"一带一路"倡议的战略叙事与政策 61
结 语 80

第3章 情感叙事与安全化 82
一、情感叙事与安全研究 83
二、安全化过程中的情感叙事 92
三、美国对TikTok的情感叙事与安全化 106
结 语 115

第4章 安全叙事、话语危机与安全危机 117
一、语言、危机叙事与话语危机 118
二、话语危机的影响 126
三、中国面临的话语危机及化解之策 132
结　语 144

第5章 话语、官僚实践与安全化 146
一、话语与安全化 146
二、官僚实践与安全化 153
三、安全化过程中的复合实践与本体威胁/安全建构 158
四、特朗普政府对5G问题的安全化过程 160
结　语 176

第6章 政治修辞、对外政策与身份建构 178
一、政治修辞与对外政策分析 178
二、身份建构、政治修辞与对外政策分析 180
三、布什政府的对华身份建构及政策影响 184
四、奥巴马政府的对华身份建构及政策影响 192
五、特朗普政府的对华身份建构及政策影响 202
结　语 208

第7章 话语、角色与国际规范演变 210
一、角色和角色理论 211
二、国家角色与国际规范 217
三、美国国家角色的转变与国际捕鲸规范的演变 226
结　语 242

第8章　话语竞争与知识生产 ... 243
一、科学知识、科学知识生产与知识话语竞争 ... 244
二、石油峰值论的建立与影响 ... 259
三、围绕石油峰值论的科学话语竞争 ... 266
结　语 ... 271

第9章　话语燃烧与话语安全 ... 273
一、话语安全与话语不安全 ... 274
二、话语燃烧与话语不安全 ... 280
三、话语燃烧的不同阶段及影响 ... 287
结　语 ... 296

第10章　场域与国际话语权 ... 298
一、场域视角下的国际话语权 ... 300
二、国际话语场域的演化与中国实践 ... 309
三、亚洲文明对话的场域创设与中国国际话语权提升 ... 316
结　语 ... 323

第11章　中国国际话语权的塑造与提升路径 ... 325
一、国际话语权的内涵及影响 ... 326
二、中国对国际话语权的认知和诉求 ... 330
三、中国在外交领域提升国际话语权的努力 ... 338
四、中国外交提升国际话语权的主要路径 ... 348
结　语 ... 354

第12章　话语能力与中国对外话语体系建设 ... 355
一、国家对外话语能力与对外话语体系建设 ... 356
二、中国加强对外话语体系建设的举措 ... 360

三、中国在国际舆论场中面临的主要挑战 367
四、中国加强对外话语体系建设的主要方向 371
结　　语 379

主要参考文献 380

第1章

叙事与霸权护持[*]

叙事建构社会事实，霸权国长期以来在各领域的主导性叙事本身就是其霸权的组成部分。霸权不仅支配国际体系中的物质性力量，而且也主导国际社会中的舆论走向。2020年初，突如其来的新冠疫情在全球暴发蔓延，迅速演变成一场全球性危机。这一危机很快超出公共卫生范畴，对世界政治、经济、文化、社会等各领域产生深远影响，引发全球高度关注，一方面使人们质疑与反思现存结构性霸权叙事的真实性，另一方面也表明霸权国在应对危机过程中利用叙事护持自身霸权的"合法性"。新冠疫情暴发后，各国学者与媒体在关注新冠疫情的同时，围绕美国霸权衰落、世界秩序变革、全球化和全球治理走向等问题展开了激烈讨论，对美国未能发挥应有的全球领导作用提出疑问并表达不满。英国学者马丁·雅克（Martin Jacques）指出，新冠疫情大流行已然表明，美国不再有能力为现有世界秩序提供全球领

---

* 本章主要内容发表于《世界经济与政治》2021年第6期。

导力。① 有俄罗斯学者断言，新冠疫情会终结美国的领导地位。② 然而，尽管应对新冠疫情不力在一定程度上侵蚀了美国的领导力，但从新冠疫情暴发之初，美国就在利用叙事打压竞争对手、粉饰抗疫混乱，这正是美国通过叙事努力进行霸权护持的表现。

在宏观层面，观察霸权国与崛起国之间的竞争性叙事结构仅可解释霸权护持这一行为选择；在微观层面，聚焦霸权国作为叙事者（narrator）如何发挥施动性，如何以特定叙事策略巩固主导叙事、制衡竞争对手，则可为探究叙事与霸权护持间的作用机制提供必要补充。本章主要从微观层面研究美国的新冠疫情叙事与其霸权护持间的作用机制，从而进一步探讨叙事在国际关系研究中的应用。叙事在霸权护持中之所以有效，主要是因为叙事独特的说服和关联作用及其深层的建构作用。具体而言，霸权护持包含三种叙事策略及相应作用机制：类比叙事（analogical narrative）框定危急情境、引导负面推理以强化威胁感知；对比叙事（contrastive narrative）加剧身份与情感对立从而贬斥竞争对手；反叙事（counter narrative）解构原有含义、链接相反含义以压制权威异见。作为强有力的叙事者，美国在新冠疫情叙事中使用上述策略制衡中国，以护持自身霸权。

一、叙事与霸权护持研究

针对叙事与霸权护持，学界分别进行了大量研究，也产出了较为丰富的研究成果，积累了大量相关知识。但是，关于二者的相互关联性和内在机制还有较大的研究空间。

---

① Andrew Moody, "Major Rethink of World Institutions Long Overdue, Commentator Says," *China Daily*, May 21, 2020, p. 2.

② Мария Безчастная, "Конец гегемонии: Коронавирус добивает Америку, делая еще страшнее," *Свободная Пресса*, July 1, 2020, accessed March 30, 2021, https://svpressa.ru/politic/article/269672/.

（一）叙事研究

叙事一直影响着世界政治与国际关系的运作过程和结果，具有多学科属性，在许多学科中都是重要概念，也有很多相关理论。理解叙事时需要关注以下两个方面。

一是叙事与话语的辨析。国际关系纷繁复杂，充斥着诸多碎片化且难以理解的事实，叙事就发挥着帮助人们理解的作用。当然，同为语言因素的话语也在很大程度上发挥着相似的作用。但是，二者的内涵与外延并非等同。叙事主要强调按照清晰的次序，用一种有意义的方式将事件相连，以此提供关于世界的洞见或人们对于世界的体验。[1]换言之，叙事是一种特殊形式的话语，是人类交流中应用最广泛、最有效的话语之一。[2] 叙事分析是一种具体的话语分析。[3] 概言之，叙事相当于"讲故事"（storytelling），有助于人们描述和理解特定事件，尤其是突发事件。例如，面对突如其来的新冠疫情，对其进行怎样的叙事直接影响人们对新冠疫情的认识、判断。叙事既可塑造可理解的意义，也可消弭对未知的恐惧。

二是叙事在国际关系中的呈现。国际关系中存在大量叙事。不同国家和民族对于各自身份的历史记叙、国家的外交声明与政策宣示以及领导人讲话中均包含叙事。叙事的广泛性与重要性从美国长期以来的对外政策与战略话语中可见一斑。无论是一战之后美国不再排斥欧洲转而采用的美欧文化同源的"西方"文明叙事[4]，还是"9·11"事件后小布什政府关于伊拉克作为"邪恶轴心"与恐怖主义和大规模杀伤

---

[1] Lewis P. Hinchman and Sandra K. Hinchman, eds., *Memory, Identity, Community: The Idea of Narrative in the Human Sciences* (Albany: State University of New York Press, 1997), p. xvi.

[2] Molly Patterson and Kristen Renwick Monroe, "Narrative in Political Science," *Annual Review of Political Science* 1 (1998): 316.

[3] Kai Oppermann and Alexander Spencer, "Narrating Success and Failure: Congressional Debates on the 'Iran Nuclear Deal'," *European Journal of International Relations* 24, No. 2 (2018): 272.

[4] 王立新：《美国国家身份的重塑与"西方"的形成》，《世界历史》2019年第1期，第1页。

性武器之间有关联的叙事①,都不是词句的简单拼接,而是包含了正面角色(protagonist)、反面角色(antagonist),且具有具体情节和情感色彩的叙事。

此外,关于叙事研究在人文社会科学中的演进,以及具体到国际关系叙事转向以来的研究议程,学界已经进行了系统性的梳理与评介。②尽管如此,叙事研究仍然在过去相当长的一段时间内处于国际关系研究的边缘。随着学理层面对叙事探讨的增多以及诸多国际关系传统研究议题与叙事的关联,国际关系中涉及叙事的研究开始不断增多,研究也日益深入。

(二)霸权护持研究

长期以来,霸权护持是现实主义诸多流派与自由制度主义国际关系理论关注的重要内容。它们认为,霸权国作为国际体系中至关重要的行为体,关乎体系的和平与稳定,为国际政治经济运行提供公共产品。围绕霸权护持,学界给出了较为丰富的解释,主要可分为两类,一是对霸权国为何要进行霸权护持的研究,二是对霸权国如何进行霸权护持的研究。

一类研究聚焦霸权国为何要进行霸权护持。从现实主义角度而言,国家一直努力扩大自身权力,确保自身安全。但权力的大小具有相对性,霸权的存续具有周期性,这些都指向同一个结局——霸权终将走向式微。霸权护持则强调竭力延缓衰落进程。学界在这种"命定结局"逻辑的基础上,进一步探寻多种直接导致霸权衰落的因素。首先是内部因素。霸权国倾向于过度扩张,这是几个世纪以来霸权衰落的原因之一:霸权国国内治理失能,在国内政治、经济、社会治理等方面出

---

① 孙吉胜:《国际关系中语言与意义的建构——伊拉克战争解析》,《世界经济与政治》2009年第5期,第48页。
② 贺刚:《叙述、身份与国际合作》,载孙吉胜主编《国际政治语言学:理论与实践》,世界知识出版社,2017,第203—228页;薛丽:《战略叙事、本体安全与对外政策演化:美国对"一带一路"的叙事研究(2013—2021)》,博士学位论文,外交学院,2021,第38—53页。

现民主衰退、技术创新落后、社会不平等问题。① 其次是外部因素，如现实主义学者所担忧的崛起国挑战以及持续被"搭便车"等也会造成霸权衰落。霸权衰落的风险越大，霸权国越会极力进行霸权护持。

另一类研究侧重霸权国如何进行霸权护持。面对霸权衰落的危险，霸权国不会轻易放弃其体系的主导地位，而会采用各种策略竭力进行霸权护持。"自振于式微之前"与削弱竞争对手成为霸权国的重要努力方向，霸权护持则是霸权国在整个霸权周期中的主要国家利益。② 发展军事力量保持权力优势、依靠国际机制维护特殊地位、利用软实力弥补硬实力下降、以克制战略替代自由霸权战略、用"消极制衡"直接削弱竞争对手以及通过小多边提升复合盟伴体系的凝聚力和行动力等，都是霸权国进行霸权护持的主要手段，也是可以采取的策略。③

此外，虽然霸权护持的着力点长期以来主要通过物质性力量来体现，但非物质性因素已日益受到关注，学界也围绕观念、话语在霸权护持中的建构作用进行了探讨。观念和话语一直都是大国竞争的重要方面，它们不仅关乎各国自身认同，更关乎各国对于霸权国领导力的认可。可以看到，通过话语来进行霸权护持同样能产生效果。④

---

① 参见 Paul Kennedy, *The Rise and Fall of the Great Powers: Economic Change and Military Conflict from 1500 to 2000* (New York: Random House, 1987), p. 515; 赵明昊：《美国霸权护持战略的调适与中美关系的未来》，《外交评论》2023 年第 5 期，第 19—47 页。

② 陈翔：《霸权护持与美国的代理人战略》，《当代亚太》2020 年第 1 期，第 31 页。

③ A. F. K. Organski and Jacek Kugler, *The War Ledger* (Chicago: University of Chicago Press, 1980), pp. 364-367; Robert O. Keohane, *After Hegemony: Cooperation and Discord in the World Political Economy* (Princeton: Princeton University Press, 1984), pp. 178-180; Joseph S. Nye, Jr., *Soft Power: The Means to Success in World Politics* (New York: Public Affairs, 2004), pp. 5-11; Barry R. Posen, *Restraint: A New Foundation for U.S. Grand Strategy* (Ithaca: Cornell University Press, 2014), pp. xi-xiv; Kai He, "Undermining Adversaries: Unipolarity, Threat Perception, and Negative Balancing Strategies after the Cold War," *Security Studies* 21, No. 2 (2012): 154-191; 赵明昊：《美国霸权护持战略的调适与中美关系的未来》，第 33 页。

④ 参见：Steven Weber and Bruce W. Jentleson, *The End of Arrogance: America in the Global Competition of Ideas* (Cambridge: Harvard University Press, 2010), pp. 7-12; 袁莎《话语制衡与霸权护持》，《世界经济与政治》2017 年第 3 期，第 85—107 页。

(三)叙事的双层视角与霸权护持

叙事为研究霸权护持提供了非物质维度的补充,但直接将二者相结合的研究仍十分有限。此前聚焦于叙事与霸权护持的研究,具体可分为从宏观叙事结构的影响和微观叙事策略的使用出发的两类研究。

1. 宏观叙事结构与霸权护持

一些既有研究侧重宏观叙事结构对于霸权护持行为选择的影响。换言之,在特定叙事背景和基调下,行为体在行为选择上并不具有太大空间。这在很大程度上是一种结构决定论,霸权国进行霸权护持成为理论推导的必然,而宏观叙事结构来源于长期的历史塑造、国际规范的教授等较为固定的意义结构。尽管宏观叙事结构最初由具体的叙事者创造的诸多叙事构成,但这并不意味着叙事结构可以被还原至原初的离散状态。现有研究对叙事结构的宏观研究偏好大致源于两个方面。

一是叙事自身的理论渊源。法国文学理论家茨维坦·托多罗夫(Tzvetan Todorov)的研究为叙事学奠定了基础,而其研究主要从索绪尔(Saussure)的结构主义语言学出发。结构主义的首要原则为"创造意义是有章可循的活动",因此,相对于具体的叙事作品,它更关注充满共性的一般性叙事形式系统。[1] 这些较为宏观的叙事能够编织特定主题和模板,对决策者的身份和观念具有生成性和建构性的影响。[2] 在此基础上,喜剧式、悲剧式和浪漫式等叙事结构都进一步固化了事件走向与角色行为。[3] 霸权战争的历史叙事、权力转移叙事都在运用同一

---

[1] Robert Scholes, et al., *The Nature of Narrative: Fortieth Anniversary Edition, Revised and Expanded* (New York: Oxford University Press, 2006), p. 287.

[2] Anna Holzscheiter, "Between Communicative Interaction and Structures of Signification: Discourse Theory and Analysis in International Relations," *International Studies Perspectives* 15, No. 2 (2014): 154.

[3] 参见 Alexander Spencer, "Narratives and the Romantic Genre in IR: Dominant and Marginalized Stories of Arab Rebellion in Libya," *International Politics* 56, No. 4 (2019): 123-140; 贺刚:《叙述结构、角色扮演与暴力进程的演变——丹麦与瑞典漫画危机的比较研究》,《欧洲研究》2017年第6期,第137—154页。

叙事模板——霸权国终将被挑战者击败，退出历史舞台。在这种竞争性和悲剧式叙事结构下，依据情节规定，霸权国做出霸权护持行为选择也就不足为奇了。冷战剧本与"新冷战"剧本下美国的战略选择为此种理论逻辑提供了观察范例。①

二是将叙事的力量类比为现实主义物质实力的倾向。权力通常被定义为有形的和可计量的实力，可以通过军事装备和开支、经济生产力、人口规模和领土大小的综合指标进行衡量。②霸权衰落与权力转移同这些物质因素的升降变化息息相关。现实主义理论中的权力并不单纯源于物质因素，也产生于人们对于物质因素的讲述。当然，这并不是否认物质因素的存在和重要性。③这种典型的结构现实主义映射集中体现了叙事结构的决定性作用。体系中最强大国家之间的叙事力量分布是国际体系变迁的重要驱动力，也是决定其战争或和平倾向的关键因素。霸权衰落与权力转移渗透在有关国际体系变迁的叙事中。这些叙事表明，大国之间叙事力量分布的重大变化，同样可引发冲突，因此霸权国倾向于主动打压竞争者，护持自身霸权。

宏观叙事结构决定霸权护持行为选择在美国的对华战略中表现得尤其明显。有学者认为，自特朗普执政后④，战略竞争叙事已经成为美国对华战略的主导叙事，也让特朗普政府完全失去了与中国联手抗击新冠疫情的合作意愿⑤，制衡中国和护持自身霸权成为美国公开的战略选择。此类研究为霸权护持行为选择提供了具有解释力的洞见，但是过度强调叙事结构会导致对叙事者施动性的轻视。

---

① 曹德军：《大国竞争中的战略叙事——中美外交话语博弈及其叙事剧本》，《世界经济与政治》2021年第5期，第51—79页。
② Hans J. Morgenthau, *Politics among Nations: The Struggle for Power and Peace* (New York: Alfred A. Knopf, 1948), pp. 80-108; Kenneth N. Waltz, *Theory of International Politics* (Reading: Addison-Wesley, 1979), pp. 79-128.
③ Linus Hagström and Karl Gustafsson, "Narrative Power: How Storytelling Shapes East Asian International Politics," *Cambridge Review of International Affairs* 32, No. 4 (2019): 388.
④ 本书有关特朗普政策的讨论均限于其第一任期（2017—2021年），不一一标注。——编者
⑤ 樊吉社：《新冠疫情下的中美关系：态势与愿景》，《外交评论》2020年第4期，第61—67页。

2. 微观叙事策略与霸权护持

还有部分学者注意到，仅偏重叙事结构还不足以从微观层面解释叙事与霸权护持行为的关系，因而在研究中开始向叙事者的能动性倾斜。霸权国在受到宏观叙事结构制约的同时，其本身也作为叙事者参与叙事的生产与传播，采用一定叙事策略来巩固自身霸权地位。有学者指出，美国作为叙事者，历来使用叙事框定策略对出现的竞争者进行威胁建构[1]，苏联、日本以及当下的中国均在此列。特别是在新冠疫情危机背景下，美国充分利用他者叙事框定与合法性叙事框定来塑造异于自身的他者，强调自身行动的合法性，削弱对方可信度，重塑自身领导力。[2]"受害者民族主义"也可被视为一种强有力的身份叙事，以及政治领导人可以用来实现意图的行为选择。[3]美国叙事中频繁出现的隐喻同样受到学界重视，隐喻的作用机制也得到深入研究。[4]与此类似，类比策略同样可以发挥重要作用。[5]有研究指出，某些领导人会使用反叙事来吸引追随者、增强领导力。[6]此外，有学者通过定量研究表明，媒体叙事塑造的个人对于权力转移的认知，而不是体系层面的权力制衡，将决定战争或和平。[7]再则，维护霸权国所主导的国际关系与国际秩序是霸权护持的应有之义。珍妮丝·比阿莉·马特恩（Janice

---

[1] Zhengqing Yuan and Qiang Fu, "Narrative Framing and the United States' Threat Construction of Rivals," *The Chinese Journal of International Politics* 13, No. 3 (2020): 433-434.

[2] 曹德军：《新冠肺炎疫情危机下的中美叙事框定与演变趋势探析》，《国际经济评论》2022年第1期，第86—103页。

[3] Adam B. Lerner, "The Uses and Abuses of Victimhood Nationalism in International Politics," *European Journal of International Relations* 26, No. 1 (2020): 62.

[4] 傅强、袁正清：《隐喻与对外政策：中美关系的隐喻之战》，《外交评论》2017年第2期，第85—112页。

[5] Stephen Benedict Dyson and Thomas Preston, "Individual Characteristics of Political Leaders and the Use of Analogy in Foreign Policy Decision Making," *Political Psychology* 27, No. 2 (2006): 265-288.

[6] Hamid Foroughi, et al., "Leadership in a Post-Truth Era: A New Narrative Disorder?" *Leadership* 15, No. 2 (2019): 144-146.

[7] Peter Gries and Yiming Jing, "Are the US and China Fated to Fight? How Narratives of 'Power Transition' Shape Great Power War or Peace," *Cambridge Review of International Affairs* 32, No. 4 (2019): 475-476.

Bially Mattern）对苏伊士运河危机中美英两国特殊关系失序及重建秩序的分析集中体现了一种富有成效的微观互动方法，将行为体视为叙事者和社会现实积极和审慎的建构者。决策者在沟通中使用了语言表象力，有意强化安全共同体叙事，从而重建了国家间有序和平关系的基础。[①] 这些研究表明，较为微观的叙事策略强调叙事者在使用叙事时的能动性与灵活性，为本章的机制框架搭建提供了启示，但这些研究仍主要关注叙事本身，未能与霸权护持命题建立足够直接和密切的关联。

鉴于宏观叙事结构影响行为体行为选择的观点在一定程度上具有自明性，即美国在战略竞争的叙事结构下制衡中国、进行霸权护持并不反常，难以提供更多深层解释，加之对微观层面上叙事者施动性的探索仍显碎片化，研究者有必要尽可能多角度、系统性地探究霸权国作为叙事者如何采用特定叙事策略进行霸权护持。在探讨霸权国采取的具体叙事策略与机制之前，首先需要厘清叙事在霸权护持中起作用的基本原理。

二、叙事在霸权护持中起作用的基本原理

叙事可以被视为政治精英操纵民众的工具，用以社会动员进而获取物质利益。叙事的工具属性源于它能为叙事者争夺意义空间，以实现特定目的。因此，叙事并不总是反映客观事实的，更重要的是，它可能将本不相关的元素进行关联。叙事者通常力求使自己的叙事比其他叙事更能操控受众的反应。但是，叙事之所以能发挥作用，并非仅依赖于叙事者的单向操控，而是在相当大的程度上取决于叙事所引发

[①] Janice Bially Mattern, *Ordering International Politics: Identity, Crisis, and Representational Force* (New York: Routledge, 2005), pp. 11-16; Anna Holzscheiter, "Between Communicative Interaction and Structures of Signification: Discourse Theory and Analysis in International Relations," p. 153.

的受众的自我理解与认知共鸣①，即叙事对受众所产生的建构效果。具体而言，叙事在霸权护持中起作用的基本原理可以从说服作用、关联作用与建构作用三个方面进行考察。

（一）说服作用

叙事较之单纯说理更易于说服听众。说服不仅是指使人们在没有太多固有信念的情况下接受新的观念，而且更侧重扭转或改变人们原有的价值观念和对正当性的判定，以及对特定意义的固定。意义是叙事者创造的虚构世界与真实世界之间的关系。人们被说服并理解和接受新的意义，就表明他们已经确认虚实两个世界之间具有令人信服的关系或关系链。②

叙事发挥说服作用的关键在于让受众认为其讲述的故事真实可信，其说服效果主要基于叙事带给人们的体验以及叙事者的可信程度。一方面，叙事能带给人们沉浸式体验，无论故事是否是虚构的，体验都是真实的。叙事编织的情节走向不仅仅是一种描述，还与人们的切身体验紧密关联。神经科学证明，故事能够激活听众大脑多个区域，协助其进行体验，而非仅激活负责语言的区域；更重要的是，在讲述的过程中，听众会与叙事者发生神经耦合（neural coupling），即二者大脑中的相同区域同时被激活，这对于听众理解故事并与叙事者顺利交流来说至关重要。③ 听众从叙事者的故事中移植而来的"亲身体验"比单纯的分析性、论辩性的乏味文本更具说服力。例如，在安全领域，无论在国际层面还是国内层面，安全均为国家与民众追求的目标之一，劝服民众遵从某些安全警告、避免意外伤害尤为必要。研究表明，如果包含叙事，比如关于受伤人员的简短故事，安全与健康警示信息会

---

① 参见 Adam B. Lerner, "The Uses and Abuses of Victimhood Nationalism in International Politics," p. 66。

② 罗伯特·斯科尔斯等：《叙事的本质》，于雷译，南京大学出版社，2015，第86页。

③ Greg J. Stephens, et al., "Speaker-Listener Neural Coupling Underlies Successful Communication," *Proceedings of the National Academy of Sciences* 107, No. 32 (2010): 14425-14430.

更有效。在调整性别、年龄等协变量（covariate）后，基于故事的信息与具体的非故事和传统的抽象信息相比，在令人遵从方面提高了20%。[1]

另一方面，叙事者自身的可信程度也影响叙事说服作用的发挥。听众接受新的观点，往往是因为他们喜欢、信任和尊重那些观点的来源[2]，具有权威性的行为体产出的叙事更容易成为主导叙事而被人们采信。在网络信息时代，尤其在后真相时代，谣言、假新闻与阴谋论等来源不明确的叙事对于意义的确立同样具有一定竞争力，但官方叙事与学术叙事在权威性方面一般具有相对优势，说服作用更强。

总之，霸权国善于使用叙事来说服民众与盟友，使他们相信叙事者关于威胁或危机的警告，更好地以安全之名护持自身霸权。

（二）关联作用

叙事的关联作用同样强大。人类不同于其他生物，有一种寻求连贯性和意义的动力，需要用故事来解释周围发生的一切，如果只有未经加工的碎片化信息，社会生活就会变得意义缺失。通过故事可以合理虚构串联，把人类经验中无规律的、难以理解的碎片信息关联起来，使人们可以更好地进行理解。[3]

叙事的关联作用首先体现在叙事本身的组织特点上，其本身并非简单事件的串联，而是具有层次结构事件的串联。如果构成情节的素材之间缺乏必要的逻辑关联，不具备基本的可述性与可读性，便难以形成一个成功的叙事。叙事不仅可以解释各种各样的事件是如何被时间逻辑、空间逻辑或因果逻辑关联起来的，还可以解释某些事件是如

---

[1] Jennifer Edson Escalas, "Self-Referencing and Persuasion: Narrative Transportation Versus Analytical Elaboration," *The Journal of Consumer Research* 33, No. 4 (2007): 427; Mitchell S. Ricketts, "The Use of Narratives in Safety and Health Communication" (Ph.D. diss., Kansas State University, 2007), pp. ii, 37-56.

[2] 玛莎·芬尼莫尔:《干涉的目的：武力使用信念的变化》，袁正清、李欣译，上海人民出版社，2018，第150页。

[3] Ronald R. Krebs, *Narrative and Making of US National Security* (Cambridge: Cambridge University Press, 2015), pp. 10-11.

何结合成更大的事件的。[1] 其次,叙事的关联作用还体现在叙事与现实的链接之上,这种链接与前文提及的体验感相关。当言说者有意识地塑造链接时,便赋予了语言表达相互之间的意义和连贯性——链接组织叙事,叙事产生表象,表象建构"现实"。[2] 美国在设计自身霸权叙事中较为明显地运用历史逻辑,将自身叙述为全球安全秩序与经济秩序的缔造者与维护者,并以先发与后发的时间逻辑、制度选择与发展状况优劣的因果逻辑,对一些新兴市场国家和发展中国家强加"秩序挑战者"的描述,而这些叙事共同塑造着其霸权合法性。

简言之,无论事物之间的相关性是否显著,只要能够建立某种逻辑关联或情节链接,便可生成一个完整的故事。[3] 叙事并不是一种真实反映世界政治现实的手段,而是逼真地呈现叙事者所声称的世界政治现实的手段。例如,西方对中国的污名化层出不穷,"中国崩溃论""中国威胁论""中国强势论"等此起彼伏[4],这些实际上都是叙事者将所谓的"证据"与中国关联生成的一些代表性叙事。美国对贸易、科技与人文交流议题的安全化[5],同样是美国将原本与安全无关的主题与安全议题相关联的典型叙事。

(三)建构作用

叙事的说服与关联作用离不开其深层的建构作用。叙事并不仅是工具性或策略性的,还暗含强烈的政治性与权力关系,不仅规定了谁有讲述故事的权力,还规定了讲述什么故事的权力。这里所说的权力

---

[1] 杰拉德·普林斯:《叙事学:叙事的形式与功能》,徐强译,中国人民大学出版社,2013,第148页。

[2] 孙吉胜:《语言、身份与国际秩序:后建构主义理论研究》,《世界经济与政治》2008年第5期,第32页。

[3] 孙吉胜:《从话语危机到安全危机:机理与应对》,《国际安全研究》2020年第6期,第45页。

[4] 王翠梅:《西方对中国的"污名化"及其应对:框架理论的视角》,《外交评论》2022年第1期,第124—148页。

[5] 张超、吴白乙:《"泛安全化陷阱"及其跨越》,《国际展望》2022年第2期,第19—35页;毛维准、王钦林:《大变局下的中美人文交流安全化逻辑》,《国际展望》2021年第6期,第34—55页。

在很大程度上不是直接来源于物质实力，而是由叙事通过建构身份和意义带来的权威性所赋予的，国际关系中的叙事研究尤为关注权威与道德责任问题。①

霸权国使用叙事护持霸权之所以能发挥效用，源于叙事建构的特定身份与意义。一方面，叙事建构身份。身份是通过彼此叙事而产生的一种主体间认同，是社会语言建构的结果，在实践中需要通过叙事来维持和发展。② 国家只有在与威胁自我的他者相持中才能维持其身份。因此，国家在使用叙事建构国家身份时，出于本体安全需要，对于不安全与威胁会进行大量叙述，美国霸权国身份的塑造与维持正是有赖于围绕"假想敌"或"竞争对手"编织的叙事。另一方面，叙事建构意义。叙事者在发挥施动性时需要充分考虑听众的重要性，从听众角度出发选择或设计叙事。认知语言学认为语言和认知密不可分，现实不是客观给定的，而是在很大程度上通过独特的人类体验建构的。③ 由于听众也是积极的思考者，其解码过程也会涉及意志等因素，将一个框架中的语言材料转换到想要表达的事物上是否合适，就有赖于听众的解读了。④ 例如，"9·11"事件、气候变化等都产生了切实的影响，这些影响不仅仅取决于叙事者即时的叙事操控，还来自叙事者与听众互动的整个过程。这些现象的意义不是给定的而是议定的，围绕现象展开的叙事会随着现象本身的变化而发展。如果这些即时构建的叙事能够流行起来并被广泛接受，它们就有可能在随后的问题讨论及应对政策上构建和行使权力。⑤ 因此，叙事需要经过听众的认知、理解才能产生意义，为霸权护持行动提供本国民意基础以及盟友的支持。

---

① Carolina Moulin, "Narrative," in Aoileann Ní Mhurchú and Reiko Shindo, eds., *Critical Imaginations in International Relations* (London: Routledge, 2016), p. 138.

② Janice Bially Mattern, *Ordering International Politics: Identity, Crisis, and Representational Force*, p. 11.

③ Vyvyan Evans and Melanie Green, *Cognitive Linguistics: An Introduction*, Second Edition (Edinburgh: Edinburgh University Press, 2006), p. 47.

④ 德克·盖拉茨主编《认知语言学基础》，邵军航、杨波译，上海译文出版社，2012，第427—428页。

⑤ Linus Hagström and Karl Gustafsson, "Narrative Power: How Storytelling Shapes East Asian International Politics," p. 388.

综上，叙事具有说服、关联与建构作用。在霸权护持中，三者往往并非截然可分，而是相互交织、互为支撑的。叙事并非总是关乎纯粹的事实真相，叙事者与听众所关心的也不是如何得知真相，而是如何为各自的体验赋予意义。叙事者因而具有相当大的施动空间，如省略故事的某一部分而着重强调另一部分，有选择性和有目的性地进行建构，尽可能考虑到听众的理解认知并与之产生共鸣。一般而言，叙事者相对于听众拥有更强的导向性，可以影响听众的认知和对社会现实的建构。就霸权护持而言，这意味着霸权国在叙事竞争中占据优势，它所设计的战略叙事可以切实帮助其扩大影响力、管理期望、改变听众偏好。① 此外，尽管叙事是言语（或文本）的，但"说就是做，言就是行"，言语行为在现实世界中发生，是人们介入实在的一种特殊"实践"。② 霸权国巩固自身、制衡竞争对手和护持霸权的叙事一经使用，便在以言行事、以言取效，成为霸权护持行为本身。下文基于叙事与霸权护持的基本原理，构建叙事与霸权护持微观策略及其机制的分析框架，以更系统地阐释二者的关系。

三、叙事策略在霸权护持中的作用机制

每个国家都是国际社会中的叙事者，都可以通过叙事来维护国家利益。霸权国作为强有力的叙事者，更加有能力，因此也经常会借助叙事来护持自身霸权。霸权不仅是霸权国基于物质强制力在体系中呈现的具有显著优势的权力关系，也体现为可以巩固意义与身份的话语竞争中的优势。③ 霸权国通过完整自洽的自传体叙事建构国家身份④，

---

① 曹德军：《大国竞争中的战略叙事——中美外交话语博弈及其叙事剧本》，第61页。
② J. L. 奥斯汀：《如何以言行事——1955年哈佛大学威廉·詹姆斯讲座》，杨玉成、赵京超译，商务印书馆，2017，第18页。
③ Thorsten Wojczewski, "Global Power Shifts and World Order: The Contestation of 'Western' Discursive Hegemony," *Cambridge Review of International Affairs* 31, No. 1 (2018): 34.
④ Alexandria J. Innes and Brent J. Steele, "Memory, Trauma and Ontological Security," in Erica Resende and Dovile Budryte, eds., *Memory and Trauma in International Relations: Theories, Cases and Debates* (London: Routledge, 2013), p. 17.

不断叙述与重申自身实力、权势、制度和声誉等,持续巩固大到针对世界秩序、全球安全,小到针对学术动向、艺术潮流的主导叙事,防止他国竞争性叙事侵蚀其已然建构的社会事实。在霸权衰落的背景下,以消极叙事制衡竞争对手尤为关键[①],这涉及动员安全共同体内部的凝聚力与警惕性,并直接削弱竞争性叙事合法性。该过程基于叙事独到的说服与关联作用以及深层的建构作用,是霸权国能力意愿与目标听众理解认知的叠合,也是霸权护持的重要实践。

类比叙事、对比叙事与反叙事是霸权国使用的最典型的三种叙事策略,集中体现霸权国作为叙事者的施动性,在霸权护持中分别有着特定的作用机制。接下来将对这三种叙事策略分别进行阐述。

首先是类比叙事。类比叙事指运用类比来组织叙事,在两种不同领域或情况中识别元素关系之间的相似性并建立映射系统,以此描述、理解与推断特定事件。类比既是修辞手法也是认知方式,为源域(source domain)与目标域(target domain)之间的相似性映射,尤其强调源域中元素间关系与目标域中元素间关系的相似性,不只限于两域元素之间特性的相似性。[②] 这与国际关系的关系属性紧密贴合。例如,一些学者用"修昔底德陷阱"来讨论中美关系,"修昔底德陷阱"本身就具有陷阱隐喻,但这样做的内涵是典型的历史类比,将中美关系类比为古代雅典和斯巴达的关系。使用类比叙事正是以历史类比当下、以熟悉类比陌生,从而与经验建立关联,降低理解难度的做法。在霸权护持中主要用来框定危急情境、引导负面推理,进而强化威胁感知。

其次是对比叙事。对比叙事指将不同事物或同一事物的不同方面放在同一叙事中进行对比,突出双方相互对立,具有完全不同的情节

[①] 消极叙事指用来直接贬斥、损害对手的叙事,相当于以叙事进行"消极制衡",参见 Kai He, "Undermining Adversaries: Unipolarity, Threat Perception, and Negative Balancing Strategies after the Cold War," pp. 154-191.

[②] Amy H. Lee, "Science and Religion as Languages: Understanding the Science-Religion Relationship Using Metaphors, Analogies, and Models," *Zygon: Journal of Religion and Science* 54, No. 4 (2019): 891-892.

走向甚至结局,从而传达叙事者较为强烈的喜恶偏好。叙事者总是偏重其中一方,另一方仅起到衬托作用。要进行霸权护持,需要建构自我-他者身份的对比,并以消极叙事制衡竞争对手,渲染"我他有别、我优他劣"的形势。对比叙事是与霸权护持直接相关的叙事策略,不仅可以加剧对比双方的身份对立,甚至可以建构情感对立,贬斥竞争对手,削弱其合法性。例如,"我们追求自由,而不是独裁"就是一则简短的对比叙事,叙事者将"我们"区别于"独裁"者,建立起身份与理念上的优越性。在霸权护持中,当一方把对方完全叙述为自己的对立面时,就会忽略彼此的相似性。[①]

再次是反叙事。反叙事是直接或间接地反抗主导叙事的叙事策略。[②] 反叙事在本章特指解构目标叙事原有含义,并链接相反含义的特定策略,而非简单持反对意见。霸权国主要通过反叙事来压制竞争者的发声以及国际社会对竞争者的声援。例如,中国奉行的"不干涉他国内政"原则就常受到西方国家反叙事的扭曲——不干涉他国内政就是在支持"第三世界的独裁者"。[③]

霸权国使用类比叙事、对比叙事与反叙事三种特定叙事策略建构安全威胁、对立身份与情感以及相反意义,全方位激活听众对于制衡竞争对手、护持霸权的理解与需求。这一过程实际上是叙事者充分发挥施动性,对叙事说服、关联以及建构作用进行细化应用的过程。类比叙事体现了叙事能够将不同事件归置在一起的关联作用,同时能够有效地增强听众的体验性,更好地发挥叙事的说服作用;对比叙事除体现关联作用外,还建构对立意义与身份;反叙事则体现了一种强制性的说服技巧以及对新意义的建构。在实践中,作为特定叙事策略的

[①] John Agnew, "Space," in Aoileann Ní Mhurchú and Reiko Shindo, eds., *Critical Imaginations in International Relations*, p. 204.

[②] Molly Andrews, "Opening to the Original Contributions Counter-Narratives and the Power to Oppose," in Michael Bamberg and Molly Andrews, eds., *Considering Counter-Narratives: Narrating, Resisting, Making Sense* (Amsterdam: John Benjamins Publishing, 2004), p. 1.

[③] Navin Subedi, "China's Quest for Soft Power," *Asia Times*, June 26, 2019, accessed March 30, 2021, https://asiatimes.com/2019/06/chinas-quest-for-the-soft-power/.

类比叙事、对比叙事及反叙事三者部分重叠、相互关联。例如，类比叙事有时需要对比叙事塑造的反常语境，反叙事需要类比叙事与对比叙事两者提供的经验与知识。在理论建构过程中，进行区隔化处理有利于凸显各自侧重点，更加系统、明晰地解释特定叙事策略在霸权护持中基于基本原理但又有针对性的作用机制（图1-1）。

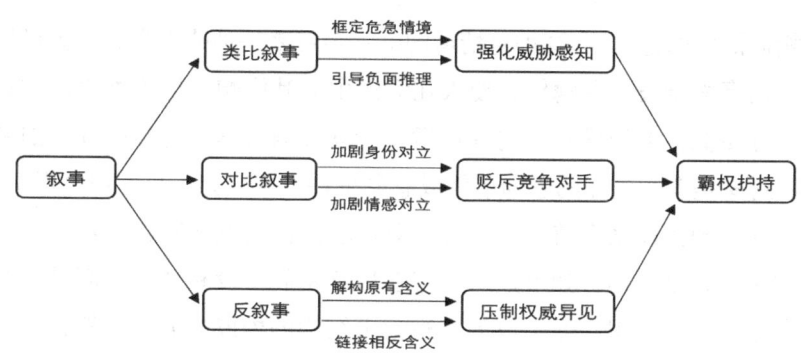

图 1-1　叙事策略在霸权护持中的作用机制

（一）类比叙事与强化威胁感知

类比叙事通过框定危急情境与引导负面推理来增强听众的威胁感知。面对新事件或新事物，依靠类比，行为体仅需消耗极少认知成本便可以从过去习得的知识中获取参考，以实现对新事物的理解。[①] 例如，国与国之间的互动会被类比为人与人之间的交往。由于符合政治的逻辑——根据过去的教训塑造当下的行为，类比叙事在国际关系话语中十分普遍。[②] 当国际危机、战争等突发事件发生时，参照历史经验和过往的应对措施能够缓解应急压力。因此，类比叙事常以历史类比

---

① Douglas Hofstadter and Emmanuel Sander, *Surfaces and Essences: Analogy as the Fuel and Fire of Thinking* (New York : Basic Books, 2013), p. 25.

② Shaul R. Shenhav, "Political Narratives and Political Reality," *International Political Science Review* 27, No. 3 (2006): 246.

的形式出现。① 当然，节约认知成本也存在副作用，即增加囿于历史、忽视发展的风险。类比叙事主要通过两种相辅相成的机制发挥作用，即框定情境与引导推理，而霸权国为了增强听众的威胁感知，往往会框定危急情境、引导负面推理。

1. 框定危急情境

首先，类比叙事源域中元素关系的特征会唤起人类对先前经历过的相似情境的记忆。② 这种对情境的框定会带来一种范围限制，为目标域中的事物增设一面滤镜，使人在无形中受其影响。尽管类比双方只有部分相似，但先导式的情境检索会持续影响后续映射与推理。如果类比对象是众所周知的恐怖事件或悲剧事件，听众会不自觉地以提防、焦虑的心理预设来看待目标事件。对情境的框定意味着在微观层面临时构建了叙事结构，如果这一框定在后续发展中没有消失，而是在互文中逐渐成为常识，便会成为宏观叙事结构的构成成分。当然，在应对突发事件时，对情境的框定仅需追求当时的有效性。例如，1950年6月朝鲜战争爆发后，杜鲁门政府曾表态："朝鲜就是远东的希腊，如果我们现在像三年前在希腊问题上那样态度强硬，他们就不会采取任何进一步的行动。"③ 该类比叙事显然建构了一种危急情境，使干涉朝鲜战争成为必要之举。

2. 引导负面推理

在框定情境的基础上，类比叙事将进一步引导推理。叙事者在意图驱动下会对类比对象以及对象间的相似特征作特定选择或加以凸显。意图是叙事者欲达到的某种目的或想法，通过类比两个对象，可以体

---

① Hall Gardner, *IR Theory, Historical Analogy, and Major Power War* (Cham: Palgrave Macmillan, 2019), p. 26.

② Dedre Gentner and Lindsey Smith, "Analogical Reasoning," in V. S. Ramachandran, ed., *Encyclopedia of Human Behavior*, Second Edition (Amsterdam: Academic Press, 2012), p. 131.

③ Stephen Benedict Dyson and Thomas Preston, "Individual Characteristics of Political Leaders and the Use of Analogy in Foreign Policy Decision Making," *Political Psychology* 27, No. 2 (2006): 266.

现叙事者期望达到的预想结论。① 类比推理与归纳或演绎推理不同，既不是从个别到一般的归纳，也不是从一般到个别的演绎，而是从个别到个别的推理。叙事者需要从源域中发掘新的推论，并将之迁移到目标域之中，而这一过程是基于二者之间的相似性的。② 具有相似性是类比达成的必要条件，相似程度则影响类比推理的可信度。正因能够引导推理，类比叙事不仅可以建构当下的意义，而且能够强化采取进一步行动的紧迫性。例如，2001年"9·11"事件发生后，媒体迅速将该事件类比报道为1941年发生的珍珠港事件，布什政府很快将袭击行为确定为"战争行为"，这一类比叙事在几年后的总统竞选活动相关讲话中仍频频出现。③ "我们时代的珍珠港事件"叙事所引发的无疑是走向战争的推理，如果美国不立即采取行动打击敌人，包括更大规模伤亡在内的、更为严重的后果将难以避免。

霸权国在叙述自身与竞争对手的关系时，倾向于选用流传度广、意义重大的类比对象，例如前文提及的"修昔底德陷阱""新冷战"等。这些叙事带有明显的消极因素。以此框定危急情境，引导民众与盟友作出负面推理，渲染竞争对手造成的威胁，可以达到广泛的动员效果，为护持霸权的其他政策与战略服务。

（二）对比叙事与贬斥竞争对手

对比叙事不同于平铺直叙，而是对惯常叙事下人们一般性预期的偏离，由此产生的新颖感可以吸引更多听众的注意力，起到强调作用。对比叙事中包含被对比的双方，听众似乎可以在二者之间进行自己的选择。存在选项看似增加了听众自主选择的空间，但事实上对立双方的存在在多数情况下已经封堵了选择中间地带的可能，听众必须在对

---

① 金立、赵佳花：《逻辑学视域下的类比推理性质探究》，《浙江大学学报（人文社会科学版）》2015年第4期，第48页。
② Dedre Gentner and Lindsey Smith, "Analogical Reasoning," pp. 131-133.
③ 孙吉胜：《语言、意义与国际政治——伊拉克战争解析》，上海人民出版社，2009，第163页；Brian T. Connor, "9/11–A New Pearl Harbor? Analogies, Narratives, and Meanings of 9/11 in Civil Society," *Cultural Sociology* 6, No. 1 (2012): 3-4.

立双方中择其一，带有一定的强制色彩。① 使用对比叙事可以快速描绘出不同且对立的形象、观点和地位等，这些矛盾与对立可以在二元结构中得到组织和表达，并呈现出明显的情感偏好。换言之，对比叙事有区分高下优劣的作用。被对比的双方或多方中通常有一方是焦点方，对比的目的无疑是衬托与凸显焦点方的特征。霸权国往往会运用对比叙事，加剧身份与情感对立，贬斥竞争对手。

1. 加剧身份对立

对比叙事可以加剧身份对立、突出自身优于竞争对手。霸权的产生和存续有赖于对敌对他者（antagonistic other）解释的同质化，以及敌对他者的反对者共同生成一个关于自我富有凝聚力的设想。② 使用对比叙事是建构敌对他者、划清自我–他者界限的直接叙事策略。在政治修辞策略中，对比是政治辩论的核心，其首要目的就是将辩论双方区分开来，声称己方更具"优越性"。③ 虽然运用对比叙事会使合作变得极其困难，但却能使持相同观点的不同群体更加团结。例如，2011年利比亚战争爆发，时任英国副首相尼克·克莱格（Nick Clegg）呼吁民众团结在由其领导的自由民主党与卡梅伦领导的保守党所组成的联合政府周围，支持政府对利比亚采取军事行动。他将此次行动叙述为"奉行基于法律的自由干涉主义的多边行动"，与2003年伊拉克战争中工党政府粗暴轻率的对外政策形成强烈对比。④ 该对比叙事既打击了对立党派，又巩固了联合政府的权威，为推行对外政策争取了更多支持。由此可见，叙事者使用对比叙事，在抬高自身身份的同时能够凝聚更

---

① Ronald H. Carpenter, "The Ubiquitous Antithesis: A Functional Source of Style in Political Discourse," *Style* 10, No. 4, Politics and Style: II (1976): 426-441; Marharyta Heletka and Viktoriia Ryzhkova, "Antithesis as a Strategy of Suggestive Impact in American Electoral Discourse," in Olena Balatska, et al., eds., *New Stages of Development of Modern Science in Ukraine and EU Countries: Monograph*, Sixth Edition (Riga: Baltija Publishing, 2019), pp. 73-92.

② Eva Herschinger, "'Hell Is the Other': Conceptualising Hegemony and Identity through Discourse Theory," *Millennium Journal of International Studies* 41, No. 1 (2012): 75.

③ James Martin, *Politics and Rhetoric: A Critical Introduction* (London: Routledge, 2013), p. 76.

④ Judi Atkins, *Conflict, Co-operation and the Rhetoric of Coalition Government* (London: Palgrave Macmillan, 2018), p. 112.

多身份认同,从而巩固甚至扩大己方阵营,为竞争对手带来更大压力。

身份的对比同样是国家的一种本体需要,在与激进的、具有威胁性的他者并列在一起的情况下,国家就更能明确何为自我了。[①] 例如,在全球贸易政治的研究中,西方学界围绕新兴市场国家的崛起及其影响展开了辩论。但是,这些论断不只是中立的分析范畴,而且作为社会和政治建构,被用于"构建旨在政治说服和动员的话语"。这些论断一旦被动员起来就会形成一种强有力的对比叙事,即"本质上仁慈、道德和进步的国际秩序由美国和其他西方国家创建和领导,而这些国家的稳定和进步可能会受到中国和印度等崛起大国的威胁"。[②] 由此,守成大国与崛起大国间的身份对立得以强化,而守成大国之间的凝聚力也有望提升。

2. 加剧情感对立

对比叙事在塑造情感态度对立方面效果显著。强烈的对比能激发情感共鸣。情感不仅是一种内在的主观经历,还是一种外部的主体间经历;作为实践的情感既是一种个人的生存方式,也是一种公共事件。[③] 在超越主体性到达主体间性的过程中,语言构成了情感交流的重要媒介,假设使用得好,可以更好地引发集体共鸣。换言之,情感不仅从事实和事件中自然生发,而且经常是被叙述的结果。[④] 对比叙事不仅带有叙事共有的体验感,而且渲染了落差,可以起到"增强器"的作用。接收者在理解叙事时,更多是依赖于自己的背景知识和情感状态。对比叙事明确的身份划分能够使接收者对号入座,确定个人身份与情感的归属,由此形成集体身份,并表达出骄傲、失望、愤怒等集

[①] 莱娜·汉森:《作为实践的安全:话语分析与波斯尼亚战争》,孙吉胜、梅琼译,世界知识出版社,2016,第39页。

[②] Kristen Hopewell, "Strategic Narratives in Global Trade Politics: American Hegemony, Free Trade, and the Hidden Hand of the State," *The Chinese Journal of International Politics* 14, No. 1 (2021): 55.

[③] 伊曼纽尔·阿德勒、文森特·波略特主编《国际实践》,秦亚青等译,上海人民出版社,2015,第88页。

[④] Erik Ringmar, "Performing International Systems: Two East-Asian Alternatives to the Westphalian Order," *International Organization* 66, No. 1 (2012): 19.

体情感。而集体情感会反过来使叙事的传播超越个人层面，赋予人们的生活经历共有的意义。①

此外，对比叙事不仅限于将不同主体描绘为对立方，在现在与过去的相同主体之间同样可以建构对立性。如果将某一国家过去的显赫地位与当下的颓势进行对比，这种反差就会给民众带来一种失落感，加剧民众对当下的不满与不安全感，令他们在情感与语言上变得更具攻击性。②例如，2016年的美国民粹主义浪潮引发了民众对贸易和移民等问题的情绪反应，两位美国总统候选人特朗普和伯尼·桑德斯（Bernie Sanders）运用的民粹主义对比叙事，将美国经济描述为人民与腐败精英之间斗争的故事，引起了观众更大的情感共鸣，这最终使得特朗普上台后成功破坏了前任总统奥巴马通过《跨太平洋伙伴关系协定》（TPP）的计划。③

在霸权护持中，霸权国运用对比叙事对自身及其竞争对手进行叙述，有助于创造事件中积极和消极的含义、情节和人物，这些都会影响民众对其政策的支持。霸权国借助对比叙事加剧自身与竞争对手的身份、情感对立。无论是利用对比叙事重申与强调自身身份的"优越性"，还是激发起大量负面情感，尤其是自负和仇恨等，均为强烈贬斥竞争对手提供了"正当性"。同时，这些所谓"与霸权国对立"的部分也成为其主要的攻击点，言外之意是霸权国的标准即为准绳，实则不存在其他选项。

（三）反叙事与压制权威异见

反叙事通过解构目标叙事的原有含义，并链接相反含义来压制不同意见。反叙事可以被用于质疑、反思、替代由主导叙事确立的关于

---

① Amanda Russell Beattie, "The Reflexive Potential of Silence: Emotions, the 'Everyday' and Ethical International Relations," *Journal of International Political Theory* 15, No. 2 (2019): 231.

② 参见 Hamid Foroughi, et al., "Leadership in a Post-Truth Era: A New Narrative Disorder?" p. 145。

③ Amy Skonieczny, "Emotions and Political Narratives: Populism, Trump and Trade," *Politics and Governance* 6, No. 4 (2018): 62-72.

身份、信念和行动的集体认同。国际关系中的反叙事常常体现为弱小、低阶、边缘化的声音挑战强大的主导叙事，具有以弱对强的特点。当然，在实践中也并非总是如此。主导叙事与反叙事互相依赖、相辅相成。没有反叙事，就无法确认哪一个叙事是主导叙事，没有主导叙事，反叙事也就失去了意义。[①] 强势群体同样会运用反叙事，尤其是在其权威性相对较弱的领域。在国际政治逐渐转变为世界政治的过程中，随着国际行为体的多样化，国际权威也逐渐变得多元化。例如，随着政府间国际组织的作用日益机制化，它们基于各主权国家赋予的权力、技术官员掌握的专业知识以及自身生成扩散的规范，在各自领域塑造主导叙事。联合国教科文组织（UNESCO）、世卫组织（WHO）、北极理事会（Arctic Council）等均在各专业领域具有权威性。但是，霸权国在享受国际组织和机制为自身带来利益的同时，越发难以容忍国际组织和机制的自主性，继而使用反叙事压制国际组织和机制发出的不同声音，经常使得这些组织和机制的发声被迅速边缘化，甚至丧失发言权。

1. 解构原有含义

反叙事首先表现为对目标叙事原有含义的解构。反叙事是一种反应性的叙事策略。叙事者需要先确定目标叙事，利用目标叙事的情节漏洞来解绑原有的情节关联或因果关系，从而为链接其他含义创造空间。简言之，反叙事意味着从原有的前提和背景出发不一定只能推导出原有的结局，使得结局变得具有开放性。例如，在反恐领域，极端组织非常善于利用历史事件、宗教教义或诉诸更高权威等手段在特定受众群体中建立主导叙事，并吸引这些受众加入。综合实力更强的反恐国家和组织则需要设计使用更有效力的反叙事来对抗极端主义叙事，对这些极端主义的主导叙事进行澄清和消解，揭露极端分子叙事和行

[①] Yiannis Gabriel, "Narrative Ecologies and the Role of Counter-Narratives: The Case of Nostalgic Stories and Conspiracy Theories," in Sanne Frandsen, et al., eds., *Counter-Narratives and Organization* (New York: Routledge, 2016), p. 208.

动中的矛盾,劝诫人们以另一种观点看待极端组织声称的目的。① 主导叙事和反叙事都表明了行为体所追求的战略目的,二者均竭力使这些战略目的合法化。当人们成为政治和概念斗争所争取的对象,反叙事与主导叙事之间的攻讦互动就可以帮助人们更为审慎地选择立场。此外,主导叙事与反叙事可以动态转化,这也体现出反叙事的效力之强。

2. 链接相反含义

反叙事发挥作用的关键在于为目标叙事链接相反含义。一般而言,霸权国在保留目标叙事原有背景或原因的情况下会努力将目标叙事所声称的正面含义替换为负面含义,以达到消解、矮化和压制目标叙事的目的。被强制链接负面含义的目标叙事的竞争力会被降低,无法有效争取受众,其叙事者的权威性也将受到动摇。例如,由联合国推动生效的、有关气候变化的《巴黎协定》塑造的叙事是,"为遏制全球气候变化须减少生产和消耗化石燃料,最终实现'化石燃料时代的终结'"②,多年来,这一叙事已基本成为国际共识。但是,特朗普政府营造出"矿工为美国梦甘冒风险开采化石燃料和化石能源行业助力美国再次伟大"的反叙事③,将减少化石燃料的使用与阻碍美国发展链接起来,进而损害《巴黎协定》的权威性,为美国退出《巴黎协定》进行铺垫。

尽管前文述及的对比叙事与反叙事有相似之处,但反叙事更注重维持新的相反含义与原有含义之间前提的延续性,即由相同前提推出不同结论,这也加大了对方澄清的难度。在霸权护持中,霸权国不容许竞争对手与其他权威发出不同声音,经常通过反叙事来压制目标叙事的原有含义,并链接新的相反含义,即使反叙事的内容并不是真

---

① Anne Speckhard, et al., "Intervening in and Preventing Somali-American Radicalization with Counter Narratives: Testing the Breaking the ISIS Brand Counter Narrative Videos in American Somali Focus Group Settings," *Journal of Strategic Security* 11, No. 4 (2018): 38-39.

② Matthew Paterson, "'The End of the Fossil Fuel Age'? Discourse Politics and Climate Change Political Economy," *New Political Economy* 26, No. 6 (2021): 923-936.

③ Lukas Hermwille and Lisa Sanderink, "Make Fossil Fuels Great Again? The Paris Agreement, Trump, and the US Fossil Fuel Industry," *Global Environmental Politics* 19, No. 4 (2019): 45.

实的。

综上，类比叙事、对比叙事与反叙事三种特定叙事策略各有侧重、交互重叠，霸权国通过这些叙事策略编织完整的故事。护持霸权的叙事本身就是霸权护持的实践，同时这些叙事建构安全威胁、对立身份和情感以及相反意义，有效地触发了听众对于制衡竞争对手、护持霸权的需求，从而赋予了霸权护持行为更多的支持与合法性。对美国而言，一旦认定某个国家具有威胁美国霸权身份的潜在可能，便会以叙事将其框定为可怕的敌对强国[1]，亦会使用叙事对其进行制衡。叙事在群体中产生，也在群体的共有知识下进行理解并发挥效用，不可能也永远不会被孤立地解读。[2] 正如自然生态系统中的生物多样性，不同类型的叙事在某一时空内生成、对垒、竞争、适应、发展与消亡，也会构成一个叙事生态（narrative ecology）。[3] 将特朗普任期内美国的新冠疫情叙事这样一个近乎在极端条件下、具有特定时空背景的叙事作为案例进行分析，有助于更为准确地洞察其中的代表性叙事策略，进而解析美国作为强有力的叙事者如何发挥施动性，如何通过使用特定叙事策略护持霸权。

四、美国的新冠疫情叙事与霸权护持

美国的新冠疫情历程和抗疫表现均出乎国际社会的意料。新冠疫情作为一场全球公共卫生危机，不仅直接威胁人类生命健康，更对世界秩序造成了深刻影响，也给美国霸权带来了严峻挑战。新冠疫情危机暴露出美国国内治理方面的一些问题，同时也显示出其对外提供公共产品以及与他国合作应对危机意愿的下降。但与此同时，美国也使用新冠疫情叙事，运用类比叙事、对比叙事和反叙事，对自身的霸权

---

[1] Zhengqing Yuan and Qiang Fu, "Narrative Framing and the United States' Threat Construction of Rivals," p. 419.

[2] Carolina Moulin, "Narrative," p. 141.

[3] Hamid Foroughi, et al., "Leadership in a Post-Truth Era: A New Narrative Disorder?" p. 137.

进行了护持。

（一）美国的新冠疫情应对

美国在新冠疫情出现后的相当长时间里轻视新冠疫情影响，缺乏抗疫行动，造成了严重后果。2020年1月21日，美国正式宣布发现第一例新冠确诊病例，但特朗普政府选择淡化新冠疫情严重性，于次日声称"我们完全控制住了它"，实际上错失了通过检测、流调和隔离等强有力的公共卫生应对措施来减缓新冠疫情蔓延的机会。[①] 事实也证明，在接下来的整个2月，特朗普政府无视专家和专业人士警告，依旧淡化新冠疫情影响，声称病毒得到控制，尽管防护用品和检测设备的短缺使美国国内的感染人数有增无减。[②] 2020年3月，新冠疫情开始影响大部分美国民众的健康和日常生活。3月9日，特朗普仍将新冠疫情与普通流感进行类比，继续淡化紧急事态。然而，迅速暴发的社区传播令特朗普政府始料未及，仓促于3月13日宣布进入国家紧急状态。尽管特朗普声称任何想要检测的人都可以得到检测，但其政府无法帮助各州进行广泛检测，也没能解决个人防护用品和呼吸机大量短缺的问题。到2020年3月30日，美国因新冠疫情死亡人数已超过3000人；短短2个月后（2020年5月28日），死亡人数突破10万；到2020年底，美国死于新冠疫情的人数已超过34.6万；到特朗普卸任时，已有超过40万美国人死于新冠疫情。[③] 截至2021年2月21日，即特朗普卸任一个月后，美国因新冠疫情死亡人数超过50万，是二战期间死于战场的

[①] Charles F. Parker and Eric K. Stern, "The Trump Administration and the COVID-19 Crisis: Exploring the Warning-Response Problems and Missed Opportunities of a Public Health Emergency," *Public Administration* 100, No. 3 (2022): 616-632.

[②] Cameron Peters, "A Detailed Timeline of All the Ways Trump Failed to Respond to the Coronavirus," Vox, June 8, 2020, accessed January 22, 2023, https://www.vox.com/2020/6/8/21242003/trump-failed-coronavirus-response.

[③] Charles F. Parker and Eric K. Stern, "The Trump Administration and the COVID-19 Crisis: Exploring the Warning-Response Problems and Missed Opportunities of a Public Health Emergency," pp. 616-632.

美国人人数的1.7倍有余。[①]

美国在抗疫国际合作方面同样未能发挥应有的作用。2020年3月25日，七国集团（G7）举行了外长视频会议，讨论新冠疫情的演变及其影响。然而，这次会议并没有为更深层次的抗疫全球合作提供动力，而是展示了国际社会内部的深刻分歧。特朗普在没有提出替代合作机制的情况下就开启了美国退出世卫组织的进程。[②]美国并未对领导全球抗疫做任何准备，反而持续刻意将新冠疫情政治化、污名化，千方百计地向中国和国际组织推卸责任。但事实上，中国全力抗击新冠疫情，体现大国担当。自新冠疫情暴发以来，中国高度重视并迅速行动，第一时间向国际社会通报疫情信息，毫无保留地同各方分享防控和救治经验。中国以最全面、最严格、最彻底的防控举措、集体行动力及合作精神积极应对、联防联控，使中国疫情防控形势持续向好。从2020年1月23日武汉市宣布"封城"，到2020年3月19日首次实现新增本土确诊病例和疑似病例零报告，再到2020年3月25日湖北省有序解除离鄂通道管控措施，中国仅用了两个月时间。与此同时，中国尽己所能地向国际社会提供人道主义援助，支持全球抗击新冠疫情。中国的抗疫行动和成果受到世卫组织和多国赞赏。[③]

（二）美国的新冠疫情叙事与霸权护持

面对新冠疫情与霸权合法性双重危机，美国使用叙事护持自身霸

[①] Daniel Arkin, "U.S. Reaches 500000 Deaths from the Coronavirus," NBC News, February 22, 2021, accessed January 22, 2023, https://www.nbcnews.com/news/us-news/u-s-reaches-500-000-deaths-coronavirus-n1257992.

[②] Jennifer M. Welsh, *International Cooperation Failures in the Face of the COVID-19 Pandemic: Learning from Past Efforts to Address Common Threats* (Cambridge: American Academy of Arts & Sciences, 2022), accessed January 22, 2023, https://www.amacad.org/sites/default/files/publication/downloads/2022_Humanitarian-Health_International-Cooperation-COVID-19.pdf.

[③] 中华人民共和国国务院新闻办公室：《抗击新冠肺炎疫情的中国行动》，中国政府网，2020年6月7日，https://www.gov.cn/zhengce/2020-06/07/content_5517737.htm，访问时间：2023年1月23日；《国务院联防联控机制介绍精准防控科学管理，有序恢复正常医疗秩序工作情况》，中国政府网，2020年3月20日，http://www.gov.cn/xinwen/gwylflkjz63/index.htm，访问时间：2023年1月23日；孙吉胜：《新冠肺炎疫情与全球治理变革》，《世界经济与政治》2020年第5期，第72—73页。

权。在危机发生或社会动荡时,叙事往往成为应对和处理造成危机的事件或问题的重要工具。① 正因如此,在新冠疫情危机背景下,美国不只是他国叙事中的主人公,更是强有力的叙事者。在战略竞争的宏观叙事结构下,美国作为霸权国,有能力更有意愿减缓抗疫混乱造成的霸权流失,主动施为、以特定叙事策略极力塑造新冠疫情叙事以巩固自身,制衡中国进而护持霸权,由特定叙事策略交织而成的新冠疫情叙事成为美国护持霸权的关键着力点。由此,"中国责任论"一度持续发酵。国际社会中其他国家对中国的质疑在一定程度上反映出美国叙事攻势的有效性。②

应当指出,美国的新冠疫情叙事作为一个叙事生态,内部的声音并不统一。由于国内政治因素,不同政治党派或集团、持不同政治信仰的个人难免观点不同,美国的新冠疫情叙事有可能包括不利于美国霸权的内容,但其仍可被视为国家精英(特别是政治精英)操纵的工具。③ 尤其在战略竞争的宏观叙事结构下,与之相左的声音难以成为主导叙事。本章主要关注特朗普政府及美国媒体、学界如何围绕新冠疫情建构护持美国霸权和打击竞争对手的叙事,研究它们使用的特定叙事策略。概括而言,美国的政要与学者综合使用类比叙事、对比叙事与反叙事策略建构大量具体叙事,合力提升国内与盟友的威胁感知程度,直接贬斥中国,压制世卫组织的论断,以此掩盖自身抗疫不力的事实,维护自身霸权的合法性。

---

① Brian T. Connor, "9/11–A New Pearl Harbor? Analogies, Narratives, and Meanings of 9/11 in Civil Society," p. 9.

② 有调查显示,一度有62%的美国人将新冠疫情归咎于中国。参见Kathy Frankovic, "Most Americans Blame China for the Coronavirus Pandemic," YouGov America, June 3, 2020, accessed May 30, 2021, https://today.yougov.com/topics/international/articles-reports/2020/06/02/most-americans-blame-china;不止美国,澳大利亚、加拿大和捷克等13国同样质疑《中国-世界卫生组织新冠病毒溯源研究联合专家组研究报告》,参见"Joint Statement on the WHO-Convened COVID-19 Origins Study," U.S. Department of State, March 30, 2020, accessed October 30, 2020, https://www.state.gov/joint-statement-on-the-who-convened-covid-19-origins-study/。

③ 参见Adam B. Lerner, "The Uses and Abuses of Victimhood Nationalism in International Politics," p. 66。

1. 类比叙事与强化威胁感知

新冠疫情暴发以来,美国使用类比叙事策略框定危急情境、引导负面推理,不断强化国内民众和盟国对中国的威胁感知。在美国看来,这种威胁既包含"应由中国负责"的新冠疫情带来的威胁,也包含"中国借助新冠疫情危机与美国争夺世界领导权"造成的威胁。

首先,美国在新冠疫情初期便运用类比叙事框定危急情境,制造恐慌氛围。随着新冠疫情在美国快速蔓延,美国政府官员开始使用令美国人民更有切身感受的类比叙事以进一步渲染危急态势。时任美国总统特朗普表示,"新冠疫情比珍珠港遭袭或'9·11'事件更糟"。① 该叙事不仅将新冠疫情与美国历史上两大标志性悲剧事件进行类比,而且用比较级强调严重程度更甚,再将如此严重的危机完全归罪于中国。无论是切尔诺贝利核泄漏事件、珍珠港事件还是"9·11"事件,均是世界史上的重大悲剧事件,突如其来的核泄漏和袭击、核辐射、敌对或恐怖袭击均十分隐蔽、难以探查,没有人知道危险和袭击会不会继续发生。美国将新冠疫情映射到这些目标域中,最大限度将其框定在安全与政治危机语境中,忽略其作为公共卫生事件的主要特点,在未经科学溯源的情况下持续抹黑中国。美国运用类比叙事推动危急情境不断升级,激活人们过去的恐惧经历或已经内化的悲剧预期,提升美国国内外民众对中国甚至亚裔族群的威胁感知程度。

其次,美国使用类比叙事集中引导负面推理。当中国疫情防控取得显著成效而美国的确诊病例数量逐日攀升时,美国政策界开始更多地探讨新冠疫情对世界格局的影响。美国前助理国务卿库尔特·M.坎贝尔(Kurt M. Campbell)与布鲁金斯学会研究员杜如松(Rush Doshi)于2020年3月18日在《外交事务》杂志网站联合发文,称新冠疫情可能重塑世界秩序,美国或将面临"苏伊士时刻"——"1956年,英国对苏伊士运河的一次拙劣干预暴露了自身权力的衰落,标志着英国作为全球性帝国的统治地位不复存在。如今,美国决策者应该认识

---

① Summer Forester and Cheryl O'Brien, "Antidemocratic and Exclusionary Practices: COVID-19 and the Continuum of Violence," *Politics & Gender* 16, No. 4 (2020): 1150-1157.

到，如果美国不努力应对当下情况，这场新冠疫情可能标志着又一个'苏伊士时刻'"。①"苏伊士时刻"正是指英国作为全球性帝国的权势行将殆尽，美国作为继任者全面接替的时刻。在中美发生结构性矛盾的语境下，美国学者宣称"新冠疫情危机标志着美国的'苏伊士时刻'已经来临"。这一类比叙事进一步加剧了美国的战略焦虑。根据类比叙事的推理机制，美国会像当时的英国一样在危机中失去全球权势，而中国是继任者。相对于较为抽象的权力转移理论，类比叙事更有市场。新美国安全中心（Center for a New American Security, CNAS）、《华盛顿邮报》《国际组织》等权威机构平台或是转载此文，或是在"苏伊士时刻"的逻辑下为美国政府出谋划策，以拖延这一时刻的到来。② 此外，该类比叙事也在美国的盟国中引发了负面推理。既然英国在遭遇"苏伊士时刻"后与其他国家一道接受美国的领导，那么这是否意味着失去领导力之后的美国要与盟国一道接受中国领导？显然，这对于美国及其盟国而言是难以接受的，该类比叙事在美国的盟国中也引起了强烈反应。《卫报》、英国广播公司、澳大利亚战略政策研究所、法国蒙田研究所和印度国家海事基金会等机构很快借助自身的网络或期刊平台对该叙事进行了引用和分析，表达对这一时刻到来的质疑以及对

---

① Kurt M. Campbell and Rush Doshi, "The Coronavirus Could Reshape Global Order: China Is Maneuvering for International Leadership as the United States Falters," *Foreign Affairs*, March 18, 2020, accessed October 30, 2020, https://www.foreignaffairs.com/articles/china/2020-03-18/coronavirus-could-reshape-global-order.

② 参见 Kurt M. Campbell and Rush Doshi, "The Coronavirus Could Reshape Global Order: China Is Maneuvering for International Leadership as the United States Falters"; Daniel W. Drezner, "The Song Remains the Same: International Relations after COVID-19," *International Organization* 74, No. S1 (2020): E18-E35。

中国领导的担忧与抵触。① 欧盟委员会副主席、欧盟外交与安全政策高级代表特别助理娜塔莉·托奇（Nathalie Tocci）在其撰写的政策报告中称，如果这一时刻真的到来，后果波及的绝不仅仅是中美竞争与权力分配，对整个西方的政治制度而言，中国的政治制度也是难以抵抗的。② 在类比推理得出的结果面前，美国各盟国之间的关系有望得到巩固，各国一致对外。

美国使用多种类比叙事将自身置于危险的预设之中，推导出严重的负面结果，强化国内民众与盟国民众对中国的威胁感知，增强自身战略凝聚力。当一个重大的挑战最终激发了整个民族的潜力之时，美国就可能从危机中取胜①，有效护持其霸权。

2. 对比叙事与贬斥竞争对手

面对新冠疫情及其引发的全球公共卫生危机的不断升级，美国并未考虑与中国合作抗击新冠疫情的提议，而是将抗疫作为与中国博弈的又一领域。对比叙事策略的使用加剧了美国与中国的身份对立和情感对立，为美国护持其霸权及贬斥中国提供助力。

首先，美国运用意识形态、政治制度和文化传统三个层面的对比叙事加剧中美两国身份对立，强化自身优越性。在美国看来，在意识形态层面，中美意识形态存在"根本性对立"。冷战思维长期影响美国

---

① 参见Patrick Wintour, "Coronavirus: Who Will Be Winners and Losers in New World Order?" *The Guardian*, April 11, 2020, accessed October 30, 2020, https://www.theguardian.com/world/2020/apr/11/coronavirus-who-will-be-winners-and-losers-in-new-world-order; Jonathan Marcus, "Coronavirus: US-China Battle Behind the Scenes," BBC, March 24, 2020, accessed October 30, 2020, https://www.bbc.com/news/world-52008453; Roman Darius, "US Primacy Will Survive Covid-19 and Trump," *The Strategist*, June 17, 2020, accessed October 30, 2020, https://www.aspistrategist.org.au/us-primacy-will-survive-covid-19-and-trump; Benjamin Haddad, "Covid-19 Challenges 'America First'," Institut Montaigne, April 16, 2020, accessed October 30, 2020, https://www.institutmontaigne.org/en/blog/covid-19-challenges-america-first; Somen Banerjee, "Will the Security Architecture of the Western Pacific Change Post-COVID 19?" *Maritime Affairs (New Delhi, India)* 16, No.1 (2020): 8-10。

② Nathalie Tocci, "International Order and the European Project in Times of COVID-19," *IAI Commentaries*, 9 (2020), p. 4.

① 王逸舟等：《热话题与冷思考——新冠肺炎疫情与国际关系未来走向》，《当代世界与社会主义》2020年第3期，第7页。

精英与民众，中美之间的意识形态差异在两国关系缓和时期会被淡化，但新冠疫情危机使美国加速将意识形态问题推向前台。在政治制度层面，美国认为，"中国政治制度不可能融入西方制度"。就新冠疫情而言，多位美国学者在《外交政策》《外交事务》等权威刊物或网站发文，围绕人权对比中国与西方国家政府在疫情防控中的区别，认为很少有国家借鉴中国的抗疫经验或相信中国的信息[①]，渲染了中美两国政治制度的对立。在文化传统层面，美国相信，包括中国在内的东亚国家强调社会责任大于个人利益，这一文化传统与美国个人自由传统相悖。特朗普在很长一段时期内反对发布全国性"居家令"，并公开支持在多州爆发的抗议"居家令"的游行示威，称其"违反宪法，践踏个人权利"。与之相对，中国等东亚国家人民更看重家庭与社会责任，必要时可以牺牲部分个人利益。这成为东亚国家普遍取得良好的抗疫效果的原因之一。

其次，美国通过对比叙事建构情感对立，加深国内与国际听众对中国的失望和敌视程度。一方面，美国运用对比叙事塑造了美国"仁慈的受害者"和中国"恩将仇报者"的形象，引发了听众对中国的失望情绪。一些美国官员用"美国帮助中国发展但未能改变中国政治制度"的叙事谴责中国"搭便车""忘恩负义"，抱持冷战思维，诋毁中国发展道路。在新冠疫情危机与中美信任遭到严重破坏的背景下，该对比叙事塑造的"仁慈的受害者"与"恩将仇报者"，不仅代表了中美双方身份的对立，更易于引发美国及所谓的"自由世界"民众对中国的失望情绪，造成双方互信的螺旋式下降。另一方面，美国关于中国外交风格调整前后特征的对比叙事也引发了更多敌对情感。美国刻意捏造中国在意识形态领域强化斗争的证据，以此作为批评中国的借口。一些美国评论家在《纽约时报》等平台先后发文，将新冠疫情下中国

---

① Kenneth Roth, "The Future of the State: Some Governments Are Using the Crisis to Silence Critics," *Foreign Policy* (2020): 7-9; Michael Green and Evan S. Medeiros, "The Pandemic Won't Make China the World's Leader: Few Countries Are Buying the Model or the Message from Beijing," *Foreign Affairs*, April 15, 2020, accessed October 30, 2020, https://www.foreignaffairs.com/articles/united-states/2020-04-15/pandemic-wont-make-china-worlds-leader.

外交官面对污蔑与不实信息所作的有理有利有节的驳斥叙述为中国外交的"战狼化",强调"中国新生代外交官在意识形态教育影响下更为强硬且具有攻击性"①;指出这种外交方式与邓小平时期形成的"韬光养晦"相去甚远。尽管这些叙事与事实不符,但还是极易与之前泛滥的"中国强硬论"发生共同作用,可以激起美国甚至整个西方世界的抵触与警惕情绪。"五眼联盟"(Five Eyes Alliance)间的互动与合作甚至变得比以往更加紧密,以更强力地对抗中国。②

对比叙事具有极强的对抗性,力求直白地贬斥竞争对手。美国不顾中国在抗击疫情中所尽的国际义务及取得的成就,用三个层面的对比叙事加深中美身份对立的程度,始终将中国塑造成"引发危机"的他者,从意识形态、政治制度到文化传统,都具有异质性。而且,美国以"受害者"与"点评人"的姿态对比中国自主实践的调整,加剧了西方世界与中国的情感对立。在美国看来,作为他者的中国不必被平等公正地对待,而且,越是贬斥中国,越能凸显美国霸权的"优越性"。可见,美国利用对比叙事编织的封锁网络给中国施加了巨大的国际压力,旨在更好地护持美国霸权。

3. 反叙事与压制权威异见

美国在新冠疫情危机中对世卫组织编织的反叙事尤为突出。世卫组织是卫生安全领域的唯一全球性多边组织,也是全球公共卫生治理的领导者和参与方。新冠疫情暴发以来,世卫组织在协调全球抗疫、通报疫情信息与缓解国际恐慌方面发挥了重大作用。无论在新冠疫情暴发之初,还是在派遣专家组赴华考察后,世卫组织对中国的评价均属积极正向。世卫组织总干事谭德塞(Tedros Adhanom Ghebreyesus)曾表示:"中国发现疫情、分离病毒、开展基因组测序并与世卫组织

---

① Steven Erlanger, "Global Backlash Builds Against China Over Coronavirus," *The New York Times*, May 4, 2020, p. A6; Dean Cheng, "Challenging China's 'Wolf Warrior' Diplomats," *The Heritage Foundation/Backgrounder*, No.3504 (2020): 5-6.

② Jamie Dettmer, "China's 'Wolf Warrior' Diplomacy Prompts International Backlash," VOA, May 6, 2020, accessed May 30, 2021, https://www.voanews.com/a/covid-19-pandemic_chinas-wolf-warrior-diplomacy-prompts-international-backlash/6188830.html.

和全世界分享的速度之快，令人印象深刻，无法用语言形容。"① 之后，他多次赞赏中国在支持全球应对新冠疫情大流行中的作用，高度评价中方及时呼吁构建人类卫生健康共同体，呼应了世卫组织的相关愿景。② 世卫组织的权威论断对于国际社会客观公正地看待中国起了正向作用，但是，在美国政府看来，这无异于同其背道而驰。面对世卫组织对中国通过快速响应、高度重视、全民协作在短时间内取得疫情防控进展的判断，美国政府表示不屑与怀疑。随着美国国内新冠疫情形势恶化，特朗普政府急需消解世卫组织对中国抗疫举措判断的权威性，以消除美国民众对其政策的疑心。

美国政府在对中国发动叙事攻势的同时，开始使用反叙事消解世卫组织权威。一方面，特朗普利用其推特账号不断向世卫组织发难。其中尤为典型的是其在2020年4月7日意识到自己之前设立的"病毒可能在复活节前消失"的目标无法实现之后，开始在推特发文怒斥世卫组织搞砸一切，批评世卫组织主要由美国提供资金，却非常以中国为中心，强调自己很早就拒绝了世卫组织让美国对中国开放边境的错误建议。③ 另一方面，美国政府通过官方渠道不断宣称世卫组织在应对新冠疫情危机中不称职、不可信任，枉费美国纳税人的资助。例如，白宫网站发布情况说明简报，对比中美两国对世卫组织出资额的悬殊，声称在调查清楚世卫组织的处置不当、信息隐瞒与失败应对之前不再出资，呼吁进行改革以提升世卫组织的透明度，抗衡中国在该组织内超乎寻常的影响力。④ 5月底，在白宫玫瑰园发表演讲时，特朗普再次指责世卫组织渎职，并在毫无根据的情况下宣称中国迫使世卫组织误

---

① 《必须积极支持国际组织发挥作用——抗击疫情离不开命运共同体意识（27）》，《人民日报》2020年4月8日，第2版。

② 《一年来，中国积极开展抗疫国际合作，以实际行动践行人类卫生健康共同体理念——努力共创健康安全的未来》，《人民日报》2021年5月18日，第3版。

③ Paul E. Rutledge, "Trump, COVID-19, and the War on Expertise," *The American Review of Public Administration* 50, No. 6-7 (2020): 508.

④ Donald J. Trump, "President Donald J. Trump Is Demanding Accountability from the World Health Organization," The White House, April 15, 2020, accessed July 20, 2020, https://www.whitehouse.gov/briefings-statements/president-donald-j-trump-demanding-accountability-world-health-organization/.

导全世界。① 特朗普的批评内容在白宫之外引起共鸣，"一些外国政府和部分世卫组织顾问开始质疑世卫组织为何在疫情暴发初期夸大中国的虚假说法，并在病毒传播时一再称赞北京"。② 无论通过社交媒体还是正式渠道，特朗普政府均在不断重复指责世卫组织有失公允，以强化其宣传效果。

美国通过反叙事锁定世卫组织。按照其逻辑，世卫组织越是肯定中国，越是证明了它的不公正性，中国的可信程度也就越低。在这种反叙事的持续影响下，美国民众对世卫组织的信任度锐减。多达51%的美国人认为世卫组织表现糟糕，对新冠病毒大流行负有责任。③ 2020年7月7日，特朗普政府正式致函世卫组织，启动退出程序，计划于2021年7月6日正式退出世卫组织。④ 数月之后，特朗普政府表示，美国不会参与新冠肺炎疫苗实施计划（COVAX）这项研发、生产和公平分配新冠疫苗的全球性举措，部分原因是该计划由世卫组织牵头，而这一组织内部存在"腐败"，曾帮助中国掩盖新冠疫情流行的范围。⑤ 反叙事链接的相反含义将世卫组织与中国紧紧绑定在一起，世卫组织由原来公正的"仲裁者"被塑造为偏袒中国的"腐败者"。这些举动既

---

① Donald J. Trump, "Remarks by President Trump on Actions Against China," The White House, May 30, 2020, accessed July 20, 2020, https://trumpwhitehouse.archives.gov/briefings-statements/remarks-president-trump-actions-china/.

② Emily Rauhala, et al., "Trump Administration Sends Letter Withdrawing U.S. from World Health Organization over Coronavirus Response," The Washington Post, July 7, 2020, accessed July 20, 2020, https://www.washingtonpost.com/world/trump-united-states-withdrawal-world-health-organization-coronavirus/2020/07/07/ae0a25e4-b550-11ea-9a1d-d3db1cbe07cc_story.html.

③ J. J. Moncus and Aidan Connaughton, "Americans' Views on World Health Organization Split along Partisan Lines as Trump Calls for U.S. to Withdraw," Pew Research Center, June 11, 2020, accessed September 14, 2020, https://www.pewresearch.org/fact-tank/2020/06/11/americans-views-on-world-health-organization-split-along-partisan-lines-as-trump-calls-for-u-s-to-withdraw/.

④ Michael Peel, et al., "US Triggers Exit from World Health Organization," Financial Times, July 8, 2020, accessed September 14, 2020, https://www.ft.com/content/a5f4e252-b269-464a-bd2a-a3aa15bdaea5.

⑤ Emily Rauhala and Yasmeen Abutaleb, "U.S. Says It Won't Join WHO-Linked Effort to Develop, Distribute Coronavirus Vaccine", The Washington Post, September 1, 2020, accessed September 14, 2020, https://www.washingtonpost.com/world/coronavirus-vaccine-trump/2020/09/01/b44b42be-e965-11ea-bf44-0d31c85838a5_story.html.

是反叙事的不断再生产,也是反叙事的行动化佐证,用言语归罪与限制行动的双重打击消解世卫组织在全球抗疫中的权威性。其最终目的是使世卫组织难以发声,即使发声后也难以被听众相信与接受,美国则得以有效维护叙事的主导地位,保持自己的话语权优势,巩固自身霸权。

综上,美国集中使用类比叙事、对比叙事和反叙事三种特定叙事策略,分别创造了混杂强烈情感与偏见的代表性叙事,这些叙事相互交织,相互佐证,形成一个完整的故事:在国际社会发生新冠疫情危机的背景下,与美国身份完全对立且"操纵"世卫组织的中国试图借机"扩张领导权",取代美国的全球领导地位,而美国正在尽一切努力阻止其对整个自由民主世界的威胁。显然,该故事的"主人公"及"英雄"是美国,而最主要的"反派"是中国,整个情节是英雄对抗反派化解危机的经典模式。"英雄式结构"不仅涉及权力的纷争及其在某一特定群体中的化解,还涉及该群体针对外部群体的有害入侵所展开的防御。[①] 由于此类叙事模式超越文化界限,它具有极强的引发共鸣的效力。该叙事中,新冠疫情成为故事背景,不再是全球应共同应对的紧迫问题,理应关注的重点是美国的"英雄式抗争与拯救行为"。由于"英雄"战败的后果不堪设想,美国理应得到民众与盟友的更多支持,以确保其权势与领导力不被动摇。

新冠疫情危机下,美国作为霸权国"先声夺人",利用叙事策略护持自身霸权的影响显而易见。一方面,其叙事诋毁了中国的国际形象。"中国责任论"在很长时间内成为美国的一种主要话语和社会共识。根据2020年美国皮尤研究中心的调查数据,约三分之二的美国人认为中国在应对新冠疫情上表现欠佳;超过84%的美国人质疑中国政府关于疫情信息的真实性。[②] 强大的敌意成为美国进一步打压中国、护持自身

---

① 罗伯特·斯科尔斯等:《叙事的本质》,于雷译,第318页。
② Laura Silver, "Americans Are Critical of China's Handling of COVID-19, Distrust Information about It from Beijing," Pew Research Center, May 26, 2020, accessed September 14, 2020, https://www.pewresearch.org/fact-tank/2020/05/26/americans-are-critical-of-chinas-handling-of-covid-19-distrust-information-about-it-from-beijing/.

霸权的基础。在此基础上，美国采取了一系列现实措施，尽管这些措施的实际效果有待商榷，但直接表达了一种对抗性态度，践行与呼应了美国贬斥中国的叙事。另一方面，叙事与叙事者相互建构，叙事本身蕴含的假设便是"谁有资格说"。国际关系本身可视为各类持续竞争与对抗的叙事所建构的产物，其中某些叙事在某一时段内占据主导地位，成为现实与国际政治生活的唯一解释。① 美国利用叙事策略巩固了自身国际话语权，即使在其国内新冠疫情治理失误不断的情况下，其关于新冠疫情的发声依旧具有国际影响力和动员效果，甚至部分消解了世卫组织关于新冠疫情防控的话语权。最终，美国凭借自身权威以及强大的宣发手段与渠道将叙事框定在中国身上，转移视线以掩盖自身存在的混乱与问题，最大限度减少可能的霸权折损。

总之，尽管新冠疫情危机中美国的不良表现不可避免地侵蚀了其部分领导力，但作为强有力的叙事者，美国极力发挥自身施动性，使用类比叙事、对比叙事与反叙事策略，尽可能实现霸权护持。美国的新冠疫情叙事不会因政府权力的更迭即刻失效，其国内不断攀升的仇恨亚裔事件部分佐证了这一点。② 根据2020年美国政府与媒体就《中国–世界卫生组织新冠病毒溯源研究联合专家组研究报告》发布的声明与公开报道来看③，使用反叙事、对比叙事策略来贬斥中国以及动员盟国仍是美国护持霸权的着力点。

---

① Carolina Moulin, "Narrative," p. 139.

② 根据"停止仇恨亚太裔美国人"（Stop AAPI Hate）组织的报告，从2020年3月19日到2021年2月28日，该组织共收到3795起受辱遇袭举报，参见Russell Jeung, et al., "Stop AAPI Hate National Report 3/19/20-2/28/21," Stop AAPI Hate, March 2021, accessed November 20, 2024, https://stopaapihate.org/wp-content/uploads/2021/05/Stop-AAPI-Hate-Report-National-210316.pdf。

③ "Joint Statement on the WHO-Convened COVID-19 Origins Study"; Drew Hinshaw, et al., "Key Virus-Origin Questions Unanswered," *The Wall Street Journal*, March 30, 2021, p. A8; "Calls for Further Inquiries into Coronavirus Origins," *The New York Times*, April 8, 2021, accessed October 30, 2020, https://www.nytimes.com/interactive/2021/04/07/science/virus-inquiries-pandemic-origins.html.

结　语

　　人们创造和使用叙事以理解和建构身处其中的政治现实。叙事不同于一般的话语形式，具有独特的说服与关联作用以及深层的建构性，其建构事实及经验的方式不同于统计、概括、抽象推理等分析方式，能够为国际关系研究提供重要的研究视角。在渐趋固化的战略竞争叙事结构下，研究霸权护持尤其需要发掘霸权国作为叙事者的施动性。本章从微观层面探究美国作为叙事者如何使用特定叙事策略护持霸权，提出叙事与霸权护持之间的作用机制，拓展叙事在国际关系中的理解与运用，并为分析与应对美国的叙事攻势提供学理支撑。

　　本章研究表明，美国使用类比叙事、对比叙事与反叙事策略，分别建构安全威胁、对立身份与情感以及相反社会意义。在此过程中，它需要考虑到听众的理解与支持。关注叙事者施动性与听众重要性有助于增进中国作为叙事者的能动和自觉，并从听众角度出发，使用易于理解和接受的叙事。在此过程中，或可融入更多国际关系的真实经历者的故事，增强听众体验感。而在面对美国的叙事策略制衡时，中国可致力于细化应对：澄清不当类比，提供替代解释；运用更多共识性叙事素材弱化对立性；进一步解构反叙事，在对话中还原真实含义。

　　叙事既可以护持霸权，也同样可以为新兴国家和广大发展中国家更好地维护自己的权益提供借鉴。由于中国的发展实践、治理实践、国际交往实践需要被更多地讲述，中国的理念、主张和政策需要被更广泛地传播，中国近年来努力构建中国对外话语与中国叙事体系。深入研究叙事有助于在讲述中国故事过程中识别和反制他国不当或恶意的叙事解读和链接，推动构建中国叙事体系，提升中国话语影响力和国际话语权。叙事直接关乎中国故事的讲述，需要继续深入探索，不断加以拓展。

第2章
战略叙事、本体安全与对外政策

对外政策是国际政治行为体在处理与其他行为体关系的过程中,根据特定时期国内外形势特征,为实现特定目标而确立的基本原则和路线方针。①对外政策既包含对外政策的目标和行为体之间的角色关系,也包含对外政策主张和对外政策行为。既有研究多从权力、利益等理性选择理论视角进行对外政策分析,但在充满不确定性的当今世界,上述研究就显得解释力不足、解释不充分了。随着后真相时代的到来,国际政治中的叙事之争近乎成为常态,各国的叙事之争在左右国际舆论场的同时,也对各国的对外政策产生了重要影响。本章将叙事研究纳入对外政策分析,以战略叙事为核心,从理论层面探讨战略叙事、本体安全与对外政策之间的关联,分析决策者通过生成和投射战略叙事,建构相关行为体的本体安全状态,塑造对外政策合法性的叙事实践过程,探究对外政策生成和演化的动力机制。在理论探讨的基础上,本章选取美国特朗普政府对"一带一路"倡议的战略叙事为研究对象,分析美国如何通过生成和投射有关"一带一路"倡议的战略叙事,以建构其本体安全状态,进而塑造其针对"一带一路"倡议

---

① 参见张清敏《对外政策研究的主要维度及其内在逻辑》,《国际政治研究》2019年第1期,第10页。

的政策。

一、战略叙事

战略叙事是国际政治行为体建构国际政治过去、现在和未来共有意义的方式。① 对于国家而言,战略叙事既反映其战略视野,也塑造国内和国际环境下叙事对象的感知、信仰和行为;既对其与外部世界的互动具有重要影响,也对其战略决策具有塑造作用。

(一)战略叙事的基本要素

文学和叙事学研究表明,战略叙事包含情境、角色和情节结构这三个基本要素。情境是叙事时空背景因素的总和,既包含故事发生的客观环境,也包含对于叙事时空的主观认知,即叙事者从地理、心理、社会、文化、意识形态等角度赋予叙事时空的意义。角色是叙事中具有施动性的主体,具有明确的价值取向、身份定位、社会关系等。角色理论学者塞巴斯蒂安·哈尼施(Sebastian Harnisch)基于社会心理学家乔治·H.米德(George H. Mead)的符号互动论,将国家分为"主我"(ego或I)和"客我"(alter或me)两个部分②,前者代表作为意愿与行为主体的自我,反映国家的自我定位,后者代表他者对该国的期望,是决策者所感知的其他国际政治行为体对本国角色定位的预期。当国家将所感知的他者态度引入其行动时,"客我"就与国家的自我意象产生了关联。③ 每个角色都是"主我-客我"的独特组合,也是不断

---

① Alister Miskimmon, et al., eds., *Forging the World: Strategic Narratives and International Relations* (Ann Arbor: University of Michigan Press, 2017), p. 6.

② 乔治·H.米德认为:"'主我'是有机体对他人态度的反应;'客我'是有机体自己采取的一组有组织的他人的态度。他人的态度构成了有组织的'客我',然后有机体作为一个'主我'对之作出反应。"参见乔治·H.米德《心灵、自我与社会》,赵月瑟译,上海译文出版社,2018,第198—199页。

③ Sebastian Harnisch, "'Dialogue and Emergence': George Herbert Mead's Contribution to Role Theory and His Reconstruction of International Politics," in Sebastian Harnisch, et al., eds., *Role Theory in International Relations: Approaches and Analyses* (London: Routledge, 2011), pp. 39-40.

演化的动态社会结构。"主我"与"客我"之间的张力成为角色形成、解体、重构的动力。情节则是具有时间性和因果关系的事件安排。叙事的时间性主要表现为事件的先后顺序，通常通过对故事开头、发展和结尾的安排来体现。叙事者还通过有选择性地对事件进行排列组合，在相关事件之间建立因果联系，赋予其特定意义，引导受众产生认知和价值判断。

情境、角色和情节结构三个要素作为必不可少的关键部分共同构成了战略叙事，三者彼此联系、相互影响，甚至交叉重叠、相互依存。情境会影响角色关系及角色互动效果，相同角色的互动实践在不同情境下可能被赋予截然不同的意义；情节需在情境中展开，对故事时空背景的选择和设置会影响情节的发展；情境的某些方面可以构成角色采取行动的理由，成为情节的一部分。此外，情节结构对角色关系亦有约束作用，特定情节结构可决定角色关系的发展走向。情境、角色、情节结构三者密切相联，本章对三大要素加以区分，以便对战略叙事进行深入而系统的分析。

（二）战略叙事策略

叙事者发挥施动性，有策略性地对情境、角色、事件等进行选择、设定和排列组合，生成战略叙事。叙事者所采用的策略与情境、角色、情节结构等叙事要素直接相关，包含情境设置、角色塑造和情节设计三个维度。

1. 情境设置

情境设置是指对故事发生的场景和环境进行构建。情境设置是战略叙事生产的重要组成部分，既涉及假设、意图、原则等观念性因素，也涉及叙事空间的创造，有赖于叙事者对叙事空间的想象和认知，决定了发现问题和解决问题的方向和可能性。例如，叙事者可能将世界视为一个相互依赖程度日益加深、全球化趋势不可逆转的空间，因此提出为实现共同目标而加强合作的愿景；也可能构想一个推行丛林法则、进行零和博弈、敌友泾渭分明的世界，进而不断强化竞争和对抗意识。叙事者可以在不同叙事空间的构建中作出选择和判断，构建叙事运作的场景和环境。

叙事情境的设定从来就不是价值中立的，不同的情境设置往往会传递不同的价值立场和意义。叙事者基于其对叙事空间的观察和理解以及叙事动机来设定情境，表达其原则立场和价值判断，甚至进行情感投射。叙事情境的设定在很大程度上决定了角色塑造和故事情节的发展走向。例如，中美实力对比以及美国有关中国崛起对其霸权主导下的国际体系是否构成挑战的认知，将直接决定美国对其所处国际体系情境的设定，影响其对中国的角色定位和对中美两国角色关系的研判，进而塑造美国对华政策和中美互动进程。

就国际政治领域而言，情境设置主要通过国际体系层次的战略叙事得以实现。该叙事描述世界组织和运转的方式，阐述叙事者对国际体系及其发展走向的理解。例如，冷战叙事、反恐战争叙事、中国崛起叙事、权力转移叙事都是这一层次的叙事。以反恐战争叙事为例，这一叙事设定国家以战争形式保护个体免受恐怖主义的威胁，一旦某一行为体被界定为恐怖分子或恐怖组织，各国均须予以打击，否则就可能被视为"支持恐怖主义的国家"。随着反恐战争的推进，越来越多的国家会出于自愿或迫于压力选边站队，世界将被划分为不同的阵营，国际政治和安全格局亦可能发生相应变化。

2. 角色塑造

角色塑造是叙事者对特定情境下行为体角色身份、行为意图等进行的塑造。要研究战略叙事中的角色塑造，首先需要厘清叙事者与角色的关系以及与此相关的角色塑造问题。叙事者与角色的关系一般存在两种基本情况。一是叙事者就是角色，即叙事中的行为体。在这种情况下，叙事者对角色身份的塑造就是对自我角色身份进行定位，"主我"在角色塑造中发挥主导作用。二是叙事者不是被塑造的角色本身，而是对角色进行塑造的他者，主要体现"客我"视角。正如前文所言，"主我"与"客我"契合度的高低决定了相关各方能否就行为体的角色身份达成共识。契合度高意味着各方对相关行为体角色身份的认知较为一致，为共有期望、管理行为目标的形成奠定了基础。契合度低则反映出各方相关认知的分歧，不利于形成共有预期以及协调行动目标。

需要指出的是，无论是自我定位的"主我"，还是他者塑造的"客我"，都始终处于自我调整和建构的过程中，并非一成不变。

就国际政治而言，角色塑造是一个始终处于动态发展中的主体间过程。在国家内部，不同政治精英群体之间观点的碰撞，以及政治精英面向大众的信息传播和大众对信息的接受都会影响角色塑造的过程和效果。在不同国家之间，就相关国家角色的定位能否达成共识、建立相关国家角色的共有意义，直接关乎国家之间的信任和互动模式。

角色塑造往往通过身份叙事得以实现。这类叙事阐明了国际政治行为体被赋予的角色身份，包括其价值取向、目标意图、地位声望等。一方面，叙事者可以通过身份叙事明确传递国际政治行为体对特定议题和政策领域的立场、在世界政治或国际体系中的位置。例如，角色在社会关系中的地位表明哪一个国家政治行为体被认为是重要的，并为其预设了特定的利益偏好和行为方式。根据在国际体系中的地位，可将不同国家划分为新生国家（emerging state）、小国（minor member）、大国（major member）、强国（great power）四种主角色（master role）。[①] 一旦一个国家拥有大国的角色身份，就意味着在国际社会的预期中，该国应该表现出大国应有的风范，应该采取更多大国应该有的举动，在国际体系中发挥更多主导作用。另一方面，角色塑造过程也是构建角色关系的过程。叙事者可通过塑造角色关系，建构其对特定国家的身份叙事，并借此塑造人们对相关国家行为和潜在对外政策选项的判断和预期。角色塑造体现出较强的关系性和意图性。K. J. 霍尔斯蒂（K. J. Holsti）提出的"孤立者""调解者""地区领导者"等17种国家角色[②] 均存在于国际社会关系之中，具有社会关系属性。不同角色之间的友好/敌对或是亲疏远近程度直接决定了不同角色之间关系的性质，也决定了角色互动模式。例如，美国小布什政府将伊拉克、伊朗和朝鲜定位为"邪恶轴心"国家，此后又将利比亚、叙

---

① Cameron G. Thies, "A Social Psychological Approach to Enduring Rivalries," *Political Psychology* 22, No. 4 (2001): 708-709.

② K. J. Holsti, "National Role Conceptions in the Study of Foreign Policy," *International Studies Quarterly* 14, No. 3 (1970): 233-309.

利亚、古巴列为"支持恐怖主义的国家",为这些国家贴上"流氓国家"(rogue state)的标签。美国在通过贴标签将极其负面的角色形象强加于相关国家的同时,实际上也将美国自身塑造成善良和正义的化身。正是在这种"善良"与"邪恶"、"正义"与"非正义"的对立关系中,美国树立起除恶扬善的英雄形象,为其打压相关国家的政策争取支持。

3. 情节设计

在战略叙事中,情节设计指的是叙事者在对事件进行选择性过滤的基础上,在时间维度上跨越过去、现在和未来,按照一定顺序安排事件,同时选择特定情节结构对相关事件进行再加工,建立事件之间的因果关系、建构意义,进而引导受众的认知和行动,为相关政策选项提供合法性支撑。叙事者在设计情节时可发挥施动性,基于特定意图和目的,选取相关基本事实,根据特定情节结构进行组织,形成完整的故事,建构特定意义。情节设计在使一些观念和行动成为可能的同时,也将其他观念和行动排除在外,进而影响国际政治行为体的互动实践和相关决策。

战略叙事所涉及的叙事情节主要包括以下四类:浪漫情节、悲剧情节、喜剧情节和讽刺情节。[1]浪漫情节关乎"良善战胜邪恶,德行战胜恶行,光明战胜黑暗"。[2]权力精英经常通过浪漫式叙事投射政治理

---

[1] 该分类法首先由文学评论家诺思罗普·弗莱(Northrop Frye)总结提出,参见 Northrop Frye, *The Anatomy of Criticism: Four Essays* (Princeton: Princeton University Press, 1957)。后来该分类法逐渐成为人文和社会科学中常常参考的分类方法,也被运用于国际关系研究。相关研究参见 Hayward R. Alker, *Rediscoveries and Reformulations: Humanistic Methodologies for International Studies* (Cambridge: Cambridge University Press, 1996); Erik Ringmar, "Inter-Textual Relations: The Quarrel over the Iraq War as a Conflict between Narrative Types," *Cooperation and Conflict* 41, No.4 (2006): 403-421; Riikka Kuusisto, "Comic Plots as Conflict Resolution Strategy," *European Journal of International Relations* 15, No. 4 (2009): 601-626; Nadim Khoury, "Plotting Stories after War: Toward a Methodology for Negotiating Identity," *European Journal of International Relations* 24, No. 2 (2018): 367-390; 孙吉胜:《语言、意义与国际政治——伊拉克战争解析》,第140—143页;贺刚:《叙述结构、角色扮演与暴力进程的演变——丹麦与瑞典漫画危机的比较研究》,第137—154页。

[2] Hayden White, *Metahistory: The Historical Imagination in Nineteenth-Century Europe* (Baltimore: Johns Hopkins University Press, 1973), p. 9.

念,动员民众支持。[①] 在国际关系领域,浪漫式叙事为理想主义者所偏爱。悲剧情节以一个向前发展的故事为开端,结尾却发生逆转,走向倒退。在国际关系中,现实主义观点常常带有悲剧色彩,认为处于无政府状态国际体系中的主权国家必须自助,挑战这一规律的国家注定失败。与悲剧情节相反,喜剧情节的发展轨迹是从退步转向进步,其根本特征在于进步性的发展趋势和结果。在世界政治中,拥有改革思想的建制派通常以喜剧情节表达看法。相较于浪漫情节和悲剧情节,喜剧情节更具弹性,没有明显的英雄主义和决定论[②],对于他者更为包容,为角色之间的身份协商和沟通合作开辟了空间。讽刺采取一种对世界进行嘲讽的立场,依附于其他叙事形式而存在。[③] 讽刺情节通过倒置传统情节或者以其他方式对其进行解构或重组,产生讽刺意味,其目的在于颠覆而非建设。

二、本体安全

本体安全概念起源于精神分析学,后来在社会学等领域得到进一步发展。英国社会学家安东尼·吉登斯(Anthony Giddens)将该概念用于社会层面,将其定义为"事件中的连续感和秩序感"。[④] 吉登斯的研究为国际政治中的本体安全研究提供了重要理论启示。国际政治中的本体安全研究突破了传统国际安全研究主要关注物质性安全或实体安全(physical security)的框架,提出国家等国际政治行为体都追

[①] Hayden White, *Metahistory: The Historical Imagination in Nineteenth-Century Europe*, p. 186. 当代例证参见 Robert Jewett and John S. Lawrence, *Captain America and the Crusade against Evil: The Dilemma of Zealous Nationalism* (Grand Rapids: William B. Eerdmans, 2003).

[②] Riikka Kuusisto, "Comic Plots as Conflict Resolution Strategy," pp. 601-626.

[③] Erik Ringmar, "Inter-Textual Relations: The Quarrel over the Iraq War as a Conflict between Narrative Types," p. 406.

[④] Anthony Giddens, *Modernity and Self-Identity: Self and Society in the Late Modern Age* (Cambridge: Polity Press, 1991), p. 243.

求连贯一致的身份或者自我感。① 国家不仅致力于维护实体安全,还具有对本体安全,即维持一个连贯一致和稳定的自我或者"存在的安全"(security of being)的持续需求。② 实体安全不一定优先于本体安全,反之亦然。③ 将本体安全概念引入国际政治研究有助于突破传统国际安全研究的局限,进一步丰富研究议程,深化有关国际冲突与合作等议题的思考。

(一)关于本体安全的既有研究

关于本体安全的形成,既有研究主要采取外生和内生两种视角。前者认为国家和个体一样,都致力于维持一个连贯一致的自我,在与其他国家的关系中提升本体安全。后者则聚焦国家,认为国家通过自传体叙事讲述具有说服力的有关自我的故事,进而为其公民提供本体安全。詹妮弗·米岑(Jennifer Mitzen)和布伦特·J. 斯蒂尔(Brent J. Steele)分别是以上述两种视角来研究国际政治中本体安全的代表。

米岑将个体对本体安全的需求提升至国家层面,提出国家也寻求本体安全的假设,即国家也需要具有连续性和完整性的自我体验,需要稳定的身份认同,而各种形式的不确定性会破坏国家的身份认同,影响其发挥施动性。因此,国家通常会通过在互动实践中确立并依附惯例来塑造认知和行为层面的确定性,以满足其对本体安全的需求。④ 米岑在对现实主义视角下安全困境理论进行批判的基础上,探讨安全

---

① Christine Agius, "Drawing the Discourses of Ontological Security: Immigration and Identity in the Danish and Swedish Cartoon Crises," *Cooperation and Conflict* 52, No. 1 (2017): 110.

② Jennifer Mitzen, "Ontological Security in World Politics: State Identity and the Security Dilemma," *European Journal of International Relations* 12, No. 3 (2006): 341-370; Brent J. Steele, *Ontological Security in International Relations: Self-Identity and the IR State* (London: Routledge, 2008).

③ Bahar Rumelili, "Identity and Desecuritisation: The Pitfalls of Conflating Ontological and Physical Security," *Journal of International Relations and Development* 18, No. 1 (2015): 52-74.

④ Jennifer Mitzen, "Ontological Security in World Politics: State Identity and the Security Dilemma," pp. 341-370.

困境中的本体安全。她认同国家身份的社会建构，着重通过国家类型（type）这一变量进行批判分析，认为国家身份或类型是由社会关系构成和维持的，有赖于与他者的互动来实现，从社会秩序中的角色地位中获得意义。[1] 理想状态下，内在认同的角色身份和外在承认的角色是一致的，但是安全困境的持续存在则表明事实并非如此。每个国家都视自己为寻求安全的国家，但同时又都可能被他者视为潜在的安全破坏者。这种主观角色身份和被承认的角色身份之间的错位是不稳定的。米岑认为，随着互动的持续推进，被承认的角色在惯例层面对内在角色身份发挥反作用力，可以创造出一个新的竞争者或竞争对手的角色。[2]

与米岑不同，斯蒂尔对本体安全形成的解释更聚焦于国家本身的施动性，认为国家的本体安全并非建立在外在的物质结构基础上，而是内生于自我认同的需求，即一个国家如何看待自己，以及希望如何被他者看待。[3] 他对传统国际关系研究中有关国家生存（survival）需求的假定提出挑战，指出除了生存，国家还需要获得持续的自我认同，也就是国家有对本体安全的需求。为了获得持续稳定的自我认同，国家甚至可能不惜采取损害其实体安全的行动。[4] 斯蒂尔采用本体安全研究路径来探究道德、人道主义和荣誉驱动这三种形式的社会行动，认为国家之所以采取这些社会行动，并不是国际社会的格局和背景驱使其为之，也不是国家主体间建构的结果，而是因为这些行动满足了国家自我认同的需求，赋予国家本体安全。如果国家没有采取这些行动，那么它们的自我认同感将会被严重破坏，这种破坏对于国家而言，会产生类似于威胁其实体完整性的效应。斯蒂尔批判分析了理查德·内德·勒博（Richard Ned Lebow）和玛莎·芬尼莫尔（Martha

---

[1] Jennifer Mitzen, "Ontological Security in World Politics: State Identity and the Security Dilemma," pp. 357-359.

[2] Ibid., p. 359.

[3] Brent J. Steele, *Ontological Security in International Relations: State Identity and the Security Dilemma*, pp. 2-3.

[4] Ibid., p. 1.

Finnemore)有关社会环境的观点,指出处于相似社会结构背景下的国家也会采用不同的政策选项,这就表明除社会结构因素外,国家的施动性也是影响决策的重要因素,国家自我认同的需求在对外决策过程中发挥重要作用。① 斯蒂尔本体安全理论的核心概念包括"自传体叙事""危急情境""羞耻"等,这些均与国家的内在体验密不可分。其中,"危急情境"看似外在于自我,但斯蒂尔强调一个事件是否属于"危急情境"取决于施动者(或决策者)对事件的解读②,是行为体施动性的体现。

以上两种关于本体安全形成的观点分别侧重结构和施动性因素。关于本体安全的形成究竟源自这两个因素中的哪一种,学者们产生了分歧。事实上,以"身份"这一本体安全的重要组成要素为例,在国际关系研究中,学界曾经围绕到底身份是由外在的结构因素塑造而成,还是内在的自我调适的结果进行辩论。③ 本章认为,仅仅从结构或是施动性某一种视角来解释本体安全的形成都是不全面的。这里仍然以身份为例。一方面,身份是一个关系性概念。身份认同是在特定社会环境背景下,在自我与他者的互动实践中产生的,必然受到结构性因素的影响。另一方面,国际政治行为体具有主体性。作为具有反思能力的施动者,国际政治行为体将基于自身历史、文化、社会、价值等方面的背景,对国际政治结构产生独到的见解,并形成自我身份定位和发展的内在驱动力,推动形成特定的身份认同。以上外生和内生视角不是相互排斥、相互对立的关系,而是相互补充的关系。

---

① Brent J. Steele, *Ontological Security in International Relations: State Identity and the Security Dilemma*, pp. 4-5.

② Ibid., pp. 10-13.

③ Iver B. Neumann, "Self and Other in International Relations," *European Journal of International Relations* 2, No. 2 (1996): 139-174; Iver B. Neumann, *Russia and the Idea of Europe: A Study in Identity and International Relations* (London: Routledge, 1996); Ole Wæver, "Identity, Communities and Foreign Policy: Discourse Analysis as Foreign Policy Theory," in Lene Hansen and Ole Wæve, eds., *European Integration and National Identity: The Challenge of Nordic States* (London: Routledge, 2002), pp. 20-49. 20世纪90年代,伊弗·B.诺伊曼(Iver B. Neumann)和奥利·维夫(Ole Wæver)分别就欧洲身份问题进行了阐述,诺伊曼突出强调像俄罗斯和土耳其这样的他者对欧洲身份的构成性作用,而维夫则突出强调欧洲的自我本身的演进。

(二)影响本体安全的因素

本章认为,影响国际政治行为体的本体安全的因素有该行为体对所处环境稳定性的认知与判断、行为体身份的延续性和统一性以及互动实践惯例化程度。

首先,国际政治行为体的本体安全受到其对所处环境稳定性认知与判断的影响。这一认知与判断源于国际政治行为体对国际社会环境和国际体系结构的认知,即其对国际格局和国际秩序的理解。西蒙·普拉特(Simon Pratt)在考察实用主义哲学中针对关系主义本体立场的基础上,结合关系社会学,重新界定了"本体安全",认为国际政治行为体不是要在心理层次上寻求独立自我的一致和稳定,而是要寻求自身所处社会环境的稳定。[①] 而社会环境主要由各种社会关系构成,因此国际政治行为体的本体安全源于持续稳定的社会关系。如果国际政治行为体认为国际环境和国际体系结构较为稳定,在国际体系中未发生明显的权力变化,则其本体安全水平较高。相反,如果国际政治行为体认为国际格局发生深刻演变,国际体系发展充满不确定性,特别是自身在国际体系结构中的权力趋于下降,那么其本体安全水平就较低。

其次,国际政治行为体身份的延续性和统一性也会影响其本体安全。国际政治行为体的身份大致可分为在与他者关系中所确立的角色身份,如竞争者、合作者等,以及基于自身思想观念和价值取向等的自我认同,如美国自认为是"民主国家"。国际政治行为体与他者之间稳定的角色关系为其本体安全提供保障。当国际政治行为体与他者关系稳定,其相应角色身份即保持连贯一致。反之,相应角色身份则发生改变,该行为体身份的延续性和统一性将被打断。此外,如果国际政治行为体的实践行动符合其自我认同的价值观,该行为体就能够维持较高的本体安全水平。而如果该行为体的实践行动与自我认同发生

---

① Simon Frankel Pratt, "A Relational View of Ontological Security in International Relations," *International Studies Quarterly* 61, No. 1 (2017): 78-85.

冲突，则将激发其本体不安全感。

再次，互动实践惯例化程度同样会影响本体安全。就实践方式而言，互动实践惯例不仅表现为行为惯习，也表现为叙事惯习。国际政治行为体在互动实践中逐步形成惯例，为其建立对他者的基本信任奠定基础，有助于其在消解存在性焦虑的同时，构建确定性和秩序感。而当国际政治行为体面临存在性焦虑时，就会通过维持惯习和惯例来抵御焦虑。在国际社会中，惯例常常以国际秩序、国际规范、国际制度等形式体现。例如，二战后美国凭借其实力形成其霸权主导下的国际合作惯例，如布雷顿森林体系。当时，这一体系对于推动国际货币金融合作发挥了重要作用。在上述案例中，对于美国这个国际惯例的主导者而言，当其他国际政治行为体按照其设定的惯例行事，其本体安全水平就较高。而如果其他国际政治行为体试图挑战或改变美国主导的国际秩序、国际规范和国际制度，美国就将产生焦虑感，其本体安全水平就较低。

为寻求本体安全，国际政治行为体一般会采取两种策略：一是"存在策略"（strategy of being），即通过构建"强大叙事"来确保身份的延续性和统一性；二是"行动策略"（strategy of doing），即通过开展惯例化实践来维持稳定的认知环境，并为采取反思性适应行动预留空间。[1] 惯例是基于心理定式的行为模式[2]，是认知、情感和行为的统一。惯例化实践是实践行动习惯化和规约化的结果，表现出很高的固定化倾向。在不合作或有条件合作的情况下，国际政治行为体为了规避风险，会倾向于采取惯例化程度高的行动，尤其在合作氛围很差的危机情境下，惯例化实践往往成为最优选择。[3]

---

[1] Trine Flockhart, "Is This the End? Resilience, Ontological Security, and the Crisis of the Liberal International Order," *Contemporary Security Policy* 41, No. 2 (2020): 219.

[2] 王建安、张钢：《集体问题解决中的知识、惯例和绩效》，《心理学报》2008年第8期，第862—872页。

[3] 张梅等：《三人问题解决中的惯例：测量及合作水平的影响》，《心理学报》2015年第6期，第814—825页。

三、战略叙事策略与本体安全建构

国家具有对本体安全的需求。稳定的国际体系环境、连贯一致的身份或者自我感以及规范化的国际实践惯例是国家获得本体安全的必要条件。上述三个条件并非物质性的客观存在,而是国家主体间互动的结果,战略叙事在此互动过程中发挥构成性作用。国际体系层面的战略叙事框定了国家相互交往的环境、背景和社会关系网络,设定了国家间互动实践的情境。战略叙事中的身份叙事塑造了国家在国际社会交往中所扮演的角色。在有关特定议题的战略叙事中,国家对相关国际实践惯例的遵守或偏离成为推动情节发展的动力。建构本体安全的战略叙事不是唯一的,也并非总是一成不变的,而是会随着国家主体间互动进程而不断发展。

(一)情境设置对国际体系的塑造与本体安全

国际体系是指主要世界大国在特定历史时期,按照某种结构形式和互动模式相结合所构成的整体[①],反映了主要大国在国际社会中的关系,构成了国家对外交往的环境和背景,其性质和内涵对相关国家的本体安全状态具有直接影响。按照主流国际关系理论,国际体系具有无政府性,包含结构和进程等主要内容。新现实主义的物质结构说强调国际体系内各大国之间的权力分配;新自由制度主义理论注重国际体系的进程,提出各个国家可以在权力分配框架内,通过制度合作实现利益最大化;结构建构主义学者则认为,国际体系的基本特征在于存在一个国际社会的共有知识,即国际体系文化,国家间的互动建构国际体系的观念结构。权力分配和制度合作对国际体系的重要性不可否认,但在后真相时代,观念和语言等要素都在国际体系演化中发挥日益重要的作用。本章在亚历山大·温特国际体系观念结构说的基础上,进一步提出战略叙事是塑造和传播观念的重要手段,通过情境设

---

① 高尚涛:《主流国际体系理论研究评述》,《外交评论》2006年第2期,第45页。

置塑造国际体系文化和国际体系的稳定性，进而对国家的本体安全状态产生重要影响。

首先，战略叙事通过情境设置塑造国际体系文化，影响国家的本体安全状态。国家间的互动包括行动和观念两个层次，而观念决定行动，在根本上还是观念层次的互动。以国际社会的无政府状态为例，温特认为，无政府性并非国际体系的固有特性，而是由国家间互动所产生的共有观念建构而成。"无政府状态是国家造就的。"[①] 国家间互动可产生多种意义结构，因此，国际体系中就可能存在多种无政府逻辑，具有多种无政府文化。而无论是作为理解模式（mode of comprehension）还是解释模式（mode of explanation），叙事都与观念紧密相连。战略叙事作为具有特定政治意图的叙事，一方面塑造观念，另一方面表象和传播观念。叙事情境结构决定国际体系的观念结构。

国际体系文化的形成主要依托于国际体系叙事。国际体系叙事呈现特定的社会关系网络结构，对国际体系文化的发展具有框定作用。当叙事者对国际体系进行情境设置时，就框定了国际社会的社会关系网络结构，塑造了国际体系文化，也决定了置身于其中的行为体的本体安全状态。不同国际体系文化之间可能存在相互竞争的关系，这种竞争通过叙事竞争得以体现，最终其中一种国际体系文化占据主导地位。温特提出了三种国际体系的无政府文化，即霍布斯文化、洛克文化和康德文化，核心内容分别是敌对、竞争和友谊。[②] 叙事者可通过呈现具有对抗、竞争或合作结构模式的社会关系网络来构建上述国际体系文化，进而影响国际体系中相关行为体的本体安全状态。处于充满敌意的霍布斯文化中的行为体需要随时准备对抗和反击，本体安全水平较低。如果洛克文化占据主导，那么行为体就会在竞争中保持适度的本体安全水平。如果康德文化成为主流，那么良好的包容合作氛围

---

① Alexander Wendt, "Anarchy Is What States Make of It: The Social Construction of Power Politics," *International Organization* 46, No. 2 (1992): 391-425.

② 亚历山大·温特：《国际政治的社会理论》，秦亚青译，上海人民出版社，2014，第244—301页。

会给行为体带来较强的本体安全感。

其次，战略叙事通过情境设置塑造国际体系的稳定性，影响相关行为体的本体安全状态。战略叙事对国际体系所处情境的设置具有开放性，并且总是处于动态发展的状态，或保持稳定，或剧烈动荡，或在转变之中。国际体系的稳定程度会对身处其中的行为体的本体安全产生影响，对行为体之间的互动模式和进程形成约束。一般而言，如果国际体系呈现出较强的稳定性，身处其中的行为体就拥有较强的本体安全感。相反，如果国际体系表现出较强的不确定性，相关行为体就容易产生存在性焦虑，激发本体不安全状态。国家与国际体系的互动可以推动国际体系所处情境发生改变，影响行为体的本体安全。重要国家与国际体系之间的关系直接关系到国际体系的发展走向。杰弗里·W. 勒格罗（Jeffrey W. Legro）认为，存在融入、修正或脱离国际体系三种情况。[①] 在现有国际体系的支持者和维护者看来，主动寻求融入将有助于巩固和强化现有国际体系，它们的本体安全会得到进一步保障；寻求修正意味着改变和削弱现有国际体系，寻求脱离则将消解现有国际体系，这两种情况都会降低它们的本体安全水平。

值得注意的是，基于相同互动实践，可能产生不同叙事，反映出相关国家与国际体系之间的不同关系特征。在国际体系权力转移过程中，围绕崛起国与现有国际体系的关系，霸权国与崛起国之间出现叙事竞争的可能性尤其之大。出于对崛起国的疑惧，霸权国常常认定崛起国意图修正甚至脱离现有国际体系，另起炉灶，而崛起国的相关认知则并非如此，双方各执一词，展开叙事竞争。比如，特朗普政府时期的美国将中国视为"修正主义国家"，而中国坚称自己参与并维护现有国际秩序，即为叙事竞争中的一例。

（二）国家的自我角色塑造与本体安全

传统国际安全研究着重关注国家的物质性或实体安全需求，而本

[①] Jeffrey W. Legro, "What China Will Want: The Future Intentions of a Rising Power," *Perspectives on Politics* 5, No. 3 (2007): 515-534.

体安全研究则认为，除实体安全需求外，国家还有本体安全需求，需要连贯一致的身份或自我感以获得本体安全。因此，国家的自我角色塑造对于其获得和维护本体安全至关重要。

一方面，国家通过自传体叙事塑造自我，建构本体安全。本体安全是存在的安全。正如个体通过讲述关于自己的故事发现自我，为自己的行为寻找依据，获得存在的意义一样，国家同样需要通过建构自传体叙事来理解自己在国际体系中的行为，给自身行动赋予意义。[①] 在最极端的意义上，国家不仅通过运用自传体叙事达到政策目的，而且甚至就是自传体叙事本身。[②] 斯蒂尔认为，如果没有叙事或者传记，人们就只能从空间上了解一个国家。如果不通过叙事来建立国家身份的延续性和统一性，就不会存在国家观念。国家之所以拥有本体安全正是因为国家有关于自身的历史性记录，这些记录是通过过去、现在和未来的施动者的叙事得以建立的。[③] 国家通过有选择性地使用叙事材料，塑造情境、设计角色、编排情节，创造自传体国家叙事，以解释其过去、现在和未来的自我。[④] 例如，一个希望将自己塑造成人道主义者的国家将会努力掩盖其曾经犯下的暴行，以便树立和维护其人道主义者的形象[⑤]，而承认暴力因素则有违其自我身份定位，会导致耻辱感，并形成本体不安全状态。[⑥] 本体安全就是行为体通过反复进行自传体叙事而得以建立和维护的。

[①] Alexandria J. Innes and Brent J. Steele, "Memory, Trauma and Ontological Security," in Erica Resende and Dovile Budryte, eds., *Memory and Trauma in International Relations: Theories, Cases, and Debates* (London: Routledge, 2013), pp. 15-29.

[②] Felix Berenskötter, "Parameters of a National Biography," *European Journal of International Relations* 20, No. 1 (2014): 262-288.

[③] Brent J. Steele, *Ontological Security in International Relations: State Identity and the Security Dilemma*, p. 20.

[④] Felix Berenskötter, "Parameters of a National Biography," pp. 262-288.

[⑤] Roy Baumeister and Stephen Hastings, "Distortions of Collective Memory: How Groups Flatter and Deceive Themselves," in James W. Pennebaker, et al., eds., *Collective Memory of Political Events: Social Psychological Perspectives* (Mahwah: Lawrence Erlbaum Associates, 1997), pp. 277-294.

[⑥] Trine Flockhart, "The Problem of Change in Constructivist Theory: Ontological Security Seeking and Agent Motivation," *Review of International Studies* 42, No. 5 (2016): 799-820.

另一方面，国家的自我角色塑造在该国与他者的关系中进行，有关他者的叙事也在建构国家本体安全的过程中发挥重要作用。国家发挥施动性的前提是稳定的秩序和行动结果的可预测性，而这两者均源于已经建立的常规以及与他者的安全关系。① 国家的自我在与他者的互动关系中形成并被不断重构。如米岑所言，国家的真实身份源于与外部世界的互动。因此，一个国家的本体安全不仅仅体现在其自传体叙事中，实际上也体现在其有关他者的叙事或是有关与他者关系的叙事之中，一个国家的对外政策叙事就是其中的典型代表。通过考察上述叙事，可以看出该国的本体安全状态及其为了维护自身本体安全而作出的努力。例如，美国关于"一带一路"倡议的战略叙事是美国发布的有关中国这个重要他者的叙事，虽然这不是美国的自传体叙事，但是不妨碍通过该叙事观察美国在与中国互动过程中的本体安全状态以及美国对"一带一路"倡议的政策走向。

此外，国家的本体安全还表现为其作为国际社会成员的安全，也就是说，仅仅自我感觉安全还不够，国家还需要在和其他国家的交往中感到安全，如被稳定地视为"欧洲的""现代的"，等等。② 这种集体维度的本体安全有赖于稳定的共有叙事。当个体能够维护共有叙事时，他们就感到安全。这些共有叙事进而又会成为一个国家的决策者分析形势和事件的认知滤镜，如果这些叙事受到挑战，它们也会成为冲突的潜在来源。

身份叙事在持续维护本体安全方面发挥着重要作用。国家一般会努力维护自我身份定位③，其身份叙事使其能够在变化的世界中保持自我认同的延续性。④ 当外部事件呈现出对国家内在和外在身份的挑战，

---

① 参见 Bill McSweeney, *Security, Identity, and Interests: A Sociology of International Relations* (Cambridge: Cambridge University Press, 1999)。

② Jelena Subotić, "Narrative, Ontological Security, and Foreign Policy Change," *Foreign Policy Analysis* 12, No. 4 (2016): 616.

③ Ayşe Zarakol, "Ontological (In)Security and State Denial of Historical Crimes: Turkey and Japan," *International Relations* 24, No. 1 (2010): 3.

④ 参见 Trine Flockhart, "The Problem of Change in Constructivist Theory: Ontological Security Seeking and Agent Motivation"。

不能被很好地嵌入其身份叙事之中时，相关国家就会经历痛苦，甚至产生重大本体危机。面对本体危机，国家可以借助叙事手段实现"本体自助"，通过修订或重写其集体叙事来应对外部创伤①；也可以通过选择性地激活国家自传体叙事模板中的某些要素，同时忽略其他要素，从叙事层面解释危机带来的政策变化②；还可以通过努力维护自我反思的叙事、对自我的积极看法，来保持自我角色的延续性和统一性，缓解行为体的存在性焦虑。③例如，在2004年印度洋海啸之后，美国未能及时施以援手，遭到国际社会诟病，相关指责破坏了美国设定的国际形象，造成美国价值观维度上本体安全的破裂。随后美国迅速调整政策，重申其作为国际人道主义援助者的身份，以修复遭到破坏的本体安全。④

需要指出的是，战略叙事通过支持国家身份的延续性和一致性来维护本体安全，并不是说国家的自传体叙事等将保持静态不变。事实上，将国家再概念化为通过叙事而存在有助于解释其自传体叙事的变化和延续。⑤随着国家在国际社会中与其他国家互动，发展新的对外关系，经历意义重大的事件，国家的战略叙事中必然会融入新的元素，国家的自传体叙事也需要发生改变。当然，这种改变不一定是根本性改变，而只是选择侧重不同的叙事要素。只要能够保证前后之间的合理衔接，一个连贯一致的叙事就可以涵盖各种变化。⑥

一个国家并非仅拥有单一的身份叙事。事实上，同一个国家可能拥有处于竞争之中的多种身份叙事。⑦虽然存在主导叙事，但是对于一

---

① 参见Alexandria J. Innes and Brent J. Steele, "Memory, Trauma and Ontological Security"。

② 参见Jelena Subotić, "Narrative, Ontological Security, and Foreign Policy Change"。

③ 参见Brent J. Steele, *Ontological Security in International Relations: State Identity and the Security Dilemma*。

④ Brent J. Steele, "Making Words Matter: The Asian Tsunami, Darfur, and 'Reflexive Discourse' in International Politics," *International Studies Quarterly* 51, No. 4 (2007): 901-925.

⑤ Jelena Subotić, "Narrative, Ontological Security, and Foreign Policy Change," p. 614.

⑥ Felix Berenskötter, "Parameters of a National Biography," p. 279.

⑦ Will Delehanty and Brent J. Steele, "Engaging the Narrative in Ontological (In)Security Theory: Insights from Feminist IR," *Cambridge Review of International Affairs* 22, No. 3 (2009): 523-540.

个国家的过去、现在和未来总是存在多种阐释。不是所有行动都是在单一叙事的指导下进行，或是因为某个单一叙事而变得有意义的。但是，如果一个国家的特定战略叙事不占据主导地位，那么该战略叙事就会遭遇更激烈的竞争，也就不太可能在此基础上产生一个连贯一致的有关未来的愿景。① 主导叙事可以与更为详细具体的衍生叙事并存，这些衍生叙事要么层次分明，要么相互交织，可以被策略性地加以利用，而无损于基本话语的连贯性。② 不同叙事之间存在的差异是有限的，国家身份叙事仅仅呈现"有关世界能够或不能如何改变，以及未来应该如何的有限合理场景"。③ 本章的重点不是要对叙事竞争进行解释，而是要呈现国家战略叙事本身的复杂性和多维性。国家可以有策略地选择和使用身份叙事，以获得期望中的本体安全状态。

（三）国际秩序演变的情节设计与本体安全

秩序感是行为体本体安全感的来源之一，而秩序感的产生依赖于互动实践惯例。叙事者可以通过设定相关实践与既有惯例之间对立或统一的情节，表现秩序的变化或延续，进而破坏或巩固相关行为体的秩序感，达到塑造行为体本体安全状态的效果。行为体对既有惯例的遵守和偏离构成了秩序演变的轨迹，成为推动叙事情节发展变化的动力，同样可以塑造行为体的本体安全状态。

关于国际秩序，有研究者基于国际体系的社会属性假定，提出国际互动受到国际政治行为体之间共有规范、规则和期望的影响，并因此具有可预测性，认为国际秩序是能维持国际社会运转并保证实现其基本目标的一种特定模式或者安排，具有很强的规范性。④ 当国际体系具有稳定的秩序时，国际政治行为体基于规则互动，能够就国际事务

---

① 参见 Beatrice De Graaf, et al., eds., *Strategic Narratives, Public Opinion and War: Winning Domestic Support for the Afghan War* (London: Routledge, 2015)。

② Felix Berenskötter, "Parameters of a National Biography," p. 280.

③ Consuelo Cruz, "Identity and Persuasion: How Nations Remember Their Pasts and Make Their Futures," *World Politics* 52, No. 3 (2000): 277.

④ 魏玲：《本土实践与地区秩序：东盟、中国与印太构建》，《南洋问题研究》2020年第2期，第5—6页。

的基本目标和实现手段达成主体间共识。这一共识作为国际政治行为体的共有观念，在互动实践的历史进程中形成、演化和发展，在规范结构之中得以体现。可以说，"国际实践建构国际秩序"。[①] 在此过程中，国际实践惯例的建立至关重要，它有助于推动国际政治行为体对实践目标、方式等形成共识，有助于国际政治行为体之间建立信任关系，进而促进有效合作。

在国际政治中，最常见的国际实践惯例表现为国际制度。斯蒂芬·D.克拉斯纳（Stephen D. Krasner）等将国际制度界定为"一系列隐性或显性的原则、规范、规则和决策程序"[②]，包括国际机制、国际实践惯例以及国际机构等。在国际体系内，国家基于国际制度进行的互动是国际体系的重要内容和显著特征。对国际制度的遵守和偏离构成国际秩序演变的轨迹。在国际体系中，如果所有国家均按照既有国际制度行事，不寻求对其进行转化、改变甚至脱离，那么国际秩序就会保持平稳态势。然而，随着国际体系发生深刻演变，国际制度竞争日益突出。国际制度的主导国和参与国都在为实现自身权力、利益或价值诉求积极塑造不同形式的国际制度。基于国际制度的不同形式，国际制度竞争表现为规则、机制、机构和秩序四个维度上的竞争。前三个维度上的具体有形化竞争都为高度抽象的秩序竞争奠定了基础，以达到维持或塑造于己有利的国际秩序的目的。[③] 在国际制度竞争背景下以及相关行为体竞争实力等因素作用下，国际秩序可能发生或多或少的改变，进而对相关行为体的秩序感产生影响。

然而，国际制度竞争的存在并非总是客观事实。有关国际制度竞争的观念可以是语言建构的产物，可以通过战略叙事中的情节设计进行建构。叙事者既可以采用浪漫情节结构，突出处于国际制度关系中的不同行为体之间的对立性，强调相关行为体围绕国际制度开展的竞

---

① 魏玲：《本土实践与地区秩序：东盟、中国与印太构建》，第5—6页。

② Stephen D. Krasner, ed., *International Regime* (Ithaca: Cornell University Press, 1983), p. 2.

③ 李巍、罗仪馥：《从规则到秩序——国际制度竞争的逻辑》，《世界经济与政治》2019年第4期，第28—57页。

争以及既有国际制度主导行为体指责相关参与方偏离、改变甚至脱离现有国际实践惯例的行为，也可以采用喜剧情节结构，彰显相关行为体在国际制度关系中的统一性，国际制度参与各方通过协商不断完善国际合作机制，进而根据国际制度开展互动合作。以上两种情节结构会为相关行为体塑造两种截然不同的本体安全状态。前者采用冲突对抗性的浪漫情节设计，将令相关行为体处于本体不安全的状态，而后者采用包容合作性的喜剧情节设计，将赋予相关行为体本体安全的状态。

四、本体安全与对外政策

国家的本体安全状态对对外政策制定具有影响。对国家本体安全的维护可以为对外政策提供合法性支撑，本体安全状态的延续和改变与对外政策的延续和变化相关。

决策者通过塑造对外政策维护国家本体安全的形象，为对外政策提供合法性支撑，使之更易于获得本国民众的理解和支持。一个国家的本体安全建构对其对外政策的制定具有重要影响。本体安全理论主张，国家不仅追求物质性安全或实体安全，而且追求本体安全。在理想状态下，对外政策应能在维护国家物质性安全或实体安全的同时，巩固其本体安全，这样才能赢得支持，建立政策合法性。如果对外政策不能维护国家的本体安全，例如违反了长期以来建立的角色身份认知或惯例实践，就很难获得合法性。再如，当一个国家加入前竞争对手的项目时，原有的角色关系和常规交往实践就被打破，不仅与国家的自我认同不符，也偏离了国际盟友对该国家行为体的期待，因而会导致该国本体安全水平下降。[①] 在这种情况下，即使政策行为可以为该国带来物质性收益，也很难获得该国民众以及国际盟友的支持。

决策者的本体安全状态对其决策过程具有影响。对外政策是决策

---

① Ayşe Zarakol, "Ontological (In)Security and State Denial of Historical Crimes: Turkey and Japan," p. 4.

者发挥施动性的结果。拥有本体安全是决策者发挥施动性的前提。以身份认知为例,它可以为国家在一个变化的世界中提供行动指导。一个缺乏稳定身份认知的国家无法有效行使施动性。[①] 在国际政治中,国家的本体安全源于稳定的国际社会环境,包括与重要他者关系在内的角色身份以及对国际实践惯例的坚持。如果国家对社会环境、角色身份和国际实践惯例三大要素具有稳定的积极认知,它就可以建立起对其他相关行为体的基本信任,获得本体安全,进而在此基础上发挥施动性,制定对外政策。如果社会环境变化、角色身份改变或国际实践惯例脱离新形势,国家就会因面临不确定性而产生存在性焦虑,本体安全水平降低,难以很好地发挥施动性,也无法理性研判并提出应对变化的合理政策举措。在这种情况下,国家往往会本能地通过固守惯例来维护本体安全。然而,因为惯例本身有时落后于形势发展需要,其采用的政策可能与社会环境等各方面变化提出的政策需求脱节,使得政策发展陷入僵局。国家的本体安全水平可能因此进一步下降,该国对惯例的依赖性也就进一步增强,决策过程进入恶性循环。

决策者的本体安全状态还会影响其决策结果。处于本体不安全状态的决策者对于他者缺乏基本信任,双方之间无法建立最基本的合作基础,因此难以形成合作型对外政策。有研究表明,人们感知到的外部威胁的程度与其维持或加剧冲突的倾向成正比,即感受到的威胁越多,作出冲突对抗型决策的可能性越大,究其原因,决策者在受到威胁感压迫的情况下,很容易被情绪左右,难以作出理性判断。[②] 相反,本体安全水平高的决策者通常已建立起对他者的信任,这就为其出台合作型对外政策奠定了基础。当本体安全状态保持不变时,原有政策通常得以延续。如果本体安全状态发生变化,政策往往也会发生演变。

---

① Catarina Kinnvall and Jennifer Mitzen, "Ontological Security and Conflict: The Dynamics of Crisis and the Constitution of Community," *Journal of International Relations and Development* 21, No. 4 (2018): 825-835.

② Carol Gordon and Asher Arian, "Threat and Decision Making," *Journal of Conflict Resolution* 45, No. 2 (2001): 196-215.

五、特朗普政府对"一带一路"倡议的战略叙事与政策

与美国总统特朗普执政同一时期,中国的"一带一路"倡议逐渐进入快速发展阶段,影响力不断扩大,中美战略博弈也由双边和地区层面向全球层面扩展。可以看到,特朗普政府对"一带一路"倡议的负面认知不断"升级",针对"一带一路"倡议的政策也从初期的表面合作转变为全面竞争对抗。美国通过塑造有关"一带一路"倡议的战略叙事,将其建构为对美国本体安全的威胁,为美国针对"一带一路"政策的形成和演变提供动力,意图以此阻碍"一带一路"建设,削弱其影响力。

(一)共建"一带一路"的中国叙事

"一带一路"倡议提出以来,中国政府出台了《推动共建丝绸之路经济带和21世纪海上丝绸之路的愿景与行动》《共建"一带一路":理念、实践与中国的贡献》等政策文件,中国领导人在多个国内国际场合阐述了"一带一路"倡议的理念和行动,三届国际合作高峰论坛均形成《"一带一路"国际合作高峰论坛圆桌峰会联合公报》等多项成果文件。截至2023年底,中共中央先后三次召开"一带一路"建设座谈会,在总结梳理"一带一路"建设经验和成果的基础上,提出下一阶段努力的目标与方向。虽然"一带一路"倡议涵盖的合作内容广泛庞杂,合作领域不断拓展,但该倡议在国际合作理念上始终保持连贯一致。① 上述官方文件和讲话清楚地勾勒出共建"一带一路"的内涵特征,反映出中国有关"一带一路"建设的叙事。

首先,"一带一路"倡议践行人类命运共同体理念,以实现"合作共赢""共同发展"为目标愿景。习近平主席在首届"一带一路"国际合作高峰论坛上表示,中国推进"一带一路"建设不会重复地缘博弈

---

① Ray Silvius, "China's Belt and Road Initiative as Nascent World Order Structure and Concept? Between Sino-Centering and Sino-Deflecting," *Journal of Contemporary China* 30, No. 128 (2020): 314.

的老套路，而将开创合作共赢的新模式；不会形成破坏稳定的小集团，而将建设和谐共存的大家庭。① 中国致力于通过"一带一路"建设与共建国开展合作，分享发展机遇，共享发展成果。"一带一路"实践以新的合作理念、合作模式和合作路径实现了对西方传统国际合作理论和实践的超越，为国际合作理论发展与创新提供了新元素。②

其次，"一带一路"倡议引领新型全球化。新自由主义全球化导致世界经济发展不平衡加剧。自2008年国际金融危机爆发以来，西方一些国家民粹主义和贸易保护主义抬头，逆全球化潮流涌动。在此背景下，习近平主席在世界经济论坛2017年年会开幕式上发表主旨演讲时强调，要继续推进经济全球化，引导好经济全球化走向，着手打造富有活力的增长模式、开放共赢的合作模式、公正合理的治理模式、平衡普惠的发展模式，树立人类命运共同体意识，共同促进全球发展。③ "一带一路"作为中国向国际社会提供的规模最大的公共产品和国际合作平台，聚焦和平发展，致力于推动开放、包容、普惠、平衡、共赢的新型经济全球化，"努力构建普惠平衡、协调包容、合作共赢、共同繁荣的全球发展格局"。④

再次，"一带一路"倡议打造互联互通伙伴关系。从"五通"，即政策沟通、设施联通、贸易畅通、资金融通和民心相通，到基础设施"硬联通"、规则标准"软联通"、同共建国人民"心联通"，互联互通一直是"一带一路"建设的关键。中国主张以互联互通打破隔阂、对抗和西方中心主义体系下的中心–外围格局，提出所有共建国都是"一带一路"平等的参与者、建设者和受益者，各国是合作伙伴而非竞争

---

① 习近平：《携手推进"一带一路"建设》，载《习近平谈"一带一路"》，中央文献出版社，2018，第185—186页。
② 孙吉胜：《"一带一路"与国际合作理论创新：文化、理念与实践》，《国际问题研究》2020年第3期，第1—20页。
③ 习近平：《共担时代责任，共促全球发展》，载《习近平谈治国理政》（第二卷），外文出版社，2017，第476—487页。
④ 《共建"一带一路"：构建人类命运共同体的重大实践》，中国政府网，2023年10月10日，https://www.gov.cn/govweb/zhengce/202310/content_6907994.htm，访问日期：2023年10月11日。

对手，不存在领导和被领导、援助方和受援方的关系。"一带一路"的合作不由少数国家主导，没有冷战思维和集团对抗背景，也不是地缘政治工具。"一带一路"倡议强调中国与各国发展战略的对接以及与各种国际或地区机制和倡议的相互补充、和谐共生。中国也多次表示，要将"一带一路"建成和平之路，各国应该尊重彼此主权、尊严、领土完整，尊重彼此发展道路和社会制度，尊重彼此核心利益和重大关切。①

最后，"一带一路"倡议推动完善全球治理体系。共建"一带一路"强调秉持共商共建共享原则，充分尊重合作方在要素禀赋状况、经济发展水平、文化宗教传统等方面的差异，致力于通过充分交流和协商，实现战略对接、规划对接、机制对接、项目及规则标准对接与互认，共享合作成果。共商共建共享原则等共建"一带一路"的核心理念已被写入联合国、中非合作论坛、二十国集团等国际组织及机制的重要文件，获得广泛国际认同，为全球治理提供理念指引。在共建"一带一路"原则的指导下，中国积极推动多边治理机制建设，始终秉持相互尊重、平等相待、开放包容、互利共赢原则，坚决维护以联合国为核心的国际体系，努力巩固和加强世界贸易组织等多边治理平台的合理性和有效性，同时积极推进亚洲基础设施投资银行等新型多边治理机制建设，加快与合作方共同探索和推进深海、极地、外空、网络、人工智能等新兴领域的治理机制建设，不断丰富多边主义的内涵和实践。②随着共建"一带一路"合作规则不断优化，具有较强适用性的规则标准逐渐形成，有助于推动全球治理规则建设。共建"一带一路"坚持维护发展中国家和新兴经济体的发展权益，推动将更多发展中国家的关切和诉求纳入全球议程，着力提升发展中国家在区域乃至全球经济治理中的话语权，推动全球治理体系朝着更加公正合理的方向发展。

在上述理念的推动下，从最初的"六廊六路多国多港"基础框架，

---

① 习近平：《携手推进"一带一路"建设》，载《习近平谈"一带一路"》，第182页。
② 《共建"一带一路"：构建人类命运共同体的重大实践》。

到"陆海天网"四位一体互联互通布局,再到"数字丝绸之路""健康丝绸之路""绿色丝绸之路"等多维发展格局,共建"一带一路"高质量发展不断走深走实,推动中国和共建国共同发展、共同繁荣。

(二)特朗普政府对"一带一路"倡议的战略叙事与美国本体安全

随着"一带一路"的快速发展,特朗普政府在有关"一带一路"的叙事中,愈发突出"一带一路"推动下的中国崛起将现有国际体系置于不稳定情境之中,强化中国作为美国"战略竞争者"的角色,强调"一带一路"建设对既有国际规则和规范等惯例构成挑战的对立情节,从情境设置、角色塑造和情节设计三个维度塑造对"一带一路"倡议的战略叙事,并以此建构美国本体安全受到威胁的状态。

1. "一带一路"背景下中国发展挑战美国霸权体系的情境设置

美国和中国是国际体系中的两个重要大国,随着中国的崛起,两国之间实力差距日益缩小。在特朗普政府看来,中国意在通过"一带一路"倡议实现扩大国际影响力等一系列目标。[①] 这将挑战美国的世界霸权,冲击美国对其主导下的国际体系的信心,降低美国本体安全水平。

首先,特朗普政府认为"一带一路"服务于中国自身经济发展,旨在提升中国经济影响力。美国国防部发布的2018年《中国军事与安全发展报告》提出,中国倡导"一带一路"的初衷在于通过融资和建设手段,密切共建国与中国的经济和商业联系,促进中国能源安全,并使中国的工业和财务标准国际化。[②] 2020年《中国军事与安全发展报

[①] U.S. Office of the Secretary of Defense, *Military and Security Developments Involving the People's Republic of China 2020* (Washington, D.C.: Office of the Secretary of Defense, 2020), pp. 123-124, accessed February 10, 2023, https://media.defense.gov/2020/Sep/01/2002488689/-1/-1/1/2020-DOD-CHINA-MILITARY-POWER-REPORT-FINAL.PDF.

[②] U.S. Office of the Secretary of Defense, *Military and Security Developments Involving the People's Republic of China 2018* (Washington, D.C.: Office of the Secretary of Defense, 2018), p. 111, accessed February 10, 2023, https://media.defense.gov/2018/Aug/16/2001955282/-1/-1/1/2018-CHINA-MILITARY-POWER-REPORT.PDF.

告》进一步提出,"一带一路"致力于为中国体量庞大的储蓄创造投资机会。中国提出"数字丝绸之路"计划,目的是要打造以中国为中心的数字基础设施,提升中国科技公司在海外的影响力。中国在海外投资的数字基础设施包括5G网络、光纤电缆、海底电缆和数据中心、卫星导航系统、人工智能和量子计算等,都与中国目前发展的优先产业有关。[1] 在美国看来,中国经济实力和影响力的提升对美国在全球的经济影响力构成了挑战。

其次,特朗普政府认为中国通过"一带一路"倡议巩固安全利益。特朗普政府认为,中国一直秉持安全和发展利益互补的观念推进"一带一路",特别是投资周边国家,实际上旨在稳定周边,减少周边国家对其边界的威胁。不仅如此,中国还希望通过"一带一路"减少对马六甲海峡这一能源运输通道上的战略要塞的依赖,以维护中国能源安全。[2] 2020年《中国军事与安全发展报告》认为,中国在"一带一路"倡议下规划三个海上走廊,凸显了中国对海洋的重视。美国国务院也宣称,中国在"一带一路"框架下进行的海外港口等设施建设将有助于实现所谓"修正主义"的目标。[3]

2. 中国作为他者和美国全球霸权挑战者的角色塑造

特朗普政府有关"一带一路"倡议的战略叙事中,中国与美国的实力差距不断缩小,中国被视为挑战美国经济和安全利益、价值理念和全球领导地位的他者,中美两国关系的竞争性和对抗性呈上升趋势,美国本体安全水平下降。

第一,美国刻意将中国塑造为与美国存在诸多差异的他者。在谈

---

[1] U.S. Office of the Secretary of Defense, *Military and Security Developments Involving the People's Republic of China 2020*, pp. 15-16.

[2] U.S.-China Economic and Security Review Commission, *Hearing On China's Belt and Road Initiative: Five Years Later* (Washington, D.C.: USCC, 2018), pp. 70-71, accessed February 10, 2023, https://www.uscc.gov/sites/default/files/transcripts/Hearing%20Transcript%20-%20January%2025,%202018_0.pdf.

[3] "China's Military Aggression in the Indo-Pacific Region," U.S. Department of State, accessed February 10, 2023, https://2017-2021.state.gov/chinas-military-aggression-in-the-indo-pacific-region/index.html#MilitaryBases.

论"一带一路"倡议时,特朗普政府强调中国所倡导的价值观与美国不同,经常打着所谓"自由""民主""法治""人权"等旗号抹黑"一带一路"倡议。此外,特朗普政府还强调中国的制度与美国不同,中国采取与美国不同的经济发展模式。特朗普在2017年亚太经合组织工商领导人峰会上将美国投资与"国家主导的倡议"加以对比,隐晦地批评"一带一路"。① 特朗普政府认为,与美国自由市场经济不同,中国利用加入世贸组织带来的机遇成为世界最大出口国,广泛采用国家主导的经济模式,对国内市场进行系统保护。

第二,特朗普政府将中美两国定位为"战略竞争者",中国对美国发展和安全构成挑战。例如:中国在欧洲通过在重要工业、敏感技术和基础设施建设领域进行投资获得战略立足点;中国利用国家主导的投资和贷款将西半球国家拉入自己的轨道;中国作为非洲最大贸易伙伴,主导非洲矿产业,让一些国家陷入"不可持续"且"不透明"的债务,不断扩大在非经济影响力。② 美国歪曲了《中国制造2025》计划的目的,认为这一计划旨在让中国赢得21世纪经济制高点,对美国的经济领导地位构成威胁。③ 美国还指责中国在技术转让、知识产权、创新经济等方面影响了美国的利益。

总之,特朗普政府认为中国在多个方面与美国不同,中国经济等方面的快速发展不仅挑战了美国在相关领域的利益,还威胁到美国在全球的影响力。特朗普政府发布的2017年《国家安全战略》报告,把中国定位为"修正主义国家"和美国的"战略竞争者",将中国与俄罗

---

① "Remarks by President Trump at APEC CEO Summit," The White House, November 10, 2017, accessed February 10, 2023, https://www.whitehouse.gov/briefings-statements/remarks-president-trump-apec-ceo-summitda-nang-vietnam/.

② U.S. Executive Office of the President (Donald J. Trump), *National Security Strategy of the United States of America* (Washington, D.C.: White House, 2017), pp. 47, 51-52, accessed February 10, 2023, https://history.defense.gov/Portals/70/Documents/nss/NSS2017.pdf?ver=CnFwURrw09pJ0q5EogFpwg%3d%3d.

③ "Remarks by Vice President Pence on the Administration's Policy toward China," October 4, 2018, accessed February 10, 2023, https://trumpwhitehouse.archives.gov/briefings-statements/remarks-vice-president-pence-administrations-policy-toward-china/.

斯一起列为对美国国家安全的首要威胁。① 随着特朗普执政时间的推移，其对中国的定位越发朝着富有对抗性的角色发展，多次将中国称为美国的"竞争者""竞争对手""敌人"，将中国塑造为美国全球霸权的挑战者，建构美国本体安全危机。

3. 中国国际实践挑战美国主导下国际秩序的情节设计

现有国际秩序深受美国主流价值观影响，相关国际制度和国际规范在美国霸权主导下产生。特朗普政府从自身价值观出发，指责"一带一路"不符合所谓的"国际标准"，认为中国通过"一带一路"另起炉灶，挑战现有国际制度和规范，并以此建构美国本体不安全状态。

首先，美国抹黑"一带一路"违反所谓的"国际标准"，营造美国主流价值观主导下的国际实践标准受到挑战的假象。现有国际秩序主要体现美国这一主导霸权国的价值观，主要包括自由市场经济、西式民主等。特朗普本人及政府高官不断影射"一带一路"建设相关做法有违美国倡导的实践标准和价值观，会导致不利于美国的不公平竞争。在整体投资规模方面，特朗普政府认为，由于没有完整的项目清单，难以估计"一带一路"相关的实际支出。② 特朗普政府还指责"一带一路"部分项目在开发自然资源时未能很好地保护环境，有违可持续发展原则。总而言之，在上述叙事中，美国突出强调"一带一路"建设违反了美国所倡导的所谓"透明""开放""公正"的自由市场经济原则，未能遵守环境保护等标准，挑战了美国价值观，对美国的本体安全构成威胁。

其次，美国污蔑中国试图通过"一带一路"倡议输出自己的模式和标准。特朗普政府对中国模式、规范和标准的发展始终保持警惕。美国提出，在关键技术方面，中国大力推广使用中国工业标准，努力提升中国公司在全球市场中的地位。在发展和治理模式方面，美国认为中国有改写现有全球秩序的长期计划，试图通过"一带一路"倡议

---

① U.S. Executive Office of the President (Donald J. Trump), *National Security Strategy of the United States of America*, p. 2.

② U.S. Office of the Secretary of Defense, *Military and Security Developments Involving the People's Republic of China 2020*, p. 123.

在国际舞台上复制中国模式，打造西方治理模式的替代方案。①

（三）特朗普政府对"一带一路"倡议的政策

特朗普政府在执政初期对"一带一路"倡议持较为温和的态度，并采取了相对积极的政策。2017年5月，美国国家安全委员会亚洲事务高级主任博明（Matt Pottinger）作为特朗普政府代表，来华参加首届"一带一路"国际合作高峰论坛，以此推动美国公司参与"一带一路"项目。美国驻华使馆还和美国公司共同成立了"一带一路"倡议工作组，对相关活动予以实质性推动。然而，随着特朗普政府执政时间的推移和"一带一路"倡议影响力的提升，美国越发认为"一带一路"倡议对美国在国际体系中的霸权、美式民主价值观以及美国主导的国际秩序、规范和制度等构成了极为严峻的挑战，对美国本体安全造成了威胁，美国在政策上开始将"一带一路"倡议作为对华进行全方位打压和遏制的主要目标。2017年以来，特朗普政府相继推出"印太战略"、建立新的国际发展融资机构、创建"蓝点网络"、打造"清洁网络"等举措，着眼于制衡"一带一路"倡议、全面遏制中国。

1. 推进"印太战略"

在过去十多年中，美国不断调整其亚太政策，逐渐形成"印太战略"。美国2017年《国家安全战略》报告指出，"印太"是指"从印度洋西海岸至美国西海岸的广大区域，是世界上人口数量最多、经济活力最强的地区"，"自由、开放的印太符合美国的利益"。② 2018年7月，蓬佩奥在"印太商业论坛"（Indo-Pacific Business Forum）上阐述"印太战略""自由""开放"的内涵，指出在政治层面，"自由"意味着每个国家都能维护其主权不受其他国家的胁迫，意味着良好的治

---

① "Remarks by Secretary Mattis at the U.S. Naval War College Commencement, New Port, Rhode Island," U.S. Department of Defense, June 15, 2018, accessed February 10, 2023, https://www.defense.gov/Newsroom/Transcripts/Transcript/Article/1551954/remarks-by-secretary-mattis-at-the-us-naval-war-college-commencement-newport-rh.

② U.S. Executive Office of the President (Donald J. Trump), *National Security Strategy of the United States of America,* pp. 45-46.

理、公民可以享有基本权利和自由，"开放"意味着所有国家都享有开放的海洋和航空通道，通过和平手段解决领土和海洋争端；在经济层面，"开放"意味着公平和互惠的贸易、开放的投资环境、透明的国家间协议及提升区域连通性。① 特朗普政府将"印太战略"作为其在亚洲太平洋及印度洋地区的政策进行重点推进，先后发表"印太战略报告""自由开放的印太：推进共同愿景"，签署《亚洲再保证倡议法案》（Asia Reassurance Initiative Act）与《更好利用投资引导发展法案》（BUILD Act），提出"印太透明度倡议"（Indo-Pacific Transparency Initiative），推动"印太战略"一步步从概念走向现实。特朗普政府还与日本、印度、澳大利亚等国家加强战略协调与合作，共同推进"印太战略"的实施。特朗普政府意在通过"印太战略"阻碍"一带一路"倡议的迅速发展，进而阻碍中国的发展。蓬佩奥在2018年"印太商业论坛"上宣布，美国投入1.13亿美元用于支持"印太"地区数字经济、能源和基础设施建设，与"一带一路"倡议竞争的意图十分明显。在"印太战略"框架下，美国主要从以下几个方面阻碍"一带一路"倡议。

第一，在推进地区互联互通和基础设施建设领域，特朗普政府开展基础设施项目服务，优化美国发展融资和援助工具，加强对伙伴国家项目监管、采购标准和项目评估流程等方面的塑造，为美国私营部门参与基础设施建设创造条件。2018年7月，美国启动基础设施交易和援助网络（Infrastructure Transaction and Assistance Network, ITAN）②，通过优化发展融资以及项目准备服务和商业咨询等援助工具来促进美国私营部门投资。自基础设施交易和援助网络推出以来，美国在马尔代夫、孟加拉国、尼泊尔、菲律宾、越南和印尼开展了一系列业务，为各国制定基础设施发展战略和交通基础设施规划，提供吸

---

① Michael R. Pompeo, "America's Indo-Pacific Economic Vision," U.S. Department of State, July 30, 2018, accessed February 10, 2023, https://2017-2021.state.gov/americas-indo-pacific-economic-vision/index.html.

② U.S. Department of State, *A Free and Open Indo-Pacific: Advancing a Shared Vision*, (Washington, D.C.: Department of State, 2019), p. 15, accessed February 10, 2023, https://www.state.gov/wp-content/uploads/2019/11/Free-and-Open-Indo-Pacific-4Nov2019.pdf.

引私人投资、公私合营等各类咨询,有力提升了美国在"印太"地区基础设施建设领域的参与度。2019年9月,美国在基础设施交易和援助网络下成立了新的交易咨询基金会(Transaction Advisory Fund, TAF),提供有关基础设施项目可行性分析的法律和技术援助。美方声称,"交易咨询基金会可以帮助合作伙伴发现不透明合同中的隐藏成本,为此节省数十亿美元"。① 此举直接针对"一带一路"倡议的意味明显。与此同时,美国贸易发展署(United States Trade and Development Agency, USTDA)也为美国企业提供咨询服务,扩大全球采购倡议,并声称为国际竞标者提供所谓"公平公正"的环境。美国还提出商法发展项目(Commercial Law Development Program, CLDP),旨在以美国标准塑造伙伴国家政府发展公私合营关系、起草合同、招标、评标以及以所谓的"透明"和"负责任"方式执行项目的能力;成立由美国国家经济委员会领导的新机构,协调美国政府在项目评估、指导发展融资和向伙伴国家提供技术援助方面所采取的行动。美国意在通过上述系列举措,从项目执行和监管到项目评估等环节树立和强化美式标准和规范,对"一带一路"倡议的谈判程序、商业合同执行、项目可持续性等规则规范提出疑问和挑战,试图削弱该倡议的竞争力。

第二,在能源领域,美国采取针对性举措,促进节能以及可再生和清洁能源项目的实施。美国提出了"亚洲能源促进发展和增长计划"(Asia EDGE),宣称该计划旨在加强能源安全,提升"印太"地区能源安全水平。② 按照这一计划,美国已动用8.06亿美元的公共和私人投资,在印尼实施了11个可再生能源项目,包括发展电网和第一个风电场,并促使印尼政府将节能目标纳入20年电力总体规划。美国促使孟加拉国、不丹、印度、尼泊尔和斯里兰卡等国提升了跨境电力贸易水平,并与尼泊尔当地监管机构合作,促使尼泊尔起草了能源监管

---

① U.S. Department of State, *A Free and Open Indo-Pacific: Advancing a Shared Vision*, p. 15.

② Michael R. Pompeo, "America's Indo-Pacific Economic Vision."

委员会法案，促进了能源部门监管。① 此外，美国还与亚洲开发银行加强了合作。2019年6月，美国国际开发署（United States Agency for International Development, USAID）与亚洲开发银行签订协议，调动70亿美元资源用于"印太"地区清洁能源技术援助等项目。②

第三，在贸易领域，特朗普政府重点采取创新机制，提升市场准入水平，为美国企业提供有利的竞争环境。比如，美国国际开发署着力推动"印太"国家减少贸易障碍，加强监管能力，提升私营部门竞争力。2019年，美国国际开发署在孟加拉国、缅甸、老挝、蒙古国和菲律宾等多国举办相关活动，在越南帮助该国提升海关能力，使其遵守全球贸易规则，减少贸易时间和成本。此外，美国还与日本、韩国、泰国、印度等国达成贸易便利化安排③，有力推动了"印太"地区贸易发展。美国商务部专门设置为其私人公司开拓"印太"投资与贸易市场的项目，包括"进入亚洲"、"发现全球市场"大会与"贸易风"代表团等，为多家美国公司提供在"印太"地区的商机。

第四，在外交领域，特朗普政府大力推行价值观外交。美国提出"印太透明度倡议"，该倡议涉及由美国政府机构开发的200多个项目，重点是反腐败、财政透明度、民主援助、青年、媒体和互联网自由以及基本人权保护；宣布设立由美国国务院民主、人权和劳工事务局（Bureau of Democracy, Human Rights and Labor, DRL）负责的"印太透明基金"，旨在促进法治、透明和负责任治理，推进"印太共同愿景"。④ 特朗普政府还标榜美国在基础设施建设方面的所谓"优势"，宣称"印太战略"所追求的基础设施是安全、可负担、可持续和负责任

---

① U.S. Department of State, *A Free and Open Indo-Pacific: Advancing a Shared Vision*, p. 17.

② Cai U. Ordinario, "USAID, ADB Partner on $7-billion Clean Energy Technical Assistance Program," *Business Mirror*, June 19, 2019, accessed February 10, 2023, https://businessmirror.com.ph/2019/06/19/usaid-adb-partner-on-7-billion-clean-energy-technical-assistance-program/.

③ U.S. Department of State, *A Free and Open Indo-Pacific: Advancing a Shared Vision*, p. 14.

④ "Indo-Pacific Transparency Initiative," November 3, 2019, U.S. Department of State, accessed February 10, 2023, https://2017-2021.state.gov/indo-pacific-transparency-initiative/index.html.

的。为此，美国与地区伙伴深化合作，确保以高标准推进新的基础设施建设，相关合作具有透明度和可持续性，使参与国的利益相关者受益。特朗普政府在推进"印太战略"的过程中，反复表示该战略具有"开放、透明、可持续"等特点，突出强调美国投资的私人性质与商业属性，多次宣称美国"尊重"地区内国家主权与法治，针对"一带一路"倡议的意味极为明显。

2. 整合融资机构，提供资金支持

为获得充足的资金以推行相关举措，特朗普政府注重发展美国融资机构，捍卫美国自由发展融资规范，并推动现有国际金融机构更有效地投资基础设施建设。

首先，特朗普政府采取的举措是改革和发展美国融资机构。2018年10月，特朗普签署《更好利用投资引导发展法案》，授权将海外私人投资公司（Overseas Private Investment Corp, OPIC）与美国国际开发署发展信贷管理局以及为私营企业提供贷款担保的部门合并，成立美国国际发展金融公司（US International Development Finance Corp, DFC）。[①] 2019年12月20日，该公司正式运行。与原有海外私人投资公司相比，美国国际发展金融公司在以下两个方面得到了提升。一是投资上限上调。美国国际发展金融公司的对外发展融资规模上限从290亿美元提高到600亿美元。美国声称"此举将带动私营部门投资数千亿美元，有利于促进互联互通、贸易和发展繁荣"。[②] 二是融资手段更加多样，功能更加强大。除债务融资外，美国国际发展金融公司还可以进行股权投资，并提供技术援助和可行性研究服务。特朗普政府表示，美国国际发展金融公司提供了一种由私营部门主导并具有经济可行性

[①] Office of the Spokesperson, "Press Briefing on the Launch of the U.S. International Development Finance Corporation," U.S. Department of State, August 14, 2019, accessed February 10, 2023, https://2017-2021.state.gov/press-briefing-on-the-launch-of-the-u-s-international-development-finance-corporation/index.html.

[②] "Press Briefing on the Launch of the U.S. International Development Finance Corporation."

的全新投资模式，成为国家主导投资模式强有力的替代方案。①

美国国际发展金融公司成立以来重点关注"印太"地区，其投资遍及几乎所有行业，包括能源、基础设施、医疗保健、教育、技术、通信、物流和制造业等。该公司表示，将与其他美国机构一起，支持那些私营部门不会自行融资的项目。它将向符合高标准且财务可行性强的项目提供贷款、贷款担保和政治风险保证，计划在5年内为"印太"地区带来120亿美元的私营部门投资。②美国国际发展金融公司在第三届"印太商业论坛"期间宣布，将与在越南投资的美国能源公司签署新的意向书，为越南平顺省的一座液化天然气终端设施和一座2250MV联合循环发电厂提供支持；向柬埔寨哈塔银行（Hattha Bank）提供高达5000万美元的直接贷款，支持其向小微企业提供贷款；向美国在越南投资运营的奥斯特拉利斯水产养殖公司（Australis Aquaculture LLC）提供1100万美元贷款，支持鱼类加工设施的建设和养鱼场扩建；向缅甸弗龙蒂尔公司（Frontiir Co. Ltd.）提供4000万美元贷款，以支持其扩展建设宽带网络（该公司预计将在5年内为超过250万个家庭和12万家中小型企业提供可负担的宽带服务）；向跨太平洋网络公司（Trans Pacific Networks）提供1.9亿美元的贷款，支持建设一条连接新加坡、印度尼西亚和美国的海底光缆；还将扩大与印度的合作，实现能源供应多样化，扩大对低收入农民的贷款。③2020年12月，该公司宣布将向印度国家投资和基础设施基金（National Investment & Infrastructure Fund, NIIF）投资5400万美元，支持印度关键基础设施项目发展。④

---

① "Overview of the U.S. International Development Finance Corporation," DFC, accessed February 10, 2023, https://www.dfc.gov/who-we-are/overview.

② U.S. Department of State, *A Free and Open Indo-Pacific: Advancing a Shared Vision*, p. 16.

③ "DFC Announces New Initiatives to Support Prosperity in the Indo-Pacific," DFC, October 29, 2020, accessed February 10, 2023, https://www.dfc.gov/media/press-releases/dfc-announces-new-initiatives-support-prosperity-indo-pacific.

④ "DFC Announces $54 Million for India's National Investment and Infrastructure Fund," DFC, December 21, 2020, accessed February 10, 2023, https://www.dfc.gov/media/press-releases/dfc-announces-54-million-indias-national-investment-and-infrastructure-fund.

其次，特朗普政府与盟友合作建立多个双多边联合投资机制。2018年9月，美日联合宣布，将重点在能源、基础设施、数字经济与网络安全、海上安全和应对自然灾害等方面展开合作。① 2018年11月，彭斯访日，同日本共同宣布为"印太"地区基础设施建设提供700亿美元的援助，以促进"印太"地区互联互通。② 2018年11月12日，美国海外私人投资公司与澳大利亚外交和贸易部（The Department of Foreign Affairs and Trade, DFAT）及澳大利亚出口融资与保险公司（Export Finance and Insurance Corporation, EFIC）、日本国际协力银行（Japan Bank for International Cooperation, JBIC）签署了三边谅解备忘录，宣布建立"印太"地区基础设施投资三边伙伴关系，以共同动员和支持私营部门投资重大基础设施项目，加强数字连接和能源基础设施，并实现"印太"地区共同发展目标。③ 2019年4月，美国海外私人投资公司与欧盟及加拿大相关机构签署多边合作谅解备忘录，这是继美日澳之后，该公司联合形成的第二个投资联盟。④ 此外，美国还与印度、日本、澳大利亚多次讨论相关计划，试图与"一带一路"倡议竞争。2020年2月，特朗普访问印度期间，两国发表《美印全面的全球战略伙伴关系愿景和原则》，宣布由美国国际发展金融公司为

---

① "President Donald J. Trump and Prime Minister Shinzo Abe Are Working Together to Maintain a Free and Open Indo-Pacific," The White House, September 28, 2018, accessed February 10, 2023, https://trumpwhitehouse.archives.gov/briefings-statements/president-donald-j-trump-and-prime-minister-shinzo-abe-are-working-together-to-maintain-a-free-and-open-indo-pacific/.

② "Abe's Meeting with Pence Showed US Already Controlling Trade Talks," *Mainichi Japan*, November 14, 2018, accessed February 10, 2023, https://mainichi.jp/english/articles/20181114/p2a/00m/0na/021000c.

③ "Joint Statement of the Governments of the United States of America, Australia, and Japan," The White House, November 17, 2018, accessed February 10, 2023, https://trumpwhitehouse.archives.gov/briefings-statements/joint-statement-governments-united-states-america-australia-japan/.

④ Owen Churchill, "US, Canada and EU to Offer 'Robust Alternative' to State-led Development Finance, as Belt and Road Increases Reach," *South China Morning Post*, April 12, 2019, accessed February 10, 2023, https://www.scmp.com/news/world/united-states-canada/article/3005798/us-canada-and-eu-offer-robust-alternative-state-led.

印度可再生能源项目提供6亿美元融资,并在印度设立分支机构。① 美国还提出"湄公河下游倡议"(Lower Mekong Initiative),并深度参与"印太"地区区域性机制,例如环印度洋联盟(Indian-Ocean Rim Association)等,通过美国国际发展金融公司为相关机制提供资金支持。②

再次,特朗普政府采取措施强化美国主导的投融资规范。特朗普政府宣称,美国推动建设新的融资平台,并着力打造投资联盟,就是要为"印太"地区提供新工具,避免地区各国承受不可持续的债务负担③,为政府主导的投资模式提供强有力的替代方案。④ 2017年6月,特朗普与印度总理莫迪(Modi)发布联合声明,表示地区共同原则应包含通过透明的基础设施开发和负责任的债务融资推进区域经济联系。⑤ 2017年11月,美日印澳四方会谈举行,提出要基于审慎贷款以及国际法和"国际标准"加强联系,在各类事务上加强协调,在"印太"地区进一步巩固基于规则的秩序。⑥ 特朗普政府反复强调具有"透明""公平竞争""可持续发展"特征的"高质量"投资,意在进一步强化美国主导的投融资规范,遏制"一带一路"倡议的发展。

---

① "Joint Statement: Vision and Principles for the United States-India Comprehensive Global Strategic Partnership," The White House, February 25, 2020, accessed February 10, 2023, https://trumpwhitehouse.archives.gov/briefings-statements/joint-statement-vision-principles-united-states-india-comprehensive-global-strategic-partnership/.

② U.S. Embassy Bangkok, "President Donald J. Trump's Administration is Advancing a Free and Open Indo-Pacific," U.S. Embassy & Consulate in Thailand, August 2, 2018, accessed February 10, 2023, https://th.usembassy.gov/president-donald-j-trumps-administration-is-advancing-a-free-and-open-indo-pacific/.

③ "Joint Statement of the Governments of the United States of America, Australia, and Japan."

④ Owen Churchill, "US, Canada and EU to Offer 'Robust Alternative' to State-led Development Finance, as Belt and Road Increases Reach."

⑤ "United States and India: Prosperity Through Partnership," The White House, June 26, 2017, accessed February 10, 2023, https://www.whitehouse.gov/briefings-statements/united-states-india-prosperitypartnership/.

⑥ "Australia-India-Japan-U.S. Consultations on the Indo-Pacific," U.S. Department of State, November 12, 2017, accessed February 10, 2023, https://www.state.gov/r/pa/prs/ps/2017/11/275464.htm.

最后，特朗普政府呼吁国际金融机构为基础设施发展进行投资。特朗普在2017年亚太经合组织工商领导人峰会上呼吁世界银行和亚洲开发银行加强对高质量基础设施的投资，促进经济增长。[1] 美国2017年《国家安全战略》报告重申了这一主张，再次表示美国鼓励多边发展银行投资高质量基础设施项目，以推动经济增长。[2] 特朗普政府企图通过此举降低亚洲基础设施投资银行和中国国家开发银行投资的吸引力。

3. 推动"蓝点网络"计划

2019年11月，美国海外私人投资公司、澳大利亚外交和贸易部以及日本国际协力银行在"印太商业论坛"上宣布，将联合推出"蓝点网络"计划，为高质量基础设施项目提供全球认证，旨在联合核心盟友，打造一个融合政府、私营部门和民间社会的、公私混合的多边认证机构，在基础设施领域建立评级制度和认证体系。[3] "蓝点网络"计划遵循所谓"普遍接受的原则和标准"，即尊重透明和负责任原则，尊重财产和资源主权，遵守当地劳工、人权、法治、环境保护要求，在采购和融资方面拥有良好的实践。[4] 美国宣称，"蓝点网络"将成为全球公认的由市场驱动、透明、符合《巴黎协定》以及具有经济、社会和环境可持续性的基础设施项目的象征。[5] 美国还表示，希望通过"蓝点网络"计划，"充分释放高质量基础设施的力量，创造前所未有的机遇，极大地促进进步和稳定"，还宣称"该计划不仅为建立基础设施全球认证标准奠定坚实基础，而且凸显在数字经济、采矿、金融等其他领域

---

[1] "Remarks by President Trump at APEC CEO Summit."

[2] U.S. Executive Office of the President (Donald J. Trump), *National Security Strategy of the United States of America*, p. 41.

[3] Max Walden, "What Is the Blue Dot Network and Is It Really the West's Response to China's Belt and Road Project?" ABC News, November 8, 2019, accessed February 10, 2023, https://www.abc.net.au/news/2019-11-09/blue-dot-network-explainer-us-china-belt-androad/11682454.

[4] "The Launch of Multi-Stakeholder Blue Dot Network," DFC, November 4, 2019, accessed February 10, 2023, https://www.dfc.gov/media/opic-press-releases/launch-multi-stakeholder-blue-dot-network.

[5] "Blue Dot Network," U.S. Department of State, accessed February 10, 2023, https://www.state.gov/blue-dot-network/.

建立全球认证标准的必要性"。① 2020年1月,"蓝点网络"计划指导委员会举行首次会议,时任美国副国务卿基斯·克拉奇(Keith Krach)宣布为指导委员会提供200万美元种子资金。② "蓝点网络"计划得到了经济合作与发展组织(Organization for Economic Cooperation and Development, OECD)、七国集团等国际组织的认可,并被写入了美印两国的联合声明。

美国试图利用其制度性话语权,通过"蓝点网络"计划为基础设施建设设定"认证标准",企图动摇相关国家对"一带一路"倡议的信任,打乱"一带一路"的发展布局。美国利用"蓝点网络"计划标榜其对基础设施建设项目财政、透明度、环境和人权等评估认证标准之高,与其抹黑"一带一路"的"债务陷阱""不透明""破坏环境""侵犯人权"等观点形成呼应,意在破坏"一带一路"投资与合作的良好局面。首先,美国通过设定所谓的"认证标准",为"一带一路"建设设置准入障碍。在中美战略博弈越发激烈的背景下,美国可能会诱导或胁迫有关发展中国家接受美国主张的"重视环境保护、采购过程透明开放、财务可持续"等基础设施建设项目评估标准,在多个层面提升参与"一带一路"建设的成本,甚至阻碍"一带一路"建设的推进。其次,美国运用"蓝点网络"计划鼓吹公私合营模式,为私人融资创造条件,积极寻求替代中国"政府主导"的投资模式。特定基础设施开发项目如果获得"蓝点网络"认证,即被视为符合所谓的"全球最高标准",投资该项目的私营公司可实现风险和收益之间的平衡,从而达到吸引更多私营部门投资进入基础设施建设的目的。美国此举有助于从更多渠道筹集基础设施建设所需的巨额资金,化解其自身可能面临的各类风险,更为关键的是,可对中国投资形成竞争和挤压。再次,美国与核心盟友一起搞"小圈子",建立具有排他性的所谓"全球标

---

① "The Launch of Multi-Stakeholder Blue Dot Network."

② Steve Herman, "US-Led Initiative Aims to Make Mark on Global Infrastructure Development," VOA, January 31, 2020, accessed February 10, 2023, https://www.voanews.com/a/economy-business_us-led-initiative-aims-make-mark-global-infrastructure-development/6183503.html.

准"。尽管美国宣称"蓝点网络"计划具有开放性,但究其实质,不过是联合发达国家一起制定向发展中国家进行基础设施投资的国际规则,以此制衡中国的"一带一路"罢了。①

4. 推动建立"清洁网络"

"清洁网络"计划是美国针对"一带一路"特别是"数字丝绸之路"而提出的战略,目的在于遏制中国通信领域高科技企业发展。特朗普政府表示,该计划旨在保护其国家资产特别是公民隐私和公司敏感信息免受所谓"恶意行为者"的入侵。"清洁网络"计划最初由克拉奇提出,其先后推动美国政府出台一系列政策,包括警惕华为的5G能力、邀请台积电在美设立芯片加工厂、出台针对华为的芯片禁令等,为特朗普出台"清洁网络"计划奠定了基础。2019年5月,30多个国家及欧盟、北约代表就5G安全在布拉格举行会议,提出"布拉格提案",就各国设计、建造和管理5G基础设施提出相关原则和建议,表示网络安全不仅是技术问题,也涉及具体政治和经济行为,第三国对供应方的影响所构成的整体危险应在各国考虑之列②,呼吁抵制"受到外国势力控制或不当影响"的数字技术供应商,采用基于风险评估的供应商③,不点名建议各国将华为等中国企业排除在数字基础设施建设之外。

2020年5月,应美国国务院要求,美国战略与国际问题研究中心(Center for Strategic and International Studies, CSIS)召集25名各国专家,制定"电信网络和服务的安全性和信任标准",提出新一代网络供应商应该符合政治、经济、网络安全等一系列标准,为"确定可信

---

① Jennifer Lyn, "US Blue Dot Network to Counter China's BRI," *Asia Times*, May 21, 2020, accessed February 10, 2023, https://asiatimes.com/2020/05/us-blue-dot-network-to-counter-chinas-bri/.

② 《专家解读:涉5G安全的"布拉格提案"剑指何方》,中国网,2019年5月16日,http://news.china.com.cn/live/2019-05/16/content_414800.htm,访问日期:2023年2月10日。

③ U.S. Department of State, *A Free and Open Indo-Pacific: Advancing a Shared Vision*, p. 18.

度和安全性提供工具"。① 2020年8月5日，蓬佩奥再次阐述了"清洁网络"计划的内涵，即将中国网络运营商及应用程序排除在美国网络之外。② 特朗普政府还在全世界竭力推广"清洁网络"计划。截至2020年12月，美国宣布已有60多个国家和200家电信公司公开承诺加入"清洁网络"计划，其中包括27个北约成员国、26个欧盟成员国以及日本、澳大利亚、印度等。③

除了"清洁网络"计划，2018年，特朗普政府还建立了"数字互联互通和网络安全伙伴关系"（Digital Connectivity and Cybersecurity Partnership），在伙伴国家开展信息通信技术服务项目，通过公私合作伙伴关系建设数字基础设施，以改善伙伴国家的数字能力，提升伙伴国家网络安全水平。此外，美国还推动建立"美国-东盟智慧城市伙伴关系"，并以《美日数字贸易协定》《东盟-澳大利亚数字贸易标准合作倡议》等为基础，将反对数据本地化、支持企业采取加密技术等条款加入美国与其他国家商签的贸易协议中。④ 这些举措旨在建立数字领域的贸易、安全等规则，增强美国在数字领域的竞争能力和塑造能力，深度制衡"数字丝绸之路"的发展。

概言之，特朗普政府针对"一带一路"倡议的战略叙事在情境设置、角色塑造和情节设计三个维度上都体现出鲜明的特征，美国的本体安全状态随之得以建构，美国针对"一带一路"倡议的政策也从此前的竞争与合作并存转向以竞争和对抗为主，验证了本章的理论模型。具体而言，第一，就美国所处国际体系的情境设置而言，在特朗普政

---

① Center for Strategic and International Studies, *Criteria for Security and Trust in Telecommunications Networks and Services* (Washington, D.C.: CSIS, 2020), p. 1, accessed February 10, 2023, https://csis-website-prod.s3.amazonaws.com/s3fs-public/publication/200511_Lewis_5G_v3.pdf.

② Michael R. Pompeo, "The Clean Network," U.S. Department of State, accessed February 10, 2023, https://2017-2021.state.gov/the-clean-network/index.html.

③ "US Announces Expansion of Clean Network to 53 Countries," *The Frontier Post*, November 25, 2020, accessed February 10, 2023, https://thefrontierpost.com/us-announces-expansion-of-clean-network-to-53-countries/.

④ 赵明昊：《美国的制衡阻挡不了"一带一路"前进方向》，《世界知识》2021年第12期，第23—26页。

府看来,中国通过"一带一路"倡议对美国主导的国际体系构成威胁,使得美国本体安全水平处于低位。第二,特朗普政府将中国视为"战略竞争者",认为"一带一路"倡议推动了中国综合国力和国际地位的提升,中国作为在价值观、制度和发展模式等方面与美国存在巨大差异的他者,势必在经济、军事、科技发展等多个方面对美国世界领导者地位形成全方位挑战,美国处于本体不安全状态。第三,特朗普政府指责"一带一路"项目不符合美国主导下的"国际标准"和惯例,妄议中国通过"一带一路"倡议另起炉灶,挑战现有国际制度和国际规范,建构美国本体不安全状态。作为政策应对,为了维护美国的本体安全,特朗普政府重点着手捍卫美国的霸权地位,将从实力出发维护美国的世界霸权和领导地位作为这届政府的重要战略目标。美国通过推行"印太战略""蓝点网络"计划和"清洁网络"计划,整合融资机构,围绕"一带一路"倡议的规划设计、投资融资、建设和评估标准以及"数字丝绸之路"建设等进行针锋相对的竞争和打压,意图阻碍甚至取代"一带一路"建设。

结　语

对外决策过程不仅涉及物质因素,同时也是一个叙事实践过程。决策者通过情境设置、角色塑造和情节设计有策略性地生成和投射战略叙事,对行为体所处环境的稳定性、身份的延续性和统一性以及互动实践的惯例化进行塑造,建构相关行为体的本体安全状态。具体到国家对外交往中,国际体系层面的战略叙事设定了国家间互动实践的环境,战略叙事中的身份叙事塑造国家在国际社会交往中所扮演的角色,国家对相关国际实践惯例的遵守或偏离成为有关特定议题战略叙事中推动情节发展的动力,三者共同塑造国家的本体安全状态。而国家的本体安全水平会影响其在对外政策制定过程中施动性的发挥,也会决定其与其他行为体之间能否建立信任关系,从而为进一步合作奠定基础,更会令能够维护国家本体安全的对外政策具有合法性。可以说,国家的本体安全状态对对外政策制定的过程和结果均产生影响。

由此可见，战略叙事构成了对外政策生成和演化的动力。

本章在借鉴叙事学理论的基础上，提出国家运用战略叙事构建本体安全/不安全状态，进而塑造对外政策的观点。该理论探讨突破了传统理性主义和物质主义研究范式，丰富了对外政策研究的理论视角和研究路径，有助于从理论层次更好地理解叙事、权力与对外政策之间的关系，更深入地了解决策者认知等观念性因素对对外政策的影响，同时也推进了国际政治领域的叙事研究和本体安全研究。通过聚焦对外决策背景下战略叙事的生产和投射及其对相关行为体本体安全状态的动态塑造，本章试图对政策的动态演变进行理论解释，这对于侧重解释政策延续性的既有研究而言，是有益的补充。此外，本章案例部分考察了美国特朗普政府对"一带一路"倡议的战略叙事以及相关政策，具有较强的现实意义，有助于更深入地理解美国对华政策，为中国加强政策应对奠定坚实基础，也有助于中国提升战略叙事意识，强化国际传播能力建设，为共建"一带一路"营造良好国际舆论环境，夯实国内民意基础，推动"一带一路"行稳致远。

第3章

情感叙事与安全化

"安全"是国际政治研究的核心概念,既意味着国家和人在客观物质层面处于没有危险和不受威胁,也意味着在主观情感层面没有恐惧感和焦虑感。在后真相时代,与客观事实相比,情感有时甚至更容易影响人们对安全的感知和判断。这些情感在很多情境下并不是自发产生的,而是国际政治行为体通过情感叙事,有目的地嵌入、传播和调动的结果。通过情感叙事,叙事者将情感嵌入议题,并借此引发受众的情感投射,塑造受众的情感认同。公共问题被建构为安全问题的过程被称为"安全化"。现实中的一些公共问题,尽管缺乏客观层面上的威胁特征,却因为恐惧、厌恶和焦虑等情感的传播,被建构为安全问题,这一过程当然也可谓"安全化"。但传统的安全研究并没有关注情感和叙事对安全问题建构的作用。对此,本章提出了以情感叙事为基础的安全化理论分析框架,将情感叙事分为"情感嵌入""情感投射""情感认同"三个部分,分别对应安全化过程中的"议题框定""威胁认知""安全建构"三个环节。安全化行为体通过情感叙事将情感嵌入到议题当中,形成对议题的情感框定。受众在接收到议题的情感后,会结合自身的体验和经历作出回应,形成次叙事。受众的次叙事在群体中传播并产生情感投射效应,重复和强化对议题的情感。最终,受众对议题形成特定的情感认同,进而决定安全建构的结果。本章选取了美国对TikTok（抖音国际版）进行安全化这一案例进行探讨，旨在进一步阐明情感叙事在安全化过程中的作用机制，同时为理解和应对美国基于霸权的安全叙事提供启示。

一、情感叙事与安全研究

在后真相时代，情感和叙事逐渐成为安全研究的前沿性议题。情感可以影响国家和个人对安全问题的认知和判断，而叙事是情感表达和传播的重要途径。国际政治行为体可以通过情感叙事，引发受众的情感反应，影响受众的认知、决策和行为。情感叙事为安全研究提供了新的分析思路。

（一）国际政治中的情感叙事

长期以来，叙事被认为是由理性主导的领域，决定叙事效果的关键在于叙事结构及修辞技巧能否生成和推广理性逻辑，是否可以广泛地向大众揭示真相并传授知识。自21世纪起，在"情感转向"的背景下，国际政治和叙事理论学者都开始关注情感在国际政治叙事中的应用。情感作为建立叙事者和受众关系的基础，成为国际政治叙事研究的新方向。

1. 国际政治中情感叙事的概念

在国际政治研究中，情感叙事是指国际政治行为体通过叙事使受众产生情感反应，对受众思想和行为进行选择、建构和再塑造的过程。[①] 国际政治行为体通过叙事实现情感性的政治动员，塑造特定的集体情感，进而建构集体身份和知识，最终决定集体行动。在国际政治叙事中，情感将叙事者、叙事情节以及受众三者连接在一起，打破需求取向、背景知识和固有文化形成的认知壁垒，最终影响叙事结果。[②]

---

① 参见Patrick Colm Hogan, *Affective Narratology: The Emotional Structure of Stories* (London: University of Nebraska Press, 2011).

② Maéva Clément, et al. "The 'Hero-Protector Narrative': Manufacturing Emotional Consent for the Use of Force," *Political Psychology* 38, No. 6 (2017): 991-1000.

叙事者通过分析受众的情感来源，设计叙事情节，激发情感想象，令叙事现实与受众的情感想象相呼应，让受众形成一种主动认同政治目标的心理实践，而非被强迫灌输观念。

在国际政治领域，情感叙事广泛存在于领导人的讲话、政府报告、官方声明、新闻报道和社交媒体的舆论中。例如，在政治演讲中，领导人运用特定的修辞手法向受众传递情感，实现政治动员，使政府行为合法化。[①] 国际政治中的情感叙事不仅仅是政治现实的反映，同时也是一种能够积极介入政治活动的建构力量，国家的政治活动会受到情感的推动。情感为国际政治中的叙事提供了方向性，以便受众与叙事者在认知和行动上实现统一。

2. 国际政治中情感叙事的方式

国际政治中情感叙事的方式是指在国际政治领域中人们传达情感、态度和观点的方式，具体可分为媒体报道、政治领导人的演讲和言论以及社交媒体上的互动。

首先，媒体报道是国际政治中常见的情感叙事方式之一。媒体作为信息传播的重要渠道，通过报道和评论来呈现国际政治事件的情感色彩。媒体可以选择特定的语言、图像和音频效果来激发受众的情感共鸣，深化其对特定政治观点或政策的认同或反对。例如，通过在报道中使用感人的照片、引人入胜的标题和生动的描写方式，媒体可以引导受众对某个国家或政治领导人产生喜爱、厌恶或恐惧等情感反应。

其次，政治领导人的演讲和言论也是一种重要的情感叙事方式。政治领导人在国际舞台上的演讲和言论常常带有强烈的情感色彩，他们运用修辞手法、情感表达和故事叙述等方式，塑造并传递出特定的情感印象。这些演讲和言论可以引发受众的情感共鸣，影响其对国际政治议题的认知和态度。例如，一位政治领导人可以通过在国际会议上发表强硬的言论，激发受众的愤怒和担忧，以达到影响国际政治决策和舆论的目的。

---

① Keith Dowding, "Emotional Appeals in Politics and Deliberation," *Critical Review of International Social and Political Philosophy* 21, No. 2 (2018): 242-260.

最后，社交媒体上的互动在国际政治中也是重要的情感叙事方式。随着社交媒体的兴起，个体可以通过平台上的文字、图片、视频和评论等表达对国际政治事件的情感。社交媒体的匿名性和广泛传播的特点使情感因素得到放大和扩散。个体可以通过分享自己的观点、评论他人的言论以及点赞或转发特定内容等方式，将自己的情感态度传递给更广的受众。

总之，国际政治中的情感叙事通过媒体报道、政治领导人的演讲和言论以及社交媒体上的互动等方式影响人们对国际政治事件和问题的解读和认知。这些情感叙事方式在塑造国际政治中的舆论和公众意见方面发挥着重要作用。研究和理解国际政治中的情感叙事方式，有助于深入探讨情感对国际政治和国际关系演变的影响，为国际安全研究和决策提供新的视角和思考。

3. 国际政治中情感叙事的作用

在复杂的国际环境中，情感叙事不仅能够塑造公众对国际事件的认知，能够在危机沟通中发挥重要作用，同时也能够影响国家间的互动和决策，潜移默化地建构国家形象和维护国际秩序。

首先，情感叙事能够激发公众的情绪共鸣，塑造公众对国际事件的认知。相比于传统意义上的叙事，情感色彩强烈的叙事往往能迅速引发共鸣，塑造公众的情绪反应，并在一定程度上左右公众对国际事件的态度和立场。许多国家政府和非政府组织会通过精心设计的情感叙事，试图影响国际舆论、塑造国家形象或推动特定政策议程。随着社交媒体和网络技术的飞速进步，情感叙事作为一种非传统但极具影响力的传播手段，已经成为国际政治信息交流的新特点。

其次，情感叙事在危机沟通中发挥着重要作用。当国际事件被赋予强烈的情感色彩，如同情、愤怒或恐惧时，公众的反应往往更强烈，这在外交冲突和危机管理中尤为显著。当危机发生时，能否通过情感叙事建构共同的危机认同，往往决定了危机处理效果的好坏。[①] 例如，

---

① Maria Mäkelä, et al., "Dangers of Narrative: A Critical Approach to Narratives of Personal Experience in Contemporary Story Economy," *Narrative* 29, No. 2 (2021): 175.

2023年巴以冲突期间，媒体的情感渲染就显著影响了国际社会对巴勒斯坦政府的态度。媒体对巴勒斯坦难民苦难的情感渲染也强化了国际社会对巴勒斯坦人民的同情和对巴以冲突的态度。

最后，情感叙事对于国家形象和国际秩序具有潜在的重构作用。由于运用情感叙事可以建构受众身份，激发群体认同感，强化受众之间的社会联系，政府和非政府组织常常运用情感叙事来推广它们的价值观和政策，以此提升自己的软实力。[1] 近年来，新兴大国往往努力通过情感叙事提升自身软实力，挑战守成大国的话语权。比如，中国通过讲述"一带一路"的故事，强调互利共赢和共享发展，成功地在全球范围内赢得了广泛认同和支持，也增强了中国公众对国家的自豪感。此外，在大国战略博弈的过程中，各国往往会通过情感叙事来塑造他国公众对本国政策的理解和支持，从而在无形中调整国际权力格局。

因此，深入研究国际政治情感叙事机制，不仅有助于理解公众如何解读国际事件和对其作出响应，也有助于各国政府和国际组织制定更有效的舆论管理和外交策略。通过对情感叙事的科学分析，我们可以预见其在未来国际关系中的动态演变，并为建构更加包容、理解和合作的国际环境提供理论支持。然而，情感叙事的效果并非全都是正向的。被恶意操纵或具有误导性的叙事也可能会导致国际关系中的误解和冲突。在信息时代，网络平台的涌现使信息传播更加便捷，但也增加了产生虚假信息和情感操纵的可能性。如何确保情感叙事的真实性、公正性和客观性已成为国际政治领域中亟待解决的问题。

（二）情感与安全研究

情感可以影响国家和个人对于安全问题的认知和态度。国家可以利用情感将某一安全问题的重要性和紧迫性传达给受众，从而引发广泛的共鸣和关注。通过梳理西方国际关系理论对于安全的理解，可以发现，现实主义学派和自由主义学派都在不同层次上提到了情感与安

---

[1] 参见孟昀《社交媒体中的官方叙事与中国国家形象建构研究》，博士学位论文，山东大学，2023。

全的联系。建构主义学派对安全观念的认知则为情感在安全研究中被理论化和制度化提供了可能。在建构主义视角下,情感与其他因素一起推动国家安全政策的实施,直接影响威胁评估,甚至对安全问题的产生造成持久和结构性的影响。

现实主义学派对情感与安全联系的理解体现在研究者对恐惧与安全关系的解读当中。古典现实主义学派从人性恶的观点出发,认为人的自私和伪善必然导致国与国之间无尽的纷争。在无政府状态下,国家必须通过增强自身的军事实力、削弱竞争对手以获得安全感,国家在获取安全感的同时,也让其他国家产生了威胁感,国家之间的恐惧和猜忌会形成安全困境,导致军备竞赛。赫伯特·巴特菲尔德(Herbert Butterfield)称之为"霍布斯式的恐惧"。他认为,安全困境的核心问题就是国家间的恐惧感和不信任感。政治家自身的情感等非理性因素与理性因素相互交织,使国际政治呈现出高度的复杂性和不可预测性。[①] 在新现实主义分析的框架下,情感被认为是不能被理论化的个体层面的分析因素。肯尼思·华尔兹(Kenneth Waltz)认为,根植于人性中的情感是一个不确定且没有结果的变量。[②] 尽管承认人的非理性情感对行为的影响,但华尔兹仍然能将现实主义与根植于人性的解释割裂开来。[③] 相比之下,新古典现实主义理论中对情感的讨论更为明确。约翰·J.米尔斯海默(John J. Mearsheimer)认为,国际体系的特点决定了各国会相互恐惧,正是由于这种恐惧无法消除,国家认为与竞争对手相比,自己越强大,生存的机会就越大。人性的情感根植于系统性的无政府状态结构、权力分配和不确定性中。[④] 以杰维斯为代表的防御性现实主义学派认为,错误认知和领导人性格等因素导致了

---

① Caitlin Sparks, et al., "The Imagination and International Relations," *International Studies Quarterly* 66, No. 3 (2022): 5.

② 参见Kenneth Waltz, *Man, the State, and War: A Theoretical Analysis* (New York: Columbia University Press, 1959)。

③ Shiping Tang, "Fear in International Politics: Two Positions," *International Studies Review* 10, No. 3 (2008): 451-471.

④ John J. Mearsheimer, *Why Leaders Lie: The Truth About Lying in International Politics* (New York: Oxford University Press, 2011), p. 21.

安全困境的形成,相互恐惧和猜忌则导致安全困境螺旋升级。①总的来说,现实主义学派认为,恐惧和猜忌等无法消除的负面情感促使国家为获得安全而不断争夺权力。

自由主义学派在恐惧和猜忌等负面情感之外,开始关注忠诚和信任等正面情感对安全的影响。伍德罗·威尔逊(Woodrow Wilson)等理想主义者从人性善的观点出发,强调国家间的友好关系和信任可以消除误解和冲突,集体安全可以通过彼此信任的联盟实现。戴维·米特兰尼(David Mitrany)运用功能主义理论解释了欧洲一体化的过程,强调人们可以将对国家的热爱和忠诚转移到国际安全合作的领域,用合作来替代国家之间的冲突和战争。②新自由制度主义学派认为国家间的相互依赖可以减少国际冲突,有助于国家确定利益并规范国家行为,有助于克服国际社会的无政府状态。③随着国家间相互依赖程度的增加,国家之间的信任也会随之增强,各国在信任和互相依赖基础上的安全共同体的建立能够大大缓解安全困境。一些国家可以通过依赖感将某一安全问题置于国际社会议程的前沿,从而获得更多的国际支持和合作。例如,太平洋岛国就利用情感叙事将气候变化问题置于国际社会议程的核心位置,推动各国采取行动来应对气候变化带来的安全威胁。

建构主义学派对情感与安全联系的理解主要体现在集体情感对于身份的构建以及集体情感在战争中的作用之上。在安全问题上,建构主义学派的主要观点是,无政府状态本质上是国际社会成员在互动中塑造出来的,身份决定了这些成员之间是冲突还是合作。行为体之间的共有文化使彼此具有产生信任的基础,可以形成具有归属感的安全

---

① 罗伯特·杰维斯:《国际政治中的知觉与错误知觉》,秦亚青译,世界知识出版社,2003,第62—84页。

② 郭海峰、崔文奎:《功能主义与永久和平:试析戴维·米特兰尼的世界共同体思想》,《国际论坛》2017年第2期,第56页。

③ 罗伯特·基欧汉、约瑟夫·奈:《权力与相互依赖(第4版)》,门洪华译,北京大学出版社,2012,第23—35页。

共同体。① 例如，艾玛·哈奇森（Emma Hutchison）和罗兰·布莱克（Roland Bleiker）通过分析人们对恐怖主义、战争和人道主义灾难等创伤性事件的情感反应，阐释了情感是如何有助于构成并维持集体身份的。② 泰·所罗门（Ty Solomon）则展示了恐惧、愤怒和失望等集体情感表达是如何提供"情感黏合剂"，将不同背景的集体结合在一起，建构共有身份的。③ 建构主义学派对集体情感在战争中的作用也进行了探讨，如羞辱感为发动战争提供了合法性基础④，而幽默和欢乐等积极情绪，能够使受众在面对官方战争言论时保持韧性和抵抗力。⑤ 一些国家通过情感叙事，将自身塑造为受害者，不断强调自己面临的安全威胁，以此来争取国际支持和干预。通过塑造国际社会对安全问题的情感认同，国家可以更有力地推动国际社会支持其立场。

在建构主义安全观的基础上，安全化理论强调言语和社会互动的结合，认为安全问题的建构既是言语行为的结果，也是主体间塑造威胁认知的过程。该领域的大多数研究都集中在言语行为、话语框定、后结构主义文本分析、社会关系和社会语境等方面。在安全化理论研究中，情感和安全化被认为具有隐性的因果关系，这种关系主要体现在安全化的合法性、行为体的威胁认知和安全化的途径等方面。情感可以作为安全化及其合法性的基础。例如，移民问题的安全化就是在民众的愤怒和恐惧的基础上完成并逐渐被合法化的。⑥ 安全化理论强调，安全的建构是由行为体对安全的认知和感受所决定的。例如，恐

---

① Simon Koschut, "Emotional (Security) Communities: The Significance of Emotion Norms in Inter-allied Conflict Management," *Review of International Studies* 40, No. 3 (2014): 533–558.

② Emma Hutchison and Roland Bleiker, "Theorizing Emotions in World Politics," *International Theory* 6, No. 3 (2014): 491–514.

③ Ty Solomon, "'I Wasn't Angry, Because I Couldn't Believe It Was Happening': Affect and Discourse in Responses to 9/11," *Review of International Studies* 38, No. 4 (2012): 907-928.

④ Paul Saurette, "You Dissin Me? Humiliation and Post 9/11 Global Politics," *Review of International Studies* 32, No. 3 (2006): 495-522.

⑤ Elina Penttinen, *Joy and International Relations: A New Methodology* (London: Routledge, 2013), p. 15.

⑥ Claudia Aradau, "Security and the Democratic Scene: Desecuritization and Emancipation," *Journal of International Relations and Development* 7, No.4 (2004): 388-413.

惧可以被用来动员民众支持对某一问题的安全化。① 情感在安全化的途径中也有所体现,例如,在安全研究的视觉转向中,情感的作用越来越突出。哥本哈根大学教授莱娜·汉森(Lene Hansen)认为,在安全化过程中使用图像可以唤起"即时性"情感,在有关死亡和暴力的图像中,这一点体现得尤为明显。②

总体而言,现实主义和自由主义学派大多从理性角度出发,认为国家的安全实践更多是出于理性思考而非情感的影响,但是以建构主义学派为代表的安全研究对于情感在国际安全治理和安全动员过程中作用的讨论却在不断深入。建构主义学派关注情感如何影响国际安全问题的解决方式和途径。通过将情感嵌入特定的安全问题中,安全化行为体可以塑造特定的国际安全合作框架和机制,影响国际社会对于安全问题的处理方式和合作模式。安全化行为体可以制造关于安全问题的公共舆论和社会情绪,通过对媒体、社交网络和公众舆论的操控,引导公众对于安全问题的关注,同时影响决策者的态度和政策选择。

(三)情感叙事与安全化

一个问题之所以能够变成安全问题,不仅因为它在客观上存在威胁,而且因为该问题被安全化行为体当作一种威胁提出来。在这个过程中,安全化行为体需要获得受众支持,以得到采取非常措施的合法权力。建构主义的安全化理论解释了一个公共问题如何转化为安全问题。但是,传统的安全化理论将受众视为被动的接受者,忽视了受众的认知差异以及说服受众的过程。基于情感叙事的概念以及情感与安全的关系,可以得出结论:情感叙事在安全化过程中起到的正是限制受众认知差异以及动员受众这两个作用。

第一,在限制受众认知差异方面,安全化行为体通过应用情感叙事来渲染安全问题的紧迫性、危险性和重要性,将受众对于安全问题

---

① Michael C. Williams, "Securitization and the Liberalism of Fear," *Security Dialogue* 42, No. 4/5 (2011): 453-463.

② Lene Hansen, "Theorizing the Image for Security Studies: Visual Securitization and the Muhammad Cartoon Crisis," *European Journal of International Relations* 17, No. 1 (2011): 55-56.

的认知和理解框定在一个固定范围内。在安全问题泛化的背景下，从气候变化威胁到新冠疫情蔓延，再到网络攻击等，所有的安全话语都带有要求立即采取措施的、充斥着威胁的语气，受众必须在短暂的时间内快速对所接收的安全话语进行分类、判断和筛选。情感让受众只关心能对自己产生情感刺激或对自己来说有情感意义的事件和对象，这简化了受众收集、筛选和分析信息的过程。某个威胁在客观上存在，但受众可能会忽略它，因为它对受众来说没有情感意义。情感叙事则通过情感嵌入，使安全话语具有更强的导向性，引导受众对于威胁的看法。例如，在新冠疫情的安全化过程中，美国政府的他者叙事通过渲染反华情绪，让病毒与"中国的威胁"产生情感联结。客观存在的病毒威胁没有使美国受众产生过多的恐惧，而"中国的威胁"在情感叙事的渲染下使受众产生了很强的负面情感，为特朗普政府制定一系列对华战略提供了"合法性基础"。情感叙事将分散和混乱的安全表达依照特定的情感导向整合成系统化的故事，形成一个连贯的解释逻辑。安全化行为体通过"讲故事"，不仅将安全信息传递给受众，也在受众中获得了支配性的情感地位和情感性权力，进而操纵受众对于安全问题的理解和认知。

第二，在动员受众层面，通过传递情感信息，安全化行为体能够暗示或激发那些有类似情感判断的受众产生共鸣，从而影响受众对于安全问题的态度和采取的行动。在安全化实践中，往往存在多类受众，对于相同问题，受众也可能具有不同的背景知识，这些都会导致受众采取不同的态度和行为，从而对安全化的结果产生不同影响。情感叙事可以帮助安全化行为体应对受众的认知差异，通过动员受众的情感资源来推进安全化过程。安全叙事是否能获得广泛的合法性，取决于具体情境下的情感动员过程以及受众的情感取向。

实际上，情感动员是一种强权政治形式，它使一些行为体能够以安全的名义说话和行动，同时削弱其他行为体的地位。情感动员既可能是正向的，也可能是负向的。作为负向情感，恐惧能使受众不加批判甚至无意识地接受安全化行为体的安全话语。安全化行为体传播和强化集体恐惧，以重新界定安全政治的边界。例如，由于欧洲民众对叙利亚难民的涌入形成了恐惧的情感记忆,在德国对乌克兰难民问题进行安全化的过程中,政府通过讲述叙利亚难民给民众带来的担忧和恐惧,唤醒受众的情感记忆,引导受众无意识地接受有关乌克兰难民威胁的叙事。情感判断也可能阻碍安全化过程。例如,在2009年美国国土安全部对退伍军人问题的安全化过程中,国土安全部的报告讲述了一名退伍军人参与恐怖袭击的故事。受众对退伍军人抱有的骄傲和同情的情感判断使他们很难相信退伍军人会威胁国家安全,因而相关的安全话语被他们彻底忽视。

综上所述,在国际政治中,情感叙事是叙事者通过情感的表达和引发的共鸣,激起受众情感反应,影响受众认知行为,以达到政治目标的叙事。情感叙事以政治领导人的演讲、政府报告、媒体报道以及网络社交媒体舆论等形式体现,影响着受众对国际政治问题的认知、对危机事件的反应以及对国家形象和国际秩序的认同。从主流国际关系理论到安全化理论,国际安全研究对于情感的认知正在不断深入。安全问题中的情感并不是凭空产生的,而是通过嵌入和传播而得以实现的。情感叙事是安全问题建构过程中弥合受众差异以及动员受众的重要手段。研究国际安全问题中的情感叙事机制有助于深化对国际政治中情感作用的认识,为理解安全问题的产生以及应对安全问题提供研究思路。

二、安全化过程中的情感叙事

在安全化过程中,安全化行为体通过情感叙事将情感嵌入议题当中,形成对议题的情感框定。受众接收到议题的情感后,会基于自身体验和经历作出回应,形成次叙事,在群体中传播并产生情感投射效应,从而重复和强化对议题的情感。最终,受众对议题形成特定的情感认同,这一情感认同也会塑造受众对安全的认知和感受,进而决定安全化的结果。在理论层面,将情感叙事引入安全化分析框架,可以解释安全化行为体对受众的说服机制,限制受众的认知差异,使受众接受其所传递的观念,共同构建安全意义。在实践层面,理解安全化过程中的情感叙事也能使行为体设计出更有效的干预策略来实现去安全化。

（一）议题框定与情感嵌入

议题框定与情感嵌入是情感叙事理论架构下安全化实践的起点。安全化可以被理解为议题框定的结果。[①]通过议题框定，安全化行为体可以突出问题的某些方面，把问题限定于安全领域。为了说服受众，安全化行为体可以以不同方式呈现相同的内容，以消极或积极情感进行描述，通过一系列叙事策略，联结特定的情感与议题，凸显特定的安全威胁，同时忽略或淡化其他部分。[②]

1. 框定与情感嵌入的概念

框定是一个动态的认知塑造过程，其名词形式为"框架"。框架是能够帮助个体定位、感知、识别和标记事件的理解图式。[③]在国际政治领域，框定是国际政治行为体运用符合自身观念的语言影响公众看待世界的方式[④]，是一种认知聚焦和信息筛选机制[⑤]，表现在情感隐喻、情感意象、文化故事及其与受众大脑情感中心的神经连接之上。叙事通过不同层次的情感表征图式同受众的框架之间产生联系，引导受众对叙事文本的认知。一旦叙事中的情感符号激活了受众的框架，该框架就可能被前景化，从而使叙事文本和受众的认知之间产生交互。受众具有固定的情感图式和背景知识，在接收叙事的过程中，有些框架会被激活唤起，有些框架会受到质疑和挑战。情感框架对认知的影响可以通过国家行为来进一步理解。例如，美国对英国的积极情感框架解

---

① Stéphane J. Baele and Olivier C. Sterck, "Diagnosing the Securitisation of Immigration at the EU Level: A New Method for Stronger Empirical Claims," *Political Studies* 63, No. 5 (2015): 1124.

② 参见艾喜荣《话语操控与安全化：一个理论分析框架》，《国际安全研究》2017年第3期，第67—71页。

③ 参见欧文·戈夫曼《框架分析：经验组织论》，杨馨等译，北京大学出版社，2023。

④ George Lakoff, *Don't Think of an Elephant! Know Your Values and Frame the Debate* (White River Junction: Chelsea Green Publishing, 2004), p. 61.

⑤ Dennis Chong and James Druckman, "Framing Theory," *Annual Review of Political Science* 10 (2007): 103-126.

释了为什么美国对1956年苏伊士运河危机的反应比美国对1979年苏联入侵阿富汗的反应要温和得多。自"9·11"事件起建立的对恐怖主义愤怒的情感框架则是美国普通民众和精英顺利接受反恐叙事的主要原因。

情感嵌入，本质上是指在叙事文本中，情感元素与叙述内容相互融合而形成的一种由情感驱动的叙事模式。它不仅是叙事者传达情感和观点的关键手段，也是受众理解和体验叙事情境的重要途径。情感嵌入体现在叙事结构、语言选择、情节发展等多个层面上。在这些层面上，情感得以精准且巧妙地融入，从而产生深远的情感触动。随着数字化媒体的普及，国际政治行为体越来越依赖叙事来传递观念和价值观，情感在政治叙事中的嵌入愈发显著。在安全化过程中，安全化行为体也意识到情感嵌入不仅能引起受众共鸣，还能增强安全化叙事的记忆和传播效果，进而完成议题的框定。

2. 安全化过程中的情感嵌入与议题框定

在安全化过程中，将情感元素与具体议题融合，可以形成一种情感叙事，并在这个过程中完成对议题的威胁框定。安全化行为体可以通过对情感信息进行加工、对语言作情感化处理、对情感作动态评估以及运用受众共有的情感资源等四种形式完成对议题的情感嵌入，使议题呈现出特定的情感表征，从而与受众的认知框架产生联系，进而塑造受众对议题的理解。

第一，对情感信息进行加工是指叙事者充分分析受众的感知和记忆经验，在此基础上设计叙事的角色、情节以及表达方式，并令受众形成对指涉对象负面的情感信息。情感的触发涉及对外部信息的处理，这一过程有可能引发对之前储存于脑中的记忆的再度更新或修改。如果新输入的信息无法符合现有的内在模式，那么这些记忆就可能会遭受质疑乃至被瓦解。一旦受到刺激，人类的大脑前额叶区域就会通过调控低级神经中枢释放适当的生物分子分泌物，进而生成能适应当下情境的感情及行为反应。当某一刺激与某情感经验重复出现时，它们之间的联结会加强，不仅可以影响受众对于情感相关经验的记忆，还可以解释受众对某些刺激产生特定情感反应的原因。①

安全化行为体利用的情感信息往往是负面的，例如恐惧、愤怒、痛苦。在演讲中，政治精英往往会通过强调议题给个人带来的痛苦感受来唤醒记忆。他们常常通过讲述个人因某个问题产生的痛苦经历引出政治观点，使政治话题更具人性化色彩和情感吸引力。特朗普关于华为的演讲就频繁引用美国失业者的个人经历，给演讲注入强烈的情感，如对中国企业的愤怒、对美国发展的希望和爱国情怀，以赢得受众对于"华为威胁"的认同。在新的情感刺激下，受众会对外部信息作出反应，解构自己原有的情感模型，进而形成新的威胁认知。

第二，对语言作情感化处理，是将情感刺激嵌入叙事，使受众产生情感体验的一种基础形式。20世纪的情感嵌入研究主要集中在情感词汇的选择和排列对叙事情感色彩的影响上，而随着信息技术的发展和媒体形式的改变，21世纪以来的情感嵌入研究开始关注情感表达的动态变化和语境依赖。詹姆斯·R. 马丁（James R. Martin）和彼得·R. R. 怀特（Peter R. R. White）通过分析新闻媒体中情感词汇的动态变化，揭示了情感嵌入如何随叙事发展而变化，以及如何重构和影响读者所产生的情感共鸣。通过追踪叙事中的情感语言变化，可以体现叙事者的情感倾向和叙事策略，这不仅有助于揭示叙事的情感轨迹，还有助于揭示情感如何促进政治目标的实现。② 然而，由于情感的主观性和复杂性，准确捕捉和量化情感词汇的变化对研究者而言仍是一个挑战。一般来说，情感词汇分为显性的情感标签词和隐性的情感负载词两种。大多数词汇本身并不具备情感特质，只有在特定的语言环境中才具有某种情感色彩。而无论是孤立存在还是存在于特定的叙事情节中，显性的情感标签词均可传递情感。在安全化过程中，这样的词汇使用十分普遍。例如，特朗普在"9·11"事件纪念日的讲话中提到，"你们的痛苦和绝望是我们整个国家共同的悲哀，我们无法抹去这可怕

---

① 参见岑霞《霍根的情感叙事学研究》，博士学位论文，西北民族大学，2024。

② James R. Martin and Peter R. R. White, *The Language of Evaluation: Appraisal in English* (London: Palgrave Macmillan, 2005), pp. 62-64.

的悲痛"。① "痛苦""绝望""悲痛"构成了这段叙述的情感基调,决定了受众的情感认知。情感负载词则通过词汇的隐含意义间接引发情绪。例如,该讲话还提到,"噩梦重燃,伤口重燃,弥足珍贵的临终遗言一遍又一遍地在脑海中回响"②,"噩梦""遗言"等词汇承载了惊恐和绝望等情感特征。

第三,情感嵌入的过程还需要对叙事中的情感作动态评估。情感嵌入的强度并不是固定不变的,而是与叙事效果相互关联的,需要叙事者不断调整。正面情感的适度嵌入往往能提升故事的说服力,而过度的情感渲染可能会导致叙事失衡,反而会削弱信息传递的有效性。在国际政治领域,适当的情感嵌入能够有效地塑造叙事的观念结构,使政府的政策主张更容易被公众理解和接纳。例如,在政治选举中,包含适度情感元素的政治广告比纯事实性广告或具有过于激烈的情感元素的广告更能引发观众的共鸣。情感嵌入还需要叙事者考虑叙事情感如何随着故事进程的发展而变化,以塑造观众的情感轨迹。情感的起始强度、峰值位置以及留白等都可能影响观众对叙事情感的感受和评价。例如,在英国脱欧公投期间,情感化的脱欧宣传叙事就随着时间进程不断变化,成功地唤起了公众对欧盟的不信任感和对难民问题的焦虑情绪,对最终的投票结果产生了影响。

第四,安全化过程中的情感嵌入还需要运用受众共有的情感资源。除了使用情感词汇直接刺激受众产生情感反应,情感叙事也可以运用社会化的情感资源对叙事中的词汇和情节进行加工。情感在社会化的过程中会逐步适应特定的符号系统与行为准则,并附着在大众文化、创伤记忆和公共仪式等有意义的承载物上,即附着在社会化的情感资源上。

大众文化的传播范围大、流行程度高,方便安全化行为体将其中的印象、人物和隐喻等情感符号嵌入安全叙事中。长期以来,电视、

---

① Donald Trump, "Donald Trump 2020 9/11 Memorial Speech Transcript," Rev, September 11, 2020, accessed August 18, 2022, https://www.google.com/amp/s/www.rev.com/blog/transcripts/donald-trump-2020-9-11-memorial-speech-transcript/amp.

② Ibid.

电影、互联网等大众媒体传播的大众文化一直影响着政治行为。[①] 这些情感符号以及它们所依附的虚构对象，以情感倾向的形式影响着受众的认知框架。

创伤记忆与情感之间也有密切联系。[②] 像战争这样的创伤记忆之所以会被受众记住，是因为其作为"国家荣耀"或者"种族灭绝"的时刻被选择性地纪念。[③] 创伤记忆是受众产生恐惧的根源之一。记忆中的灾难在公共领域形成了"闪光灯记忆"，这种类型的记忆一旦被文本和图片以比喻和隐喻的方式唤醒，就能激发受众对于困境时的情感想象。叙事者对创伤事件和受害者痛苦描述的信息越多、特例性越高，就越能激发受众换位思考的潜力。

和大众文化、创伤记忆一样，公共仪式也是情感嵌入可以运用的重要资源。公共仪式中的情感符号塑造了人们交流、互动和感受世界的方式。从峰会和国家庆典，到对恐怖袭击受害者的哀悼，再到在国际体育比赛中演奏国歌，世界政治中存在各种仪式。仪式与其他社会实践的区别在于仪式是重复的实践，反复塑造意义和情感氛围。在反复进行的仪式中，安全化行为体结合面部表情、声音韵律、身体动作、音乐、图像等建立了一种可靠的情感系统，并将其嵌入安全叙事中。

综上所述，安全化过程中的情感嵌入机制并不单一，而是受对情感信息进行加工、对语言作情感化处理、对情感作动态评估以及运用受众共有的情感资源等多方面影响的。叙事者对情感信息和情感语言词汇等进行处理，形成以情感表达为基础的叙事结构、角色特征、场景设置和情节设计。同时，叙事者还可以对受众的情感反馈进行动态评估，及时调整需要嵌入的情感，贴合受众的情感价值和情感想象，适应受众特征，提高受众对叙事中情感的敏感度。在情感叙事实践中，

[①] Daniel H. Nexon and Iver Neumann, eds., *Harry Potter and International Relations* (Lanham: Rowman and Littlefield, 2006), p. 6.

[②] Daniel Bar-Tal, "Why Does Fear Override Hope in Societies Engulfed by Intractable Conflict, as It Does in the Israeli Society?" *Political Psychology* 22, No. 3 (2001): 603.

[③] Jenny Edkins, *Trauma and the Memory of Politics* (Cambridge: Cambridge University Press, 2003), pp. 16-17.

情感嵌入不仅依赖情感词汇，还与受众共有的情感资源具有紧密关联。以大众文化、创伤记忆和社会仪式为主的社会化的情感资源是进行情感嵌入的重要依托。

（二）情感投射与威胁认知

情感投射是一个多层次的动态过程，涉及认知加工、情感表征、共情反应以及叙事策略等多个因素。情感投射不仅是一种心理现象，它在国际关系的构建和公众舆论的塑造中也发挥着微妙而关键的作用。在安全化过程中，情感投射将安全化行为体的情感放大并加以传播，是群体威胁认知建构的基础。

1. 情感投射的概念

20世纪初，心理学家西格蒙德·弗洛伊德（Sigmund Freud）提出了"投射"的概念。情感投射在狭义上被视为一种防御机制，即个体将自己不满意的思想、欲望、动机或情绪转移给他人，有时甚至是转移给动物或无生命的物体。广义上，情感投射也涵盖将个人的正面情感——如喜好、爱情、亲密感和友谊——转嫁于外部对象。卡尔·荣格（Carl Jung）对情感投射作了进一步的解读，将其定义为个体无意识地将自身的某些特质或态度转移给外部世界的物体。[①] 总体来看，情感投射是一种从他者的参照体系中想象他者的感觉并理解和感受他者经历的能力。[②] 例如，人们在阅读一部战争小说时，会将自己想象成战场上的士兵，会感到恐惧、紧张、压迫甚至痛苦。对于读者来说，这是一种想象中的经历而非具身体验。情感投射影响行为体认知、判断和决策的过程，在政治学、语言学、社会心理学等多个学科中被广泛应用。在国际安全领域研究中，情感投射对于威胁认知、风险评估和政策判断都具有重要意义。

[①] 邓惟佳：《能动的"迷"：媒介使用中的身份认同建构——以"伊甸园美剧论坛"为例的中国美剧网上迷群研究》，博士学位论文，复旦大学，2009，第66页。

[②] Paul Bellet, "The Importance of Empathy as an Interviewing Skill in Medicine," *Journal of the American Medical Association* 266, No.13 (1991): 1831-1832.

2. 安全化过程中的情感投射与威胁认知

在安全化过程中,情感投射不仅影响受众对议题的理解和感知,还在更深层次上塑造受众对威胁的认知。安全化过程中的情感投射主要以情感表征传递、共情式投射以及双向情感互动这三种形式影响受众的威胁认知,进而影响其安全观念。

首先,安全化过程中的情感投射强调安全化行为体在传播威胁信息的同时将情感表征传递到受众和对应的情境之中,从而影响受众的威胁认知和反应。威胁是一种消极的被动感受,指的是缘于以往的经历、内在价值取向和不同利益需求而产生的对遭受损害的预期。威胁认知则是对客观局势的一种主观心理推论,是一种认知建构,是对信息的选择、感知和判断。[1] 在安全化过程中,情感投射对威胁认知的形成比理性描述安全威胁更为重要。安全化行为体将自己的情感表征传递给受众,使受众接收到叙事中的特定情感,并按照安全化行为体的规划,从心理层面筛选信息,建立对议题的威胁判断。

其次,安全化过程中的受众作为感知威胁的目标群体,也习惯于从自身情感体验出发,将日常化的情感体验带入叙事角色,解构宏大的叙事结构,完成共情式的情感投射,并将威胁认知扩大化。安全化过程中的情感叙事,其角色和情节设计通常以个人视角和经历为主,区别于安全专家和政治精英的叙事语言,降低了受众产生威胁认知的门槛。投射普遍痛苦情感的叙事往往能更有效地改变受众的态度。这是因为大众情绪的共通性可以降低人们的认知防御,使他们在接纳信息时更为开放。情感联系不仅强化了故事的感染力,在认知层面,也使受众对故事中的观点和价值观形成更深的心理认同。此外,为适应后真相时代碎片化的信息传播环境,安全化过程中的情感叙事还经常呈现为微叙事的形式,打破了传统安全叙事使用第三人称、客观化的叙事风格。其中,叙事者大量使用日常化语言中的表达方式,融入戏剧冲突、矛盾对立、话语暗示等,为受众产生共情效应和威胁认知提

---

[1] David Baldwin, "Thinking about Threats," *Journal of Conflict Resolution* 15, No. 1 (1971): 71-78.

供了捷径。

最后,数字媒介的发展使安全化过程中受众之间的双向情感互动成为可能。在社交媒体出现之前,人们读取的故事内容也能够引发情绪反应,但该过程仅局限于单人层面,并不会为大众所知晓。[①] 而社交媒体时代的情感投射过程会产生媒介认知效应,在社交媒体上,受众通过简单的点赞和转发,就可以表达对叙事文本的认知和情感,情感投射也就从受众的心理活动层面转向真实的社会交往层面。例如,特朗普在有关"中国威胁论"的推特言论中,平均每1000个词语中就发送约40个带有表达惊讶、沮丧和愤怒情绪话语标记的词语,而在这些推特言论的评论区,读者也将自己体验到的情感表达出来,回复数量最多的评论中往往包含与叙事者相类似的情绪标记。在评论区中,受众重复表达着类似的情感,不同阶层、不同背景的受众都将自己的情感向外投射,形成共享的集体情感,不仅支撑了原叙事的情感结构,也对叙事中描绘的威胁产生了集体共识。在情感投射的过程中,彼此完全陌生的受众个体之间建立了朋友般的亲密关系,叙事文本超越文化和阶级背景,为受众表达个人情绪和认知提供了机会。在社交媒体的作用下,受众之间更容易获得对彼此情感的认识。进入公共传播领域的个体情感叙事,往往使受众产生超越个体经验的认知。[②]

总的来说,安全化过程中的情感投射是一个多层次的动态过程,涉及情感表征、共情反应以及受众互动等多个因素。当行为体通过叙事策略传达安全立场时,他们往往有意或无意地引发受众的情感投射,这种投射效应能够建立受众对特定议题的安全认知,进而影响对安全政策的接受度和决策过程。

(三)情感认同与安全建构

在国际政治领域,情感叙事不仅可以传递叙事者的信息,还可以

---

① 参见Page Ruth, *Narratives Online: Shared Stories in Social Media* (Cambridge: Cambridge University Press, 2018).

② 陈刚:《作为竞争与疗法的叙事:疫情传播中个体叙事的生命书写、情感外化与叙事建构》,《南京社会科学》2020年第7期,第103页。

通过情感认同来塑造受众的认知。在安全化过程中,安全化行为体通过情感嵌入和情感投射,最终建构起受众的情感认同。当受众形成了对某一威胁的特定情感认同,议题也就进入了安全领域。

1. 情感认同的概念

叙事中的情感认同是受众在接受叙事的过程中形成深度情感联结与共享认知的状态。叙事中的情感认同研究主要探讨受众如何通过故事中的情感线索与角色经历,将他者的情感状态内化为自己的一部分,并与叙事者和叙事角色达成共识。情感反应是驱动受众对叙事内容产生认同的基础,受众往往通过共享情感体验来理解和接纳叙事中的角色、情境及二者所承载的价值观念。叙事的内在逻辑、人物塑造、情节设计均能在不同程度上激发和引导受众的情感认同。因此,受众产生情感认同的过程是动态变化的。受众在解读叙事的同时,不断调整并重构自我情感经验,与叙事者之间产生双向互动。[①] 情感认同研究提供了理解个体如何通过接受和融入叙事,从而形成特定群体归属感和社会身份认同的理论视角。现代媒介环境的变迁加速了叙事形态的多样化进程。随着社交媒体的快速发展,受众更容易接受和融入叙事,形成情感认同,其群体归属感和身份认同与情感认同之间的关系也因此得到进一步深化。

2. 安全化过程中的情感认同与安全建构

由于情感认同是受众通过对叙事内容形成情感认知后,对叙事者产生的稳定的主观心理体验,它不仅决定了受众对于叙事信息的理解深度,还深刻塑造了他们对威胁的判定框架。在安全化过程中,受众的情感认同与安全建构密切相关。当受众在叙事中找到与自身或所属群体相一致的情感纽带时,他们会更容易将自己置于叙事所描绘的情境之中,从而更深入地理解并感知威胁的存在及其可能带来的后果。例如,当一个国家的民众在叙事中对本国的安全诉求具有强烈认同时,他们往往会更加敏锐地察觉到外部环境中的潜在威胁,并对此作出更为强烈的反应。具体来看,在安全建构的过程中,情感认同的作用主

---

① 参见施铁如《文化心理与叙事》,《广东教育学院学报》2008年第1期,第21—26页。

要体现在以下四个方面。

首先,情感认同作为一种心理现象,其核心特征是情感共享,即个体跨越自我边界,对他者的喜怒哀乐产生共鸣,形成共同的情感体验。它是个体社会交往中的基本心理纽带,有助于增进不同社会背景中的受众对于同一个议题的认同。情感共享不仅包括正面情感的分享,也包括负面情感的共担。(特别是负面情感的共担,在安全建构过程中发挥至关重要的作用。)当人们面对潜在的威胁时,其认知过程往往深受情感认同的影响。但是,情感认同并不是简单地指受众和安全化行为体持有同样的情感。只有自我完全感受到他者的情感,对他者的情感形成评价,才能产生情感认同。例如,"9·11"事件后,欧洲民众深深地认识到了美国的集体创伤,对之形成了情感认同,无数人走上街头,表达他们对美国的声援。

其次,情感认同有助于形成并强化受众的内在安全观念。情感认同的形成不是短暂的情绪反应,而是一个长期的心理建设过程。在这个过程中,受众的情感认同会逐渐内化为自我认知体系的一部分,从而影响并塑造受众的价值观念、态度倾向和行为选择。例如,当个人深深地认同某个民族的历史苦难经历时,这种情感认同就会转化为个人的民族情感和国家意识,进而引导其社会行动。[1] 叙事通常包含丰富的情感元素和价值导向,这些元素和导向能够激发受众的深层情感,进而形塑他们对于特定事物的判断。当叙事唤起的情感认同与受众的安全观念相符时,这种叙事将会有力地巩固甚至强化受众原有的安全观念,使其对特定威胁的认知更具倾向性和选择性。

再次,情感认同影响安全建构的过程依赖于受众与叙事内容之间建立的情感联结。当受众在接收安全叙事信息时,会将自我情感、价值观和生活经验投射到叙事所描绘的角色、情节或者主题上。当受众在故事中找到与自身情感体验相契合的元素时,便会产生情感认同,进而加深对叙事内容的认知理解和接纳程度。具有吸引力和共鸣性的

---

[1] 参见邹文雪《情感的社会建构:〈纽约时报〉对索马里饥荒的报道策略研究(1960—2017)》,硕士学位论文,武汉大学,2019。

主题往往能够激发受众的内在情感,具有强烈情感色彩的信息更容易被受众记住,情感认同促使大脑中的边缘系统变得活跃,增加了对信息的编码与存储。当叙事内容触发受众深层情感反应时,这些情感化的故事元素会潜移默化地渗透到受众的世界观和价值观中,从而影响其对相关事物的判断和评价。

最后,情感认同在媒介环境中能够通过社会传染效应放大对威胁的建构。尤其是在社交媒体等数字化平台上,具有高度情感认同的叙事易于引发大规模的情感共鸣和信息扩散,从而进一步推动全社会对特定威胁形成广泛关注和共识。在后真相时代,无论是新闻报道、政治宣传还是社交媒体等各类叙事文本,都体现出了情感认同的显著影响力。叙事者通过精心编织的情节、鲜活的角色塑造以及富有感染力的语言,引导受众在心理层面与叙事角色建立情感联结,从而达成某种共识或引发深层次的情感反应。在安全化过程中,情感认同不仅能够影响个体层面的威胁认知,更能在宏观层面影响整个社会对安全问题的集体认知与应对策略。情感认同可以促进集体记忆与历史叙事在建构威胁认知中发挥作用。集体记忆中的情感印记会通过叙事得以再现和传承,使过去的经验和教训在新的威胁认知中得到反映和应用。[①]当叙事成功唤起民众对集体历史中的苦难、挑战或胜利的情感认同时,这些情感记忆又被激活,成为评估新出现威胁的重要参照系。

总体来说,安全化过程中的情感认同,通过情感纽带,使具有不同社会背景的受众对于同一个议题形成相似的安全认同。安全认同的形成是一个长期的心理建设过程,个体的情感认同会逐渐内化为自我安全认知体系的一部分,从而影响并塑造个体对议题安全价值的观念、态度倾向和行为选择。在情感叙事中,叙事者通过情节构建、人物塑造等手法,引导受众与故事角色建立情感联结。情感认同既可以因叙事内容的深入而加强,也可能随着叙事转折而减弱或转向。在安全化过程中,这使得安全建构具有一定的选择性。伴随着数字媒体的发展,

---

① 参见王硕《国外学界关于国际关系中的情感研究》,《国外社会科学前沿》2020年第7期,第24—34页。

安全化行为体可以使受众在短时间内形成情感认同,在社交媒体等数字化平台上,具有高度情感认同的叙事更容易引发大规模的情感共鸣和信息扩散,并且能够压制缺乏情感共鸣的反对声音。基于情感认同建构出的安全问题,相比传统的安全化过程所建构的安全问题,其结果更具有稳定性。言语辩论可以使受众对于一个问题是否是安全问题产生不同的判断,而一旦受众形成了对某一问题厌恶与仇恨的认同,对其作为安全问题的判断就很难改变了。

(四)情感叙事的安全化模型

将情感叙事分析引入安全研究中,可以将安全化过程分为三个阶段。首先,安全化行为体通过情感叙事将情感嵌入到议题当中,形成对议题的情感框定。之后,受众接收到议题的情感后,会结合自身的体验和经历作出回应,形成次叙事。受众的次叙事在群体中传播并产生情感投射效应,重复和强化了议题的情感背景。最终,受众对议题形成特定的情感认同,这一情感认同塑造受众对议题安全化的态度,决定安全化的结果。在此基础上,可以建立情感叙事的安全化模型(图3-1)。

首先,安全化行为体通过建立元叙事将情感嵌入议题中,形成议题的情感框架,明确存在性威胁。叙事者通过调整叙事结构、表达方式、角色特征、场景设置和情节设计,在叙事中加入情绪标签词和情感负载词,将情感嵌入议题,并使受众产生情感体验。在设计和实施情感叙事策略时,安全化行为体需要充分考虑和受众的交互效应,及时调整情感叙事的节奏和强度,以适应受众特征,提高受众对叙事中情感的敏感性。此外,大部分情感都在社会互动和社会关系的背景下出现,经由社会实践嵌入集体和个体。[①] 情感嵌入不仅依赖情感词汇,还与受众特征和社会化的情感资源具有紧密联系。安全化行为体除了使用情感词汇直接刺激受众产生情感反应,也可以利用社会化的情感

[①] Batja Mesquita and Michael Boiger, "Emotions in Context: A Sociodynamic Model of Emotions," *Emotion Review* 6, No. 4 (2014): 298.

资源对叙事中的词汇和情节进行加工。在议题框定的过程中，安全化行为体以不同方式呈现逻辑上相同的内容，以消极或积极的情感"讲故事"，凸显特定的安全威胁，从而忽略或淡化其他内容。

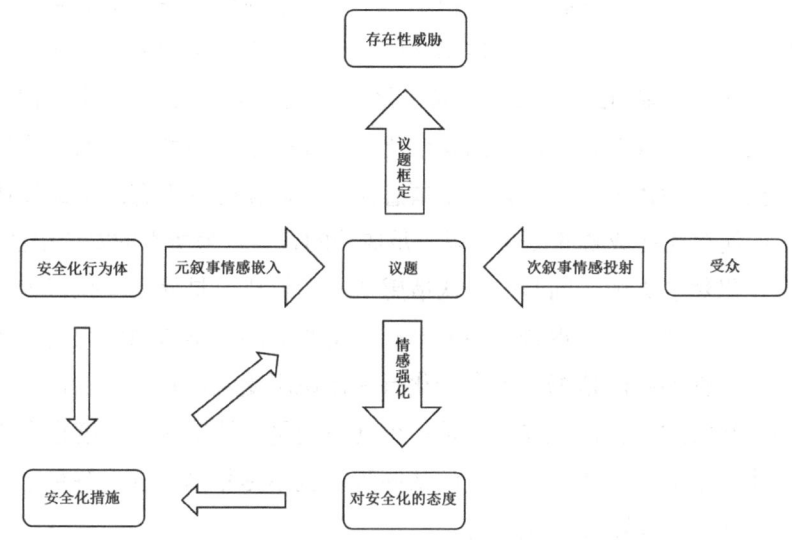

图3-1 情感叙事的安全化模型

其次，当受众接收到安全化行为体的元叙事后，会产生情感投射，重塑其认知、判断和决策的过程。情感投射是受众共有情感形成的基础。当叙事内容被受众接触和阐释，受众客体就逐渐从"可读"走向"可说"。受众习惯于从自身的情感体验出发，将日常化的情感体验赋予叙事角色，分享对议题的感受和理解。在情感投射这个多层次的动态过程中，受众经历了情感表征传递、共情式投射等过程，对于议题有了初步的情感判断。同时，受众也会将体验到的情感传递给其他人。在这个过程中，受众将元叙事分解，结合自身体验和情感讲述故事、表达情感，形成了元叙事之下的次叙事。次叙事与安全专家和政治精英的元叙事不同，通常以受众的个人视角和经历为主，更容易让其他受众产生情感共鸣。受众的情感投射在社交媒体时代尤为明显。社交媒体令次叙事在不同文化背景下的受众中间的传播变得更为容易。不同背景的受众投射出自己的情感，形成共享的集体情感，不仅支撑了元叙事的情感结构,也有助于对叙事中描绘的威胁产生集体共识。

最后,受众形成的情感认同使受众对议题的安全化产生特定的态度,决定安全化的结果。安全化的情感认同是受众通过对叙事内容形成情感基础后,对威胁产生的稳定的主观心理体验。一旦受众明确了对特定威胁的情感,形成了情感认同,也就建立了某种偏好,从而出于理性开始对威胁进行评估。[①] 安全化过程中的情感认同与安全建构密切相关。要完成对某一议题的安全化,需要受众以一种特定的方式理解安全化行为体的主张,并产生情感认同。假设受众没有产生此类认同,即使存在性威胁的传递可以满足成功的言语行为所需的安全语法,安全化仍然会失败。同时,受众情感认同的形成也是使安全化行为体提供的安全化措施获得合法性的基础。将受众的情感认同作为安全化措施合法性的判断依据,为安全化行为体说服受众设置了可以评价的标准。在实践中,情感本身就是一个动态变量,情感认同程度也会不断变化。不同强度的情感产生的认同程度也不尽相同,进而解释了安全化程度存在差异的原因。

三、美国对TikTok的情感叙事与安全化

TikTok是美国月度下载量最高的社交应用软件,在美国拥有非常庞大的使用群体。随着中美网络空间竞争态势的加剧,继美国对华为进行安全化并施加单方面制裁后,美国政府也针对TikTok展开了一系列的安全叙事。由于在理性层面,TikTok并不具备传统意义上对人身安全的威胁,所以情感叙事作为一种强大的说服工具,在美国对TikTok进行安全化的过程中发挥着重要作用。政治精英讲话、国会听证会发言和媒体报道中的叙事操控了受众的情绪反应,不仅影响政策制定,还塑造了公众对TikTok的威胁认知。在美国对TikTok的安全叙事中,情感嵌入、情感投射和情感认同构成了美国对TikTok的安全化路径。通过情感叙事,TikTok被成功建构为对美国国家安全的威胁。

---

① Jonathan Mercer, "Emotional Beliefs," *International Organization* 64, No. 1 (2010): 1-31.

（一）美国政府对TikTok的安全叙事中的情感嵌入和议题框定

美国政府对TikTok的安全叙事主要通过国会听证会和政治精英的讲话展开。美国政府虚构了TikTok的"中国身份"，为之赋予了危机感。和智能算法带来的恐惧感和舆论操控造成的厌恶感一道，这三种情感成为美国政府嵌入TikTok议题的目标情感，促进了议题框定的实现。

1. 虚构"中国身份"以赋予危机感

在美国对TikTok进行安全化的过程中，为了营造身份冲突带来的危机感，美国虚构了TikTok的"中国身份"。美国政府采取了一系列叙事策略，在缺乏事实根据的情况下，将TikTok的"中国身份"合理化，进而将TikTok建构为"敌人"威胁国家安全的工具，赋予了这款娱乐应用危险的情感特征。

美国政府对TikTok敌对感的来源是国家安全层面的对华科技竞争。2015年，中国为顺应世界新一轮工业革命的发展趋势和制造业转型升级的要求提出了《中国制造2025》，该规划以促进制造业创新发展为主题，旨在推动中国产品走向世界，完成智能化转型。对此，美国在科技领域提出了对华"竞赢"的战略规划，并在每年的《国家安全战略》报告中提出了更加细化的竞争举措，意图防止中国互联网科技公司获取或开发"不利于"美国的技术，阻挠中国互联网企业在美国市场的快速发展。美国国会也在立法层面予以配合。2018年《外国投资风险评估现代化法案》、2021年《美国创新与竞争法案》、2022年《芯片与科学法案》均加快了美国科技特别是互联网领域的安全泛化态势。TikTok作为美国用户群体最广的一款社交应用软件，由于其母公司是中国的科技公司字节跳动，被美国政府视为中国在互联网领域对美国进行产业入侵的代表。

但是，由于TikTok并不是一家中国公司，没有直接的"中国身份"，美国政府在对TikTok的叙事中难以直接使用"中国的TikTok"这一表述。为了虚构TikTok的"中国身份"，美国政府常用的叙事手法是将TikTok歪曲为"中国政府的工具",并通过攻击TikTok来表达对中国的敌对意识。在美国政府的叙事中,TikTok是"直接听命于中国政府的企业,会将美国用户的所有数据交给中国政府,从而威胁美国的国家安全和国家利益。"

2023年3月,在美国众议院能源和商务委员会听证会上,议员弗兰克·帕洛内(Frank Pallone)对此表示,"中国政府可以强制TikTok与其共享数据"。委员会主席凯茜·罗杰斯(Cathy Rodgers)则更为激进,认定TikTok的"许多雇员直接向中国政府汇报"。TikTok甚至被美国国会议员描述为"中国的间谍软件,用于监听美国军方和政府的机密信息"。在此次听证会上,国会研究员杰弗里·凯恩(Geoffrey Cain)提到,TikTok是需要被处理的"特洛伊木马","中国的人工智能战略需要数据,数据是其最大的目标"。[1]

尽管美国议员在国会讨论中反复提及TikTok是如何作为"中国的间谍工具"发挥作用的,但美国商务部并未提供能够证明这种关系的任何事实,也无法作出TikTok对美国国家安全影响的评估报告。由此可见,在对TikTok的安全叙事中,美国政府为了给TikTok贴上"中国身份"的标签,编造了"TikTok窃取美国个人信息,为中国政府提供数据"的虚假故事。通过传递虚假信息,美国政府渲染了对TikTok的敌对情绪,利用美国政府和民众对中国的对抗情感,设置虚构的危机情感冲突。

2. 智能算法带来的恐惧感

美国政府为TikTok议题设置的另一个主要情感是恐惧。这种恐惧感来源于TikTok的智能算法。在美国政府的叙事语境下,TikTok被表述为"可以通过收集和访问用户数据,对用户观看的内容进行算法推荐,并将特定的信息和价值观植入受众认知的工具"。

2021年10月26日,美国参议院消费者保护、产品安全和数据安全委员会召开了以"保护儿童的网络世界"为主题的听证会。TikTok对

---

[1] "TikTok: How Congress Can Safeguard American Data Privacy and Protect Children from Online Harms," Congress.gov, March 23, 2023, accessed December 6, 2023, https://www.congress.gov/event/118th-congress/house-event/115519/text.

其使用者特别是对青少年使用者身体与心理健康的影响是议员们关注的一个重要问题。有议员指责TikTok的强大算法与密集的内容"可能会深刻影响用户行为"。

事实上，TikTok在内容审核上，与美国其他的社交媒体并没有区别。TikTok的产品运作主要以数据挖掘和机器学习等智能算法为核心，通过用户需求和偏好，通过预设的路径将信息匹配给用户。在这个过程中，算法逻辑无可避免地形成了"信息茧房"，即只向用户推荐其偏好的视频内容，而非向其展示更为多样全面的内容。这意味着长期观看TikTok视频的用户有可能会遭受思维固化的困扰，从而产生对某类事物固定的认知。美国国会议员正是利用这一缺陷来引发民众的恐惧，从而定下了民众对TikTok的情感基调。

3. 舆论操控造成的厌恶感

在2016年美国总统大选之后，美国对外国干预美国信息环境的风险非常敏感。舆论不被操控是美国式民主运作的基础，基于美国宪法第一修正案规定的言论自由权利。为了让受众对TikTok产生厌恶情绪，美国政府运用安全叙事将TikTok描绘成"令人厌恶的舆论操控工具"。

在2022年美国参议院召开的"社交媒体对国土安全的影响"听证会上，美国参议院国土安全和政府事务委员会指出，TikTok对美国"国土安全与民主"构成了"最大的技术威胁"，TikTok不是娱乐工具，而是"意识形态武器"，是中国在大数据时代研发的"舆论机器"，"将从内部瓦解美国的根基"。[①] 此外，也有议员寻求通过立法途径指出TikTok所造成的影响。例如，马尔科·鲁比奥（Marco Rubio）提出，应当立法禁止TikTok等一系列社交应用软件在美国的使用，因为它们受到"值得关注的国家的影响"，可以审查并控制美国用户所接收到的

---

① 关于此次听证会的信息，可参见"Social Media's Impact on Homeland Security," September 14, 2022, United States Senate Committee on Homeland Security & Governmental Affairs, accessed December 6, 2023, https://www.hsgac.senate.gov/hearings/social-medias-impact-on-homeland-security/。

信息。① 尽管这种夸大的叙事缺乏事实根据,但却迎合了美国民粹主义情感。相比于简单地将TikTok称为"国家安全的威胁",用"意识形态操控"来表述TikTok的功能更能唤醒美国民众对言论压迫的厌恶,"舆论机器"的比喻也将言论自由被破坏的危机感置于TikTok议题的语境当中。

上述分析从情感叙事的角度简要展示了美国政府是如何将危机感、恐惧感和厌恶感这三种负面情感嵌入到TikTok议题中的。由于缺少事实支撑,美国政府编造和设计了TikTok的"中国身份",建构了TikTok制造"信息茧房"固化受众认知的行为,描绘了TikTok"操控舆论的可恶形象"。简而言之,美国政府运用不同的叙事策略,将负面情感植入TikTok议题当中,激发受众对TikTok的恐惧感和厌恶感,以情感推动受众打破对TikTok作为娱乐产品的认知图式,塑造受众对TikTok的新认知,为之后实施封禁TikTok等措施提供"合法性基础"。

(二)美国民众对TikTok的情感投射和威胁认知

TikTok的安全化过程是一个通过叙事扭曲和操纵公众情感和认知的过程。由于讨论TikTok议题需要技术知识,美国国会的立法流程机制也很复杂,起初,多数美国民众关注不到TikTok议题。然而,在自媒体时代,美国国会针对TikTok召开的一系列听证会以直播的方式被广泛传播,极大地提高了美国民众对TikTok的关注度。美国民众在接收到美国政府对TikTok的元叙事后,将自身情感和经验投射到叙事角色和情节之中,形成了情感联结。在这个过程中,在个体和集体层面,都出现了关于TikTok安全威胁的次叙事,这加快了敌对、焦虑和恐惧等负面情感在受众之间的投射和传递。

1. 个体焦虑叙事的情感投射

当负面情感在政府层面被嵌入TikTok议题中之后,聚焦个体焦虑的叙事开始出现。这类叙事从受众角度出发来看待TikTok议题,将政

---

① "Lawmakers Announces Bipartisan Legislation That Would Ban TikTok in the US," *USA Today*, December 13, 2022, accessed November 8, 2024, https://www.usatoday.com/story/news/politics/2022/12/13/rubio-announces-bipartisan-bill-ban-tiktok/10888520002/.

府层面的敌对、厌恶和恐惧分解为个体层面的焦虑感。在叙事中，更广泛的受众借助情感投射与TikTok议题中个体叙事的角色形成联结。受众依据自己的经验去体会角色情感，发表自己的看法，形成情感共鸣。

2020年4月，红迪网（Reddit）上发布的一篇评论以普通人的视角叙述了对TikTok的看法。该评论错误地宣称："TikTok是一款被拙劣地伪装成社交网络的数据收集设备。如果可以用来收集关于你、你的联系人、你的设备信息的应用编程接口……他们（指TikTok团队）都在使用。……不管怎样，我重新开始使用照片墙（Instagram）、脸书（Facebook）、红迪网和推特了。它们收集的信息要比TikTok少得多，而且完全不像TikTok那样试图掩盖实际发送的信息到底是什么。这就像是用一杯水和一片海来对比——它们完全没法比。"① 尽管这篇评论并没有提供任何客观证据，但仍然得到了许多用户的回复，回复中出现了大量带有担忧和焦虑情感的表述。

由此可见，美国国会议员虚构的TikTok的"中国身份"叙事中所包含的被窃取信息的危机感被成功地传递给了美国民众。美国民众将自己的体验投射到虚构的叙事中，通过主观的心理推论，避开了安全专家和政治精英的叙事语言，建构出普通人关于TikTok"中国身份"的次叙事。此外，该文章通过与其他社交媒体应用的对比，利用既有认知框架，消除了人们对应用程序收集信息这一细节的猜疑，同时凸显TikTok"与中国政府共享数据"这一行为的不当。与这篇文章类似的个体叙事在社交媒体上广泛传播，虚构的内容逐渐引发了真实的危机感。

2. 恐惧叙事的集体情感投射

随着TikTok安全化过程的推进，美国社交媒体上开始出现大量以图片和视频为媒介的恐惧叙事，叙事内容主要强调TikTok上的视频影响用户的心理健康，引导青年人采取特定的行动。这些叙事在社交媒

---

① Bangorlol, "Not New News, but Tbh If You Have TikTok, Just Get Rid of It," Reddit, April 18, 2020, accessed August 13, 2022, https://www.reddit.com/r/videos/comments/fxgi06/not new news but tbh if you have tiktiok just get/fmuko1m/.

体上快速传播,在用户群体中被分享,形成了集体的恐惧情感投射。

同时,对于TikTok的恐惧情感在社交媒体上被迅速炒热,形成了一种强烈的舆论氛围。通过评论和转发,关于TikTok的不实言论被广泛传播,来自不同阶层和不同背景的受众对TikTok恐惧和厌恶的情感表征开始凸显。一部分人虽然不是政府叙事的直接受众,但往往在次叙事的情感投射过程中,形成了对TikTok的主观判断。尽管很多受众在其他网站上也会看到同样的信息,然而,由于情感投射,一部分受众受他人情感的影响,对TikTok形成了恐惧和厌恶的集体情感,选择性地屏蔽了客观的认知方式,产生了偏离事实的认知结构,认定TikTok是一个潜在的安全威胁,而非单纯的娱乐工具。

就TikTok议题而言,在情感投射的过程中,政府层面的情感被受众的次叙事放大、传递,并在更广泛的层面转化为集体情感。在带有个人情绪色彩的社交媒体叙事的影响下,受众的危机感、恐惧感和厌恶感得以形成,对TikTok安全威胁的普遍认知得以建构,这些感情和认知进而推动政府采取更为严格的审查和监管措施。

(三)美国对TikTok的情感认同和安全建构及TikTok的应对

美国对TikTok的情感认同和安全建构过程是相对动态的。美国受众对TikTok的情感认同呈现动态变化的特点,安全建构的结果也会随着元叙事的情感强弱、次叙事的投射效果以及去安全化叙事的效果而调整。为了探究美国受众对TikTok动态的情感认同过程,本章作者检索了2020年8月(即特朗普发布针对TikTok的行政令的时间)到2024年1月,美国社交媒体推特上有关TikTok和安全的用户推文,并从中筛选回复、评论、转发及收藏总量超过1000次的21558条语料。在处理过程中,本文首先对用户所处的地区、语言和文本性质进行筛选,去除重复推文样本,得到有效的舆论样本3734条,并按照年度分类,提取出这些推文中美国受众对TikTok情感态度的标签词和具有情感属性的名词、代词、动词、副词和形容词,归纳出推文的积极、中立和消极情感认同的分布特征(图3-2)。

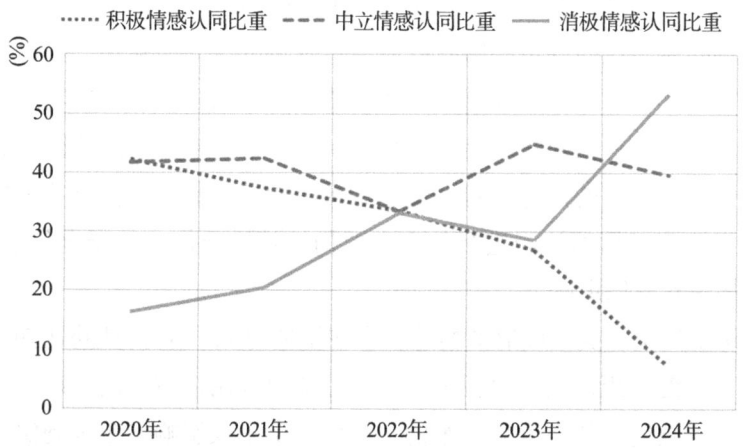

图3-2　2020年8月至2024年1月相关推文中的情感认同分布

经过分析可知，2020年8月，对TikTok持消极情感认同的推文只占有关TikTok全部推文的16%。2021年10月、2022年9月和2023年3月，美国国会先后针对TikTok相关议题召开了三次听证会。在此期间，持消极情感态度的推文数量整体呈上升趋势，但变化幅度不大，2022年和2023年持积极和消极情感态度的推文数量基本持平。而在2024年1月听证会后，对TikTok持消极情感认同的推文占比提高到有关TikTok全部推文的53%。相反的是，2020年，有42%的推文对TikTok议题持积极情感认同，这一数字到2024年1月下降至7%。可以看出，2024年1月听证会后，对TikTok持消极情感认同的推文明显增加。美国有线电视新闻网也在2024年1月对受众做了随机调查，47%的美国成年人认为TikTok对国家安全构成威胁。对于威胁的情感认同促使部分用户选择卸载应用，甚至支持出台更严格的限制TikTok的法规。在调查中，64%的TikTok用户担忧自己的隐私安全，在这些用户中，"焦虑"是最常使用的标签词。在社交媒体上，这种焦虑感在更多用户之间直接传播，社交媒体用户的态度和舆论动态直接影响其他民众对TikTok安全化策略的考量。

对TikTok的情感认同结果呈现出极化的现象。伴随着社交媒体的发展，美国政府对TikTok安全叙事的情感表征可以在短时间内传递给受众，形成集体情感，影响受众对TikTok议题的判断。对TikTok存在威胁的情感认同既可能随着政府情感叙事的深入而强化，也可能随着去安全化叙事而减弱或转向，从而使安全建构过程具有一定的可选择性。此外，在社交媒体等数字化平台上，具有明显情感特征的叙事容易引发大规模的情感共鸣和信息传播，能够压制缺乏情感共鸣的反对声音。基于情感认同进行的安全建构，相比于传统的安全化过程，其结果更具有稳定性。

综上所述，美国政府的情感叙事在塑造对TikTok的威胁认知方面发挥了关键作用，这表明了美国政府是如何利用情感策略来影响公众对新兴科技公司的态度和决策的。情感叙事不仅影响了政策制定者的决策，也塑造了公众对TikTok的认知和态度。在缺乏客观事实支撑的情况下，美国国会听证会通过情感叙事建构了对于TikTok的危机感、恐惧感以及厌恶感。通过社交媒体的情感投射，受众对TikTok议题形成了次叙事，负面的情感在受众间传递，形成了消极的情感认同。美国政府的情感叙事也促使TikTok公司采取以表达正面情感为目标的叙事策略，试图解构安全叙事带来的负面情感认同。但相对于TikTok的去安全化尝试，美国政府具有明显情感特征的安全叙事更易于引发大规模的情感共鸣和信息扩散。在此基础上，TikTok议题逐渐被建构为安全问题。作为安全化的结果，美国政府获得了应对TikTok威胁的"合法性基础"，提出并实行一系列封禁措施。

但值得一提的是，针对美国政府的安全叙事，TikTok也在面向其用户传递积极正面的情感叙事。面对美国政府渲染的危机情感，TikTok以"欢乐"和"幽默"的情感态度，通过官方声明、广告和短视频反复重申产品的娱乐属性和社交属性，迅速加以回应。在官方声明中，TikTok强调产品的愿景始终是"激发创造，带来愉悦"，致力于提升用户的幸福感，鼓励用户创造属于自己的有趣内容。TikTok还拍摄了一部幽默短视频，主题是特工想要窥探目标的TikTok软件以获取情报，最终发现目标一直在观看的是舞蹈模仿视频。TikTok试图通过幽默的短视频解构美国政府对其"为中国窃取军事情报"的论述，始终强调脱离军事用途的严肃感。此外，TikTok在广告和短视频中出现的所有人物形象均是本土用户形象,这也从视觉上剥离了"中国身份"。

针对美国政府夸大TikTok的智能算法的副作用的行为,TikTok也发表声明,强调其算法会引导用户通过视听体验来自主发掘更多作品的乐趣,提升用户的社交满足感[①],从而淡化用户因"信息茧房"而产生的恐惧感。

结 语

国际政治研究已经逐渐成为一个多元化、跨学科背景的综合学科,融汇了社会学、文学、美学和心理学等多个学科的理论。随着叙事在国际政治中的作用日益凸显,战略叙事、竞争叙事、霸权叙事等概念日益受到学界关注。情感叙事作为一种特殊的叙事形式,对于国际政治中的认知框定、知识传播和观念建构起着重要作用。将情感叙事的概念和分析方法引入国际政治和国际安全研究中,是国际政治领域"情感转向"和"叙事转向"大背景下的又一次跨学科实践。2010年以来,由于社交媒体快速发展,以图像和视频为主要媒介的叙事形式为情感叙事的构建和传播奠定了基础。相比于其他的叙事形式,情感叙事的政治动员和观念塑造效果更加突出。特别是对于一些新的热点问题,受众通常需要具备足够的专业知识才能产生客观的理解,传统的逻辑叙事往往较难引起受众的兴趣和关注。情感叙事则着眼于触发受众的情绪反应,调动受众的情绪理解机制,并利用投射传播政治议题的情感基调,最终使受众接受情感意象背后的意义。在安全化过程中,国际政治行为体可以利用情感叙事完成议题框定、塑造威胁认知、建构安全认同。总体而言,本章简要梳理了情感叙事与安全化理论的关系,通过分析情感叙事的情感嵌入机制、情感投射效果以及情感认同的安全化模型,展示出一种传统方法之外的安全建构途径,是将情感与叙

---

① Tom De Leyn, et al., "In-between Child's Play and Teenage Pop Culture: Tweens, TikTok & Privacy," *Journal of Youth Studies* 25, No. 8 (2022): 1108-1125.

事整合到国际政治和国际安全研究的一次新的理论尝试。在未来的研究中,情感叙事理论的应用范围还可以进一步扩大。例如,情感叙事在构建中国国家形象、传播"一带一路"倡议和构建人类命运共同体等理念以及化解和应对国际危机等方面都具有一定的实践价值。

第4章
安全叙事、话语危机与安全危机*

语言是影响人们思维和认知的重要因素,也是进行安全研究的一个重要维度。观察国际关系中的很多事件,可以发现,很多危机的塑造是先从语言开始的。语言不仅能够促使某些本不属于安全范畴的问题安全化,还能够建构安全问题的紧迫性,影响其威胁程度的高低。在这个复杂多变的世界里,传统安全问题与非传统安全问题相互交织,相互影响。随着科技的发展和国际政治的演进,新领域不断出现,如网络、大数据、人工智能、传染病、深海、外空和自然灾害等。这些新领域充满了诸多不确定性和未知数,很多由其产生的问题已经成为非传统安全领域的重要组成部分,需要人们去探究、解释和理解。话语在这个过程中发挥着重要作用,直接影响人们的安全认知,塑造新的安全问题,甚至建构安全危机,影响相关政策。

在建构危机方面,话语具有一定的优势。一方面,与军事、经济手段等相比,运用语言的成本最低,行为体之间很容易进行话语博弈,产生话语对峙,导致危机,如美国和朝鲜之间的很多博弈是在话语层面展开的,双方经常恶语相向;另一方面,语言本身具有政治性、建构性等特征,言语者通过一系列言语手段和策略形成某些话语,生产

---

* 本章主要内容发表于《国际安全研究》2020年第6期。

出看似科学的知识,甚至常识,最终改变人们的认知,塑造共识,建构危机。语言在某些时候甚至能够成为一种政治武器。例如,2020年新冠疫情暴发后,中国和美国在一段时间内围绕病毒命名、病毒来源地、"中国责任论"等展开了激烈的话语交锋,一个重要原因就是语言能够建构意义,进而产生很多后续影响。再如,2016年美国的"南海话语"在世界上建构了"中国影响南海安全"这样的错误认知,在国际舆论场中建构了南海危机。本章提出话语危机这一概念,旨在系统研究语言如何推动产生话语危机以及话语危机的影响,并在此基础上,以中国近年来所经历的一些主要话语压力和话语危机为例,加强对话语危机的认识和理解,从而进一步思考中国应如何应对。

一、语言、危机叙事与话语危机

语言本身可以建构危机,推动产生话语危机。话语形成于特定社会语境中人与人之间进行沟通的具体言语行为之中,是言语者与言语对象之间在特定社会语境中沟通的产物,涉及言语者、言语对象、文本、沟通和语境等要素。[①] 话语也是在建构社会现实的过程中所形成的意义结构,每个话语都包含一定的意义体系,这些体系一起构成了社会知识网络,成为人们认识和理解社会的基础。话语的形成依赖于语言的使用,某些语言通过不断被重复而积淀为一种社会话语,进而影响社会实践。国际政治中的很多危机都是通过话语建构而来的,表面上看是安全危机、能源危机、安全隐患或是迫在眉睫的威胁,实际上语言在整个危机的形成过程中起到了推波助澜的重要作用。在某种程度上,安全危机首先从话语危机开始。

(一)语言的特点及社会影响

话语危机的建构是指通过特定词汇的选择以及修辞手法和叙事手

---

① 吴学琴:《媒介话语的意识形态性及其建设》,《马克思主义研究》2014年第1期,第117页。

段把某个问题描述为紧迫的威胁,在话语层面产生危机感,让人们感到威胁的存在,并认为必须加以应对和解决。话语危机之所以能够得以建构,主要是由语言的以下特点所决定的。

1. 语言具有行事功能和建构功能

语言作为社会生活的一个基本要素,具有行事功能和建构功能。19世纪末20世纪初,西方哲学发生了"语言转向",人们对语言的认识发生了变化。以约翰·R.塞尔(John R. Searle)、路德维希·维特根斯坦(Ludwig Wittgenstein)等为代表的哲学家们认为,语言不仅可以用来传递信息,使用语言的同时也伴随着行为的发生,即言语行为[1],这就是语言的行事功能。更重要的是,语言不仅可以反映真实的存在,还是一种可以产生意义的社会实践,具有建构功能,可以把所说的内容变为被认为存在的东西,建构社会存在,建构社会意义。因此,不同的言语实践可以建构不同的社会身份、社会关系,甚至可以建构知识或者"真理"。

语言的行事功能和建构功能意味着语言的使用本身也是一种实践。对于同一个客观事物,人们会对其进行不同的命名,采用不同的叙事方法,使用不同的修辞手法等,这些均体现出言语者不同的观念和态度,产生的建构效果也完全不同。例如,新冠疫情暴发后,《纽约时报》对中国对武汉的"封城"措施作出了"给人们的生活与自由带来了巨大损失"的评论,但却对意大利同样的"封城"措施作出了截然相反的评论,认为意大利"冒着牺牲自己经济的风险以阻止这场欧洲最严重疫情的蔓延"。[2] 语言在此产生了象征效应和特殊意义。有学者强调,人们经常从外部吸收能量,以产生对世界的看法,形成对世界的认知,而这些能量经常通过语言来传递,其他任何交流形式都无法

---

[1] 关于言语行为,具体可参见John R. Searle, *Speech Acts: An Essay in the Philosophy of Language* (Cambridge: Cambridge University Press, 1969).

[2] 《海外网评:同样谈"封城",这家美媒双标操作真是溜》,《人民日报》海外网,2020年3月12日,https://m.haiwainet.cn/middle/353596/2020/0312/content_31740359_1.html,访问时间:2020年7月22日。

像语言一样深刻影响甚至改变人们的内心和外在世界。① 语言的行事功能和建构功能意味着话语本身不是客观的，它表达的是人类在用语言交流过程中所形成的共识，具有主体间性。从这个角度看，话语对社会存在而言具有本体意义。自20世纪80年代末以来，语言的行事功能和建构功能日益引起国际关系研究领域学者的关注，并不断将其应用于对话语危机的解释当中。②

2. 语言的使用者具有能动性

语言除具有行事功能和建构功能外，其最基本的功能是交流信息、传递思想，这也是语言最基本的社会功能。人是社会动物，可以通过语言实现交流目的。从哲学领域对语言的认识过程看，维特根斯坦等人首先强调的是语言的镜像观，认为语言可以呈现事实，起到客观媒介的作用，个人通过语言把事实或世界客观地展现出来，别人通过语言所认识的也是这样的客观事实或世界。③ 在这个过程中，语言只是起了传递作用，像镜子一样映射出世界的本来面目。这种观点实际上忽略了语言本身的丰富性和语言使用者本身的能动性。人在语言面前是积极的创造者，可以选择所使用的语言。人通过估量词语的受众来选择用词，同时使用其所希望的能最有效传达自身信息或达到预期效果的语言风格和习语。④

语言所产生的意义不仅取决于单个词语的意义，还取决于单个词语与其他词语一起使用的方式以及词语之间的相互关系。同时，语境也会对最终意义的生成产生影响。世界上的每一种语言体系都是丰富的，包含众多的词汇，而对于同一事物的命名不同，所赋予事物的标签就不同，所引发的意义体系也存在差异，直接影响认知体系。多数语言体系中还有众多的修辞手法，如隐喻、拟人和排比等，使用不同

---

① 米歇尔·艾碧：《语言的力量》，孙晓斐译，鹭江出版社，2016，第70页。
② 关于语言与国际关系的研究，可参见孙吉胜《语言、意义与国际政治——伊拉克战争解析》。
③ 王健平：《语言哲学》，中共中央党校出版社，2003，第157—166页。
④ 彼得·艾夫斯：《葛兰西：语言与霸权》，李永虎、王宗军译，社会科学文献出版社，2018，第6页。

的修辞手法会产生完全不同的话语效果。对于政治语言来说，这一点尤其重要。政治修辞本质上是一种说服论证的技巧和能力。如果政治权力想要获得合法性，使人们心悦诚服地接受，就更离不开政治修辞。① 不仅如此，从叙事角度来看，言语者采用的不同叙事风格、叙事模式、叙事角度以及叙事时段都会为言语对象呈现不同的画面，产生不同的叙事效果。② 总之，使用者选择什么样的语言能够直接影响话语效果。

3. 语言体现权力并产生影响

语言不仅促进沟通和集体行动，同时也体现并强化权力。人可以利用语言和精神活动来改变社会生活，建构一系列意义。③ 语言不但可以建构社会存在所需的意义网络，也可以建构和疏通社会运作所需的权力关系网络。④ 皮埃尔·布迪厄（Pierre Bourdieu）特别强调语言与社会的关系，认为语言是一种"象征资本"，具有象征力量⑤，是整个社会结构进行再建构和再生产的一个中介，语言和社会都同时贯穿着"象征"和"权力"。⑥ 政治语言尤其如此，它与所描述世界的关系是不准确和模糊的，在获得和巩固权力的过程中，政治语言会产生重要影响。⑦

权力在话语之中得以体现和彰显。一方面，人和国家都可以通过语言进行政治沟通、政治宣传、政治说服和政治动员，使政治权力合法化，进而为自己的意识形态、权力和利益服务。英国前首相温斯

---

① 刘文科：《政治权力运作中的政治修辞——必要性、普遍性和功能分析》，《学习与探索》2008年第4期，第62页。

② 关于叙事的影响，可参见 Ronald R. Krebs, *Narrative and the Making of US National Security*。

③ 米歇尔·福柯：《福柯说权力与话语》，陈怡含编译，华中科技大学出版社，2017，第246页。

④ 高宣扬：《布迪厄的社会理论》，同济大学出版社，2004，第166页。

⑤ 参见 Pierre Bourdieu, *Language and Symbolic Power*, ed. John B. Thompson, trans. Gino Raymond and Matthew Adamson (Cambridge: Harvard University Press, 1991)。

⑥ 高宣扬：《布迪厄的社会理论》，第170页。

⑦ 安德鲁·赫里尔：《全球秩序与全球治理》，林曦译，中国人民大学出版社，2018，第41页。

顿·丘吉尔（Winston Churchill）于1946年发表的"铁幕演说"不仅拉开了冷战的序幕，更是对西方国家进行的一场有力动员和对以苏联为首的社会主义阵营发出的强烈信号，对世界政治产生了深远影响。另一方面，在实践中处于不同权力地位的人，其话语影响力不同，对国家而言，情况同样如此。例如，作为美国总统，特朗普的推特备受关注，他也是推特上粉丝最多的国家领导人。其推文经常涉及外交话题，如中美关系、朝核问题、北约问题和卡塔尔危机等。尽管这一"手指外交"有时违反外交惯例，但经常在虚实之间影响世界舆论议程，足以显示其话语背后的权力。类似地，美国在国际舆论场中具有广泛的影响力，与其背后的硬实力及其拥有的世界话语霸权地位和强势话语权有着直接的关系。

（二）话语危机的产生

对语言特点的分析表明，语言的运用可以改变人们的认知，通过运用和形成特定话语，对使用者的竞争对手产生话语压力，甚至形成话语危机。处于话语强势方的国家更能发挥其话语优势，更容易使其特定的竞争对手陷入话语危机。一般情况下，话语危机是经由以下过程产生的。

1. 明确建构对象，塑造威胁身份

危机一般都是由威胁而起。感受到威胁或是安全危险，很多时候是主观的，而非完全是客观存在的反映。例如，纵观美国历史，美国在不同时期会建构不同的威胁对象，为具体政策提供合法性，同时进行广泛的社会动员。威胁的塑造经常是通过对比或是某种关联而实现的。威胁的建构主要在产生威胁的主体和受到威胁的客体之间展开，或者说是在产生威胁者和受到威胁者之间展开，这两个身份通常相互对立。威胁可以是产生威胁的人，可以是一个国家，也可以是一个问题领域或是一种现象。通过话语塑造某一主体的威胁身份，最基本的手段是进行命名，赋予某人、某物或某个现象以特殊的标签，通过命名赋予意义。

命名的方式主要有两种：一种是直接命名，即选用某个名词或短

语作为某个事物的名称；另一种是采用隐喻或是类比等修辞手法，使人们通过熟悉的事物来理解那些不熟悉的事物，进而达到更生动和更易于理解的话语效果，如把国比喻为"家"，把开国元勋比喻为"国父"等。采用某个命名实际是激活与该命名相关的所有框架，而不同的命名在大脑中激活的框架也不同。例如，关于欧洲难民问题，在叙利亚男童小艾兰遇难[①]获得关注后，很多关于难民的报道把难民定位为牺牲者、受害者，更多从人道主义角度来讲述，认为欧洲自然应该发挥救援者的作用，帮助难民。但是，随着难民问题的持续发酵，加上恐怖袭击的出现，难民被更多地贴上恐怖主义来源的标签，被描述为安全威胁，难民问题也因此被安全化。[②]使用隐喻等修辞手法的最大好处是生动、易懂，容易达到所期望的交流和建构效果。国际关系中，此类修辞手法非常常见，如"修昔底德陷阱""国际体系结构"等。认知语言学家乔治·莱考夫（George Lakoff）强调，隐喻和框架是控制话语权的两大利器。[③]隐喻不仅是一种命名方式，而且也可以唤起与隐喻相关的一系列意义。

在政治话语中，对问题的命名和界定是话语权之争的体现。2020年新冠疫情暴发后，美国一些政客污名化新冠病毒，而中国强烈反对此类污名化的命名，指出这种做法违背了世卫组织、世界动物卫生组织和联合国粮农组织共同制定的相关命名准则。

2. 选择威胁主题与逻辑关联，建构完整的危机叙事

任何一个事件或是一个现象，都包含多个主题，把这些不同的主题关联在一起以形成一个完整的叙事，会直接影响人们的反应和认知。例如，在讨论气候变化时，人们可以讨论气温升高、二氧化碳排放、第一大排放国、威胁岛国安全、恶劣天气、《巴黎协定》、环境治理、

[①] 2015年9月2日，为躲避战火，在父亲的带领下，小艾兰（全名艾兰·库尔迪，Aylan Kurdi）一家人乘坐一艘小船从土耳其博德鲁姆驶往希腊科斯岛，因船只严重超载，包括小艾兰在内的多人溺亡。2015年9月3日，小艾兰的尸体被海水冲上岸，俯卧在土耳其沙滩上的照片震惊了世界。2015年9月4日，小艾兰的父亲将妻子与两个儿子的遗体带回家乡叙利亚科巴尼下葬。

[②] 具体参见周庆安、吴燕妮《身份认同困境下的话语构建——从难民危机报道看欧洲身份认同》，《欧洲研究》2017年第3期，第1—19页。

[③] 乔治·莱考夫：《别想那只大象》，闾佳译，浙江人民出版社，2013，第8页。

气候难民、发展问题等多个主题。选择不同的主题来叙述会形成不同的叙事,建构不同的威胁,直接影响人们对气候变化的认识,把人们的注意力框定在不同方面。在讨论气候变化时,美国等发达国家更多强调发展中国家也需要承担与发达国家同样的减排任务。而一些太平洋岛国,如巴布亚新几内亚、瓦努阿图等国,在讨论气候变化时,重点是讲述气候变暖会使海平面上升,将导致部分太平洋岛国面临消失的威胁,大量居民会变为气候难民。这样一种叙事逻辑主要是唤起人们从道义角度重视气候变化。[①]一旦围绕某个主题形成一种危机叙事,这种叙事就会直接影响后续的安全政策。

建构危机叙事需利用当时的国际、国内语境。语境是人们理解行为、话语的基础,起到背景知识的作用,同时也是可以利用和依赖的资源,假设利用得充分,可以更好地激发受众的情感和记忆,引发情感共鸣,获得更多认同和支持。例如,在担任美国国务卿期间,蓬佩奥利用中美关系变化的大背景和美国国内与中国竞争与对抗的主张,将中美关系恶化的责任全部推给中国,企图用冷战意识形态思维和记忆来为美国的右翼势力争取美国国内外支持。[②]再比如,"9·11"事件后,美国社会中弥漫着恐惧心理,美国的很多文化产品都延续了对伊斯兰国家的意识形态想象,强化其与美国的对立及威胁关系,在征服和战胜这些"邪恶势力"的叙事中,美国成了"拯救者"。这些产品为美国民众提供了安全感,既成为美国民众宣泄"9·11"事件后恐惧情绪的有效渠道,也强化了美国民众对伊斯兰世界普遍的仇恨心理。[③]这也从社会层面为美国在"9·11"事件后推行针对阿富汗、伊拉克等国的相关政策提供了社会支持。

一般而言,只关注一个主题,很难产生一个完整的故事。通常人们会选择两个或两个以上的相关主题,在这些主题之间建立某种逻辑

[①] 徐秀军、田旭:《全球治理时代小国构建国际话语权的逻辑——以太平洋岛国为例》,《当代亚太》2019年第2期,第117—118页。

[②] 胡欣:《蓬佩奥的战略叙事陷阱》,《世界知识》2020年第17期,第74页。

[③] 黄陆璐、孙迪文:《美剧叙事策略研究——以〈国土安全〉为例》,《现代视听》2016年第11期,第55—59页。

关联或是情节联系，进而将其叙述成为一个完整的故事。故事一旦形成，便会直接塑造相关的主导认知和框架。这也是一些研究叙事的学者所强调的，叙事不仅仅是"讲故事"，还是一种把一些不同事物联系在一起的行动过程。① 人们通过叙事来建构身份，通过身份来引导行动，人们的经历也是通过叙事来塑造，通过叙事来理解的。② 因此，叙事之争也是话语权之争的重要方面。

3. 频繁重复话语，选择特定的语言，强化话语危机

在国际关系实践中，有时话语危机是由在话语方面占绝对优势的国家单方塑造而成的，处于极弱地位的另一方，则完全处于被建构的情境之中。美国在发动伊拉克战争前对伊拉克拥有大规模杀伤性武器及其威胁身份的建构就是典型的例子。在此类情况下，言语者通过高频率地重复某些表述威胁以及威胁紧迫性的话语，不断强化记忆和认知来完成对威胁身份的建构。

另一种比较常见的情况是言语者之间通过你来我往的话语互动，不断使用更强硬的言辞进行话语博弈，以显示自己的影响。话语博弈中，言语者会选择特定的语言来定义对方的身份，进而使双方话语对抗出现螺旋式升级，导致话语危机。相比而言，话语博弈的成本要远低于军事、经济竞争，这使得进行话语博弈的双方经常陷入没有硝烟的战争。在这一方面，一个典型的例子是美国和朝鲜的话语交锋。美国和朝鲜经常唇枪舌剑。在现代社交媒体和官方媒介的推动下，两国之间的话语博弈不断升级，最严重时甚至令人感觉战争一触即发。

这种话语博弈的结果是危机的不断升级。美朝双方语言对抗不断加剧，使朝鲜半岛局势多次趋于高度紧张，助推危机不断升级。2017年3月，美韩举行大规模联合军演，朝鲜外务省声明，美韩联合军演已把朝鲜半岛拖到战争边缘，美国应该对朝鲜半岛可能爆发的战争负全

---

① Molly Patterson and Kristen Renwick Monroe, "Narrative in Political Science," p. 315.
② Margaret R. Somers, "The Narrative Constitution of Identity: A Relational and Network Approach," *Theory and Society* 23, No. 5 (1994): 614.

部责任,美国则称朝鲜发表声明是"挑衅性"和"煽动性"的行为。①朝鲜强调,在当时的朝鲜半岛局势下,朝鲜将不得不选择"先发制人打击",以清除侵略基地、实现民族统一。②2017年4月,在朝鲜前最高领导人金日成105周年诞辰来临之际,美军太平洋司令部发布消息称,"卡尔·文森号"航母战斗群离开新加坡向北驶向西太平洋海域。特朗普说:"我们正派出一支无敌舰队。非常强大。""我们有潜艇。非常强大。比航母强大得多。"③朝鲜媒体则把美国航母的抵近称为"赤裸裸的军事讹诈"。朝鲜《劳动新闻》表示:"我们的革命武装已经做好战斗准备,一次打击就可击沉美国核动力航母。"④当月25日,即朝鲜建军节当天,朝鲜进行了其所称"史上最大规模"的火力演习,称如果美国和韩国试图进行鲁莽的"先发制人"打击,白头山革命强军将在不进行任何警告和提前通报的情况下,从空中、陆地、海上和水下对敌人实施彻底的打击。⑤这种话语对抗把美朝紧张关系推到了极限。随着双方话语对抗的升级,双方的军事动作也频频滑向危机边缘,国际社会对双方擦枪走火的担忧大大增加,朝鲜半岛危机一时成为国际社会关注和担忧的热点。

二、话语危机的影响

基于语言的特点,语言出现在实际生活中的很多领域中。相应地,话语危机出现的范围也非常广泛。某些具体领域的危机在很大程度上

---

① 《朝鲜称美国应对半岛可能爆发的战争负全部责任》,中国日报网,2017年3月31日,https://world.chinadaily.com.cn/2017-03/31/content_28752755.htm,访问日期:2024年9月25日。

② 《朝鲜警告美国将进行"先发制人打击"》,新华网,2017年4月7日,http://us.xinhuanet.com/2017-04/07/c_1120766716.htm,访问时间:2024年9月25日。

③ 《特朗普称正向朝派"无敌舰队" 美专家:或采用非军事选项》,搜狐网,2017年4月13日,http://www.sohu.com/a/133655474_114731,访问日期:2024年8月20日。

④ 《这次真来了! 美航母战斗群抵韩 配备上百枚战斧导弹》,新浪网,2017年4月26日,http://mil.news.sina.com.cn/world/2017-04-26/doc-ifyepsec1159850.shtml,访问日期:2020年10月25日。

⑤ 《平壤进行大规模火力演习 美国出动核潜艇展示武力 半岛紧张度过朝鲜建军节》,《环球时报》2017年4月26日,第1版。

是话语危机。话语危机会产生相应的后果，直接影响相关政策或对相关政策产生持续性影响。话语危机可以促进对某个问题的安全化，有时甚至可以对战争产生助推作用。

（一）话语危机影响政府措施

经过话语的塑造，某个问题不但可以被塑造成为安全问题，而且有时还可以改变人们的认知，被视为一种客观事实甚至知识而被接受。与此同时，通过运用具体的程度性语言进行修饰，如时间紧张程度、危机严重程度和威胁程度等，可以将某些问题危机化。一旦某个问题通过话语被塑造为危机，尤其是与国家安全相关的危机，就会进入国家安全议程，直接促使国家采取相应措施，如进行国家拨款、立法和政策调整等。例如，"9·11"事件后，美国通过密集的话语把美国国家外语能力的不足描述为一个威胁美国国家安全的问题，塑造了美国"国家外语能力危机"，促使美国政府采取了一系列提升国家外语能力的措施。

在塑造美国"国家外语能力危机"的过程中，第一个话语重点是美国小语种人才稀缺，从事军事信息破译和解码的人员数量不足，这是美国没能阻止"9·11"事件发生的重要原因。2000年9月，美国国家情报委员会副主席艾伦·莱普森（Ellen Laipson）在向美国参议院提交的报告中指出，在情报工作的整个流程中，从收集、利用、分析到形成最后的成品，外语能力始终发挥重要作用；缺乏必要语言能力和优秀语言人才会给情报工作及政策决策造成很大阻碍。[①]对"9·11"事件的相关调查显示，如果美国政府在该事件发生前能对恐怖分子的机密文件和交流信号进行及时、全面和准确的截取和解码，就可以采取相应措施，或许就可以避免该事件的发生[②]；而实际情况是，美国在

---

① Ellen Laipson, "Foreign Language Requirements in the Intelligence Community" (Statement to the Senate Government Affairs Committee, 2000), accessed July 7, 2020, https://www.odni.gov/files/documents/ICD/ICD_630.pdf.

② 徐英：《外语战略、外语能力与国家安全》，载孙吉胜主编《国际政治语言学：理论与实践》，第471—472页。

军事方面的外语人才紧缺,无法及时处理军事情报和关键信息,这正是美国面临的一大危机。

第二个话语重点是美国对外国语言、文化等不够了解,这对于美国开展反恐工作极其不利。从事相关情报工作不仅需要相关人员学习过阿拉伯语、普什图语、乌尔都语或波斯语,还需要精通这些语言,包括熟知这些语言的各种方言,既要能真正流利地运用这些语言,又要通晓与这些语言相关的政治、经济、历史和其他人文知识。①

第三个话语重点是美国本国外语教育体系不能适应国家安全的需要,迫切需要进行调整。2004年,时任美国国防部副部长朱思九(David S. C. Chu)发出警告,如果语言学家还不重视国防部的关键语言,很多美国年轻人将无法在所处的复杂的新国际环境中做好准备。②

实际上,美国的外语教学和外语人才状况长期以来一直如此,但在"9·11"事件后,通过频繁的话语建构,"国家外语能力危机"被成功塑造,开始体现出政策影响力。在这个问题被与美国国家安全紧密联系在一起后,美国政府也不得不采取一系列措施。美国政府将国家外语能力提升到国家战略的高度,使得外语能力成为国家安全的重要组成部分。美国还积极推动国家外语能力建设,采取了一系列具体措施,如启动相应的国家外语能力建设项目、加强关键语言教育、加大相关拨款等。美国国防部及各军种先后制定各种外语战略规划,如《国防语言变革路线图》《美国海军语言技能、区域能力与文化意识战略》《空军文化、区域与语言飞行计划》《陆军文化与外语战略》《海军陆战队语言、区域和文化战略(2011—2015)》等,加强外语规划和人才培养。③"国家外语能力危机"令整个美国社会都意识到了国家外语能力的重要性,在全社会营造和强化了国家外语能力建设的氛围,激

---

① Richard K. Betts, *Enemies of Intelligence: Knowledge and Power in American National Security* (New York: Columbia University Press, 2007), p. 130.

② 参见David S. C. Chu, "Meeting the Need for World Languages" (Remarks at the Third Annual States Institute on International Education in the Schools, Washington, D.C., November 16, 2004).

③ 文秋芳、张天伟:《后"9·11"时代美国国家外语能力建设成效及其启示》,《中国外语》2013年第6期,第5页。

励民众学习外语,从而提高整个社会的外语能力。

(二)话语危机促进安全化

话语危机可以把本不是安全问题的问题安全化,在话语上将其转变为安全问题。近年来,各类全球性问题(如难民、贫困、自然灾害和疾病等)不断增多,影响程度各不相同,如何理解和认识这些问题,实际上与对这些问题的描述语言密切相关。这些问题可以被认为是安全问题,也可以不是。甚至在同一国家,不同领导人针对同一问题的话语也完全不同。例如,气候变化问题由来已久,但是不同的美国总统却对其使用了不同的话语,所采取的政策也不同。克林顿总统执政期间高度重视气候变化:无论是在内政还是外交方面,克林顿政府都通过话语把气候变化与安全紧密联系起来,把气候变化问题塑造为与国家安全相关的问题,并采取了安全应对政策。同样是针对气候变化问题,小布什总统执政时却持完全不同的立场:不但在国内层面,美国对气候变化问题的重视程度降低,而且在国际层面,美国还退出了《京都议定书》。

相比而言,克林顿政府主要通过大量的安全化话语,把气候变化塑造为一个美国必须应对的安全问题[1]:气候变化被指正在影响每一个人的安全,将加剧政治和军事动荡,等等。克林顿政府主要通过以下话语手段实现了气候变化问题的安全化和危机化。

第一,频繁强调气候变化问题,提升气候变化在各场合、各类文件中的话语存在,增强民众对气候变化问题的关注度;同时,通过提供各种数据等具体信息,增强应对气候变化的紧迫感。

第二,在承认气候变化问题是环境问题的同时,更加强调其作为安全问题的特性,认为美国要把气候变化问题作为一个安全问题来应对,进一步把气候变化问题扩展到了军事和安全层面。如美国1996年《国家安全战略》报告提出,大规模的环境恶化以及人口快速增长破坏

---

[1] 具体参见艾喜荣《话语操控与安全化——克林顿政府与小布什政府气候变化政策对比研究》,博士学位论文,外交学院,2016。

了许多国家和地区的政治稳定。① 在随后几年的《国家安全战略》报告中，美国反复提到环境灾难的危害以及环境灾难对美国国家安全和人们生活的威胁，以凸显国家政策中的环保因素。

第三，强调气候变化对每个个体和后代的影响，增强民众的危机感，让每个美国人意识到气候变化时刻都可能影响到自己的安全利益。1998年，克林顿在国情咨文中指出，如果人们不就削减温室气体采取行动，全球气候变化将会给下一代人未来的生活带来巨大的风险。② 诸如此类富有紧迫感的描述极大激发了公众的忧患意识。

第四，强调气候变化的受害者是美国民众，增强民众的危机感。民众被表述为包括气候变化问题在内的环境问题的主要受害者，这些问题对他们构成了生存性威胁。美国1999年《国家安全战略》报告强调，环境问题（如气候变化、臭氧层的破坏、妨害性动植物种类的引进、对鱼类及森林和其他生物资源的过度利用以及有害化学品和废品的运输等）直接威胁着美国公民的健康和经济福利。③ 通过上述话语建构过程，克林顿政府成功使气候变化问题安全化、危机化。

（三）话语危机助推战争

话语危机不仅能够把本不属于安全领域的问题安全化和危机化，还可以助推战争。助推战争不是指它是战争的直接原因，而是指它为发动战争的必要性、合法性和紧迫性提供充分理由，使发动战争成为一个必然结果。2002年，美国小布什政府通过话语把伊拉克建构为美

---

① U.S. Executive Office of the President (William Clinton), *A National Security Strategy of Engagement and Enlargement* (Washington, D.C.: White House, 1996), p. 26, accessed October 26, 2020, https://history.defense.gov/Portals/70/Documents/nss/nss1996.pdf%3Fver%3Dpzgo9pkDsWmIQqTYTC6O-Q%3d%3d.

② William Clinton, "State of The Union Address," The White House, January 27, 1998, accessed October 20, 2020, https://clintonwhitehouse4.archives.gov/textonly/WH/SOTU98/address.html.

③ U.S. Executive Office of the President (William Clinton), *A National Security Strategy for a New Century* (Washington, D.C.: White House, 1999), p. 13, accessed March 9, 2019, https://history.defense.gov/Portals/70/Documents/nss/nss1999.pdf?ver=SLo909OTm5lAh0LQWBrRHw%3d%3d.

国迫在眉睫的威胁,建构美国的安全危机,从而于2003年"有理有据"地发动了伊拉克战争。美国围绕几个主题进行了叙事构建,巧妙地将这些主题联系在一起。

第一,把伊拉克命名为"邪恶轴心",将其与大规模杀伤性武器和恐怖主义联系起来。美国利用当时刚刚遭受"9·11"恐怖袭击的经历,针对美国民众对"9·11"事件的记忆和心理创伤,成功地塑造了伊拉克的威胁身份。

第二,提出"先发制人"战略和预防性战略,为发动伊拉克战争提供了充分理由。小布什强调,针对"无赖国家",必须在它们能够发动进攻之前就将其摧毁。2002年6月1日,小布什在西点军校的演讲中指出:"依靠防御是不能赢得反恐战争的胜利的,我们必须对敌人发动战役,扰乱敌人的计划,在威胁出现之前就要和这些最危险的威胁斗争……我们的安全要求所有美国人做好对未来的打算,要意志坚决,必要时为了保护我们的自由和生命先发制人。"① 此类话语不断被重复,成为2002年小布什使用频率最高的话语。

第三,将发动伊拉克战争与捍卫民主和自由以及反对恐怖主义相关联。小布什指出,"9·11"事件后美国应该改变那些发动袭击的人和国家的意识形态。民主、自由与恐怖主义的意识形态相对立,民主和自由观念的传播能够使美国更安全。通过一个话语建构过程,小布什政府把伊拉克建构为美国面临的一个主要安全威胁,其主要话语逻辑是伊拉克及其"大规模杀伤性武器"是对美国和世界其他国家的威胁。如果不消除这些威胁,美国将面临"9·11"式的袭击,在大规模杀伤性武器,甚至核武器的加持下,美国受到的袭击将比它在"9·11"事件中所受到的袭击更严重。美国通过以上话语和逻辑,为发动伊拉克战争赋予了紧迫性和合法性。

第四,充分利用媒体力量,强化危机。小布什本人频繁参加电台访谈,经常在包括星期日在内的节假日等期间露面;时任美国国防部

---

① George W. Bush, "President Bush Delivers Graduation Speech at West Point," The White House, June 1, 2002, accessed March 9, 2019, http://www.whitehouse.gov/news/releases/2002/06/20020601-3.html.

部长唐纳德·拉姆斯菲尔德（Donald Rumsfield）及其助手在政策出台前撰写文章试探民众反应，为政策进行理论铺垫；时任美国总统国家安全事务助理康多莉扎·赖斯（Condoleezza Rice）负责为布什的安全政策辩护；时任美国国务卿科林·鲍威尔（Colin Powell）则扮演偏向鸽派的角色，让舆论保持微妙的平衡。①

总之，小布什政府通过一个话语建构过程塑造了美国必须立刻解决的安全危机，为发动伊拉克战争充分做好话语铺垫。美国的这一叙事无论在国内层面还是国际层面都非常成功，使美国在针对伊拉克动武这一问题上不仅获得了国内支持，也获得了英国等多个国家的支持。在发动伊拉克战争之前，美国国内对战争的支持率达到70%以上，79%的美国民主党人和95%的共和党人认为伊拉克拥有大规模杀伤性武器②，尽管美国并未在伊拉克找到任何大规模杀伤性武器。正是基于这样一种安全叙事，2003年3月，美国在没有联合国安理会授权的情况下发动了伊拉克战争，对美国政治、中东局势乃至国际政治都产生了深远的影响。

三、中国面临的话语危机及化解之策

话语危机可以直接影响国家的内外政策、国家间关系，甚至影响整个国际关系的进程与结果。作为崛起中的世界大国，中国面临着与美国等西方大国在话语和国际话语权方面日益激烈的竞争，在世界舆论场中经常面临话语压力，甚至有时也会陷入话语危机。这些话语压力和话语危机不仅在国际层面为中国增添了负面影响，影响了中国的国际形象，同时也加深了世界对中国的误解和误读，塑造了针对中国的负面认知，给中国的整体外部环境制造了很多负面冲击。很多时候，中国不得不花费大量时间和精力进行回应、解释。中国要采取有效措施来化解话语危机的后果以及对相关政策的影响，减轻在和平与发展

---

① 张国庆：《话语权：美国为什么总是赢得主动》，江苏人民出版社，2011，第47页。
② 孙吉胜：《语言、意义与国际政治——伊拉克战争解析》，第1页。

进程中面临的软性压力[①],为中国与世界的互动塑造良好的外部环境。

(一)中国面临的话语压力和话语危机

改革开放以来,中国与世界的互动历程表明,中国在不同时期面临不同的话语压力,有些成为中国营造良好外部环境过程中的话语障碍,有些在某个时段上升为话语危机,给中国带来了负面影响,有时甚至影响中国外交的走向和中国对外关系。以下列出了几种比较典型的、中国不时面临的话语压力及其所导致的话语危机。

1. "中国威胁论"

这些年,中国面临的第一类也是最多的一类话语压力是不同版本的"中国威胁论"。在不同阶段,"中国威胁论"被赋予了不同内容和侧重点。冷战后,中国日益融入国际社会。自20世纪90年代起,"中国威胁论"开始在美国、日本、菲律宾等国不断泛滥,涵盖意识形态、社会制度乃至文明等多个角度。1992年,美国学者罗斯·H.芒罗(Rose H. Munro)在其论文中称,中国将是冷战结束后美国潜在的最大敌人。进入21世纪后,"中国崛起"在国际上成为一个高频话语,"中国威胁论"的内容转而围绕"中国崛起"展开,如"中国崛起"的"不确定"性、"中国崛起"的"威胁"性等。例如,美国前助理国务卿帮办薛瑞福(Randall G. Schriver)引用美国国防部报告表示:"中国正处在一个战略十字路口……一个正在崛起的中国的未来还没有固定在某一条道路上。"[②] 西方媒体关于中国的报道也经常遵循冷战思维,把"中国崛起"称为"非自由主义国家的崛起和对西方自由主义的挑战"。[③] 随着中国与世界的关系日益紧密,在不同领域的影响不断增强,"中国威胁论"的内容范围日益扩大,涉及更多方面,如"中国军事威

---

① 压力既包括软性压力也包括硬性压力,软性压力主要指相对于军事、经济等硬性压力而言的来自话语、文化等层面的压力。

② Randall G. Schriver, "Written Statement of Randall G. Schriver, 26 July 2005, Before the Senate Foreign Relations Committee," United States Senate Committee on Foreign Relations, July 26, 2005, accessed August 21, 2020, http://www.foreign.senate.gov/imo/media/doc/SchriverTestimony050726.pdf.

③ "Twilight of Liberalism?" *The Times*, December 4, 2010, p. 2.

胁论""中国经济威胁论""中国贸易威胁论""中国文明威胁论""中国粮食与人口威胁论"等。进入21世纪后,"中国威胁论"更是逐渐转为"中国软实力威胁论""中国国际秩序威胁论"等。[①] 近年来,以美国为首的西方国家对中国的快速发展焦虑感上升,澳大利亚和印度等国家借机发起新一轮"中国威胁论",歪曲中国的发展道路和发展成绩,把重点转向中国对未来国际秩序、价值观等的"认同威胁",认为中国的崛起会挑战现有国际秩序和价值观,是对整个世界秩序和国际体系的"威胁"。当中国国内或是中国和其他国家的双边关系发展碰到些许问题时,这些话语往往会被无限放大,严重影响中国的国际形象和世界对中国的认识。

2."中国强硬论"

中国面临的第二类话语压力是"中国强硬论"。随着中国的崛起,尤其是在中国成功应对2008年国际金融危机、成功举办2008年奥运会和2010年上海世界博览会后,世界舆论中出现了"中国强硬论"。这一观点认为中国越来越"强硬",给人的感觉是中国真的变为一个"强硬国家"。美国经济学家C.弗雷德·伯格斯滕(C. Fred Bergsten)提出的"中美共治"两国集团(G2)概念以及美国经济史学教授尼尔·弗格森(Niall Ferguson)等人提出的"中美共同体"或"中美国"(Chinamerica)概念更是给人以中国要与美国平起平坐的感觉。但是,事实并非如此。美国哈佛大学教授江忆恩(Alastair Iain Johnston)专门针对"中国强硬论"进行了研究。他对比了中国政府在2010年前后对于南海问题、美对台军售、气候变化等具体问题的表态,通过实证研究发现,西方国家所强调的"中国强硬论"实际上并不成立。2010年以后,中国在这些具体问题上的态度非但没有出现大的变化,在有些领域甚至表现得更加温和。[②]"中国强硬论"迎合了西方国际关系理论视域下权力转移、结构性冲突等对中美关系的认识,实际上强化了

---

① 具体内容可参见苏珊珊《冷战后"中国威胁论"的历史演变》,《社会主义研究》2019年第2期,第140—147页。

② Alastair Iain Johnston, "How New and Assertive Is China's New Assertiveness?" *International Security* 37, No. 4 (2013): 7-48.

中美之间的安全困境,忽视了中国政策受中国文化、中国外交实践影响而形成的和平、合作传统,也加深了世界对中国的误读。

3. "中国威胁南海航行自由"

中国面临的第三类话语压力是美国围绕南海问题提出的"中国威胁南海航行自由"论调。南海问题是中国与越南、菲律宾等东南亚国家之间的历史遗留问题,由来已久。在很长一段时间内,南海形势都相对比较平稳,即便出现问题也处于可控状态。但是,从2009年开始,特别是2012年以后,南海形势日趋紧张,到2016年达到一个高潮。南海问题呈现出复杂化、多变化和国际化的态势,"中国威胁南海航行自由"成为中国所面临的一场话语危机。

从2015年开始,美国加大在南海的军事存在,选边态度明显。中美围绕南海问题话语交锋不断。在南海航行自由问题上,尽管中国一再声明中国在南海的行为既符合现行相关国际公约和规范,从未妨碍过南海航行自由,更没有威胁到地区的和平与稳定,但美国却一直不断通过各种方式把"中国威胁南海航行自由"作为主要话语内容在国际层面进行炒作。美国政要在多个场合提及南海航行自由与安全,宣称维护"南海航行自由是美国家利益",反对"任何妨碍航行自由的做法"。[①] 美国还警告说:"北京正寻求控制世界上最重要的海上航线之一。"美国太平洋舰队司令斯科特·斯威夫特(Scott Swift)在2015年12月的表述更加直接,声称南海争议岛屿附近的船只遭到不必要的警告,这些警告"威胁"了正常的商业和军事活动。此类言语在国际上散播了"在南海航行不自由"的错误看法。[②] 美国在菲律宾就南海问题提出仲裁前后,不断批评"中国威胁南海航行自由",在国际层面给中国造成了话语压力。中国被贴上了"威胁地区稳定""破坏航行自由"的标签。

此外,美国还大肆渲染南海军事化。2015年7月,美国参谋长联

[①]《分析称美国热炒南海航行自由问题意在牵制中国》,新浪网,2010年11月9日,https://news.sina.com.cn/c/2010-11-09/004921436067.shtml,访问日期:2024年9月25日。

[②]《美称中国威胁南海航行自由 国际航运界称一切正常》,凤凰网,2016年1月17日,http://news.ifeng.com/a/20160117/47105389_0.shtml,访问日期:2020年6月25日。

席会议发布了2015年《国家军事战略》报告,声称中国在亚太地区的举动令区域紧张,渲染中国南海填海造地"增加亚太紧张局势"。① 美国国防部向国会提交的2016年《中国军事与安全发展报告》指出,中国将继续在南海人工岛礁大举扩建军事基础设施。尽管人工岛礁并不能为中国在南海提供任何额外的领土与海上权利,但中国可以将这些新造的岛礁作为长期的军民两用基地,以显著提升中国在南海的存在,并提高控制这些地貌及其附近海上空间的能力。②

实际上,国际航运界一直表示南海的航行自由不存在问题。中国比任何国家都重视南海的航行自由和安全,在南海,各国船舶都享有航行自由和过境通行自由。中国同多个国家建立合作机制,以保证南海航道的航行安全。③ 但是,这一航行自由并不包括军事活动的自由。中国外交部发言人指出:"美国'拉森号'军舰未经中国政府允许,非法进入中国南沙群岛有关岛礁邻近海域。……美方军舰有关行为威胁中国主权和安全利益,危及岛礁人员及设施安全,损害地区和平稳定。"④ 美国在"中国威胁南海航行自由"叙事的建构过程中围绕南海问题,通过采取对中国进行批评、指责、控诉,鼓动其他争端国等话语手段,使双方围绕南海问题的对峙感和危机感不断升级,使南海问题日益国际化和复杂化,在国际层面建构了针对南海的中国"威胁"身份,也构建了对中国不友好甚至敌对的大环境,为扩大自己在该地区的存在提供了理由。该叙事不仅对中国造成了强大的话语攻势和压力,也压制了中国的南海话语,不仅耗费了中国大量的外交资源,也使南海问题在全球战略棋局中的位置被夸大。有一段时间,甚至令

---

① 《美国国家军事战略:渲染中国南海造岛加剧紧张》,中国新闻网,2015年7月9日,http://www.chinanews.com/mil/2015/07-09/7394025.shtml,访问日期:2020年6月8日。

② Office of the Secretary of Defense, *Annual Report to Congress: Military and Security Developments Involving the People's Republic of China 2016* (Washington, D.C.: Office of Secretary of Defense, 2016), p. i, accessed August 21, 2020, https://news.usni.org/wp-content/uploads/2016/05/2016-China-Military-Power-Report.pdf.

③ 《南海"航行自由"是个伪命题》,《成都日报》2019年1月1日,第7版。

④ 《外交部发言人就美国拉森号军舰进入中国南沙群岛有关岛礁邻近海域答问》,中国政府网,2015年10月27日,http://www.gov.cn/xinwen/2015-11/04/content_5004672.htm,访问日期:2020年9月16日。

人产生了南海问题成为中美关系的主要矛盾的感觉,这一问题使中美关系不时陷入紧张状态,对中国和一些东南亚国家间的关系也产生了影响。

4. "修昔底德陷阱"

中国面临的第四类话语压力乃至话语危机是针对中美关系的"修昔底德陷阱",即所谓"新兴大国和守成大国必然冲突"的观点。一段时间以来,"修昔底德陷阱"经常被用作定义中美关系的重要名词,为推进协调、合作、稳定的中美关系增加了难度。

随着中美实力差距的缩小,美国学界针对中美关系及其对世界秩序的影响进行了大量讨论。其中,"修昔底德陷阱"是一个代表性话语。与之前米尔斯海默等学者提出美国与中国之间的结构性冲突使中国和美国未来很难避免战争的观点类似[1],哈佛大学教授格雷厄姆·艾利森(Graham Allison)借用修昔底德的观点讨论中美关系,认为随着中国实力的增强,中国和美国面临陷入"修昔底德陷阱"的危险。[2] 此论断一经提出,就在美国学界和政界被广泛引用。2017年底,特朗普在美国2017年《国家安全战略》报告中,正式将中国列为"战略竞争者",强化国际关系的现实主义色彩,突出竞争和零和思维。近年来,美国除夸大中国经济发展对美国的"威胁"外,更直接批评中国的方方面面,从中国制度、中国意识形态,到中国贸易、"一带一路"倡议和华为,制造和渲染中国对美国的"威胁"。

实际上,中国在2013年就提出中美要构建不冲突不对抗、相互尊重、互利共赢的新型大国关系,并一直为此而努力。近年来,尽管中美经历贸易摩擦等一系列问题,但中国还是努力推进以协调、合作、稳定为基调的中美关系,推动构建和平共处、总体稳定、均衡发展的大国关系格局。中国强调,"世界上本无'修昔底德陷阱',但大国之

---

[1] John J. Mearsheimer, "The Gathering Storm: China's Challenge to US Power in Asia," *The Chinese Journal of International Politics* 3, No. 4 (2010): 381-396.

[2] 具体可参见格雷厄姆·艾利森《注定一战:中美能避免修昔底德陷阱吗?》,陈定定、傅强译,上海人民出版社,2019。

间一再发生战略误判,就可能自己给自己造成'修昔底德陷阱'"。①美国提出的"修昔底德陷阱",完全是美国自己的创造,目的是向中国施压。

5. "新疆话语""香港话语""人权话语""新冠话语"

与以上话语类似,中国近年来还不时受到"新疆话语""香港话语""人权话语""新冠话语"等多种话语带来的压力。这些话语在一些特定时段成为舆论的引爆点,使中国成为国际舆论场中的关注焦点,甚至不时陷入被动境地。

以"新冠话语"为例,新冠疫情暴发以来,全球在应对新冠疫情的同时,也在进行着叙事之争和话语之争。其中,美国针对中国的新冠疫情叙事不断变化,在不同阶段呈现出不同的话语重点,从武汉"封城"之初的"中国限制人权自由""中国隐瞒疫情",到将新冠病毒污名化,再到"中国责任论""追责索赔"等。当中国有效控制了新冠疫情,并向世界伸出援助之手,提供大量人道主义援助时,其话语重点又转为批评中国抗疫数据不准确,抹黑中国的抗疫举措和抗议效果,批评中国进行抗疫外交,批评中国制度甚至价值理念。这些叙事不仅影响了美国的舆论走向,也影响了世界舆论,给中国带来了诸多负面影响。根据2020年4月29日至2020年5月5日美国皮尤研究中心的民调,66%的美国人表达了对中国的负面看法,这是该中心自2005年开始调查以来的最高值。同时,就各国的抗疫举措,此次民调的受访者大多认为意大利和中国做得不好,韩国和德国做得好或优秀。② 针对美国的"新冠话语",中国媒体、中国外交部发言人、多位中国驻外大使等都进行了回击和解释,清晰地阐明中国立场和中国主张。

(二)中国对话语危机的化解和避免

针对以上话语压力或话语危机,如何采取措施进行有效的化解和

---

① 习近平:《习近平在对美国进行国事访问时的讲话》,人民出版社,2015,第20页。
② 《中国抗疫最差? 美民调暴露对华偏见》,新浪网,2020年5月23日,https://k.sina.com.cn/article_1686546714_6486a91a020012wqu.html?from=news&subch=onews,访问日期:2020年9月16日。

避免,是中国需要认真研究和应对的问题。采取针对性措施,有效化解他国所进行的各种危机建构,可以为阐明中国主张、提升国家形象、塑造良好的外部环境创造有利条件。

1. 提升在国际上的发声力度和质量,提高话语主动性和自觉性

中国受语言、文化背景等限制,无论是在媒体传播层面,还是在学术研究层面,在国际话语方面一直处于相对弱势的地位,发声不足。为此,有必要提升在国际上的发声力度和质量,增强中国话语在国际上的影响力。

话语权是各大国间竞争的一个重要方面,各国都很重视。例如,普京第二次当选俄罗斯总统后,尤其加大了国际话语建设的力度。2013年俄罗斯重组国有媒体,成立"今日俄罗斯"国际新闻通讯社,就是为了使俄罗斯新闻讯息向西方传播,在一些重大事件上争夺话语权。[①]"9·11"事件后,美国国防部成立了"战略影响办公室",围绕反恐和安全话题展开宣传行动,以影响国际舆论。此类话语权的争夺体现在媒体界、学界和政界等多个层面。就媒体而言,在国外媒体中,很多关于中国的故事是由外国人讲述的,导致中国形象他塑现象明显;而就学界而言,中国哲学社会科学领域的研究在国际上的影响比较有限,如在社会科学引文索引(SSCI)所列期刊上的发文量要比科学引文索引(SCI)和艺术与人文引文索引(A&HCI)所列期刊上的发文量低得多。[②] 单就外交和国际关系研究而言,尽管从事这一领域研究的中国学者众多,但是无论在理论话语权还是政策话语权方面,中国学者都相对欠缺,更多是知识的消费者,而非生产者。这也是近年来中国反复强调要加强中国学科体系、学术体系、话语体系建设,加快构建中国自主知识体系的一个重要原因。

党的十八大以来,中国积极推动外交理论与实践创新,提出了很多新理念、新主张、新政策和新倡议,也进行了很多新布局和新实践,

[①] 姜小凌、张昆:《政治传播视阈下俄罗斯媒体对国际话语权的架构——以乌克兰危机中俄美的话语博弈为例》,《新闻爱好者》2016年第5期,第39页。

[②] 孙吉胜:《话语、国家形象与对外宣传:以"中国崛起"话语为例》,《国际论坛》2016年第1期,第1—7页。

取得了很多理论和实践创新成果。这些体现中国特色和中国风格的创新需要国际社会的理解和支持，也对提高中国话语的主动性和自觉性提出了更高的要求。

就此观之，中国在国际上发出自己的声音、扩大话语存在、提升话语质量的任务艰巨而紧迫。尽管中国在加大对外宣传、对外传播方面已经做了诸多努力，但是在提升发声力度和发声质量方面还需要做很多工作，否则一旦出现关于中国的一些负面话语或是话语危机，中国观点就很难及时在世界传播。要提升中国在国际上的发声力度和质量，一方面，可适当增加中国自主出版的英语出版物的数量，如英语学术期刊、英语报纸等，使中国声音直达国际受众，并通过中国国际电视台（CGTN）等中国媒体扩大此类出版物在海外的覆盖范围；另一方面，可积极在世界各地召开的、以中国为主题的各类论坛或研讨会上发声，例如，相关部门可以有针对性地组织官员、学者、媒体人士参加这些会议，阐述中国观点、澄清事实、消除误解，加强与世界的沟通，有力回击错误观点，引导世界舆论。中国的官员、学者、媒体人士等需要多在国外的各类媒体上发表观点，增加与世界的互动。与此同时，要讲究话语质量。随着中国参加的国际活动日益增多，在主动发声、积极发声的同时，中国更要提高发声的语言质量和内容质量，达到预期的交流效果。

2. 加大人文交流力度，重塑西方理解中国话语与行为的社会语境

中国的安全观和安全话语与西方传统的安全话语完全不同。加大对中国传统文化、中国思维和中国行事逻辑的宣传是化解话语危机和避免话语误解需要做的基础工作。

按照西方的传统安全理论，提到安全，人们可能会想到安全困境、囚徒困境、零和博弈、国强必霸和大国必战，也可能会想到权力政治、丛林法则和力量均衡等。这些词语体现的是典型的对抗思维，是一种竞争、冲突的游戏。与之相比，中国的安全观不强调对抗，更强调共同、综合、合作、可持续，体现的是"共商、共建、共享"的治理理念。① 但是，由于中国提出的很多理念和主张，包括中国在对外交往过程中所持的世界观、秩序观、价值观等，都是基于中华优秀传统文化和中国外交实践传统，外国受众在文化背景、认知基础和社会语境方面都与中国人不同，很容易对这些理念和主张理解不全面，甚至会产生误解和误读。

理解中国文化是理解中国话语的基础。提升话语影响力和感召力的一个重要方面就是获得其他国家和国际社会对自己提出的理念和主张的认可与接受，甚至欢迎和效仿。为此，需要继续加大人文交流的力度，以更好地促进中外相互理解和民心相通。2017年7月，中央全面深化改革领导小组会议审议通过《关于加强和改进中外人文交流工作的若干意见》，要求将人文交流融入中国对外交往的各个领域。与此类似，共建"一带一路"的一个重要方面就是民心相通。通过以上努力，可以最大限度地重塑西方理解中国话语与行为的社会语境，尽可能使外国受众对中国话语和中国行为产生与中国受众相近的理解和认同。

3. 提升国际话语权，努力使中国话语与世界话语接轨

提升国际话语权有助于在话语方面占据主动，避免被动地陷入话语危机。对于中国来说，要提升国际话语权，需要做到以下几点。

首先，充分利用主场外交活动以及国际组织、国际机制等平台发出中国声音，向世界有效地传播中国话语。近年来，中国提出了很多新理念，其中最有代表性的理念是人类命运共同体。人类命运共同体理念提出后，逐渐被越来越多的国家理解和接受，多次被写入联合国等国际和地区组织的相关文件，逐渐上升为一种中国的世界话语。② 中国还提出了自己的治理观、义利观、安全观、文明观和生态观等。仅仅提出这些理念还远远不够，还需要把这些理念有效转变为更具体和细化的原则、行动纲领或是政策，使其更好地引导外交实践。

其次，做好中国倡议的国际宣传，维护中国话语和中国符号的正

---

① 孙吉胜：《中国国际安全观话语的构建与传播》，《对外传播》2019年第1期，第46页。
② 孙吉胜：《中国国际话语权的塑造与提升路径——以党的十八大以来的中国外交实践为例》，《世界经济与政治》2019年第3期，第37—38页。

面形象。党的十八大以来，中国在这些方面的努力明显增多，最典型的是"一带一路"倡议。自2013年提出以来，"一带一路"倡议逐渐成为中国全面推进中国特色大国外交最重要的抓手，成为世界上范围最广、规模最大的国际合作平台。同时，"一带一路"倡议为应对国际经济社会发展不均衡，塑造新一轮全球化提供了中国思路和中国方案，已经成为典型的中国话语。也正因为如此，"一带一路"倡议广为世界所关注。如何确保其在国际舆论场中保持正面形象，免受负面诋毁和抹黑，需要从话语层面进行整体设计、展示和宣传。

再次，进行有针对性的话语回击。西方媒体在谈论中国时经常提及一些领域，如人权、政治制度、意识形态和不公平贸易等，针对这些领域，中国可以主动做一些工作。例如，中国在人权等领域经常受到美国等西方国家的质疑和攻击，不时陷入人权话语危机。近年来，中国在提升人权领域的国际话语权方面取得了不少成效。2017年12月，首届"南南人权论坛"在北京召开，使发展中国家凝聚人权领域的共同语言，强调生存权和发展权是首要的基本人权。会议最后通过《北京宣言》，强调应始终遵循国际法和国际公认的国际关系准则，最为关键的就是尊重国家主权、领土完整和不干涉内政，同时也强调发展中国家应该坚持人权的普遍性和特殊性相结合的原则，不断提高人权保障水平。[①]不仅如此，中国还主动采取行动，多次发布美国人权纪录或美国侵犯人权报告。2021年，中国国务院新闻办公室专门发布《中国共产党尊重和保障人权的伟大实践》白皮书。这些努力有助于撼动西方国家在人权领域的霸权，是有效提升中国话语权、化解话语危机的有力尝试。

最后，在进行话语回击时，有时也需要一些迂回话语策略。在一些不十分有把握的问题上，应避免与对方正面冲突，要能够避开一些话语陷阱，避免后续陷入被动。时机不成熟时，保持沉默、不予理会也是一个良好的选项。如果要正面回应，就要确保有理、有据，保证

---

① 《首届"南南人权论坛"〈北京宣言〉》，新华网，2017年12月8日，http://www.xinhuanet.com/politics/2017-12/08/c_1122081753.htm，访问日期：2024年9月25日。

话语的可信度和有效性，避免引发负面的连锁反应。

4. 力求话语内容准确，避免引来不必要的话语攻击和误解

由于近年来中国的快速发展，中国与世界发达国家的差距不断缩小，西方国家警惕中国挑战国际秩序、西方价值、西方理念和西方制度等的声音不绝于耳。西方国家认为中国将填补国际体系的权力真空，因此经常存有焦虑和恐慌心理。从传统的"中国威胁论"到"中国强硬论"和新一轮"中国威胁论"，再到近年来对中国制度、中国模式和意识形态等的攻击，都不同程度地体现出这种心理。这些话语经常给中国带来国际层面的话语压力，影响中国外交政策的实施。虽然这些话语不会影响中国发展和对外交往的主旋律，但会影响中国对外交往过程的顺畅性，同时也会分散中国的外交精力，浪费宝贵的外交资源。国家的健康发展是吸引力和感召力的基础，中国要做好国内治理，言行合一，避免给西方国家放大中国缺点或是扭曲中国形象提供理由，给自己带来不必要的误解。

同时，避免话语上的自大也十分必要。近年来，有些中国学者和媒体宣称中国在某些方面已进入全面赶超、主体超越美国时期。此类话语很容易引起国际社会对中国心态和中国意图的误读。虽然中国已经成为世界第二大经济体，但人口基数大，2022年的人均国内生产总值（GDP）也只是名列世界第63位，中国还面临着方方面面的国内问题。盲目自大的心态和话语会引发不必要的反感、警觉甚至遏制，是不可取的。面对外来的话语压力，中国需要研究和提升话语能力，不能总是被动应对，而是更巧妙地设置和引导话语主题。

5. 重视改善美国关于中国的话语

美国在话语权方面在国际上处于强势地位，这一点不仅仅体现在信息源方面，也体现在其发达的传播渠道和传播手段方面。美国无论在传统媒体还是网络等新媒体领域都具有绝对优势，在一定程度上控制着世界的新闻议程与新闻流向。美国关于中国的话语不仅仅影响中美关系，影响美国公众对中国的认知，而且在某种程度上也影响整个国际社会中关于中国的话语走向。美国的媒体不仅以灵活方式凸显某个议题，而且使其迅速传遍世界。美国政府则经常通过议程设置来左右媒体,从而借助媒体来实现自己的话语权。例如,2010年,当经济刺激计划没有达到预期目标时,美国政府就把矛头指向人民币汇率问题,在媒体报道中大肆渲染中国威胁美国经济。①很多国家和地区的媒体直接引用了美国媒体的报道和观点。美国学界在国际上的学术影响力更是有目共睹,《外交事务》和《外交政策》等杂志都具有世界影响力。就外交本身而言,无论对于中国、美国,还是对于整个世界,中美关系都是最重要的双边关系之一,各国也对中美关系极为关注。因此,中国需要有针对性地改善美国关于中国的话语,要主动对美国媒体、学界等做好针对性工作,有理、有力和有效地与其进行交流、沟通或者交锋。

结　语

话语是人与人之间和国家与国家之间交流和沟通的媒介和结果,可以建构话语压力,产生话语障碍,甚至塑造话语危机。这种危机不仅会把某个本不属于安全范围的问题安全化,将这一问题与国家安全联系起来,还影响安全程度的高低,有时也会把话语对立双方带到战争边缘,助推战争。中国作为崛起的世界大国已成为世界关注的焦点,无论是中国自身的话语,还是世界的中国话语都日益重要,它们不仅会影响中国国际形象,也会影响相关的国际政策,建构中国所处的软环境。

随着新媒体的发展和大量社交平台的使用,话语传播的方式、速度和广度都发生了巨变,即时性、同步性和实效性凸显,信息传播本身成为事件发展的内在动力②,这些都为国际层面的话语应对提出了新挑战。近年来,中国接连不断地面对话语压力和话语危机,经常在国际舆论场中陷入被动,并引发连锁反应,迫切需要加强相关研究和实践应对。要在多个方面树立话语意识,提高话语能力,增强话语自觉

---

① 张国庆:《话语权:美国为什么总是赢得主动》,第46页。
② 韩震:《大国话语》,人民日报出版社,2019,第11页。

性和针对性，掌握话语主动权，巧妙运用话语策略和叙事手段，营造对己有利的话语环境，尽可能减少话语障碍，消除话语压力，避免陷入话语危机，避免成为国际舆论场中的负面焦点。具体而言，中国要从国家战略角度明确自身将要向世界传递的话语和理念；要改变对外宣传方式，除了官方宣传，在内容方面要多涉及普通百姓的故事，以小故事讲述大道理；在话语传递和传播渠道方面，鼓励多元发声，开拓传播渠道，多利用新媒体和网络平台，多维发声。总之，未来在成为世界大国的道路上，中国还会遇到各类话语压力甚至话语危机，需要有效应对和化解，这是中国要成为真正的世界大国所必须应对的，也是中国与世界进行顺利互动的关键。

第5章

话语、官僚实践与安全化

安全化普遍存在于国际政治实践之中，指的是将某个公共问题建构为安全问题的过程。传统安全化理论主要研究话语和实践在安全化过程中的作用。专注于安全化理论的哥本哈根学派为话语赋予了安全化过程中的本体地位，而巴黎学派注重实践在安全化过程中的作用。但是，在现实的安全化过程中，出现了一些新的安全化行为体和安全化实践，这些新的安全化行为体与实践不能通过传统的安全化理论来加以解释，传统的安全化理论也未曾讨论过这些行为体和实践。本章作者认为，不能单独用话语实践来解释整个安全化过程，还需要考虑其他实践类型。本章采取一种超越语言的路径，将其他实践类型纳入安全研究，提出一个话语实践与官僚实践共同参与的安全化理论框架，以便更全面地探讨安全化问题。在理论探讨的基础上，本章选取美国特朗普政府对5G问题的安全化过程作为案例，从而具体解析话语实践与官僚实践在这一安全化过程中的作用机制。

一、话语与安全化

对于安全的研究由来已久。在众多解释国家安全的学派当中，现实主义学派的影响力较大。现实主义学派认为，物质性的实力可以让国际安全状况发生变化，某个国家实力增长，会给他国带来安全焦虑和安全威胁，令他国感受到不安全，从而实现从安全到不安全的感知和认识转变。针对安全问题，现实主义学派多基于理性主义，认为物质利益驱动国家行为。在理性主义安全思维下，一国安全状况受另一国军事实力影响，各国都在理性地追求国家利益和安全，最后导致安全困境普遍存在。

但是，从理性主义角度和国家层次去考察国家对外政策，有时也会存在一些解释不了的情况。例如，在国家理性追求利益不变的情况下，同一国家、不同届别的政府会制定不同的对外政策，针对同一问题制定的政策有时也大不相同。针对这一情况，不同理论派别对安全问题进行了不同角度的研究。哥本哈根学派充分重视话语在安全化过程中的作用，认为话语具有建构性、权力性等特点，可以建构国家的本体不安全感。本章部分同意哥本哈根学派的观点，认为安全化过程离不开话语参与。话语以其特有的建构性、符号性、权力性特点发挥作用，影响安全化过程和各国最终的安全认知。

（一）安全化中的话语实践

话语实践是哥本哈根学派关注的、体现语言本体地位的核心概念，主要指一种纯文本间、话语间的实践。后结构主义学派继承了福柯等人的研究成果，将世界政治定义为一组文本性的实践活动[①]，主张文本间的对话。话语实践也强调文本间的对话，认为文本间的对话可以产生意义。在国际安全实践中，充满了各式话语，这些话语也是一种实践，国际安全实践可以通过话语改变国际安全状况。

观察安全化过程可以发现，安全化过程中一般都存在危机话语的参与。作为特殊的政治话语，危机话语表象力强，能够营造本体不安全感，制造情绪紧迫感，进而引发安全状态突变。危机话语具有强烈的政治煽动性，可以有效、迅速地引起政策反应，进而引发后续的实

---

① James Der Derian and Michael J. Shapiro, *International/Intertextual Relations: Postmodern Readings of World Politics* (New York: Lexington Books, 1989), pp. 11–21.

践跟进。正因其政治性和动员性强，更容易引起国家关注，危机话语在政治决策中使用广泛，意义重大，是最有效的安全化话语实践。本章将危机话语定义为国家通过使用特定话语策略在危机时刻制造危机状态的特殊政治话语，这些话语可以有效地呈现国家面临的危机状态，建构对立身份，以便国家决策者有的放矢，出台有效的政策来应对可能的国家安全问题。

（二）话语成为一种实践的原因

话语之所以能够成为一种实践，可以"行事"，是因为其具有建构性、符号性和权力性特点。这些特点为安全这一概念赋予了更多主观化的色彩，使安全成为一种国家的主观感受，即威胁感知。这与传统的理性主义安全研究所产生的结果存在差异。

话语具有建构性特点，可以建构行为体对安全的主观感受。安全既是一种客观状态，也是一种感觉、认知。客观安全指不存在受到外来攻击、侵犯的状态，主观安全则表现为没有恐惧感和威胁感[①]，强调安全所包含的主观因素。安全/不安全不仅仅是一种客观状态，还是一种主观建构。语言具有建构作用，建构了人对客观世界的认知，建构了社会存在，还建构了人自身的精神与意义世界。因此，语言可以在安全/不安全的建构过程中发挥重要作用。安全化行为体经常可以通过使用政治修辞，制造危机话语和话语危机，构建国家的本体不安全感。

话语具有符号性特点。语言是群体共同约定的符号系统，不同民族的语言呈现不同的风貌与结构，每一种文化的词语都有各自特征，即怎么使用与表达什么。美国伊利诺伊大学政治学教授默里·埃德尔曼（Murray Edelman）认为语言、意义和隐喻在政治中非常重要，认为政治是符号性行动（symbolic action），语言是符号性行动中最重要的要素。[②] 韩礼德（M. A. K. Halliday）认为语言是社会过程的产物，

---

① 楚树龙：《国际关系基本理论》，清华大学出版社，2003，第295页。
② Murray Edelman, *Politics as Symbolic Action: Mass Arousal and Quiescence* (Chicago: Marham Publishing Company, 1971), pp. 65-83.

既是反映事物的手段，又是影响事物的手段。① 在政治话语、叙事中，使用一定的话语、叙事策略，既可以进行知识生产，也可以完成具有社会意义和政治意义的行动。该过程也不可避免地涉及价值等主观因素，具有符号性。

话语具有权力性特点。话语的权力性表现在针对政策的操控方面，操控彰显权力。不论是话语中的策略、政治修辞的使用，还是官僚程序和专家技术知识的实践，都体现话语操控（discourse manipulation）的特征，目的都是操控话语受众的理解，这也正体现了话语的政治与权力逻辑。话语主要是运用政治修辞等方式达到操控的目的。例如，可以利用政治修辞建构敌人身份，为后续行动进一步建构合法性，从而达到操控的目的。语言的使用，特别是政治语言的使用，都凸显了权力性。话语主体所占据的资本地位、组织策略都会影响话语权力的发挥。话语主体如果占据各种优势资本，并采取恰当的话语叙事策略，就很容易对话语受众产生权力效应。

本章使用批评话语分析的方法，对话语操控和符号暴力进行批判性分析②，将研究重点放在话语实践在安全化过程中的作用、话语如何建构行为体身份、话语如何建构危机状态、话语如何建构行为体之间的权力关系上。

（三）安全化话语实践的作用机制

哥本哈根学派注重话语在安全化中的作用，影响深远。在哥本哈根学派的安全化理论之中，安全化行为体以话语特有的建构性、权力性进行安全化知识生产，展开危机叙事，制造国家的存在性威胁，在话语层面将一个公共问题转化为一个安全问题，完成安全化话语实践。在具体的安全化话语实践中，安全化行为体经常使用框定手法展开危机叙事，建构安全化危机叙事情节，展现话语实践在安全化过程中的

---

① M. A. K. Halliday, *Language as Social Semiotic: The Social Interpretation of Language and Meaning* (London: Edward Arnold, 1978), pp. 190-191.

② Teun A. van Dijk, "Discourse and Manipulation," *Discourse and Society* 17, No. 3 (2006): 359-383.

作用。

1. 安全化理论中的危机建构

安全化理论以哥本哈根学派所创的最具代表性。这一学派主要吸收了卡尔·施密特（Carl Schmitt）的政治哲学思想，以存在性威胁为核心概念，依据言语行为理论、建构主义、后结构主义等社会科学理论，以话语为工具，构建了话语本体的安全化理论框架。

存在性威胁指国家面临的生存威胁，是一种危机。面临这种危机的国家，会产生一种求生本能，这也是国家治理危机的内生动力。国家求生的本能在很大程度上依赖于国家的主体性努力。但是，在现代社会中，很多事务日益程序化，国家主体性越发缺失，政策效率降低。为了更高效便捷地推行政策，决策者需要作出决断，发挥主观意志的力量。使用危机话语可以制造国家的安全焦虑，即国家在面临生存威胁时所表现出的焦虑和恐慌。在政治现实主义文化中，这也是一种创造性的政治力量，使国家产生一种治理需求与治理合法性，这种治理需求和治理合法性继而成为政治行动的动力。简言之，国家需要想方设法摆脱存在性威胁。在国家面临危机的情况下，安全化行为体可以绕过常规程序，采取非常规的安全化措施。因此，对哥本哈根学派而言，除常规程序下的实践外，超常规程序的做法在危机时刻同样具有其合法性，尽管这种在危机时刻才存在的合法性在常规时期会受到质疑。另外，哥本哈根学派吸收了施密特的政治哲学思想，强调在政治中划分敌友的意义。[①] 敌友身份一旦被界定清晰，国家便可以对敌人采取相应对策。敌人身份界定越清晰，给国家带来的危机感就越强，国家为摆脱危机而出台相关政策就越顺理成章。在安全化过程中，不论是危机的建构，还是敌我身份的建构，都离不开话语的参与。

2. 话语与安全化

话语具有开放性的特点，通过话语分析，可以更好地理解意义的建构、解构和重构。制定政策也是表达意义和建构意义的过程。哥本

---

① John P. McCormick, *Carl Schmitt's Critique of Liberalism: Against Politics as Technology* (Cambridge: Cambridge University Press, 1997), pp. 121-156.

哈根学派的理论贡献主要体现在将话语引入安全研究当中，将安全理解为一种言语行为。安全是语言建构的结果。当施动者通过话语把某一问题建构为安全问题，该问题就会进入安全议程，被安全化。哥本哈根学派借鉴言语行为、后结构主义、建构主义等理论，以话语为分析工具，注重话语实践（文本实践），形成了以身份、话语、文本为分析工具的动态安全研究路径，由此开辟了一个多元、多样的国际关系安全研究领域。该学派以话语为工具，把安全化理解为危机话语建构存在性威胁的过程，安全化和去安全化可以借助语言的优势和特点。话语，特别是政治中的安全化/去安全化话语，具有实践固有的特点和明确的行动组织性和目的性，可以建构社会性事实。安全化机制对安全化话语的影响以及安全化话语对安全化机制的影响都可以在话语实践的过程中体现出来。在话语实践中，行为体建构国家的本体不安全感，使国家的本体安全受到威胁，如破坏身份稳定性，或在心理情绪层面引起受威胁感和不安全感，进而完成话语实践层面的安全化。

3. 知识生产与危机叙事

根据叙事层次、叙事要素组合、叙事策略运用，叙事可以产生叙事意义，也可以生产知识。可见，叙事不是漫无目的地说话，而是经过精心设计、编排、有目的的话语实践。知识生产对安全化和权力具有重要作用。通过知识生产，知识可以被政治化，从而产生相应的权力。叙事以生产特定知识为目的。政治叙事的政治目的更强，能够产生特定政治意义，从而影响受众认知。人们创造并使用政治叙事来解释和理解政治现实。[1]

意义并非总是固定和确定的，叙事学家们认为，意义存在于共享知识（shared knowledge）当中。语义可以在文本中找到，而对于叙事而言，故事的语义内容超越了文本本身。[2] 意义生产通常伴随着价值判断。在"讲故事"的过程中，故事的寓意更为重要。好的故事会产

---

[1] Molly Patterson and Kristen Renwick Monroe, "Narrative in Political Science," p. 321.

[2] Deborah Schiffrin, *Approaches to Discourse* (Oxford: Blackwell, 1994), pp. 386-396; Deborah Schiffrin, et al., *The Handbook of Discourse Analysis* (Oxford: Blackwell, 2001), pp. 776-781.

生教育效应，使受众进一步思考，不仅能向更为广泛的受众传达意义，而且还能为其他受众提供观察和思考事件的方式，这些事件会指向需要进一步关注或考虑的意义。

叙事同时具有价值导向，有助于对某些结果作出价值判断。在文化层面，叙事有助于凝聚共同信仰，传递基本价值观。[①] 在政治层面，叙事会引导受众的政治倾向。"讲故事"的背后也蕴含着对道德的推理。[②] 麦克洛斯基（McCloskey）认为，一个好故事要有"道德分量"。[③] 故事里的角色们往往持对立立场，在各自的关系中演绎爱恨情仇，也不断建构现实。通过叙事，人们理解世界，建构身份。[④] 政治叙事常见的手法是建构出一对具有对抗性、矛盾性的身份，从而引发叙事的冲突性张力，推动叙事展开。政治叙事经常将冲突呈现得极为激烈，呈现出正邪、好坏等价值对立，传递政策价值观和道德判断，引导和塑造受众的认知和判断。在政治叙事中，使用富有感染力的政治修辞手法通常可以达到较好的叙事效果。

危机叙事是一种极限话语叙事，是话语实践中表现力最强的形式。安全化行为体经常进行危机叙事，以建构安全化指涉对象的威胁身份及由此产生的不安全感，说明国家安全面临紧迫危机，令国家处于本体不安全状态。安全化话语往往是具有很强政治性的危机话语，即极限话语，可以产生一种威胁，即话语建构的存在性威胁。面临存在性威胁，国家必须采取有力措施捍卫国家安全，安全政策就此应运而生，并获得合法性。

4. 危机叙事与框定

叙事是一个讲述的过程，会赋予受众根据知识采取行动的意识形

[①] Frank Fischer, *Reframing Public Policy: Discursive Politics and Deliberative Practices* (Oxford: Oxford University Press, 2003), p. 162.

[②] Hayden White, "The Value of Narrativity in the Representation of Reality," in W. J. T. Mitchell, ed., *On Narrative* (Chicago: University of Chicago Press, 1981), p. 20.

[③] Frank Fischer, *Reframing Public Policy: Discursive Politics and Deliberative Practices*, p. 163.

[④] Margaret R. Somers, "The Narrative Constitution of Identity: A Relational and Network Approach," p. 606.

态和情感价值。① 行为体通过危机叙事的手法,营造一种危机状态,这种状态在本质上是用语言建构社会性事实,会切实影响受众的心理感受,让受众产生不安、危机、受威胁和恐慌感。其中,框定发挥着重要的作用。

出于特定目的,任何叙事都会忽略故事的某些方面,同时强调故事的其他方面。框定是叙事的一种手法,带有目的性和选择性,会突出过去和现在所处环境中的某些客体、情景、事件、体验和一系列行动,并对这些事物进行有意义的编码②,将叙事的意义有选择性地呈现给话语受众。行为体通过框定进行叙事,形成新的叙事内容和叙事焦点,最终影响叙事结果。同时,框定具有规范性,使某些政策观点处于政策辩论的最前沿。在国际政治中,为了让自己提出的政策方案被采纳,政治精英们会有策略性地进行框定,利用框定让政策方案获得合法性。③

框定是通过话语策略来实施的,并通过对语言的选择和组织来实现并塑造特定的效果。话语主体会通过话语策略,主要是修辞的运用来建构一种语言结构,产生特定的意义。在危机叙事中,话语主体经常通过政治修辞手段,采取特定语言策略,建构一个有差异性的他者身份。自我和他者身份差异越显著,二者的对比性或者敌对性就越强,也越能引发政治实践。

二、官僚实践与安全化

尽管话语在安全化过程中发挥重要作用,但是安全化过程不止包含话语。除了话语的参与,安全化过程还伴随着对安全化话语进行机

---

① Roberto Franzosi, "Narrative Analysis—Or Why (and How) Sociologists Should Be Interested in Narrative," *Annual Review of Sociology* 24, No.1 (1998): 517-554.

② 艾尔东·莫里斯、卡洛尔·麦克拉吉·缪勒主编《社会运动理论的前沿领域》,刘能译、秦明瑞校,北京大学出版社,2002,第156页。

③ John L. Campbell, "Ideas, Politics, and Public Policy," *Annual Review of Sociology* 28 (2002): 26.

制化处理的过程,只有这样,安全化话语才可以转化为相关政策,使安全化真正得以在政策层面获得贯彻与落实。话语实践建构了国家所能感受到的危机状态和安全焦虑,使安全化进入更为实质性的治理程序。在政策层面,政策的贯彻与执行离不开官僚实践的参与。官僚实践通过官僚系统设置、机构设置、机构重组、官员任命等,进行权力资源的重新分配、重组,开展充满符号性和权力性的危机治理实践活动。

(一)安全化过程中的话语实践与政策实践

安全化理论话语路径的不足之处在于,其所坚持的话语本体论在一定程度上忽略了诸如官僚系统、安全化技术专家等其他因素的参与。哥本哈根学派注重话语在构建存在性威胁和本体不安全感方面的突出作用。而政策实践主要体现在通过相关政策对安全化指涉对象进行政策操控,并将其逐渐纳入安全化议程。政策实践在过程和程序上与话语实践不同,具有相对稳定的程序性,体现了一定的民主协商色彩,从而更好地增加政策的合法性。

话语实践不会孤立地存在或者发生作用,在更多情况下是与其他类型的实践紧密联系的。没有进入政策层面的话语,不会对国家安全产生实质性影响,也就没有真正地被安全化。在国际政治中经常出现口水战,但是这种口水战并没有进入政策层面,而只是停留在话语层面,没有进入实质性的安全化过程,也没有对国家安全带来实质性影响,其主要原因是这种危机话语机制化程度不高,政策没有及时跟进,没有被固化为正式的国家政策。

从话语实践转化为政策实践需要一个过程。政策是高度制度化的话语,政府机构则是高度机制化的组织,高度机制化的组织行为本身也会生产社会影响,体现权力关系。本章将政策实践定义为与话语实践并列的实践类型。在现实中,话语与政策在实践中相互建构。相对于话语实践,政策实践是一个政策与话语互动,生产政策性、制度性知识的实践类型。与话语实践相似,政策实践也具有社会性、权力性,其机制化程度更高,权力色彩更浓。不同于话语实践的发生机理,政策实践需要诸如组织、人员、机构等一系列物质性和制度性因素的支撑。如果说安全化过程中，话语实践得以建构是由于国家原有身份失序或者缺失而产生的本体不安全，那么政策实践得以建构就是由于从政策层面，行为体就本体不安全作出回应，并对此进行治理，以解决安全缺失（不安全）的问题。

在安全化过程中，安全化行为体一般是拥有大量社会资本的官僚和官僚组织。政府机构中的决策机构、领导人等都是此类具有影响力和社会资本的安全化行为体，在安全化过程中发挥着重要作用。本章认为，这些官僚和官僚组织在安全化过程中进行政策协调、组织并形成政策同盟的行为是一种官僚实践，而安全政策的实施离不开官僚实践的参与。

（二）官僚实践的特点

官僚实践是政策实践的一种，以不同于话语实践的逻辑参与到安全化过程之中。官僚实践具有符号性、权力性和社会性等特点。

官僚实践具有符号性。作为官僚实践主体的官僚机构，是以不同于操控语言符号的方式来完成具有社会意义和政治意义的行动的。但是，这种行动是价值附加的，也是表意的，因此也是符号性行动的。[①] 官僚实践可以生产新的知识。诸如设置和撤销重要机构、委任与撤职相关官员、颁布法令法律等官僚实践都会直接产生新话语、新知识和新认知。

官僚实践具有权力性和社会性。官僚系统主要通过组织机构调整、人员任命等方式达到政策操控的目的，这种操控本身就带有极强的权力性特征。为更好地协调政策过程中的步调，政策主导者会进行相关的组织机构调整、人员任命等一系列组织实践。这些制度性变化具有社会性意义，其调整变化反映了权力与社会关系的重组甚至变革，改变了制度性话语，会产生一系列社会影响。

---

① James G. March and Johan P. Olsen, "The New Institutionalism: Organizational Factors in Political Life," *The American Political Science Review* 78, No.3 (1984): 734-749.

(三)官僚实践的运行机制

官僚实践主要通过设置官僚机构、任免机构官员、生产安全化知识等程序完成,回应话语实践制造的危机状态,对国家的本体不安全进行治理,建构国家的本体安全。

1. 设置官僚机构与任免机构官员

官僚系统由不同行为体组成,这些行为体具有不同的地位,各自拥有不同的社会资本。官僚系统中各行为体之间社会资本的不对等,主要表现为各官僚机构之间的权力不对等,权力资源分布不均匀,地位不对等、作用大小不一,等等。官僚机构基于权力占有各类资本,资本之间的转化与权力密切相关。[①] 在实践中,经济资本、社会资本和文化资本之间可以互相转化,而这种互相转化也会影响新的政策和制度的推行。官僚机构具有较多社会资本,有利于官僚实践的进行。官僚程序中的各个机构之间存在不同等级,反映出不同的权力关系,也给政策主导者进行政策操控提供了便利。

官僚实践作为话语实践之外的重要实践,主要通过设置官僚机构和任免机构官员等参与到安全化过程之中。官僚机构和机构官员是政策执行最重要的组织和人员要素。政府通过组建新的官僚机构,配置机构官员,赋予新机构以组织文化理念。有时,政府还会调整甚至撤销旧的官僚机构。同时,官僚机构是高度制度化的产物,其本身也会对相关领域产生直接影响。把符合自身利益的意志和理念加入政策之中,排斥异质性意见是政策主导者的理性做法。在官僚机构中,政策主导者(所有者、管理者或政治领导人)的目标和价值观被附加到组织结构和实践之上。[②] 设置官僚机构、任免官员是社会资本调配的过程。官僚机构中占据优势资本地位的行为体更易推行政策,最后形成有利于政策执行的话语,为更好地操控政策奠定基础。官僚机构的设

[①] 朱国华:《习性与资本:略论布迪厄的主要概念工具》(上),《东南大学学报(哲学社会科学版)》2004年第1期,第36页。

[②] Frank Fischer, *Technology and the Politics of Expertise* (Newbury Park: Sage Publications, 1990), p. 287.

置调整等行为意味着形成新的机构话语,赋予机构以新的组织文化和价值观,调整后的官僚机构也可以开展新的官僚实践。

2. 官僚实践与知识生产

话语实践可以生产相关知识,官僚实践同样可以生产知识。官僚实践会生产机制化的共享知识,生产有利于政策执行的同质性话语。在官僚实践中,行为体会以框定手法有选择性、有意识、有目的地制定相关政策。经过框定的政策具有明确的指向性和目的性。执行这些政策会产生一定的社会意义,权力会在部门中重新组合和分配。处于政策建构活动核心位置的个人与团体参与政策的提出、论述及辩论。政策主导者提出政策议题,随即某些相关的具体政策理念就产生了。就此,各方进行辩论和讨论。政策参与者提出建议和意见,政策主导者进行话语协调。官僚机构存在功能上的相对独立性,只有协调好不同机构之间的各种关系,才能形成较为统一的同质性话语。也就是说,在官僚实践中,政策主导者通过话语协调来形成话语联盟。

由此可见,官僚实践中的知识生产是一种对异质性理念观点进行同质化和排斥处理的结果。经过官僚实践中的机构重组、人员重置等行政行为,异质性观点要么被排除在政策之外,要么被同质化。不同于个体的知识生产,官僚实践的知识生产带有高度的权力性和稳定性的特点。机制化的理念和知识更具有权力和影响力[1],面对不同的理念和意见,又带有较强的排他性,因此有利于相关政策的推行。

3. 官僚实践与国家本体安全建构

在安全化过程中,安全化行为体通过危机叙事建构国家本体不安全和存在性威胁。当威胁成为一种共识时,国家自然需要采取相应政策加以应对。这些政策由官僚实践产生,国家通过这些政策对本体不安全进行治理,最终重构国家的本体安全。

国家本体不安全感的产生是由于国家原有身份受到破坏。因此,国家可以通过重获稳定而健全的身份,再建国家本体安全。国家也可

---

[1] Vivien A. Schmidt, "Discursive Institutionalism: The Explanatory Power of Ideas and Discourse," *Annual Review of Political Science* 11 (2008): 303-326.

以通过与其他重要的他者建立关系来建构认知与行为上的确定性,并且将这种关系常态化(routinization),进而获得本体安全。[①] 例如,美国可以通过话语来建构他国的"竞争对手"身份,为其对外政策的制定和出台树立合法性,在民众当中赢得维护国家利益的正当性,从而解决本体不安全和安全焦虑问题。相比于普通话语,政策话语的机制化和制度化程度更高、权力性更大、稳定性更强、影响更持久。国家可以通过政策使某项事务进入议程,也可以使用公共权力和公共资源来应对,以赢得政策的合法性和广泛支持。这样的政策行为可以在民众当中建立起心理上的确定性与安全感。

官僚实践建构本体安全的过程既需要危机话语,也需要将危机话语上升为政策话语,使其成为国家意志。本体安全建构的过程实质上就是国家对话语构建的本体威胁进行治理的过程,也是安全化得以最终完成的必经过程。

三、安全化过程中的复合实践与本体威胁/安全建构

话语实践与官僚实践共同推进了安全化过程。其中,话语实践建构本体不安全感和存在性威胁,为国家介入治理提供合法性和条件,官僚实践则是国家重建本体安全的主要途径,也是安全化过程的重要组成部分。

(一)安全化中的复合实践:话语实践、官僚实践

话语实践与官僚实践是安全化过程中的两个重要组成部分,二者紧密关联,在安全化过程中具有同步性。具体而言,政策与话语同时存在于安全化过程中。国际政治中的话语实践必须体现政策性,而官僚实践本身就是政策实践的组成部分,很多时候都需要依赖话语来完成。因此,在具体的安全化过程中,很难把话语实践和官僚实践完全

[①] Jennifer Mitzen, "Ontological Security in World Politics: State Identity and the Security Dilemma," *European Journal of International Relations* 12, No. 3 (2006): 342.

分离开来。在作为整体的复合实践里，二者都可能会对整个过程的发展产生影响。①

话语实践通过危机叙事建构一种威胁身份和危机状态，并由此建构国家的本体不安全。官僚实践对话语实践制造的本体不安全进行回应，并从政策上对本体不安全进行应对，将安全化议题纳入安全议程。在官僚实践过程中，政治行为体通过叙事分析来定义问题、设置议题。议题设置是政策分析过程的第一步，也是关键的一步，把议题融入政策叙事中，如借助安全故事将问题（通常是难题和窘境）凸显出来，使受众感受到问题的紧迫性，进而支持应对这些问题的政策和努力。

（二）话语实践与本体威胁建构

安全化是一种话语建构的本体威胁，从本质上说是一种心理认知和感受。威胁经常是一种心理感知，不安全感同样如此。不安全感的建构离不开话语的参与。

一旦对某事物产生了威胁感知，在这种威胁感知的支配下，安全化行为体就会对其进行危机话语叙事。安全化中的危机话语实践是运用危机话语建构本体不安全的过程。因为政治性和动员性强，危机话语在国际政治决策过程中被广泛使用，影响广泛。危机话语可以制造情绪紧迫感，塑造本体威胁感，具有强烈的煽动性，也能够有效、迅速地引起政策反应，实现特定政治目的。与其他话语相比，危机话语更容易被关注，可以快速推进安全化进程。简而言之，危机话语可引发一系列话语反应，建构存在性威胁，进而引发后续实践。

为了实现较好的话语效果，行为体会使用适当的话语策略，使受众在具有引导性和被组织过的话语中对话语内容进行理解，以更好地实现话语操控的目的。话语策略实质上是一种语用层面的策略，是修辞在特定的政治和社会语境下的应用②，主要强调通过使用语言来影响

---

① 伊曼纽尔·阿德勒、文森特·波略特主编《国际实践》，秦亚青等译，第9页。
② Marie Laure Ryan, "Toward a Definition of Narrative," in David Herman, ed., *The Cambridge Companion to Narrative* (Cambridge: Cambridge University Press, 2007), p. 25.

或操控他人,使受众接受话语主体所偏爱的价值观、信仰和行为。[①] 政治修辞则体现话语主体利用政治语言,实现政治说服的技术和能力。[②] 为了达到特定政治目的,行为体往往使用政治修辞这一话语策略,以实现政治权力合法化,或者产生说服力。[③] 在传统的安全化理论中,安全化行为体正是通过话语策略(主要是政治修辞)来制造危机,以实现安全化的。

(三)官僚实践与本体安全建构

国家本体安全因为官僚实践的实施而得以建构。针对国家本体安全危机,需要使用相应的政策来应对,解决面临的问题,对本体不安全进行治理。官僚实践是一个政策执行的过程,也是本体不安全治理的组成部分。另外,官僚实践还需要诸如组织、人员、机构等一系列物质性和制度性因素来支撑,为重建国家本体安全提供制度保障。不仅如此,在官僚实践中,官僚系统通过官僚程序进行知识生产,建构政策合法性,最后完成政策意义上的安全化。官僚实践不仅生产新的安全化话语,还通过官方层面把危机话语转变为政策话语,最终在政策层面对话语实践建构的本体威胁进行治理,从而完成安全化的整个过程。

四、特朗普政府对5G问题的安全化过程

5G是5th Generation Mobile Communication Technology(第五代移动通信技术)的简称。作为新一代宽带移动通信技术,5G通信设施实现了人机物互联,逐渐成为支撑经济社会数字化、网络化、智能

[①] Frank Fischer and John Forester, *The Argumentative Turn in Policy Analysis and Planning* (Durham: Duke University Press, 1993), p. 10.

[②] Frank Fischer and John Forester, *The Argumentative Turn in Policy Analysis and Planning*, p. 137.

[③] 刘文科:《政治权力运作中的政治修辞——必要性、普遍性和功能分析》,《学习与探索》2008年第4期,第64页。

化转型的关键新型基础设施。中美在网络领域建有较为稳定的合作机制。中美两国依据《中美科技合作协定》成立中美科技合作联委会机制。该机制作为中美科技合作的制度性保障,为中美开展科技合作提供了一个稳定的对话和联络平台与渠道。然而,在特朗普执政时期,网络领域却经历了一个较为典型的安全化过程。5G问题重新回到中美战略博弈的视野之中并被安全化。在对5G问题的安全化过程中,兼有话语实践和官僚实践的参与。

(一)特朗普政府在5G问题安全化过程中的话语实践

在话语实践中,特朗普政府采用一系列话语策略来建构对华危机叙事,塑造相应的话语意义,尤其建构了一种本体威胁感,从而为制定相关政策做好了话语准备。特朗普政府对5G问题的政策叙事包含多个方面,既包括构建中国作为"竞争对手"[1]身份的危机叙事,也包括美国作为"受害者"的身份叙事。中国的"竞争对手"身份以及美国的"受害者"身份都直接服务于美国对华政策的合法性建构:美国迫切需要采取必要政策手段来消解美国面临的"威胁"和"危机"。

1. 中国"竞争对手"身份的构建

特朗普政府对5G问题的安全化始于中国"竞争对手"身份的构建,为其对华相关对策提供基础。2017年12月,特朗普公布任内首份美国《国家安全战略》报告。在界定盟友、伙伴、挑战者、利益、安全、竞争与威胁时,该报告具有很强的具体指涉性和针对性,在界定敌友身份方面尤为突出。该报告提及中国多达33处,明确将中国与俄罗斯界定为"竞争对手"。该报告还将中国定义为"修正主义国家"以及众多对美国构成威胁的"战略竞争者"之一。[2] "竞争"与"威胁"这两个主题词,对抗性强,决定了美国《国家安全战略》报告的整体基调

---

[1] 2017年12月,美国《国家安全战略》报告将中国和俄罗斯界定为试图"腐蚀"美国的安全与繁荣的"竞争对手"。参见 U.S. Executive Office of the President (Donald J. Trump), *National Security Strategy of the United States of America*, p. 2。

[2] U.S. Executive Office of the President(Donald J. Trump), *National Security Strategy of the United States of America*, p. 25.

和底色。这些竞争与威胁来自各个领域、各个地理空间（包括国家和区域）、各个层面，具有不同的烈度。在面对和应付这些竞争与威胁时，美国强调盟友的作用，呼吁联合盟友应付来自各方的威胁。之后，2018年美国《国防战略报告》表示，美国将与中国进行长期的战略竞争。① 之后，美国政府反复强调该身份定位，逐渐建构起中国作为"威胁"的身份，为其将5G问题安全化定下了基调，搭建好了关于5G危机叙事的背景。由于国家也可以通过与其他重要的他者建立关系来建构认知与行为上的确定性，中国"竞争对手"身份的建构加强了美国对于自我身份的认同，进而获得一种本体安全感。

2. 美国作为"受害者"的危机叙事

在特朗普政府的对华叙事当中，除了作为威胁美国的"挑战者"这一身份，中国作为"盈利者"的身份也被逐渐建构起来。在美国的话语中，中美关系是建立在不公平的基础之上的，特别是在经贸方面，美国始终处于不利的"吃亏"境地。美国认为，中国通过扩大其不公平贸易行为，在关键行业、敏感技术和基础设施方面进行投资，正在欧洲获得战略立足点。② 2017年美国《国家安全战略》报告对中美关系中"盈利者"与"受害者"的关系也有诸多类似表述。在该报告中，"不公平"（unfair）一词成为描述中美关系的重要表述，被反复强调。例如，"每年，中国等竞争对手窃取价值数千亿美元的美国知识产权。窃取专有技术以及早期想法，使得竞争对手得以不公平地利用自由社会的创新成果"。③ 在美国的话语中，中国对美"不公平"的贸易行为是美国"受害"的根源。在中国"盈利者"和美国"受害者"身份被建构之后，"受害者"自然要努力改变这种"不公平"的身份关系。针对

---

① U.S. Department of Defense, *Summary of the 2018 National Defense Strategy of the United States of America: Sharpening the American Military's Competitive Edge* (Washington, D.C: Department of Defense, 2018), p. 2, accessed April 1, 2018, https://www.defense.gov/Portals/1/Documents/pubs/2018-National-Defense-Strategy-Summary.pdf.

② U.S. Executive Office of the President (Donald J. Trump), *National Security Strategy of the United States of America*, p. 47.

③ U.S. Executive Office of the President (Donald J. Trump), *National Security Strategy of the United States of America*, p. 21.

5G问题，特朗普多次表示，美国需要做领导者，呼吁美国科技公司迎头赶上，要在"竞争"中获胜，"不能被当前更加先进的技术阻碍"，美国应当在技术时代里的一切事务上做领导者。①

除了借助美国《国家安全战略》报告阐明美国作为"受害者"的言论，在对华叙事中，特朗普本人也描绘了美国的"受害者"身份并深度建构美国在与中国交往过程中的"受害事实"。特朗普曾多次强调中美之间的"不公平"关系。2018年和2019年，特朗普在其推文中就表露出美国的"受害者"心理和对华不满情绪，多次使用诸如"利用"（taking advantage of）、"偏颇"（one‑sided）等主观性的词汇来描述中国在中美贸易中的行为。② 通过此类话语，美国不断强化中美经贸关系中的中国"盈利者"身份和美国"吃亏"的"受害者"身份。美国的"受害者"身份为美国对华采取相应反制政策提供了合法性依据。

3. 特朗普政府对5G问题安全化过程中的叙事策略

叙事策略是叙事的组织策略，对于叙事效果至关重要。特朗普政府在对5G问题的安全化过程中采取了多种叙事策略，取得了较好的叙事效果。

首先，通过多元化叙事主体助推安全化，以更好地达到叙事目的。美国对华政策的建构过程中，具有丰富社会资本和权力的行为体主导、引领叙事，给叙事定下基调，其他行为体参与叙事，共同指向同一叙事结论。在特朗普政府对5G问题的安全化过程中，总统和国会在整个官僚机构中拥有的社会资本最多、权力最大，在官僚系统中处于支配和引领地位，作为政策主导者主导了整个叙事过程。二者均积极参与对华政策叙事。美国总统和国会在多个场合中将中国和中国通信公司列为潜在的威胁对象。2018年4月，"美中经济与安全审查委员会"发布"美国联邦信息通信技术中来自中国供应链的脆弱性分析"，对供

---

① Donald Trump, Tweets, Trump Twitter Archive, February 21, 2019, accessed January 5, 2024, https://www.thetrumparchive.com.

② Donald Trump, Tweets, Trump Twitter Archive, September 18, 2018, accessed December 19, 2024, https://www.thetrumparchive.com; Donald Trump, Tweets, Trump Twitter Archive, August 5, 2019, accessed December 19, 2024, https://www.thetrumparchive.com.

应链的脆弱性进行评估。该报告认为,"中国在优先自主生产、从跨国企业处获取让步、将中国企业作为国家工具、针对美国联邦网络和联邦承包商网络等方面,增加了美国信息和通信技术产业的供应链风险,也增加了美国国家安全和经济安全风险"。①2018年6月,特朗普运用《国际紧急经济权力法》,全面限制中国在半导体、机器人等敏感领域的投资活动。除此之外,在政策建构过程中,一批技术官僚机构通过向政府提供参考报告的方式在政策中建言献策,发挥了政府智囊的作用。例如,2018年12月,美国国会通过了《安全技术法案》,作为其第二部分的《联邦采购供应链安全法案2018》创建了一个联邦采购供应链安全理事会,旨在为使用技术产品的政府机构提供有关降低供应链安全风险的指导和建议。"美中经济与安全审查委员会"是美国国会为了监测中美贸易交往对美国经济与安全影响而成立的特设机构。从2001年开始,该委员会每年都要向美国国会提交一份报告并将其发表,为政府进行相关决策提供技术参考意见。

其次,通过框定手法塑造美国的"受害者"形象,服务美国对华政策。面对新的安全状况和不同的安全和威胁感知,特朗普政府在对5G问题进行安全化的过程中,对5G问题进行话语上的框定,构建了新的对华5G叙事框架,编织了新的叙事情节和结果,由此也改变了奥巴马政府先前设置的对华5G政策话语、思维及其政策走向。美国历来将自己定位为世界的领导者,但是在对华叙事中,却把自己塑造为一个"受害者",故事情节就是美国"受害""吃亏"的"悲剧"。美国往往会在故事开端提出存在的严重问题,接着以情节组织叙事,对故事提出的问题进行渲染和烘托,使观众对故事中的角色形象和道德价值进行评判,故事结尾呼吁必须解决问题。解决问题的政策自然被认为是善举,解决问题的人就成了英雄,善举和英雄必然会受到支持。在

---

① U.S.-China Economic and Security Review Commission, *Supply Chain Vulnerabilities from China in U.S. Federal Information and Communications Technology* (Washington, D.C.: USCC, 2018), p. v, accessed January 22, 2024, https://www.uscc.gov/sites/default/files/Research/Interos_Supply%20Chain%20Vulnerabilities%20 from%20China%20in%20U.S.%20Federal%20ICT final.pdf.

美国对5G问题进行安全化的过程中,可以清楚地看到这样一个规律。"受害者"为了更好地改善状况,需要进行变革,以改变"受害者"的身份。美国在叙事过程中凸显其"受害者"形象,这样一来,就与传统思维下美国作为世界"领导者"的身份定位不符。从"受害者"视角进行叙事的动因是激发受众情感,产生叙事共鸣。在对5G问题的政策叙事中,受众的情感势必会被美国的"受害者"身份影响,从而对制造"不公平"和"威胁"的当事国产生憎恶,并形成威胁感知。在美国对华政策中的隐喻架构里,中国是"竞争对手",美国是"受害者",美国在与中国的交往中一直处于"受害"和"吃亏"的这样一种不利境地。拯救美国于危难之中就会成为一种道德善举,这使得政策具有道德基础。该叙事成功塑造了美国作为"受害者"的悲剧形象,这种局面迫切需要扭转。在政策领域,这就意味着必须采取相应政策,妥善解决该问题。

再次,利用多个传播平台传播叙事。政策宣示的传播途径会影响传播效果。美国一般都是在官方网站或者由政府发言人进行政策宣示。官方途径的政策宣示能够最大程度地表明政治立场,对政策作出宣传和解释,进行沟通和动员[1],进而获得民众对政策的支持。数字技术的出现开启了沟通、披露和讲述以前看不见的经验、情感和影响的新方式,出现了"数字化叙事"这一新的叙事业态。[2] 因此,除了经由官方途径进行正式政策宣示,行为体还会采取其他灵活方式披露政策信息。微博、脸书、抖音、推特等新的传播平台受众面更广、影响更大,与官方途径相比,也具有自身的特点和优势。例如,在推特上,人们使用的语言与政府文件严谨和正式的风格大不相同。推特上的语言多呈碎片化、口语化,语法结构简单。此外,情绪化的语言也经常出现,句子简单明快,可读性、传播性更强。特朗普经常以发布推文的方式进行非正式的政策宣示,将政策信息快捷有效地推送至广大民众层面,

---

[1] 莫寰:《政策传播如何影响政策的效果》,《理论探讨》2003年第5期,第96页。
[2] Kaitlynn Mendes, et al., "Digitized Narratives of Sexual Violence: Making Sexual Violence Felt and Known through Digital Disclosures," *New Media & Society* 21, No. 6 (2019): 1290-1310.

并及时地掌握民众对政策的反应，之后再基于民众反应进行政策调整。

最后，通过话语实践完成本体威胁的建构，进而完成话语层面的安全化。安全化过程的话语实践和政策实践是创造意义、维持意义和改变意义的过程，最终目的是实现安全化，为后续相关政策提供合法性。[①]叙事为行动提供合法性，不论这种行动是言语的行动抑或是政策上的行动。在5G问题上，美国安全化话语实践的合法性主要源自在美国国内用话语建构一种本体威胁，由此引发国家进行政策干预。话语实践的目的主要是营造一种不安全的氛围，即一种本体不安全感与存在性威胁。而危机叙事建构问题的紧迫性和危机感，其目的就是呼吁尽快解决问题。既然民众在面对威胁时无能为力，那么作为聚集众多利益和身份集合体的国家就更应该干预危机。美国对华威胁感知主要是在塑造一种不安全感，而国家面对威胁会激发出民众为摆脱困境而行动的力量，一种反制威胁的力量，进而为国家制定安全化政策提供理由与动力。话语实践还引发了一系列官僚实践。在这些官僚实践中，行为体对本体不安全进行应对，在制度层面采取应对本体不安全的具体措施。

（二）特朗普政府在5G问题安全化过程中的官僚实践

在特朗普政府对5G问题进行安全化的过程中，为数众多的官僚机构参与了安全化行动。了解这些官僚机构是理解美国对华5G政策的基础。在官僚实践中，涉及美国对华5G政策及其相关事务的主要行为体包括美国国会、国防部和国家安全委员会等。

1. 美国国会以立法形式参与对华5G政策过程

在5G问题上，美国国会是制定对华政策的"急先锋"，主要以立法形式参与对华5G政策的相关工作。（表5-1）2020年1月8日，美国众议院通过三项关于5G安全的法案。其中，《促进美国在5G领域的国际领导地位法案》和《促进美国无线领导力法案》要求美国更多地参

[①] 孙吉胜：《国际关系理论中的语言研究：回顾与展望》，《外交评论》2009年第1期，第71页。

与制定无线网络国际标准,以提高美国在全球通信领域的影响力;《保障5G安全及其他法案》要求制定一项"政府整体战略",保护美国电信网络免受华为和中兴等中国技术公司的威胁。这类法案往往也会影响到美国的国家安全机制。例如,美国国家安全决策机制就是在1947年美国国会通过《国家安全法》的基础上设立的。[①] 在2020年的这三项法案通过之后,2020年5月,美国国会众议院少数党领袖凯文·麦卡锡(Kevin McCarthy)宣布成立众议院共和党"中国工作小组",为对华事务提供协调机制和平台。这一小组旨在加强美国国会内部跨部门协调能力,以应对"中国威胁"。

表5-1 美国国会与5G问题相关的对华举措一览表

时间	部门	举措内容
2018年4月	"美中经济与安全审查委员会"	发布"美国联邦信息通信技术中来自中国供应链的脆弱性分析"
2018年5月	美国众议院	通过"2019财年国防授权法案"
2018年6月	美国众议院	通过《外国投资风险评估现代化法案》
2018年12月	美国国会	通过《安全技术法案》
2020年1月	美国众议院	通过《促进美国在5G领域的国际领导地位法案》《促进美国无线领导力法案》《保障5G安全及其他法案》

2. 美国政府部门提供组织保障

除美国国会外,政策过程还涉及数量众多的美国政府部门。在特朗普政府对5G问题进行安全化的过程中,大量联邦政府部门参与了政策过程,国防部等高层政府部门发挥了重要作用。(表5-2)这种行政安排为非安全问题向安全问题的转变提供了组织保障,并有效地加深了安全化指涉对象的军事化、安全化程度。

早在2019年4月,美国国防部国防创新委员会就发布了《5G生态系统:国防部的风险和机遇》评估报告。该报告指出,中国在5G发展

---

① 杰里尔·A.罗赛蒂:《美国对外政策的政治学》,周启朋等译,吴妙发等校订,世界知识出版社,1997,第84页。

中处于领先地位①，这将会威胁美国的政治与经济地位。该报告还介绍了全球5G发展历程和现状，分析了美国发展5G面临的机会、风险，并提出应对建议，包括：制订Sub-6G计划（6G-Hz以下计划）；制订战略级和工程级的安全计划；调整贸易策略，惩罚漏洞代码，联合遏制中企。该报告还分析了中国在5G基础设施和系统领域的发展和地位，指出中国对美国国防部的行动和网络构成了潜在威胁。

表5-2 美国国防部与5G问题相关的对华举措一览表

时间	部门	举措内容
2018年1月	美国国防部	发布《国防战略报告》
2018年9月	美国国防部	发布《国家网络战略》
2019年4月	美国国防部国防创新委员会	发布《5G生态系统：国防部的风险和机遇》
2020年5月	美国国防部	发布"美国对中华人民共和国的战略方针"报告

3. 其他官僚机构的密集发声

美国官僚系统中的其他官僚机构也在密集发声，对5G问题作出积极反应。2018年1月，美国国家安全委员会发布《保卫5G：信息时代的艾森豪威尔国家高速公路系统》。② 2018年5月，美国国土安全部发布了《美国国土安全部网络安全战略》。③ 2019年5月，美国商务部工业与安全局将华为列入出口管制"实体清单"。2020年8月，美国国土

---

① Milo Medin and Gilman Louie, *The 5G Ecosystem: Risks & Opportunities for DoD* (Washington, D.C.: Defense Innovation Board, 2019), p. 13, accessed January 10, 2024, https://media.defense.gov/2019/apr/03/2002109302/-1/1/0/dib_5g_study_04.03.19.pdf.

② National Security Council, "Secure 5G: The Eisenhower National Highway System for the Information Age," U.S. House of Representatives Document Repository, accessed January 9, 2024, https://docs.house.gov/meetings/IF/IF16/20180130/106810/HHRG-115-IF16-20180130-SD1011-U1011.pdf.

③ U.S. Department of Homeland Security, *U.S. Department of Homeland Security Cybersecurity Strategy* (Washington, D.C.: Department of Homeland Security, 2018), accessed January 9, 2024, https://www.dhs.gov/sites/default/files/publications/DHS-Cybersecurity-Strategy_1.pdf.

安全部网络安全与基础设施安全局发布了该机构5G战略，以确保5G技术的安全性和弹性。美国国土安全部网络安全与基础设施安全局提出了五项与美国《国家5G安全战略》保持一致的战略计划，分别为：通过强调安全性和弹性来支持5G政策和标准的开发；加强对5G供应链风险预警并采取相关安全措施；与利益相关者合作，以加强和保护现有基础架构，支持美国未来5G部署；加强5G市场创新，培养可信赖的5G供应商；分析潜在的5G用户，共享有关风险管理信息。以上组织机构发声密集，时间上紧密连贯，呈现出一种"全政府"（whole-of-government）对华战略的特征。

（三）作为政策主导者的美国总统

美国总统是美国官僚系统中最重要的行政首脑，具有最大的话语权和决策权，在整个政策过程中发挥了至关重要的作用。在对华政策的关键问题上，由于国家利益的一致性，总统和国会通常保持较高的一致性。但是，美国总统作为美国最高行政机构的执行人，在紧急情形下还可以绕过国会，行使总统行政特权。[①] 美国总统可以通过使用任命官员、重组政府、制定预算等权力来影响相关机构，分配和重组权力。

在对5G问题的安全化过程中，特朗普动用行政令、签字声明等单边工具，高效率地推行了若干对华法令并完成了若干机构的设置。（表5-3）接下来本章将按照美国总统任命官员与调整机构、发布行政令以及运用签字声明三个方面，具体阐释美国总统的行政特权以及这些特权对推进5G问题安全化过程的作用。

[①] 在国家面临紧急状态时，美国某些法律授予了总统处理紧急事务的权力。例如，美国总统对于美国对外经贸事务上的紧急事务，可引用《国际紧急经济权力法》和《国家紧急状态法》这两个法律作为其行动依据。根据《国际紧急经济权力法》，美国总统可以在国家处于"不寻常且有极其严重威胁"的情况时，宣告国家进入紧急状态，无须先得到国会批准。更有甚者，该法律没有对"不寻常且有极其严重威胁"作出明确的界定，为总统在行使该项权力时留出了空间。刘永涛：《签字声明：一个鲜为人知的美国总统单边政策工具》，《教学与研究》2009年第7期，第58页。

表5–3 特朗普采取的与5G问题相关的对华举措一览表

时间	举措内容
2017年4月	发布《建立美国技术委员会》行政令
2017年5月	发布《增强联邦政府与关键基础设施网络安全》行政令
2017年8月	将美军网络司令部升级为美军第十个联合作战司令部
2017年12月	发布《国家安全战略》报告
2017年12月	签署"2018财年国防授权法案"
2018年8月	签署"2019财年国防授权法案"
2018年10月	签署《为美国的未来制定可持续的频谱战略》的总统备忘录
2018年11月	签署《2018年网络安全和基础设施安全局法案》
2019年4月	发表关于美国5G战略部署的讲话
2019年5月	发布《确保信息和通信技术及服务供应链安全》行政令
2020年3月	签署2020年《保障5G安全及其他法案》
2020年3月	签署《国家5G安全战略》

1. 总统任命官员与调整机构的特权

为清扫行政上的障碍,美国总统在推行政策时可动用行政令设置新的机构,任命新的人员。在任命官员时,总统会优先考虑那些符合其政策议程的人选,将其安排到重要的核心部门,同时裁撤那些与自己政策路线不符的官员。特朗普在其任职期间通过行政令撤职和任命了大量官员,其中有不少是在安全、经济等重要部门任职的。例如,特朗普的"狂热支持者"科里·斯图尔特(Corey Stewart)被安排担任在美国商务部新设立的一个高级职位,这一人事举措有利于特朗普政府推行相应的对华强硬政策。2019年12月23日,美国白宫宣布,特朗普任命罗伯特·布莱尔(Robert Blair)为国际电信政策特使,推动实现美国"推动建立安全、可靠的全球通信系统"的战略优先目标。美国总统对于重要官员的任命和撤职体现了权力资源重组和政策方向调整,他通过任命行政官员,高效快捷地调配组织政策路线相同的人员,以更好地推行相关政策。

为更好地实现政策联盟的目的,政策主导者往往会成立相应的新组织机构，为形成同质性话语联盟做组织上的准备，以形成针对安全化政策的话语联盟。例如，特朗普政府在制定对华5G政策期间，就国家网络安全问题，在组织机构层面作出了大量部署和调整。例如，2017年8月，特朗普宣布将美军网络司令部升级为美军第十个联合作战司令部，美国网络军事化与军事网络化程度得到进一步加强。经过官僚实践中的一系列组织行为，特别是随着高政治色彩的机构组织参与安全化事务，美国网络安全机构的军事化程度不断加深，5G问题的安全化色彩也越发浓厚。

2. 总统以行政令推进政策的特权

总统还利用行政令直接影响行政层面的决策。① 在美国，一般情况下，通过法案必须经过国会审议。在紧急情况下或者总统与国会意见相左时，总统会利用行政令绕开国会审议程序，进而推进政策。② 在对5G问题进行安全化的过程中，特朗普依据美国《国际紧急经济权力法》，在网络安全领域发布多道行政令，有效地推行了其网络政策。例如，2017年4月和5月，特朗普分别发布《建立美国技术委员会》行政令和《增强联邦政府与关键基础设施网络安全》行政令。2019年5月，特朗普发布《确保信息和通信技术及服务供应链安全》行政令，禁止美国企业使用"威胁美国国家安全的企业"开发的通信技术与服务。2020年3月，特朗普签署《国家5G安全战略》，正式制定了美国保护第五代无线基础设施的框架。2020年5月13日，特朗普宣布将旨在"封杀"华为和中兴的行政令延长一年。2020年5月至2021年1月，特朗普颁布与中国事务有关的行政令多达11项，其中多数行政令标题中含有"威胁"③ 一词，在美国国内制造一种来自中国的"威胁感"，倒逼相关对华政策的出台。

---

① Richard W. Waterman, "The Administrative Presidency, Unilateral Power, and the Unitary Executive Theory," *Presidential Studies Quarterly* 39, No.1 (2009): 7.
② 张金勇：《美国总统行政命令》，《当代美国评论》2018年第3期，第115页。
③ 数据参见美国总统计划数据库（The American Presidency Project）网站，https://www.presidency.ucsb.edu/。

3. 总统运用签字声明的特权

签字声明给予了美国总统在政策制定和推行过程中的特殊话语权。签字声明是美国总统在签署国会通过的法案时附于其后的正式文告。虽然签字声明不具正式法律效力，但它可以就某个特定法案的基本原则或其中的具体条款给出总统的意见和解释，并对行政部门的执法力度与手段予以指导，因而能够对法案的实施效果产生很大影响。在美国对5G问题的安全化过程中，特朗普使用了多项签字声明，在一定程度上影响了美国对华政策的走向。例如，2018年8月，特朗普签署了"2019财年国防授权法案"①。该法案内容涉及网络安全、5G安全等重要关键基础实施项目，为推行美国国防建设有关政策创造了有利政策环境。该法案指出，美国安全正受到来自"战略竞争者"在先进技术上赶超所带来的"威胁"，美军需要加大对这些领域的投入，建立先发技术优势。②由此，在2019财年，美国国防预算在整个联邦政府预算开支中的份额位列第二，约占整个联邦政府预算的16%。③特朗普政府的国防开支相较于奥巴马政府时期出现大幅度增长。2020年3月，特朗普签署了2020年《保障5G安全及其他法案》，在签字声明中重申美国总统作为美国外交事务的"唯一机构"和行政部门负责人的地位，以及参与外交事务、分享信息、实现国会规定的政策目标的使命，强调总统有权在获得联邦通信委员会批准后实施部分战略，以确保整个战略的实施效果。④

---

① U.S. Congress, National Defense Authorization Act for Fiscal Year 2019, Congress.gov, accessed January 10, 2024, https://www.congress.gov/115/bills/hr5515/BILLS-115hr5515enr.pdf.

② 李峥、张磊：《美国"2019财年国防授权法案"主要特点及影响》，《国际研究参考》2018年第9期，第23页。

③ U.S. Office of the Under Secretary of Defense, *National Defense Budget Estimates for FY 2019* (Washington, D.C.: Office of the Under Secretary of Defense, 2018), p. 12, accessed June 20, 2022, https://comptroller.defense.gov/Portals/45/Documents/defbudget/fy2019/FY19-Green-Book.pdf.

④ Donald Trump, "Statement on Signing the Secure 5G and Beyond Act of 2020," The American Presidency Project, March 23, 2020, accessed January 22, 2024, https://www.presidency.ucsb.edu/documents/statement-signing-the-secure-5g-and-beyond-act-2020.

(四)特朗普政府对华5G政策的安全化效果

经过话语实践的安全化动员与官僚实践的安全化推进,特朗普政府对华5G政策取得了明显的安全化效果。

1. 话语实践的安全化效果

危机叙事主要是通过叙事塑造本体不安全的国家心理认知,使国家产生解除危机的迫切需求,以再获本体安全的。话语实践在安全化中的作用主要是以话语来建构一种来自某一问题的本体不安全感。这更多地是一种针对安全的国家心理认知。因此,话语实践层面的安全化效果可以从以下几个角度来加以验证。

首先,从安全化话语措辞来看,安全化话语的程度分为三类——友好(hospitality)、宽容(tolerance)、排斥(exclusion),分别对应去安全化、弱安全化和强安全化。采取何种程度的安全化话语取决于推行的政治理念。从安全化的总体效果来看,相比于奥巴马政府的话语实践,特朗普政府的相应话语实践更加具有排斥性,体现出强安全化话语特征。

其次,从语言组织来看,美国国家政治精英可以利用社交平台、个人评论、政府官方声明等多种传播途径,结合多元语言策略,如话语框定、单声声明[①]等话语手法,使政策方向变得明确清晰,为话语实践效果奠定了语言基础。美国针对5G问题的政策声明都不具辩论性,方向性明确,其主体是作为政治精英的国家领导人以及最权威的行政机构。在美国对华5G政策的制定过程中,特朗普曾多次以发布政策声明的方式进行政策宣示,清晰表明对华立场。作为国家领导人,其政策宣示受众面广,政策指向清晰。作为政治精英,其个人在公众中影响力巨大,因此话语传播效果显著。

最后,从美国国内安全化组织的效果来看,通过政治精英和官方权威叙事,美国"受害者"、中国"威胁者"的身份得以成功建构。美

---

① 单声是对命题直截了当的陈述,语言不涉及信息的来源和其他可能存在的异质性观点。多声则表示承认其他观点的存在,语篇的构建呈现出多声性的辩论空间。参见 J. R. Martin and P. R. R. White, *The Language of Evaluation: Appraisal in English*, p. 208。

国将中国和俄罗斯界定为"修正主义国家"①，此类身份的"威胁"程度具有全局性和战略性。从官方文本对华的措辞和话语折射出的态度可以看出，美国清晰地界定了中国的"威胁者"身份，在话语上成功建构了中国导致美国处于危机和困境中的故事情节。有数据表明，在中美针对5G的博弈过程中，特朗普在美国民众中的支持率上升，美国国内民族主义情绪高涨。

2. 官僚实践的安全化效果

在官僚实践层面，安全化程度可以通过一定的指标进行评估。资源分配趋势、军事介入、立法和制度化等指标都可以用来评估安全化程度。除此之外，还有一些实证性的制度性指标。就官僚实践而言，可以从以下几个方面评估特朗普政府对华5G政策的安全化效果。

第一，安全化机制化程度高。特朗普政府使用了大量国家力量与中国进行全面竞争，包括外交、经济、情报、法律和军事等重要工具，建立了一系列国家网络安全机构和网络安全应对机制，将非政策话语层面的对华态度认知上升到了政策层面，并进行落实和固化。安全化机制化程度显著提高的一个表现就在于相关机构军事化程度不断加深。2018年4月，美军网络司令部发布《美军网络司令部愿景：实现并维持网络空间优势》，将获取和维持优于对手的技术能力视为美军的首要任务。②美国国家安全委员会的人事安排也呈现出日益军事化的特点。特朗普执政时期，美国国家安全委员会的人员构成军人色彩浓厚，有25个高级职位由现役或退役军人担任，而在奥巴马执政后期，只有2个高级职位由军人担任。③美国政府对网络安全的财政投入大幅度增

---

① U. S. Executive Office of the President (Donald J. Trump), *National Security Strategy of the United States of America*, p. 25.

② US Cyber Command, *Achieve and Maintain Cyberspace Superiority: A Command Vision for US Cyber Command* (Washington, D.C.: Cyber Command, 2018), p. 2, accessed July 25, 2022, https://www.cybercom.mil/Portals/56/Documents/US CYBER-COM%20Vision% 20April%20 2018.pdf?ver=2018-06-14-152556-010.

③ Missy Ryan and Greg Jaffe, "Military's Clout at White House Could Shift U.S. Foreign Policy," *Washington Post*, May 28, 2017, accessed December 10, 2023, https://www.washingtonpost.com/world/national-security/military-officers-seed-the-ranks-across-trumps-national-security-council/2017/05/28 /5f10c8ca-421d-11e7-8c25-44d09ff5a4a8_story.html? Utm _term =.2b44af50580c.

加。2019年12月，美国国会通过了"2020财年国防授权法案"，允许军事部门的部长们使用高达300万美元的运行和维护资金来发展网络作战能力。[1] 政治精英的个人安全化话语叙事，在一定程度上会促进安全化的进展。而通过官僚实践，政治精英的个人安全化话语得以升华为更加系统化、机制化的政策话语，安全化机制也得以强化和稳固。

第二，安全化行动协调性强。美国对华5G政策体现了高度的行动一致性，共有背景知识、对华的共同信念（doxa）[2] 和惯习[3]、共同的国家利益需求等使各方对华态度趋于一致，政策倾向趋同。在对5G问题进行安全化的过程中，行为体众多，如何将协调统一众多行为体的意见是安全化行为体需要考虑的重要问题。在对华5G政策这一政治场域内，共同信念和惯习将看似松散的行为体和实践有机地绑定在一起。首先，安全管理专家的实践将受到安全场域内共同信念的制约。在官僚系统中也存在一种安全场域的共同信念，这一共同信念是长期以来美国国内社会对华意识形态的产物，会无意识地影响、指导、支配美国的对华政策以及认知，有利于在对华政策的各种行动上促使各行为体达成共识。其次，惯习将个人和集体的历史融入一系列行动原则之中。[4] 惯习塑造实践的倾向，是实践的"语法"。[5] 在外交政策中，国家之间的交往互动会形成较为稳定的行动原则，即惯习。国家思维和行为会受到惯习的支配，这种惯习会渗透到外交政策的各个环节中，无意识地支配行为体的思维和行为。长期以来，美国国内形成的对华惯习和信念使美国人在对华认知上存在一定的共识基础，在对华战略上同样存在一定共识。最后，在共识形成的过程中，美国国内政策决策

---

[1] U.S. Congress, *National Defense Authorization Act for Fiscal Year 2020*, Congress.gov, accessed January 10, 2024, https://www.congress.gov/116/plaws/publ92/PLAW-116publ92.pdf.

[2] Pierre Bourdieu and Loïc J. D. Wacquant, *An Invitation to Reflexive Sociology* (Chicago: University of Chicago Press, 1992), pp. 73-74.

[3] 皮埃尔·布迪厄：《实践感》，蒋梓骅译，译林出版社，2003，第101—123页。

[4] Vincent Pouliot and Frédéric Mérand, "Bourdieu's Concepts: Political Sociology in International Relations," in Rebecca Adler-Nissen, ed., *Bourdieu in International Relations: Rethinking Key Concepts in IR* (London: Routledge, 2012), p. 29.

[5] Didier Bigo, "Pierre Bourdieu and International Relations: Power of Practices, Practices of Power," *International Political Sociology* 5, No. 3 (2011): 242.

者进行组织协调的引领作用至关重要。官僚实践中，各行为体会因政党利益、利益集团政见的不同而产生分歧。政策主导者会协调政策过程中的不同行为体，努力达成政策共识，并通过利用对自身有利的社会资本制定政策，影响和操控其他行为体的认知和实践。总体来看，尽管在对华贸易和5G政策上仍然存在来自不同领域的异议，但美国各界就特朗普对华5G政策还是达成了较高的共识，该政策也成功地以法律文件的形式获得了官方界定。可以看出，政策过程是一个行为体主导、组织、引领话语的过程。政策所涉及各方所具有的共同文化价值和共同国家利益需求感，促使各方在政策出台和执行的过程中达成一定的协同和一致。

第三，安全化影响深远。特朗普虽然没有成功连任美国总统，但是拜登政府继承和发展了特朗普政府的对华5G政策。拜登政府继续强化了在5G及其他关键基础设施方面对华的强硬政策。2021年6月，美国参议院通过《美国创新与竞争法案》，主要围绕提高美国与中国展开技术竞争的能力，对抗中国科技崛起。2021年12月7日，作为美国国家安全政策新兴核心高端智库的新美国安全中心发布《遏制危机：应对胁迫性经济治国的战略方针》报告，将中国的经济政策称为"胁迫性经济政策"[1]，认为美国应该通过与盟友合作对中国施压，以此作为应对。2022年2月5日，美国众议院通过所谓"2022年美国竞争法案"。这一系列政策举动都表明，美国政府将在可见的相当长的一段时期内对华展开科技竞争。

结　语

特朗普政府对5G问题的安全化过程分为话语实践与官僚实践两个阶段。首先，特朗普政府对华进行了危机叙事，构建了中国对于美国

---

[1] Emily Kilcrease, et al., *Containing Crisis: Strategic Concepts for Coercive Economic Statecraft* (Washington, D.C.: Center for a New American Security, 2021), accessed January 10, 2024, https://s3.us-east-1.amazonaws.com/files.cnas.org/documents/ContainingCrisis_EES_Web_2023-06-13-185746.pdf.

的"竞争对手""威胁"身份，构建美国面对危机的不安全感。其次，特朗普政府的官僚机构通过官僚实践将美国对华5G话语正式纳入政策议程，对危机进行治理，重新构建国家安全感。从特朗普政府对华5G政策的发展过程可以看出，安全化的发生并非一蹴而就，从构建危机话语到执行安全化政策，存在一个安全危机逐渐升级的安全化发展过程。在安全化过程中，安全化话语是起点，不同烈度的安全化话语会朝着不同方向发展。因此，在国际交往中，国家也要加强对安全化话语的管控，防止话语安全系数升级，预防话语的恶意安全化危害国际安全。此外，话语层面的安全化上升为政策层面的安全化，还需要经过一个官僚实践过程。在很大程度上说，只有政策层面上的安全化才是真正意义上的安全化。非安全问题议题化为安全问题，是安全化的重要环节，而以政策形式将安全问题议程化与政策化，将在最大程度上真正地影响国家安全和国际安全。

第6章

政治修辞、对外政策与身份建构

21世纪以来,中国经济长期保持高速发展,一跃成为经济实力高居世界第二、综合国力显著增强、国际影响力明显提升的世界性大国。中国崛起成为国际关系发展史上公认的里程碑。受此影响,美国对中国的关注度空前提升,对中国崛起的疑虑逐渐加深。美国国内对中美关系前景的争议引发了一轮又一轮旷日持久的对华政策辩论[①];同时,美国国内政治制度、两党政策分歧、政府轮替均给美国对华政策带来一定程度的影响。在吸收身份建构分析相关研究成果的基础上,本章运用话语分析理论中的政治修辞视角,尝试搭建一个对外政策演进过程的动态分析框架,并对21世纪以来美国不断变化的对华身份标签进行话语层面的检视和剖析,试图理解美国政府对华身份建构发生变化的动机、方式和规律,从而进一步理解美国的对华政策。

一、政治修辞与对外政策分析

政策制定是对现实政治辩论的模拟,是持不同观点的行为体争夺合法性、利益协商与相互妥协的政治过程。如果决策者希望其观点能

---

① 陶文钊:《美国对华政策大辩论》,《现代国际关系》2016年第1期,第19页。

最终上升为国家意志并以政策形式付诸实践，就需要在同其他观点的竞争中作出有说服力的论证、驳斥其他观点、体现自身观点的优越性以获得受众的认可和对行动的授权。为此，决策者始终需要建立话语以维护其观点的合理合法性。这种战略性使用话语的政策建构行为就是政治修辞。

在对外政策分析过程中，政治修辞理论不主张在政策话语分析中过分关注词汇、句子等语篇层面的微观话语，而主张从整体上把握决策者在政策活动中话语行为的意图、方式、策略和影响。决策者针对特定客观现实作出判断，通过战略性使用其所掌握的话语资源营造政治情势、引发关注、形成政治话题；依据其观点，提出并描述特定政治情势下所面临的问题；再将这些问题纳入常态化运作的政治轨道，使其进入政治商讨议程并逐渐成为政治争论的核心；在政治争论中，决策者不断通过特定话语解释并强化其政治观点的合理合法性，以规劝引导其他行为体接受并认同其观点；当其观点成为特定领域的排他性观点后，决策者就将提出相关的政策建议，形成协调一致的政策输出。

在政治修辞理论对外政策分析基本观点的基础上，一些政治修辞学者开始尝试建立更加具体、更加贴合实际、更具操作性的对外政策分析框架。以英国学者艾伦·芬莱森（Alan Finlayson）为代表的修辞与政治学研究团体确立了修辞性政治分析模式，明确将对一个特定政策过程的分析分为修辞情景分析、争论建构分析与实质论证分析三个阶段。修辞情景是政治修辞得以应用的基本环境，这一环境决定了决策者与受众之间的身份关系，也限定了决策者使用政治修辞的方法和内容。[①] 在修辞情景分析阶段，研究者会确定研究议题、限定具体的研究对象和范围。在争论建构分析阶段，研究者通过对被搜集来并经过筛选的语料进行深度内容分析，着重关注事实揣测（factual conjecture）、标签化命名（naming）与框定（framing）、对观点本质

---

① Nick Turnbull, "Political Rhetoric and Its Relationship to Context: A New Theory of the Rhetorical Situation, the Rhetorical and the Political," *Critical Discourse Studies* 14, No.2 (2016): 115-131.

的评估（assessment of the nature）、争论建构四个关键点，来把握决策者是如何认知客观情境，并通过政治修辞将其转化为其所需要的政治情势，确立其政治观点并将其引入一个政治争论过程之中的。到了实质论证分析阶段，研究者对政策进一步进行多个层面上的分析，包括叙述方式分析，修辞手段分析，精神、情感、感性论据分析，体裁分析和意识形态分析。

修辞性政治分析模式已成为目前学界接受度最高的理论分析框架，其价值和实践意义也因应用范围的不断扩展而得到广泛认可。但不可否认的是，这一框架仍旧存在不足，其中最突出的问题就是忽略了对行为体身份建构的考察。为此，本章将借鉴批评性话语分析中对身份因素的阐释，在修辞性政治分析模式的基础上，构建一个全新的对外政策分析框架。

二、身份建构、政治修辞与对外政策分析

身份与对外政策之间具有相互构成的关系，二者相辅相成，保持着动态平衡。对于一个国家来说，对外政策是否具备合法性取决于这一政策与决策者对自身和对政策实施对象的身份建构是否匹配。特定的身份决定了国家的对外政策利益和行动——决策者凭借主观认知及心理活动，对需要应对的国内外情势作出判断、解读和阐释。[①] 身份经由对外政策过程得到全新的或重新的塑造。[②] 决策者在整个对外政策过程中起主导作用，需要密切地跟踪对外政策的实施以及事态的发展状况，一旦出现对外政策和身份不相匹配的情况，就应当采取主观干预手段，要么对身份进行加固调整或者重新定义，要么对具体的政策措

[①] 刘永涛：《身份政治驱使下的美国对外政策——以美国空袭叙利亚境内目标为例》，《世界经济与政治》2015 年第 6 期，第 126 页。

[②] Lene Hansen, *Security as Practice: Discourse Analysis and the Bosnian War* (London: Routledge, 2006), p. xvi.

施进行调整,以保证二者始终处于平衡匹配状态。①

相较于修辞性政治分析,批评性话语分析非常重视身份因素。批评性话语分析的三个核心概念是前提(assumption)、谓词(predicates)和主体定位(subject positioning)。前提被认为是一个文本得以形成的先决条件和基础。语言使用者通过对外界知识的选择性吸收来建构背景知识,进而建构其所认知的事实、意义和真理。谓词的概念则是批评性话语分析中独特的概念和研究领域,指的是语言使用者通过特定类型的词汇,如形容词、名词、副词等,给其事实描述中的主要对象进行意义框定——"贴标签",进而建构关于这些对象的性质、特征和身份的认知。这一认知具有完全主观的特征,并非对特定对象的客观描述。主体定位则是在标签确定后,语言使用者将这些对象置于宏观语境下,分别确定何者为主体,何者为客体,以及相互之间的联系。以上这些话语机制往往同时作用、相互影响,共同构成一个完整的话语。②

在吸收批评性话语分析中有关身份建构分析的内容后,本文提出一个以政治修辞为路径、更加完整的对外政策分析框架。这个分析框架大体上保留了修辞性政治分析模式的三个阶段,但在此基础上有所修正,即在宏观层面上,将对对外政策的分析分为修辞情境话语分析、身份建构话语分析、政策话语分析三个阶段。

修辞情境对于整个对外政策过程来说都至关重要,也是政治修辞得以施展的源泉。修辞情境的产生不是自发的,而是行为体通过对客观现实的感知,结合其认知框架、知识背景以及政策需要,对客观现实的一种再造。通常情况下,对外政策的决策者需要首先对所面临的政治情势进行命名,其目的在于直观地展现其对这一问题的基本理解。命名的过程需要借助政治修辞,以形成一个易于被接受和理解的具象

---

① Shibley Telhami and Michael Barnett, eds., *Identity and Foreign Policy in the Middle East* (Ithaca: Cornell University Press, 2002), pp. 15-23.

② Ana Caballero Mengibar, "Critical Discourse Analysis in the Study of Representation, Identity Politics and Power Relations: a Multi-method Approach," *Comunicacion y Sociedad* 28, No.2 (2015): 39-54.

化表达,如冷战时期西方国家将其所面对的"共产主义威胁"描绘为"铁幕",近期欧洲国家把突如其来的难民潮说成是"冲击波"、将来自他国的核威胁定义为"笼罩在本国上空的蘑菇云"等。这种直观的描绘为修辞情境的建构奠定了基础。

在完成对修辞情境的建构之后,受众的注意力已经被调动,他们急切地希望决策者阐明形成这种政治情势的原因。在这一阶段,决策者通常会综合运用各种修辞手段,并结合协商性、法理性和纯修辞性的叙述风格实现其身份建构的目标。首先,决策者往往会以简明扼要的方式回应公众的关切,即对造成这一紧迫政治情势的他者——政策对象国家进行命名。这种命名也包含着对修辞手法的使用,足以调动受众的情感。如伊拉克战争前美国将其打击目标伊拉克命名为"邪恶轴心",就是美国运用借喻和类比的修辞手法,借鉴了二战时期同盟国对法西斯德意日"轴心国"命名的结果。这一命名让美国民众对伊拉克心生恐惧,即使他们并不真正了解伊拉克对美国到底造成了什么样的"威胁"。[1]其次,在成功地获得受众的情感支持后,决策者会进一步阐述其自我身份,最大限度地体现出自我与他者的差异,以及捍卫自我身份的重要性。最后,决策者会及时地将他者身份安全化,指出他者对自我的危害。至此,他者已经完全被纳入决策者的安全化框架之内。[2]

政策话语分析阶段通常包括对政策合理性和政策合法性的分析。分析政策合理性的话语通常包含两个方向,一是对政策本身的合理性和与政治情势适切性的解释,二是对特定国家的对外政策与整体外交政策适切性的解释。国家的对外政策是一个完整的体系,包括全球战略、地区战略和针对具体国家的政策,三个层次应当相互匹配。这也是决策者阐述其政策合法性的重要依据。在这一阶段,政治修辞的应用尤为频繁,"互文"和"引用"就是在这一阶段较为常见的政治修辞手段。决策者通过引用历史上广为人知的经典案例和典故,将其政策

---

[1] Graeme A. M. Davies, "Strategic Cooperation, the Invasion of Iraq and the Behaviour of the 'Axis of Evil', 1990-2004," *Journal of Peace Research* 45, No.3 (2008): 385-399.

[2] 孙吉胜:《语言、意义与国际政治——伊拉克战争解析》,第169—170页。

与这些案例和典故进行比对,以告诉受众,其推行的政策是经过深思熟虑、综合多方意见而形成的,能够最大限度地维护国家利益。

值得注意的是,在这样一个分析框架中,安全化和去安全化同样发挥着作用。鉴于对外政策中的安全化指涉对象多为国家,而国家身份又往往存在多重面向,国家间关系在不同领域和不同层次的发展水平不尽相同,决策者在推进安全政策的过程中不仅要考虑自身安全利益最大化,还需精准地把握安全化的程度、范围和方式,将安全化外溢效应对自身多元利益分布的可能影响降至最低。从这一基本诉求出发,决策者通过类型化(typological)方法将同一政策对象的不同性质剥离[①],以安全化和去安全化两种平行视角实施话语建构。为此,决策者一方面推进安全情境的构造、渲染威胁的紧迫性,另一方面则将安全化指涉对象的非威胁特征凸显出来。在此基础上,安全化指涉对象的身份被部分他者化,决策者视其在可能威胁自身利益的层面为他者,但在其他层面却试图与其构建一种共有身份认同。这种复杂的身份关系也直接决定了决策者提出的行动框架将不仅包含对未来潜在威胁的应对措施,而且包含在特定领域同安全化指涉对象开展合作的可能。

以这样一个对外政策分析框架来分析,从历史角度看,美国对华的身份建构长期处于较为模糊的状态,因此很难提出一个确定的对华政策。中美关系正常化后,美国虽逐渐放弃了敌对意味很重的对华身份标签,转而寻求与中国发展一种共同应对苏联威胁的"战略伙伴"关系,但鉴于双方当时实力悬殊,且处于冷战的特殊环境下,美国对华身份建构具有很强的权宜性。[②] 苏联解体后,中国对美国的战略意义迅速下降,中美之间意识形态对抗的色彩再次凸显,致使美国长期陷

[①] 类型化方法是指在同种现象中依照具体类别的不同把握事物的思维方式。作为一种归类方法,类型化方法将事物的不同属性划分为多种类型,类型的各成分通过假设的各个特定属性得到识别,这些属性之间相互排斥,而集合起来却又包罗无遗。类型化方法的运用极为广泛,涵盖了自然科学和社会科学的众多学科。

[②] Zoë Hess Carney and Allison M. Prasch, "'A Journey for Peace': Spatial Metaphors in Nixon's 1972 'Opening to China'," *Presidential Studies Quarterly* 47, No. 4 (2017): 646-664.

于对华消极的身份建构当中难以自拔。① 此后直至20世纪末,中美关系一直在波折中发展并总体保持稳定。美国在这一时期处在对华"观望"的状态,这一方面是一系列历史事件导致双方分歧和摩擦程度阶段性上升的必然结果,另一方面是由于美国对中国未来战略走向与其主观预期间的差距尚无准确判断,无法确定双边关系的发展模式。

三、布什政府的对华身份建构及政策影响

布什政府的对华身份建构出现过两次明显变化,中国的身份标签从"战略竞争者"变为"反恐伙伴",再变为"负责任的利益攸关方"。在此过程中,美国政府借助安全化和去安全化手段展开的对华政策话语建构在内容和方式上都发生了明显改变,从最初"中国威胁"的修辞情境、中国"战略竞争者"的身份标签和"预防性遏制"的对华政策,转向在"全球反恐"乃至"后反恐时代"中美合作的修辞情境、中国"反恐伙伴"和"负责任的利益攸关方"的身份标签,以及对华开展"建设性合作"的政策叙事。对于布什政府来说,实现对华身份建构转向的最大挑战在于,如何以强有力的论证使受众相信,将曾经的"竞争对手"定义为"伙伴"并在此基础上与之展开合作,是符合美国国家利益的选择。

(一)"战略竞争者"身份标签的提出

作为坚定信奉物质实力和权力政治的保守派政府,布什政府选择将保护美国优势地位设定为对外政策情境的基点,强调美国要继续在自由世界中担当领袖;其安全理念核心在于延续美国全球领导力、致力于消除可能威胁"美国治下和平"的隐患,"我们必须牢记,自由世界的扩大就是我们的安全利益所在","我们国家今天所享受到的和平

---

① 参见 Charles A. Kupchan, *How Enemies Become Friends: The Sources of Stable Peace* (Princeton: Princeton University Press, 2010)。

与发展同样需要实力的捍卫，任何力量都不能阻碍美国的脚步"。① 在此基础上，布什政府一方面强调美国实力上的绝对优势，以及这种绝对优势带给美国的福利，另一方面指出这种优势面临着种种外部威胁，美国必须立即采取行动捍卫自身利益。通过安全化，美国维护霸权地位的意图被赋予了相当程度的"正义感"和"使命感"，并被纳入国家战略层面的核心议程。在每周例行总统讲话中，谈到涉外议题时，布什频繁地围绕上述两个方向进行论述，如"美国要成为国际社会自由和正义力量的先锋"，"我们这个伟大的国家所秉承的理念影响着全世界……但在当今复杂的世界中，我们需要思考如何使用并维持我们的影响力"，"我们拥有其他国家所没有的使命，即领导世界——这符合我们的利益，如果我们的伙伴遍布世界各地，就意味着我们的安全有了保障"。② G. 约翰·伊肯伯里（G. John Ikenberry）将当时美国的对外战略称为"帝国主义野心"的体现，"美国坚定地维护单极世界，在这个单极世界秩序里，美国没有实力相当的对手。美国也不允许任何没有美国参与的大国联盟谋求霸权"。③

在此背景下，国际影响力逐渐增强的中国被渲染成了美国眼中的具有威胁性的"区域大国"。"中国威胁论"契合了美国政府维护自身优势的主张，为其推行对华强硬政策提供了依据。此后，其内阁成员也在各种场合不断提及中国未来可能对美国国家利益造成的侵害，政界精英纷纷呼吁立即对华采取强硬政策，强大的舆论攻势加速了对华"他者化"的话语进程。2000年初，康多莉扎·赖斯撰文，首次阐述了布什政府对华身份的基本认知，提出"中国不是一个'维持现状的国家'（status quo power），而是一个没有实现核心利益的大国，一个试图改变亚洲力量均势并使自身从中获益的大国……中国因台湾问题而

---

① George W. Bush, "XLII President of the United States 2001-2009 Inaugural Address," The American Presidency Project, January 20, 2001, accessed August 30, 2018, http://www.presidency.ucsb.edu/ws/?pid=25853.

② George W. Bush, "The President's Radio Address," The American Presidency Project, February 10, 2001, accessed August 30, 2018, http://www.presidency.ucsb.edu/ws/index.php?pid=45942.

③ G. John Ikenberry, "America's Imperial Ambition," *Foreign Affairs* 81, No. 5 (2002): 49.

忌恨美国在亚太的地位,仅凭这一点,它就应当被看作是美国的战略竞争者,而不是战略伙伴"。①

与此同时,美国国内部分学者的声音也被刻意放大,"专家意见"与"官方口径"形成策应,为对华身份建构提供合法性支持。罗伯特·D.卡普兰(Robert D. Kaplan)撰文称,21世纪的世界将在很大程度上由中美两国间的军事"竞争"决定,中国将会是一个比俄罗斯更"可怕"的对手,因为它不是一个按照西方模式获得成功的大国。它的成功让世界意识到,美国的发展模式可以被取代,这构成了对美国霸权的主要挑战。②米尔斯海默则坚信,"权力转移理论"对于中美两国来说同样适用,"像先前所有潜在霸权国一样,中国强烈倾向于成为真正的霸主"。③

布什政府执政初期给中国贴上的"战略竞争者"身份标签着重凸显了其对中美关系竞争特质的定位。布什政府认为,中国如果没有按照美国的预期而作出"错误"的战略选择,就会导致美国在东亚地区的核心利益受到威胁,因而未来中美之间是一种"全方位竞争"的关系。④基于此,对华负面身份建构的内涵被不断扩充,有关中美之间潜在利益冲突的叙事被进一步细化和强化。虽然布什政府在2001年9月发布的《四年防务评估报告》中未明确点名中国,但称"(美国)在亚洲维持稳定的均势是一个复杂的任务,因为在该地区可能出现一个拥有可怕资源的军事竞争者",要确保美国的潜在对手无法采取可能会"威胁到美国及其盟友的利益的计划或行动"。⑤布什在其任内首份美

---

① Condoleezza Rice, "Promoting the National Interests," *Foreign Affairs* 79, No. 1 (2000): 56.

② Robert D. Kaplan, "How We Would Fight China," *The Atlantic Monthly* 295, No. 5 (2005): 49-51.

③ John J. Mearsheimer, *The Tragedy of Great Power Politics* (New York: W.W. Norton, 2001), p. 400.

④ Ger Yeong-Kuang, "From Congagement to Engagement: The Changing American China Policy and Its Impact on Regional Security," *American Journal of Chinese Studies* 11, No.2 (2004): 159-180.

⑤ U.S. Department of Defense, *Quadrennial Defense Review* (Washington, D.C.: Department of Defense, 2001), pp. 4, 15.

国《国家安全战略》报告中又提出,"中国寻求军事力量现代化的行动已经威胁到了其在亚太地区的邻国","中国在军事现代化方面在走一条过时的老路,最终只会妨碍其自身寻求实现复兴的目标"。① 在2002年出台的《核态势评估报告》中,中国被列入了美国潜在的核打击目标名单。② 美国对华确立的负面身份标签使两国关系的发展势头严重受阻。这一时期,中美军机南海相撞事件、美国就台湾问题的表态也进一步加剧了中美关系的紧张态势。

(二)从"反恐伙伴"到"负责任的利益攸关方"身份标签的转变

"9·11"事件令布什政府意识到,相比于大国竞争,恐怖主义才是美国国家安全迫在眉睫的威胁。反恐因此被列为美国国家安全的第一要务,也是对外战略最优先的方向。这一转变在客观上为中美关系改善提供了契机。③ 随着以"应对恐怖主义"为核心的新安全观的出台,"中国威胁"的修辞情境被自动淡化,美国官方话语顺势加重了对反恐背景下中美合作重要意义的阐述,且不再刻意渲染利益冲突,对华身份建构的去安全化趋向开始占据主导。此后,布什政府不再主动公开提及"战略竞争者"的对华身份标签,取而代之的是发展"建设性"中美关系的话语,将中国纳入"国际反恐联盟"和美国"反恐伙伴"的名单中,并多次强调中美利益的交汇点和可能合作的领域及方式,中美共有身份的雏形开始显现。④

布什政府从修辞情境建构入手调整对华政策取向。在着重渲染反恐形势紧迫性的同时,它开始强化恐怖主义对世界各国安全的共同和

---

① U.S. Executive Office of the President (George W. Bush), *The National Security Strategy of the United States of America* (Washington, D.C.: White House, 2002), p. 27.

② U.S. Department of Defense, *Nuclear Posture Review Report* (Washington, D.C.: Department of Defense, 2002), p. 5.

③ 参见Mohan Malik, *Dragon on Terrorism: Assessing China's Tactical Gains and Strategic Losses Post-September 11* (Carlisle: Strategic Studies Institute, 2002)。

④ 金灿荣、董春岭:《"9·11"十年反思及对中国的影响》,《现代国际关系》2011年第9期,第16—21页。

全面威胁性、塑造"反恐利益共同体",并为共有身份的建构作铺垫。2001年10月,布什在出席亚太经合组织第九次领导人非正式会议期间同江泽民主席举行会晤,将中国称为"美国的朋友",感谢中国支持美国抗击恐怖主义。① 在会见记者时,布什再次表示,"中国及亚太地区其他国家是美国反恐怖主义的重要合作伙伴","中国是一个伟大的国家,美国愿意同中国一起发展建设性合作关系","两个伟大的国家不可能在所有问题上都完全一致,这是可以理解的。但在处理分歧时,我们会相互尊重,以礼相待","美中关系是开诚布公的建设性的关系"。② 在2002年国情咨文中,布什指出,恐怖主义是世界各国的公敌,反恐国际化行动离不开世界各国特别是世界主要大国同美国的协调配合,为此,"美国正在以过去从未有过的方式与俄罗斯、中国和印度展开合作"③;在2002年的美国《国家安全战略》报告中,布什则强调,美国加强与传统盟友和伙伴的紧密联系,同时还要与世界其他主要"力量中心"和"区域大国"开展务实合作、建立"国际反恐大联盟"。报告指出,中美关系是美国维护稳定、和平和繁荣的亚太安全环境的关键因素。美国寻求与中国建立一种"建设性关系",欢迎中国成为一个强大、和平和繁荣的国家。④ 中美在反恐和防扩散议题上已经展开了卓有成效的合作,包括在阿富汗问题和朝鲜半岛核问题上的合作。⑤ 虽然这一报告也提及了中美之间存在的深刻分歧,但并未过度渲染双方的

---

① 《江泽民主席与布什总统举行会谈》,《人民日报》2001年10月20日,第1版。

② 《江泽民主席和布什总统共同会见记者》,《人民日报》2001年10月20日,第2版。经查阅相关资料,笔者认为,"美中关系是开诚布公的建设性的关系"一句可以译为"我们寻求与中国建立一种'坦诚的'、'建设性的'和'合作的'关系"。

③ George W. Bush, "Address Before a Joint Session of the Congress on the State of the Union," The American Presidency Project, January 29, 2002, accessed September 15, 2024, http://www.presidency.ucsb.edu/documents/address-before-joint-session-the-congress-the-state-the-union-22.

④ U.S. Executive Office of the President (George W. Bush), *The National Security Strategy of the United States of America* (Washington, D.C.: White House, 2002), pp. 25-28.

⑤ Andrew Scobell, "Crouching Korea, Hidden China: Bush Administration Policy toward Pyongyang and Beijing," *Asian Survey* 42, No.2 (2002): 343-368.

利益冲突，而是建议"缩小分歧，避免让分歧影响合作"。①

随着反恐进入常态化阶段，美国各界对政府密集的战情播报和口号式的战争宣传的关注度已大不如前。当反恐合作作为改善中美关系的推动力的作用被逐渐淡化时，曾经受到压制的"中国威胁论"再度出现，美国国内开启了新一轮的对华政策反思。美国决策层也承认，必须重视中国国力的增长及其对美国的潜在影响。布什表示，虽然中美关系的基本面依旧是好的，但中美关系也正在变得越来越复杂。新形势下，美国对华政策需要有一个新的框架。但是，如果此时美国重拾"战略竞争者"的对华身份标签，无异于主动破坏业已建立的中美共有身份，而以此为基础展开的多边合作也都将受到影响，届时美国政府将受到公众对其决策失误的质疑。② 因此，美国对华政策不可能再回到对抗框架之下，但由于"反恐伙伴"的身份本身具有较强的局限性，美国确实需要对中国的身份进行再定义，形成新的战略框架，以促进中美关系的长远发展。"负责任的利益攸关方"的身份标签正是在这一背景下提出的。

面对政策选择的两难处境，布什政府开始尝试以安全化和去安全化并举的策略推进全新的对华政策话语建构，在保证基本修辞情境不变的前提下，通过去安全化最大限度地降低对华身份的威胁感知、维持中美关系良性发展的基本面；同时，以克制的安全化话语在有限范围内构建中国"部分他者化"的身份，以回应国内特定利益集团和政策受众的关切，为政府未来的决策调整留足空间。2005年9月21日，美国副国务卿罗伯特·B.佐利克（Robert B. Zoellick）在美中关系全国委员会发表了题为《中国向何处去：从成员到责任》的演讲。该演讲被认为是布什政府首次专门就美国对华政策进行的系统性阐述。佐利克提出："中国很大，且还在继续增长，它将在未来影响世界。""对于美国和全世界来说，一个根本的问题是：中国将如何运用它的影响

---

① U.S. Executive Office of the President (George W. Bush), *The National Security Strategy of the United States of America* (Washington, D.C.: White House, 2002), p. 28.

② 吴莼思：《多边主义与国际反恐——兼评美国乔治·W.布什政府的反恐政策》，载倪世雄、刘永涛主编《美国问题研究》（第五辑），时事出版社，2006，第271—291页。

力?"中美两国既具有广泛的共同利益,也具有种种分歧,但美国不应像曾经看待苏联一样看待中国,而是应当采取一种新的模式——"鼓励中国成为国际体系中的一个'负责任的利益攸关方'。"中国应与包括美国在内的其他国家一道来"维护这个使其获得成功的国际体系",只有这样,中国才能避免走上"历史上大国崛起所走的老路"。① 根据佐利克本人的解释,"负责任的利益攸关方"不仅意味着中国应当看到中美两国具有共同利益,而且应超越双边范畴,站在全球战略的高度为维护和完善国际体系作出贡献。他特别提出,"负责任的利益攸关方"的反义词是"搭便车者",即单纯受益于国际体系但不愿为之作出贡献的国家。②

从政治修辞角度来说,"负责任的利益攸关方"的提出是布什政府在综合考量国际国内多方面情势和自身政策需要后采取的关键话语战略步骤,为其实现对华政策的调整发挥了重要作用。但作为一个存在相当大解释空间的身份标签,"负责任的利益攸关方"也具有一定局限性。一方面,这一身份标签本身存在模糊性。"负责任"的标准究竟是什么?"利益"的界限在哪里,究竟是美国自身的利益、中美之间的共同利益,还是国际社会的共同利益?这些问题均未获得清晰的回答。时至今日,有关中国是否是国际体系中"负责任的利益攸关方"、如何才能使其成为一个"负责任的利益攸关方"的讨论依旧是美国对华政策研究中的热点话题。另一方面,作为美国提出的中美共有身份,这一身份标签具有较强的美国色彩,在很大程度上忽视了中国在双边互动中的自主性和能动性,体现出美国试图掌控中美关系主动权、干预

---

① Robert B. Zoellick, "Whither China: From Membership to Responsibility?" (Remarks to National Committee on U.S.-China Relations, New York, September 21, 2005), accessed September 17, 2018, https://2001-2009.state.gov/s/d/former/zoellick/rem/53682.htm.

② 戴秉国:《战略对话:戴秉国回忆录》,人民出版社、世界知识出版社,2016,第128页。"搭便车"是一个来自经济学领域的理论概念,最早由美国经济学家曼瑟尔·奥尔森在其1965年出版的专著《集体行动的逻辑》中提出。这一理论的主要内容是,在一个利益群体内,某个成员为了整个利益集团所提供的公共产品,集团内部的其他成员都将获益,但公共产品的成本却只由提供者一人承担。参见赵鼎新《集体行动、搭便车理论与形式社会学方法》,《社会学研究》2006年第1期,第1—21页。

中国发展进程的企图。基于实现自身利益最大化的考量，美国以此身份标签作为对中国未来发展路径的理想化预期，拓展了对华政策空间，而将中国置于被动：如果中国不接受这一身份标签，美国便可以此为据，站在道义制高点上继续强化"中国威胁"，并采取强硬政策予以应对；而即使中国接受这一身份标签但并未满足美国的预期，美国依旧可以获得指责中国"不负责任"的论据。

2006年美国《国家安全战略》报告明确指出："中国领导人宣称将采取和平发展的方式。如果中国能够履行这一承诺，美国欢迎中国成长为世界上的一个和平与繁荣的大国。美国将与中国更加紧密地合作，共同应对挑战、共同维护双边利益……美国鼓励并尽力确保中国在自身发展方面做出正确的选择，但同时也要防范中国可能采取的其他选择。"[1] 2008年，美国国防部发布的《国防战略报告》再次明确，"美国欢迎和平与繁荣的'中国崛起'，鼓励中国成为国际体系中负责任的利益攸关方，为维护国际体系的稳定、灵活和发展承担更多的责任"。[2] 布什政府明确提出，对华"两面下注"的背景是中国的国力特别是军事实力不断提升，因此其政策逻辑就可以表述为，如果中国的崛起是和平的，那么美国对华战略的基本面就是"接触"；反之，则是"对抗"甚至"遏制"。布什政府列举出多个中国所谓的"错误选择"行为，并将其称为"与和平崛起背道而驰的、对抗的老路"，其中包括中国继续以"不透明"的方式扩张军事力量，威胁全球能源的正常供给，试图控制能源市场；继续采取"独裁""集权"的统治方式，中国国内的人权状况持续得不到改善；中国继续与"人权记录恶劣国家"保持贸易往来等。[3]

"负责任的利益攸关方"这一身份标签一经提出，立即引发中美两

---

[1] U.S. Executive Office of the President (George W. Bush), *The National Security Strategy of the United States of America* (Washington, D.C.: White House, 2006), pp. 41-42.

[2] U.S. Department of Defense, *National Defense Strategy* (Washington, D.C.: Department of Defense, 2008), p. 10.

[3] U.S. Executive Office of the President (George W. Bush), *The National Security Strategy of the United States of America* (Washington, D.C.: White House, 2006), pp. 41-42.

国政界和学界的热烈讨论。值得肯定的是,这一标签在很大程度上为中美关系的长期稳定发展定下了基调,其影响也超越了布什政府的任期,被认为是美国在21世纪首次正面提出对中国崛起的认知,标志着美国开始在国际体系和全球治理层面重视中国的国际地位和战略角色,为继任政府的对华政策提供了参考。[①]

四、奥巴马政府的对华身份建构及政策影响

奥巴马政府的对华身份建构经历了一次较为明显的转变。不同于前任政府,其对华身份建构始终遵循着安全化和去安全化的双线逻辑:一方面建构中美在特定领域的共有身份,强调双方的共同利益与责任;另一方面放大中国作为"实力增长的区域大国"和美国作为"在亚太拥有核心利益的国家"间的身份差距,在区域安全的情境中维持对中国"潜在威胁"的感知。总体上,奥巴马政府对华政策实质上是在安全化和去安全化之间寻求平衡。

上任之初,奥巴马政府总体延续了前任政府建构中国"负责任的利益攸关方"身份标签的政策方向,积极推进两国"建设性合作伙伴"关系的身份塑造,去安全化进程在对华政策中占据了主导。然而,面对国际金融危机持续发酵、美国国内经济疲软,而中国经济保持高速增长、在亚太乃至全球影响力不断提升的现实,美国国内的对华担忧情绪上升。[②]在此背景下,奥巴马政府调整了对华身份建构,并改变了对华政策的叙述结构:调整后的对华政策修辞情境加强了对美国自身优势地位和影响力遭受外部侵害的叙述,并由此对崛起中的中国展开他者问责,对"中国威胁"的感知大幅提升,中美关系再度被置于安全化话语模式之下;就身份标签而言,中美"建设性合作伙伴"关系的身份定位被明显削弱,中美间身份的异质性得到凸显。结合对亚太

[①] Juyan Zhang, "Beyond Anti-terrorism: Metaphors as a Message Strategy of Post-September-11 U.S. Public Diplomacy," *Public Relations Review* 33, No.1 (2007): 31-39.

[②] Pierre Guerlain, "Obama's Foreign Policy: 'Smart Power,' Realism and Cynicism," *Society* 51, No. 5 (2014): 482-491.

特别是中国周边区域安全现实的观察和解读，美国试图将中国塑造成地区乃至国际秩序的"破坏者"，给中国贴上"威胁者""竞争者""挑战者"的身份标签。①

（一）"建设性合作伙伴"身份标签的提出

奥巴马政府对华政策的修辞情境以其对国际整体局势走向多极化的判断为基础。在联合国大会的首次演讲中，奥巴马强化了本届政府对世界多极化的基本认知，认为世界的权力分布已不再是零和博弈的结果，传统意义上南北国家的分野也已经过时。国家间的关系越发复杂，国与国之间的界限正变得模糊。② 其上任后发布的首份《国家安全战略》报告同样指出，当今世界国家间越来越呈现出复合相互依赖的趋势，新兴经济体的发展正在全球增长中发挥着越来越重要的作用，并将中国、印度和俄罗斯一并称为21世纪全球的"势力中心"。③ 这一叙述奠定了奥巴马政府前期外交政策的基调。在安全观的塑造中，奥巴马政府整合了"国际金融危机"和"非传统安全挑战"两大主题，提出"在多边主义国际合作背景下维护美国全球领导力"是美国的核心安全利益诉求，并由此将"促进国际合作""引领世界尽早走出危机"作为其对外政策的核心议程。

基于"促进国际合作"的基本诉求，短时间内，奥巴马本人及其内阁主要成员均在多种场合不断强化国际合作的概念，以及从美国同区域乃至世界主要国家间共同利益的角度展开利益动员、倡导全球合作的重要意义。2009年2月，美国国务卿希拉里·克林顿在美国亚洲协会发表题为《美国与亚洲的关系：美国未来不可或缺的选择》的演讲。该演讲被视为奥巴马政府首次就美国亚洲政策发表的官方表态。

---

① Renato Cruz De Castro, "The Obama Administration's Strategic Rebalancing to Asia: Quo Vadis in 2017?" *Pacific Focus* 33, No.2 (2018): 179-208.

② Barack Obama, "Remarks to the United Nations General Assembly in New York City," The American Presidency Project, September 23, 2009, accessed February 1, 2019, https://www.presidency.ucsb.edu/documents/remarks-the-united-nations-general-assembly-new-york-city-5.

③ U.S. Executive Office of the President (Barack Obama), *National Security Strategy of the United States of America* (Washington, D.C.: White House, 2010), p. 11.

在演讲中，希拉里呼吁美国与亚洲新兴经济体和区域性大国保持强有力的"伙伴关系"，号召各国共同努力，同舟共济，以应对全球面临的经济衰退和非传统安全威胁，"美国不能单独应对世界的问题，而世界也不能在美国缺席的情况下解决这些问题"。①2009年7月，奥巴马在当年中美战略与经济对话的开幕词中指出，"没有一个国家可以独自应对21世纪的各种挑战，也没有一个国家可以单凭一己之力实现自身的繁荣"。②总体上，在这一时期美国的对外政策话语中，去安全化进程明显强于安全化进程；在身份建构中，对国家间"我们感"共有身份的塑造取代了"他者化"叙事，除了"涉恐国家"和少数被单独列为"全球安全威胁"的国家，美国对包括中国和俄罗斯在内的主要大国的身份建构均体现出明显的去安全化趋向，持续强化国家间共有身份的形成，以配合其倡导国际合作的基本政策情境。

在对华身份建构中，为进一步加强中美共同塑造战略性关系的信心，奥巴马强调："在中国，有人认为美国有遏制中国崛起的意图；在美国，有人认为中国的强大令人担忧。但我有不同的看法……我相信将来中国将成为国际社会中一个强大、繁荣和成功的成员，我们两国不仅将成为出于必要需求的伙伴，而且将成为抓住机遇、实现共赢的伙伴。"③2009年4月，中美元首在二十国集团领导人第二次金融峰会上提出建设21世纪积极合作全面的中美关系。④2009年11月，奥巴马在上任首年访问中国，在双方共同发表的《中美联合声明》中再次强调，"美方欢迎一个强大、繁荣、成功、在国际事务中发挥更大作用的中国"，中美两国将致力于建设21世纪积极合作全面的中美关系。⑤这

---

① Hillary Rodham Clinton, "U.S.-Asia Relations: Indispensable to Our Future," U.S. Department of State, February 13, 2009, accessed September 2, 2019, https://2009-2017.state.gov/secretary/20092013clinton/rm/2009a/02/117333.htm.

② "Text: Obama's Speech on U.S.-China Relations," CBS News, July 27, 2009, accessed September 17, 2019, http://www.cbsnews.com/news/text-obamas-speech-on-us-china-relations.

③ "Text: Obama's Speech on U.S.-China Relations."

④ 《胡锦涛会见美国总统奥巴马 双方一致同意努力建设21世纪积极合作全面的中美关系》，《人民日报》2009年4月2日，第1版。

⑤ 《中美联合声明》，《人民日报》2009年11月18日，第2版。

一阶段美国的对华身份建构凸显了双方的利益交汇，在行动规划中更是突出了对中美之间合作前景的积极预期，加强了对中美合作重要性、具体领域及相应目标的阐述。奥巴马认为，对华"接触与合作"意义重大："中美关系不仅对于两国国民来说是重要的，而且对于世界未来应对挑战的方式产生一定的影响"[1]；中美两国关系的本质是建设性的、战略性的，应当共同努力应对未来长期存在的一系列全球性挑战；希望中国随着影响力和实力的上升，作出有利于世界和平、安全和繁荣的选择；中美在促进经济复苏、应对气候变化以及防扩散等重点领域应当开展建设性合作，共同发挥负责任的领导作用。

尽管如此，但正面身份标签的提出并不代表负面身份标签就会自动消失。事实上，奥巴马政府并未完全放弃对所谓"中国威胁"的警觉，只是在维护中美务实合作的前提下，中国的消极身份被美国的官方话语刻意淡化了。无论是奥巴马上任后发布的首份美国《国家安全战略》报告，还是《四年防务评估报告》与《核态势评估》等官方文件，都未以"主要威胁"为名将中国列入美国的国家安全议程之中[2]，但奥巴马政府同时表示，将继续密切关注中国军事现代化的进程，作出相应的准备，以确保美国在地区和全球的利益以及盟友不会因此受到消极影响。[3] 与此同时，美国的自我身份建构也在同步进行。奥巴马政府对美国自我身份的建构主要分为两个方面。第一个方面是建构美国作为"全球领导者"的身份。2008年的国际金融危机被认为是自1929年大萧条以来美国经历的最严重的经济危机。这一危机对美国的国际声

---

[1] Barack Obama, "Remarks Prior to a Meeting with President Hu Jintao of China in London," The American Presidency Project, April 1, 2009, accessed February 12, 2019, https://www.presidency.ucsb.edu/documents/remarks-prior-meeting-with-president-hu-jintao-china-london.

[2] Aaron L. Friedberg, "Bucking Beijing: An Alternative U.S. China Policy," *Foreign Affairs* 91, No.5 (2012): 48-58.

[3] U.S. Executive Office of the President (Barack Obama), *National Security Strategy of the United States of America*, p. 43.

誉造成了重大损害，也令美国民众对国家的信心备受重创。① 为了重振美国民众的信心，奥巴马政府抓住一切机会积极着手建构美国正面的国家形象。例如，奥巴马在其就职演说中强调美国依然是世界上最繁荣、最强大的国家，在诺贝尔和平奖领奖现场的演说中提出"重拾美国的全球领导力"②，在2010年《国家安全战略》报告中坚定表态，"美国保留了数十年来使之一直处于领先地位的优势"。③ 第二个方面是建构美国作为"亚太国家"的身份。面对中国在亚太影响力迅速攀升的现实，美国深切感受到来自中国的"潜在威胁"。部分美国学者认为，鉴于中国的经济在很大程度上仍旧依赖于海外贸易和相关资源，中国会更倾向于向周边国家投放力量，这一点必须得到美国的高度重视。④ 通过重点塑造美国作为"亚太国家"的身份，奥巴马政府试图强化美国与亚太其他各国乃至整个地区的"我们感"认同，以对美国国家核心利益和地缘战略的重新叙述表明亚太地区的经济、政治与安全形势都与美国的国家利益息息相关。⑤ 2010年1月，时任美国助理国务卿坎贝尔在出席美国参议院外交关系委员会东亚与太平洋事务小组委员会听证会时指出："美国毫无疑问是一个太平洋国家。而且，在地理、军事、外交和经济等各个方面，亚太地区都将对应对21世纪的全球挑战和成功抓住21世纪的重大机遇产生深远影响。"他同时呼吁美国重视亚太地区事务，"当亚洲与太平洋的世纪来临并定义新的国际环境之时，

---

① Kristen Clarke and Manning Marable, eds., *Barack Obama and African American Empowerment: The Rise of Black America's New Leadership* (New York: Palgrave Macmillan, 2009), pp. 24-57.

② Barack Obama, "Remarks by the President at the Acceptance of the Nobel Peace Prize," The White House, December 10, 2009, accessed February 12, 2019, https://www.whitehouse.gov/the-press-office/remarks-president-acceptance-nobel-peace-prize.

③ U.S. Executive Office of the President (Barack Obama), *National Security Strategy of the United States of America*, p. 9.

④ 斯蒂芬·沃尔特：《美国时代的终结》，爱思想，https://www.aisixiang.com/data/58666.html，访问日期：2024年9月25日。

⑤ 吴心伯：《中美亚太互动与地区共同体的构建》，《美国问题研究》2018年第2期，第1—12页。

美国必须提高在这一地区的战略互动和领导水平"。① 奥巴马本人也对美国的"亚太身份"和"亚太责任"等议题进行了多次表态。在2009年访问亚洲多国期间，奥巴马称，亚太的未来与美国的未来利害攸关，并承诺将致力于同亚太各国保持建设性关系，尤其要巩固与传统盟友间的关系，"我们世世代代始终是一个太平洋国家"，"美国寻求与本地区国家巩固已有的同盟并建立新的伙伴关系"，"作为一个亚太国家，美国期待着参与事关本地区前途的讨论，并随着有关组织的建立和发展全力参与"。②

（二）从"搭便车者"到"现行国际秩序的破坏者"和"美国利益的挑战者"身份标签的转变

自2013年起，奥巴马开启了第二个总统任期，美国对华身份建构开始发生结构性变化。尽管奥巴马政府对外宣称对华发展建设性关系的方向不会改变，但实际上其对华身份定位及相应话语已在很大程度上倾向于消极负面。这种情形一直延续到2017年其第二任期结束。

奥巴马决意调整对华政策的原因是多方面的。首先，从美国国内党派政治来看，奥巴马政府执意与中国进行全方位战略性合作，招致了国内强硬派的质疑和反对。2010年11月的中期选举后，共和党以较大优势重掌众议院，而民主党则仅以微弱优势保住了参议院多数。这一选举结果决定了奥巴马第一任期后半段的政策推行将遭遇更大的阻力。民主党在选举过后的反思中认为，对外政策上的失误是其失去选民信任的重要原因之一，这使得奥巴马政府重新思考与中国的关系。③其次，从经济形势来看，中国的发展变化令美国更加警觉。2010年，中国正式取代日本成为世界第二大经济体。相比之下，美国国内的失

---

① Kurt M. Campbell, "Principles of U.S. Engagement in the Asia-Pacific," U.S. Department of State, January 21, 2010, accessed February 12, 2019, http://2009-2017.state.gov/p/eap/rls/rm/2010/01/134168.htm.

② "Remarks by President Barack Obama at Suntory Hall," The White House, November 14, 2009, accessed February 12, 2024, https://obamawhitehouse.archives.gov/the-press-office/remarks-president-barack-obama-suntory-hall.

③ 李庆四：《中期选举后的美国对华政策》，《美国研究》2010年第4期，第50—54页。

业率居高不下,政府推行的一系列经济改革政策成效并不显著,民众对奥巴马政府的好感度和信任度都进一步下降。① 为了重振信心,奥巴马政府考虑通过调整对华政策,适度操纵安全化话语,逐渐提升对"中国威胁"的感知程度,采取"危机转嫁"方式引导舆论,将美国国内经济的问题归咎于"中国威胁"。最后,从美国自身战略来看,调整对华政策是出于进一步推行"亚太再平衡"战略的考量。2010年是美国正式开始大规模推行"重返亚太"战略("亚太再平衡"战略的原称谓)的关键时间节点。虽然在上任之初就已经决心将目标转向亚太,但鉴于中美合作对美国的现实重要性,奥巴马政府并未大规模操纵政策话语展开对"亚太再平衡"战略的系统性建构。此次对华身份话语的转变在一定程度上坚定了美国加强对亚太地区战略部署的决心,"中国威胁"的升级也再次为美国论证重返亚太必要性提供了所谓"关键证据"。②

出于身份建构调整的需要,奥巴马政府对华政策修辞情境的再塑造以"亚太安全局势"为切入点,将"防范安全挑战""维护地区稳定和秩序"上升为政策议程的核心。基于此,奥巴马政府从两大主题入手,同步推进修辞情境的重构:第一,亚太地区与美国国家利益间的关系;第二,中国对美国亚太利益的影响。前者的叙述重点在于阐明亚太地区未来对美国的战略重要性。鉴于美国作为"亚太国家"的身份认同已经形成,这一部分着重描述了亚太地区对于21世纪全球局势的重要意义、美国为维护亚太局势稳定所作出的贡献,以及此后一段时间内美国将采取何种行动来继续维护其亚太利益。后者的叙述则将"中国威胁"嵌入"亚太安全"的情境中,将"中国崛起"与"亚太未来"进行安全化逻辑的链接与整合,强调中国的崛起及其对外行为模式将对现有亚太地区安全秩序形成挑战,中国实力的壮大并不一定意味着亚太的繁荣;唯有在美国的引导与平衡下,确保中国沿着"正确的"

---

① Aaron L. Friedberg, "Future Tense: Are the United States and China on a Collision Course?" *The New Republic* 242, No.7 (2011): 10.

② 袁莎:《话语制衡与霸权护持:美国"亚太再平衡"战略话语评析》,博士学位论文,外交学院,2017,第1—20页。

发展轨道实现"和平崛起",亚太地区才能实现持久稳定。[1]而从目前的情况来看,如果美国不加大对亚太地区发展进程的参与力度,"中国崛起"很可能会演变为"一场灾难"。

为了渲染来自中国的威胁,美国分别从经济、安全和政治三个层面在亚太安全语境中扩展"中国威胁"的事态,以引发各方关切、实现拟态冲突场景的建构。在经济层面,美国认为中美经贸关系中存在严重不平衡,而正是这种不平衡给予了中国增强经济、军事和政治影响力所需要的资源和技术[2];在安全层面,美国夸大了中国的军费增长和军事现代化对美国主导的亚太安全体系的威胁,认为"中国可能是试图对美国形成威慑的国家,具有引人注目的野心,将是未来20年内对美国国家利益产生持久削弱能力的潜在威胁"[3];在政治层面,美国批评中国是一个"反现状的强国,正在反击西方,在许多领域推行自己的替代性(即限制性或排他性)规范和政策","中国人……正在挑战美国在全球体系中的领导地位"[4]。这些来自不同层面的话语被美国政府加以整合,从低政治领域到高政治领域,从经济到价值观,威胁程度不断提升,共同构成了"中国威胁"话语的基础。

就此,美国新的对华身份标签开始形成。2014年8月,奥巴马接受《纽约时报》著名专栏作家托马斯·I. 弗里德曼(Thomas I. Friedman)专访时表示,中国确实是"搭便车者","他们(中国人)已经搭了30

---

[1] Yoon Ah Oh, "Power Asymmetry and Threat Points: Negotiating China's Infrastructure Development in Southeast Asia," *Review of International Political Economy* 25, No.4 (2018): 530-552.

[2] *2010 Report to Congress of the U.S.-China Economic and Security Review Commission* (Washington, D.C.: U.S. Government Printing Office, 2010), p. 14, accessed February 20, 2019, http://www.uscc.gov/sites/default/files/annual_reports/2010-Report-to-Congress.pdf.

[3] "Joint Statement of William J. Perry and Stephen J. Hadley Before the House Armed Services Committee Hearing on 'Quadrennial Defense Review Independent Panel'," Congress.gov, July 9, 2010, accessed February 20, 2019, http://www.congress.gov/congressional-record/2010/07/09.

[4] Michael Swaine, "Perceptions of an Assertive China," *China Leadership Monitor*, No.32 (2010):1.

年的便车了，且一直没有遭到质疑"。① 可见，美国自认为是国际社会中提供公共产品最多的成员，而其他成员都是"搭便车者"。这一身份标签与此前的"负责任的利益攸关方"形成强烈反差，一定程度上预示着美国官方在对华身份建构上的倒退。

在中国与周边国家间的海洋权益争议持续升温之际，美国加紧更深层次的对华负面身份建构，试图将中国定义为"现行国际秩序的破坏者"和"美国利益的挑战者"。奥巴马政府用安全化话语描述中国与周边国家的领土争端、中国正常合理的军事现代化行为和岛礁建设工程，认为中国的行为具有"霸凌"的特征。奥巴马甚至直言不讳地点名批评中国，"在与安全有关的问题上，如果你签署了一项要求就海洋问题进行国际仲裁的条约，那么你比菲律宾、越南等国大这一事实本身并不构成四处展示肌肉的理由"。② 美国国务卿希拉里、国防部长卡特也分别在不同场合挑战中国对南海的正当权利，以维护南海"航行自由"之名干涉中国内政。③

此外，奥巴马政府还进一步在传统和非传统安全领域全面强化了对中国"现行国际秩序的破坏者"身份标签的塑造。这一身份标签的影响力随着一系列美国官方政策文件的发布而持续扩大。在传统安全领域，美国以中国的军事实力增长为抓手，持续渲染中国军力的"潜在威胁"。2013年5月，美国国防部发布2013年度《中国军事与安全发展报告》。报告指出中国空军和海军力量增长较快，并以较长篇幅介

---

① "China as a Free Rider," *The New York Times*, August 8, 2014, accessed October 8, 2024, https://www.nytimes.com/video/opinion/100000003047788/china-as-a-free-rider.html.

② "Obama: Consequences If China Violates Rules and Norms," CNN, September 4, 2016, accessed October 14, 2024, https://edition.cnn.com/2016/09/04/us/obama-china-response-zakaria-interview-miks/index.html.

③ Ashton Carter, "Meeting Asia's Complex Security Challenges" (Speech Delivered at the 15th Shangri-La Dialogue, Singapore, June 4, 2016), accessed February 26, 2019, http://www.iiss.org/en/events/shangri%20la%20dialogue/archive/shangri-la-dialogue-2016-4a4b/plenary1-ab09/carter-1610.

绍了中日钓鱼岛争端，公然歪曲中国对钓鱼岛的正当领土主张。① 2014年5月，在第十三届香格里拉对话会暨亚洲安全会议上，美国国防部长哈格尔就南海问题公开对中国发难，指责中国在南海问题上"采取了破坏稳定的单边主义行径来宣示其领土主权要求"，并强调"美国坚决反对任何国家使用恫吓、胁迫或武力威胁等方式来宣示对这一地区领土主权的要求"，"当国际秩序的基本原则受到挑战时，美国绝不会坐视不管"。2015年，美国国防部密集发布了多份重量级官方政策文件，"中国议题"成为这些文件的核心议题。在《国家军事战略》报告中，美国对国家军事战略目标的优先级进行调整，将首要任务调整为"应对对美国国家及盟友的直接威胁"。② 2015年8月，《亚太海上安全战略》报告指出，中国加强了对争议海域的声索力度，并试图进一步加强在相关有争议海域的军事存在，以巩固其海洋权益。③

在非传统安全领域，美国也加紧推进建构中国作为"美国利益的挑战者"的身份。在2008年国际金融危机中，以中国为代表的新兴经济体保持了强劲的增长，成为带动全球复苏的主要动力。这更加凸显了中国经济实力的强大和"中国模式"的成功，但却削弱了以华盛顿共识为核心的美国模式的吸引力。这将逐渐侵蚀美国长久以来所保持的在亚太地区的领导权威，是美国断然不能接受的。美国对"中国威胁"的渲染在这一阶段达到了顶峰，甚至已远远超越了其此前设定的亚太安全的地区和议题范畴。2011年，美国国务卿希拉里在其非洲之

---

① Office of the Secretary of Defense, *Military and Security Developments Involving the People's Republic of China 2013* (Washington, D.C.: Office of the Secretary of Defense, 2013), accessed February 12, 2019, http://dod.defense.gov/Portals/1/Documents/Pubs/2013_China_Report_FINAL.pdf.

② U.S. Department of Defense, *The National Military Strategy of the United States of America 2015* (Washington, D.C.: Department of Defense, 2015), p. 7, accessed February 20, 2019, https://history.defense.gov/Portals/70/Documents/nms/NMS2015.pdf?ver=XGOU_7X6YpNjZfuym7Jfvw%3d%3d.

③ U.S. Department of Defense, *Asia-Pacific Maritime Security Strategy: Achieving U.S. National Security Objectives in a Changing Environment* (Washington, D.C.: Department of Defense, 2015), pp. 10-11, accessed February 12, 2019, https://china.usc.edu/sites/default/files/article/attachments/NDAA%20A-P_Maritime_SecuritY_Strategy-08142015-1300-FINALFORMAT.pdf.

行中接受了采访,以严厉的措辞批评了中国的对非援助活动,借批评中国来提升美国在非洲的形象,甚至不惜污蔑中国试图以"强权手段"增加中国在非洲的影响力,呼吁非洲国家团结起来,共同警惕中国的"新殖民主义"举措。2012年1月,美国总统奥巴马、国防部长帕内塔与参谋长联席会议主席登普西在记者会上公布了新军事战略报告,名为《维持美国的全球领导力:21世纪国防的优先任务》。报告明确提出:"从长远来看,中国作为一个地区大国的崛起可能会以各种方式影响美国的经济和安全。"[①] 在美国看来,"中国崛起"是值得警惕的,绝非值得肯定的,因为它不仅使得美国的绝对军事优势变成了相对军事优势,更是动摇了美国在亚太地区的领导权威。

五、特朗普政府的对华身份建构及政策影响

自上任以来,特朗普的对外政策就持续面临争议。从话语角度看,其对外政策的建构方式与以往历任政府形成了强烈反差,在语言风格、叙事架构和传播手段等方面均体现出鲜明的反建制甚至反智主义倾向,在很大程度上挑战了外界对美国官方话语模式的既有认知。[②] 尽管其话语风格与表达方式备受争议,但不可否认,因争议而引发的舆论热潮恰恰成为不断提高其政策主张关注度的重要手段。从这一点来说,特朗普政府以舆论操纵为核心的政策营销和宣传策略确实为其政策推进发挥了关键助力作用。在推进对华身份及政策建构过程中,特朗普政府采取了单一向度的安全化手段,对华威胁感知从最初的经济领域逐渐扩展到政治、安全、科技、人文等各领域,通过多维度、分领域的身份叙事拉大中美间的身份差距,提出"战略竞争者"到"全面威胁"

[①] U.S. Department of Defense, *Sustaining U.S. Global Leadership: Priorities for 21st Century Defense* (Washington, D.C.: Department of Defense, 2012), p. 2, accessed February 20, 2019, http://www.defense.gov/news/Defense_Strategic_Guidance.pdf.

[②] Peter Baker, "The Emerging Trump Doctrine: Don't Follow Doctrine," *The New York Times*, April 8, 2017, p.A1 (L).

的身份标签，不断强化对华负面认知。①

在对华政策修辞情境的建构中，特朗普政府选择了不同于以往历届政府的切入点和建构方式。作为史上首位当选总统的"政治素人"②，特朗普对美国国力、美国当前面临的国内国际挑战乃至对外部世界的整体认知都具有强烈的个人色彩。从商经历丰富的特朗普对经济议题的关注远超其他议题。因此，在对外政策中，特朗普选择经济议题作为修辞情境建构的起点，主要从两个方向同步推进相关话语。一是推动美国国民对国际体系特别是国际贸易现状的认知，指出现有国际贸易体系已处于失控状态，美国对全球贸易体系的领导力下降，同时突出强调贸易在美国经济中的重要性，并指出由于奥巴马政府贸易政策的失败，美国的利益严重受损。因此，当务之急就是使失序的贸易体制回到正轨，重建美国在其中的领导地位和绝对优势。二是将贸易置于两国关系的首要位置，指出中国"不当"的贸易行为是形成"不公平"的国际贸易体系的主要原因，且即便是在双边贸易关系中，美国也处于不利地位，必须扭转这一局面，以减少中国对美国经济乃至整体国家利益的损害和威胁。

相较于前任政府对"国家安全"趋于保守的定义，特朗普政府直接将"经济"与"国家安全"相链接，提出了全新的国家安全观——"经济安全就是国家安全"。特朗普表示，"这是美国历史上首次将经济安全定义为国家安全。美国国内经济的繁荣、增长和活力与美国的综合国力以及美国的国际影响力息息相关"，"任何国家，如果试图牺牲经济利益来换取所谓的'安全'，最终只能是二者尽失"。③ 在美国2017年《国家安全战略》报告中，"经济安全"得到了更加系统和详细的阐释："重建美国的国内经济实力，推进建立一个公平、互惠的国际经济

---

① John R. Haines, "Divining a 'Trump Doctrine'," *Orbis* 61, No.1 (2017): 125-136.
② 即基本没有从政经历的人。
③ Donald J. Trump, "Remarks on the 2017 National Security Strategy," The American Presidency Project, December 18, 2017, accessed September 22, 2018, https://www.presidency.ucsb.edu/documents/remarks-the-2017-national-security-strategy.

体系将有助于维护美国的国家安全、美国的繁荣以及世界的和平。"①为在对外政策中充分贯彻这一安全观,特朗普政府将对外政策的核心议程进行了相应调整,在2018年美国《国防战略报告》中提出,大国战略竞争已取代恐怖主义成为美国首要的安全关切。②

通过操纵经济议题安全化,特朗普的对外政策的话语框架得以向与其认知相符的方向延展,也为其对华政策叙述开辟了新的话语空间:作为美国对外政策的重要组成部分,对华政策理应同对外政策议程形成链接。如果当前美国所面临的最紧迫安全问题是经济安全问题,那么解决中美间的经济安全问题就应成为美国推行对华政策的最优先事项。③与之相对应的是,特朗普政府的政策话语也以"中美经贸不平衡"和"美国利益受损"为主题展开:在其看来,中美关系的最大问题就在于双边贸易的"不平衡、不公平、不对等":中国是美国贸易逆差最大的来源国,每年产生超过3000亿美元的贸易逆差④;中国"抢占"美国市场和就业岗位,"自中国于2001年加入世贸组织以来,美国本土超过6万家工厂被迫关停",这背后是不计其数的失业和制造业整体能力衰落的现实⑤;中国对美国进口采取"多重限制",并"以市场准入为

---

① U.S. Executive Office of the President (Donald J. Trump), *National Security Strategy of the United States of America*, p. 18.

② U.S. Department of Defense, *Summary of the 2018 National Defense Strategy of the United States of America: Sharpening the American Military's Competitive Edge*, p. 1

③ Robert Sutter, "Congress and Trump Administration China Policy: Overlapping Priorities, Uneasy Adjustments and Hardening toward Beijing," *The Journal of Contemporary China* 28, No.118 (2019): 519-537.

④ "U.S.-China Trade Deficit Hits Record, Fueling New Fight," *The New York Times*, February 6, 2018, accessed April 28, 2018, https://www.nytimes.com/2018/02/06/us/politics/us-china-trade-deficit.html.

⑤ Donald J. Trump, "Address Before a Joint Session of the Congress," The American Presidency Project, February 28, 2017, accessed September 22, 2018, http://www.presidency.ucsb.edu/documents/address-before-joint-session-the-congress-2.

条件","强制要求美国进行技术转让和窃取美国的知识产权"①;中国"操纵"人民币汇率,"不遵守"现行的国际贸易体系规则,试图建立以其为中心的贸易结算体制。鉴于此,特朗普政府认为,中国在贸易领域的一系列政策举措正在侵害美国实体经济,是美国的重大威胁。②

不仅如此,特朗普政府在渲染中国对美所谓"经济侵略"的同时不断扩充内容和主题,在多个被细分出来的领域推动关于"中国威胁"主观叙事的形成,甚至直接捏造阴谋论叙事,试图进一步夸大中美利益冲突、拓宽其对华威胁感知的适用范围。在特朗普的叙事中,在政治与意识形态领域,中国正试图用命运共同体理念"取代"西方价值观的主导地位,美国必须意识到中国在美的"渗透"和"影响"将对美国的核心价值、社会规范以及现行法律产生"长期负面影响"。在科技领域,中国近年来所取得的成就已给美国带来了"挑战"。在教育和科研领域,中国持续加大投入,在美国的传统优势——高新科技产业方面已经对美国构成了"威胁"。美国在5G发展中明显落后,中国潜在的5G优势则赋予其在未来的全球信息技术领域中更大的话语权。

在对主观认知产生持续高强度影响的同时,外部情势也被特朗普政府纳入,作为不断扩充的所谓"中国威胁"的依据。自2020年初新冠疫情在全球暴发并在美国本土迅速蔓延后,特朗普政府便开始不断炮制"中国疫情源头"论,对中国为应对新冠疫情而进行的国内防控与国际合作进行污名化;在香港国安法正式颁布之际,特朗普政府又发起对中国政治制度的新一轮攻击和污蔑,公然干涉中国内政、在多个国际场合大肆渲染"中国的威胁";在自身推进"印太战略"的过程中,特朗普政府利用中国同部分南海国家间的领土主权和海洋权益争端大肆炒作、持续推动南海问题国际化进程,以刻板偏激的话语持续

---

① Donald J. Trump, "Remarks on Signing a Memorandum on Addressing China's Laws, Policies, Practices, and Actions Related to Intellectual Property, Innovation, and Technology and an Exchange with Reporters," The American Presidency Project, August 14, 2017, accessed November 11, 2024, https://www.presidency.ucsb.edu/documents/remarks-signing-memorandum-addressing-chinas-laws-policies-practices-and-actions-related.

② Takashi Terada, "The Competing U.S. and Chinese Models for an East Asian Economic Order," *Asia Policy* 13, No.2 (2018): 19-25.

建构中国所谓具有"新霸权主义"倾向的"区域安全威胁"形象,不断在国际上强化对中国的偏见,导致中美各领域交流互动乃至中美关系大局面临严峻挑战。

一方面,特朗普政府开始在官方话语中正式对华进行身份建构,为中国贴上"战略竞争者"的身份标签。在特朗普任内发布的首份《国家安全战略》报告中,"中国"共计被提及33次,成为最受关注的国家。此外,这一报告还明确在战略定位上将中国视为美国的"战略竞争者"[①]。2018年1月,美国国防部公布新版《国防战略报告》,再次将中国确定为美国的"战略竞争者"。[②] 特朗普在2018年国情咨文中则用更严厉的措辞将中国称为"挑战美国国家利益、经济与价值观"的"竞争对手"。[③] 此后,特朗普政府通过内阁官员口径和官方政策文件持续强化对华负面身份定位。2018年10月,美国副总统迈克·彭斯在哈德逊研究所发表题为《美国对华政策》的演说。彭斯的演讲以美国认知为中心,从历史角度回顾了美国近百年来的对华政策演变历程。从19世纪末的"门户开放"政策,到第二次世界大战,从朝鲜战争到冷战结束、苏联解体,从中美关系正常化到中国实行改革开放,彭斯将美国塑造成了帮助中国实现从贫穷到富裕、从落后到发达的"真诚伙伴",同时进一步污名化中国,批评中国"以自我为中心"的发展模式"背弃"了美国的期待,"背弃"了以自由和公平为基础的国际贸易规则,是在"以牺牲美国利益为代价实现发展"。[④]

另一方面,美国着手展开自我身份的强化、与西方国家和区域主要国家建构"我们感"的身份认同,通过提出"自由世界""民主国家

---

① 参见 U.S. Executive Office of the President (Donald J. Trump), *National Security Strategy of the United States of America*。

② 参见 U.S. Department of Defense, *Summary of the 2018 National Defense Strategy of the United States of America: Sharpening the American Military's Competitive Edge*。

③ "President Donald J. Trump's State of the Union Address," The White House, January 30, 2018, accessed April 1, 2024, https://trumpwhitehouse.archives.gov/briefings-statements/president-donald-j-trumps-state-union-address/.

④ "Remarks by Vice President Mike Pence's Remarks on the Administration's Policy toward China."

同盟""自由开放区域秩序"等身份概念,号召各国共同抵御来自中国的"全面威胁"。2020年5月,在新冠疫情肆虐、美国失业率不断攀升、社会持续动荡的背景下,美国政府发布了所谓的"美国对中华人民共和国的战略方针",称这一方针的提出旨在"进一步明确并贯彻特朗普政府的'全政府对华战略'"。除了再次重申对华认知的基本内容、列举"中国威胁"的种种表现,这一方针还重申了本届政府对华政策的四项指导原则,即"保护美国人民、美国国土安全以及美国的生活方式""促进美国繁荣""以实力求和平"以及"扩展美国的影响力"。在"扩展美国的影响力"这一原则下,方针特别提到,美国未来"将加强同全球盟友、地区安全合作伙伴和国际机制参与者之间的合作","在抵御中国威胁的同时,基于'有原则的现实主义'和'结果导向'发展对华关系"。[1]

特朗普政府这一系列具有浓厚现实主义和单边主义色彩的对华战略行动不但损害了中美间深度交融的共同利益,也直接造成美国民众中对华持负面态度的人数增多,对两国关系稳定发展的民意基础造成严重破坏。2020年7月,民调结果显示,美国普通民众中对华持负面态度者已达73%。[2] 事实上,尽管自特朗普上台以来,美国学界、战略界和政策界就对华战略调整形成了一定共识,但对特朗普政府对华政策的执行方式及其效果,特别是对华政策话语呈现出的偏激和极端倾向,这些人意见不一。对此,董云裳(Susan A. Thornton)指出,特朗普政府一连串的对华挑衅言辞不仅无助于解决中美关系的根本问题,更无法促进美国与其盟友的利益,反而将损害美国的国际信誉和领导地位。[3]

---

[1] The White House, *United States Strategic Approach to the People's Republic of China* (Washington, D.C.: White House, 2020), accessed December 26, 2020, https://www.whitehouse.gov/wp-content/uploads/2020/05/U.S.-Strategic-Approach-to-The-Peoples-Republic-of-China-Report-5.24v1.pdf.

[2] 刁大明、蔡泓宇:《竞争性对华战略调整的美方争论》,《国际政治科学》2020年第4期,第116页。

[3] Susan A. Thornton, "Is American Diplomacy with China Dead," *The Foreign Service Journal* (2019), accessed December 1, 2020, https:// afsa.org/american-diplomacy-china-dead.

结　语

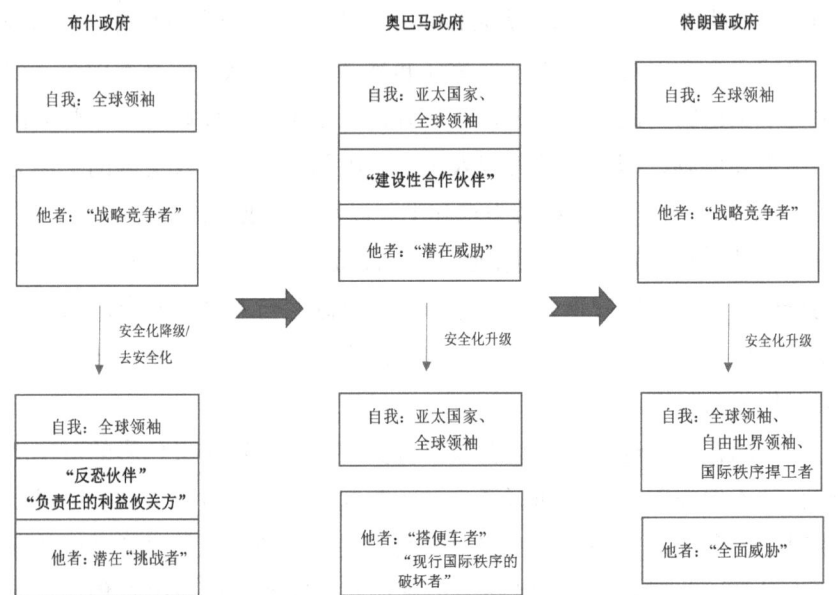

图 6-1　美国对华身份建构的演进图示（2001—2021 年）

至此，本文已对布什政府、奥巴马政府及特朗普政府对华身份建构作了梳理。（图 6-1）可以看出，不同时期的美国政府在对华身份建构路径上呈现出明显差异：一方面，持续变化中的外部情势在决策者主观认知的框定下被转化为不同形式对华身份建构的推动力，或促进了中美共有身份的产生，或强化了中美间的身份异质性；另一方面，安全化与去安全化的综合运用为美国在对华政策中得以长期保持战略主动、掌握优势话语权发挥了关键作用。"竞争对手"与"合作伙伴"始终是美国对华身份定位中最显著的两个标志，美国的对华政策趋向也始终是在"接触-合作"与"遏制-对抗"之间寻求某种平衡。从近年的美国对华政策看，美国在短期内完全摆脱对华"挑战者"和"竞争者"的身份建构框架可能性较小，未来美国的对华政策仍将在很大程度上延续以安全化为主导的战略框架。尽管如此，但中国仍应对未来美国对华政策建构方式的新变化做好准备，充分发挥自身在双边关系发展中的主观能动性，抓住机遇，积极参与身份的互动与塑造，尽力避免安全化的持续升级进一步削弱中美关系的基础。

第7章

话语、角色与国际规范演变

　　国际规范是影响国际政治运行的重要因素。在国际政治领域中，经常可以观察到一些国家对自身倡导的国际规范态度发生转变的现象。例如，英国否定自身倡导多年的奴隶贸易规范；美国于1992年签署《联合国气候变化框架公约》，并于1997年签署《京都议定书》，而在小布什总统执政期间，于2001年3月单方面宣布退出《京都议定书》；奥巴马总统执政时期，美国于2016年签署《巴黎协定》，但特朗普总统上任后，美国却于2017年宣布退出该协定。对待同一国际规范态度如此反复，先倡导后退出，又加入再退出，几经周折，不禁使人疑惑这些国家为何要作出这样的修正和改变。已有的话语与国际规范研究成果难以解释为何原来某些国际规范的倡导者成为规范的修正者，甚至转变为反对者、否定者，对自身倡导的规范进行重塑。本章将角色理论用于国际关系理论和外交政策研究领域，认为国家角色冲突（role conflict）与国家行为改变以及国家角色转变与国际规范重塑之间存在某种因果关系，尝试用话语分析的方法从角色理论角度观察国际关系中出现的规范转变现象，特别是逆转的情况，以期找到它们之间的关联规律。本章也以国际捕鲸规范的演变作为案例来验证所建立的理论模型，以美国否定自己倡导的国际捕鲸规范，将其修正为国际护鲸规范为例，深化对国际规范变化的认识，从而更好地理解话语在国际规范变化过程中所起的作用。

一、角色和角色理论

在社会学中，角色和角色理论是最基本的概念和元理论之一。角色理论与外交政策之间的联系极为紧密。早在20世纪70年代，角色理论就已经被用来研究国家的外交政策了。近十多年来，一些学者还将角色理论作为融合国际关系理论与外交政策研究的跨界工具。研究角色理论在国际关系理论和外交政策研究中的应用，首先需要梳理社会角色的定义及角色分析的相关概念，其次阐释角色理论及其分类，最后重点讨论角色冲突理论。

（一）角色及相关概念

角色、角色丛、角色扮演以及角色冲突等概念为引出角色冲突理论作了铺垫，这些概念是本章用以分析规范倡导者逆转为规范否定者的理论分析起点。

首先，角色概念是角色理论中最为核心的概念，不同学者对角色的定义不同。乔治·H.米德最早用角色和角色接受（role taking）等概念来分析自我认知的形成和发展，通过研究儿童角色意识的形成过程，把角色界定为"社会互动的产物"。[1] R.林顿（R. Linton）认为地位与角色密切相关。他在《人类研究》中指出，地位是权利和义务的一种直接的集合，角色能够代表地位的动态方面，角色是人们对处在一定地位的人的行为期待。[2] T. R.萨宾（T. R. Sarbin）认为，角色是一种在互动过程中的关系，是行为体按照他人期望来实施的模式化行动。[3] 按布鲁斯·J.比德尔（Bruce J. Biddle）和埃德温·J.托马斯（Edwin

---

[1] 徐正源：《中国负责任大国角色的建构：角色理论视角下的实证分析》，中国人民大学出版社，2015，第26页。

[2] 王培俊、余婷婷主编《社会学基础（第二版）》，国家开放大学出版社，2022，第99页。

[3] T. R. Sarbin, "Role Theory," in Gordon W. Allport and Gardner Lindzey, ed., *Handbook of Social Psychology*, 1 (Cambridge: Addison-Wesley, 1954), p.225.

J. Thomas)的定义，角色是行为体与社会结构之间的纽带，表示社会对行为体所持的一套特定标准和规范的期望，同时还指该行为体所处的社会地位。① 中国学者在此基础上将角色归纳为，处于一定地位的个体，依据社会规范和社会期望，借助自己的主观能力以适应社会环境时所表现出的行动模式。② 本章采取中国学者对角色的定义。

其次，角色丛概念为角色冲突理论提供了前提条件。加拿大社会学家欧文·戈夫曼（Erving Goffman）最先提出角色丛概念，认为"生活在社会中的个体处于多种社会角色的转换中，每种角色都对应特定的社会规制，个体在不断调整自己以适应不同角色需求的过程中表现出社会互动的戏剧性"。③ 美国社会学家罗伯特·金·默顿（Robert King Merton）认为角色丛指"一个人在某一特定地位中间所扮演的各种角色的整体"。④ 本章采取默顿对角色丛的定义。

再次，角色扮演也是角色理论中的一个关键概念，指个人按照其特定的地位和所处的情境表现出来的行为。⑤ 在角色分析中，经常用角色扮演这个术语表示角色间的相互作用，以研究社会的相互关系和作用。按照米德的观点，角色扮演就是"扮演他人的角色"，即个体（自我）在与他人合作或互动中把自己置身于他人的角色位置上，对他人行为作出反应，并控制这种反应。这不是为了顺从他人而是为了调节自己的行为。⑥ 每个人都在社会活动过程中扮演一系列各不相同的角色，其行为表现并不是漫无目的、随心所欲的，而是由个人所处的文化背景和社会地位决定的。一方面，角色规范个人的行为；另一方面，扮演角色的个人是流动的，角色扮演可以被理解为个人按照一定的角色期望和行为规范，在特定条件下与其他成员进行的行为互动过程。

---

① Bruce J. Biddle and Edwin J. Thomas, eds., *Role Theory: Concept and Research* (New York: John Wiley & Sons, Inc., 1966), p. 7.
② 童星主编《现代社会学理论新编》，南京大学出版社，2003，第84页。
③ 庞树奇、范明林主编《普通社会学理论（第四版）》，上海大学出版社，2011，第138页。
④ 同上书，第141页。
⑤ 乐国安主编《社会心理学（第四版）》，中国人民大学出版社，2022，第140页。
⑥ 乐国安主编《社会心理学（第四版）》，第139—140页。

角色扮演被用于分析个人在社会活动中的行为表现①，建构了个人相互联系和相互作用的基本形态和特征，也是个人社会化进程的基础。②

最后，角色冲突指占有一定地位的行为体的行为与对该地位的角色期望发生冲突，最终妨碍角色扮演的一种情形③，是角色失调④的一种类型。这一概念是角色冲突理论的基础。角色冲突有四种具体情形：一是角色内冲突，即发生在同一个行为体所扮演的同一角色内部的冲突；二是角色间冲突，即发生在同一行为体所扮演的不同角色间的冲突；三是角色外冲突，即发生在两个或两个以上的角色扮演者之间的冲突⑤；四是角色历史冲突，即新旧两种角色转换时期行为体的心理冲突和行为矛盾⑥。角色冲突是导致社会系统出现问题的几种结构性条件之一，本章研究认为，国家角色冲突是导致国际社会系统出现问题的因素之一。

（二）角色理论与角色冲突理论

角色理论源自不同知识领域侧重于角色这个核心概念的研究。⑦按照研究取向，角色理论可分为两种。其一是结构角色理论，亦称社会结构角色论，它将社会看作由各类相互关联的位置组成的网络，行为体在这个网络中扮演各自的角色。其二是过程角色理论，它从社会互动出发，关注在社会互动过程中行为体间角色扮演的一系列问题，包括角色冲突。⑧

结构角色理论强调结构与功能，认为社会结构先于角色存在，角

---

① 王培俊、余婷婷主编《社会学基础（第二版）》，第106页。
② 同上书，第140页。
③ 乐国安主编《社会心理学（第四版）》，第146页。
④ 角色失调理论认为，每个人在社会活动中都扮演着多种不同的角色，每个角色都有其相应的权利、义务和行为规范。不同的角色对个体都有一定的角色期望，当这些期望彼此出现矛盾或个体对过多的角色期望难以应对时，必然导致角色失调，其类型包括角色冲突、角色差距、角色不清、角色障碍、角色混同、角色中断、角色超载、角色紧张和角色失败等。
⑤ 王培俊、余婷婷主编《社会学基础（第二版）》，第111—112页。
⑥ 庞树奇、范明林主编《普通社会学理论（第四版）》，第143页。
⑦ 乐国安主编《社会心理学（第四版）》，第134页。
⑧ 乐国安主编《社会心理学（第四版）》，第139页。

色扮演受行为体在社会结构中所处位置的制约。[①] 如果把行为体所扮演的角色比喻成舞台上的角色，那么角色期望就包括"剧本"期望、"其他演员"期望和"观众"期望，分别对应社会规范、其他社会角色和社会群体。这些期望为行为体提供了准则和动力，影响行为体个体对自我的理解，并经由行为体的角色扮演技能[②]得以展现。[③] 在结构角色理论中，行为体是被动的、受社会结构约束的。结构角色理论代表人物美国社会学家塔尔科特·帕森斯（Talcott Parsons）关注社会的整合与秩序，其有关角色的论述集中于群体维持，认为个体需要被文化价值取向和角色期望塑造，忽略个体的人格及其他方面的独特性，强调由社会角色期望及其支持体系构成的"社会价值观念体系"制约和强化社会成员行动的能力。[④]

与结构角色理论相比，过程角色理论更加强调角色与社会结构的动态关系，认为行为体具有施动性，行为体的行为是角色存在、形成和变化的前提。角色不仅仅是角色期望的表现，而且也不总是依赖于结构中的位置。[⑤] 它是由行为体在互动过程中建构而成的，是行为体与社会结构相互建构的结果。[⑥] 社会结构具体表现为一些相互关联的要素，即"某一位置网络""某一相应的期望系统"和"按照特定网络的期望来行事的行为模式"。[⑦] 根据该理论，角色可以解释行为体的行为取向，"角色的形成和扮演在互动中进行，角色之间是依存关系"。[⑧] 美国社会学家乔纳森·H.特纳（Jonathan H. Turner）的角色理论关注对

---

① 参见 Robert E. Park and Ernest W. Burgess, *Introduction to the Science of Sociology* (Chicago: University of Chicago Press, 1921)。

② 角色扮演的技能指行为体遵循选定角色的角色期望，完成角色扮演的任务而表现出来的技巧和能力。扮演技能可分为一般技能和特殊技能。一般技能包括认知技能和活动技能。特殊技能指扮演特定角色时所具备的独特的技巧、能力、智慧和经验，它既是认知方面的，也是活动方面的，是与特定角色结合在一起的。

③ 徐正源：《中国负责任大国角色的建构：角色理论视角下的实证分析》，第28页。

④ 庞树奇、范明林主编《普通社会学理论（第四版）》，第137页。

⑤ 乔纳森·H.特纳：《现代西方社会学理论》，范伟达主译、卢汉龙校订，天津人民出版社，1988，第514—515页。

⑥ 徐正源：《中国负责任大国角色的建构：角色理论视角下的实证分析》，第29页。

⑦ 乔纳森·H.特纳：《现代西方社会学理论》，范伟达主译、卢汉龙校订，第441页。

⑧ 徐祥运、刘杰编著：《社会学概论（第五版）》，东北财经大学出版社，2018，第129页。

个人社会行为的本质[①]探索，认为个人是主动地去建构和形成角色而非被动地接受社会规定的角色，并在与他人的互动中努力让对方知晓自己所扮演的是什么角色。特纳将角色领会与角色建构等同起来，指出人们为了融入社会生活建构自己的角色，并试图了解他人所扮演的角色。角色领会和角色扮演过程就是行为体间的互动过程。[②]

角色冲突理论建立在角色理论的基础之上。学界对角色冲突理论的研究方向各有侧重，往往是关于微观的人际关系和角色关系的处理，包括对角色内冲突、角色间冲突及角色历史冲突的研究。对角色内冲突的研究涵盖自我对其自身角色的认识与其对自己实践角色行为的认识是否一致，有何差距，这种差距如何对自我形象产生不利影响。研究角色间冲突，主要探讨的是一个行为体在执行其一个角色的某些规定性与其另一个角色的某些规定性之间存在互不相容之处时，行为体会如何行事。有关角色间冲突的研究还集中分析不同角色地位的占有者对待特定角色的不同认知。一般情况下，对待角色认知的一致性缺乏程度越高，角色地位占有者之间发生冲突的可能性就越大。对角色历史冲突的研究发现，行为体在履行新角色、实现角色转换时，存在一个心理和行为的适应空隙，在行为体的心理和行为适应新角色要求之前，新旧两种角色心理和行为之间必然存在着不一致的情况，这种由角色转换引发的角色冲突经常发生，很难避免。[③]

在角色冲突理论中，学者们除了关注微观人际关系和角色关系，还关注如何解决角色冲突的命题。其中有学者提出"角色冲突解决理论"[④]，认为"人们会选择不相容的规范[⑤]，如果人们理解行为体个体，

[①] 乔纳森·H.特纳用米德的角色领会概念来描述社会行动的本质。参见乐国安主编《社会心理学（第四版）》，第138页。

[②] 庞树奇、范明林主编《普通社会学理论（第四版）》，第138页。

[③] 庞树奇、范明林主编《普通社会学理论（第四版）》，第142—143页。

[④] 参见 N. Gross, et al., *Explorations in Role Analysis: Studies of the School Superintendency Role* (New York: John Wiley & Sons, Inc., 1958).

[⑤] 默顿于1938年发表了《社会结构与失范》，运用涂尔干的失范概念探讨越轨行为，把越轨行为视为社会结构解体的结果。行为体在愿望与社会结构间发生断裂以及目标与制度化手段间发生断裂时，行为体可能会采用五种不同的适应方式——遵从、创新、仪式主义、逃避主义和反叛。默顿的越轨理论对社会学界影响深远。引文中的"选择不相容的规范"主要指越轨行为。

认为他人强大的程度和社会规范是合法的,行为体的选择就是可预测的"。① 针对组织中的角色冲突,行为体可采取三个步骤来解决:第一是如果有解决的可能,那就在规范之间作出选择(在这种情况下,期望的制裁和合法性判断发挥了作用);第二是如果没有解决的可能,那就在规范之间作出妥协;第三是如果所有其他措施都失败了,那就出局(即放弃角色扮演)。② 针对角色冲突,行为体可以有以下三种类型的反应:第一种是与他人谈判以改变他们的期望;第二种是调整自己的观点以使问题不再是问题(即改变自己对角色的领会);第三种是调整自己的行为。③ 有学者将角色冲突解决理论用于分析女性在经历角色冲突时的应对行为。④ 在以乌干达部落酋长加入西方文官制度施政为案例,分析传统部落文化和西方行政制度规范对酋长的不同期望所导致的角色冲突的研究中,研究者使用了社会学问卷调查的方法,评估了角色的义务性、合法性以及角色选择(更具合法性的或更具义务性的期望)对解决角色冲突所起的作用。⑤

此外,还有一些研究从批判角度看待角色冲突理论。⑥ 布鲁斯·J. 比德尔批评角色冲突理论没有聚焦于至关重要的问题,如行为体遇到角色冲突的频繁程度,角色冲突与哪些结构因素相关等。有学者认为,角色冲突理论存在不足,主要在于角色冲突理论只关注行为体与期望之间的冲突,而忽视了行为体的施动性和个体利益,也没有认识到角

---

① 参见 N. Gross, et al., *Explorations in Role Analysis: Studies of the School Superintendency Role*。

② E. van de Vliert, "A Three-Step Theory of Role Conflict Resolution," *Journal of Social Psychology* 113, No. 1 (1981): 77-83.

③ Douglas T. Hall, "A Model of Coping with Role Conflict: The Role Behavior of College Educated Women," *Administration Science Quarterly* 17, No. 4 (1972): 471-486.

④ A. O. Harrison and J. H. Minor, "Interrole Conflict, Coping Strategies, and Satisfaction among Black Working Wives," in P. Voydanoff, ed., *Work & Family: Changing Roles of Men and Women* (Palo Alto: Mayfield, 1984), pp. 251-260.

⑤ Alvin Magid, "Methodological Considerations in the Study of African Political and Administrative Behavior: The Case of Role Conflict Analysis," *African Studies Review* 13, No. 1 (1970): 75-94.

⑥ William J. Goode, "A Theory of Role Strain," *American Sociological Review* 25, No. 4 (1960): 483-496.

色冲突的张力是推动社会系统演变的力量。角色冲突张力的存在是事物矛盾性的体现。矛盾推动历史向前发展，推动社会不断进步。已有一些研究强调角色间的张力在复杂社会系统中普遍存在，这种张力是促进系统演变的积极力量。[1] 本章以角色冲突促进国际规范演变作为理论工具，借鉴过程角色理论的内核，来探究角色冲突与社会结构的关系，角色冲突与不相容的信仰、规范、偏好之间的关系，以及角色内在主观认知与行为体实践之间冲突的关系。

二、国家角色与国际规范

（一）角色理论在外交政策理论研究中的运用

自20世纪70年代起，角色理论被应用到外交政策理论研究中。首先，角色理论与身份概念的结合可以被用来分析角色与身份变化之间的关系。身份为行为体提供了一个解释行为体所处的社会境况以及相应的适当行为期望的依据。从这一角度看，身份含有社会结构和文化系统所赋予的意义，在行为体所扮演的角色中表现出来。在危机时期，角色与身份关联，身份变化带来角色变化。有学者强调，应当避免过度僵化的角色表述，即角色只依赖于对适当行为的固定期望。[2] 也有学者认为，国家身份决定国家利益，国家利益规定国家角色，国家角色塑造国家对外行为。[3]

其次，角色理论丰富了探究权力、领导力和霸权之间关系的命题，认为领导力与霸权之间是共构（co-constitute）关系。领导力必然以霸权为基础，而霸权只能通过领导力来维持。此外，领导力和霸权本质上都是政治性质的，而权力必须通过话语手段转化为领导力和霸权。[4]

---

[1] William J. Goode, "A Theory of Role Strain," pp. 483-496.
[2] Dirk Nabers, "Identity and Role Change in International Politics," in Sebastian Harnisch, et al., eds., *Role Theory in International Relations: Approaches and Analyses*, p. 74.
[3] 雷建锋：《国家身份、国家角色视域下的中俄关系》，《东北亚论坛》2019年第5期，第102—126页。
[4] Dirk Nabers, "Power, Leadership, and Hegemony in International Politics: The Case of East Asia," *Review of International Studies* 36, No. 4 (2010): 931-949.

有学者强调:"如果没有霸权领导国际制度,国际合作成功的可能性极低,集体行动困境将会十分严重。"① "制定集体行动的游戏规则是最重要的一种权力。因为选择的条件总是由大国提出的,规则也多由大国制定,只有在得到大国的认可之后才能修改规则。"② 大国主导集体行动,以此作为吸引其他国家充当自己盟友和伙伴的隐性资源和软实力,并迫使其他国家按其规则行事。③ "制定集体行动规则的权力是大国竞争的重点,而集体行动的合法性也主要源自大国协调。"④

最后,角色理论把叙事作为研究对象和分析方法。该方法拓展了外交政策角色理论,观察国家内部的各种相互竞争的声音,分析不同叙事在决定国家角色以及角色转变过程中的作用,认为国内各种竞争叙事的互动将导致对国家外交政策的重新定位。以智利和墨西哥加入亚太经合组织及其在亚太经合组织中的表现为例,尽管这两个国家都不属于亚太地区成员,但在是否成为亚太经合组织成员的问题上,两国国内发出不同声音,生成了亚太经合组织是亚太与北美相结合的项目的新叙事,使国家角色转变,各自的外交政策也被重新定位。⑤ 话语是叙事的基础⑥,可以建构一种叙事结构或意义网络系统,同时建构国家角色与身份的语境,并且不断塑造与强化角色和语境。话语能够通过选择性叙事来建立起影响人们思维逻辑的社会共识或常识性认知。⑦

综上所述,角色与外交政策行为关系的研究常常从对角色的自我认知与他者期望之间的矛盾入手,并引进了话语分析和叙事等研究方

---

① Robert O. Keohane, *After Hegemony: Cooperation and Discord in the World Political Economy*, p. 240.
② 于宏源:《国际环境合作中的集体行动逻辑》,《世界经济与政治》2007年第5期,第45页。
③ Joseph S. Nye, Jr., "The Velvet Hegemon: How Soft Power Can Help Defeat Terrorism," *Foreign Policy* 136 (2003): 74-75.
④ 庄贵阳等:《全球环境与气候治理》,浙江人民出版社,2009,第211页。
⑤ Leslie E. Wehner and Cameron G. Thies, "Role Theory, Narratives, and Interpretation: The Domestic Contestation of Roles," *International Studies Review* 16, No. 3 (2014): 411-436.
⑥ 参见热拉尔·热奈特《叙事话语 新叙事话语》,王文融译,中国社会科学出版社,1990。笔者采取了热奈特对叙事的定义,即叙事包含三层概念:叙事话语(用于陈述一个或一系列事件口头或书面的话语)、故事(叙事话语所陈述的真实或虚构的事件)及叙述(讲述话语的行为)。
⑦ 姜鹏:《角色认知与话语建构:美国选择性干预的政治逻辑》,《太平洋学报》2015年第4期,第27页。

法，为角色理论、话语实践及国家对外政策研究提供了新视角。20世纪90年代，国际关系理论与社会学角色理论融合，亚历山大·温特提出了"角色身份依赖于文化"①，还认为从国际关系结构理论角度，有关对外政策的角色理论不仅需要强调施动者–结构等式上施动者承担角色的内容，也要强调结构建构角色的内容。② 2010年，卡梅隆·G.蒂斯（Cameron G. Thies）在国际研究协会（ISA）的支持下发起了一个研讨会，邀请外交政策分析和国际关系研究领域不同方向的学者参加，通过角色理论来填补两个研究领域之间的鸿沟。③ 2011年，关于用角色理论方法融合外交政策分析与国际关系理论研究的专著出版④；2012年，《外交政策分析》杂志专门出版了一期关于角色理论的特刊⑤，对角色理论进行了深入的探讨。

（二）国家角色理论

国家角色和国家角色行为，这两个概念是理解角色理论与外交政策分析交叉研究的基础。K. J. 霍尔斯蒂首先引入国家角色概念，对国家角色认知、期望与外交行为之间的关系进行研究，开创了国家角色理论。⑥ 霍尔斯蒂于1970年首先发表了关于国家角色的论文，对71个国家接近1000份官方声明进行分析，分出了17种不同国家追求的角

---

① 亚历山大·温特：《国际政治的社会理论》，秦亚青译，第222页。
② 同上书，第223页。
③ Cameron G. Thies and Marijke Breuning, "Integrating Foreign Policy Analysis and International Relations through Role Theory," *Foreign Policy Analysis* 8, No. 1 (2012): 1-4.
④ 参见Sebastian Harnisch, et al., eds., *Role Theory in International Relations*: *Approaches and Analyses*。
⑤ Cristian Cantir and Juliet Kaarbo, "Contested Roles and Domestic Politics: Reflections on Role Theory in Foreign Policy Analysis and IR Theory," *Foreign Policy Analysis* 8, No.1 (2012): 5-24; Cameron G. Thies, "International Socialization Processes vs. Israeli National Role Conceptions: Can Role Theory Integrate IR Theory and Foreign Policy Analysis?" *Foreign Policy Analysis* 8, No.1 (2012): 25-46; Sebastian Harnisch, "Conceptualizing in the Minefield: Role Theory and Foreign Policy Learning," *Foreign Policy Analysis* 8, No.1 (2012): 47-69; Rikard Bengtsson and Ole Elgström, "Conflicting Role Conceptions? The European Union in Global Politics," *Foreign Policy Analysis* 8, No.1 (2012): 93-108.
⑥ K. J. Holsti, "National Role Conceptions in the Study of Foreign Policy," pp. 233-309.

色，提出了国家角色概念的假设，指出国家角色的根源包括国内根源和国外根源，会深刻影响外交政策行为"。[1]"国家角色包括角色扮演和角色认知两个方面。国家行为和对外政策'围绕国家在国际体系中的角色定位和再定位'而变化。"国家角色扮演指的是"针对其他国家的态度、决策、反应、义务和功能的行为模式"。"国家角色认知指政策制定者对什么样的角色、义务、规则和行为与他们国家身份相符的主观认知和判断，以及对他们国家在国际体系和次体系中应该具有的功能（如果国家确有功能的话）的判断。"[2] 按照霍尔斯蒂的观点，国家领导人根据其对自己国家角色的认识所采取的外交行为被称为"国家的角色行为"，它包括对世界的态度、决定、反应、作用和对外承诺的总体规律。[3] 他还提出，国际体系不仅可以被视作相互关联的格局，还可以被看作在特定时间范围内不同国家角色观念的分配。[4] 国家角色理论具有以下三个特点。

首先，国家社会化是国家角色理论研究的一条路径和一个分析工具。国家角色理论认为，米德的符号互动概念可以将角色理论与外交政策学习相结合，指出国家社会化主要通过外交政策学习、尝试角色扮演（as-if role taking）以及角色定位来实现。[5] 在特定社会中，行为体的学习具有明显社会效应，塞巴斯蒂安·哈尼施对角色接受、角色塑造以及尝试角色扮演进行了重新定义。角色接受将社会期望与个体或集体的自我认知和行为联系起来；角色塑造则将学习视为行为体施动性与社会期望的互动；尝试角色扮演强调的是角色扮演的创造性效果，同时说明规范、制度和公众期望对行为体的约束。这些概念工具

---

[1] Joseph Frankel, "Book Review on *Role Theory and Foreign Policy Analysis*," *International Affairs* 64, No. 1 (1987-1988): 106.

[2] K. J. Holsti, "National Role Conceptions in the Study of Foreign Policy," pp. 245-246.

[3] 张清敏：《中国的国家特性、国家角色和外交政策思考》，《太平洋学报》2004年第2期，第48页。

[4] K. J. Holsti, "National Role Conceptions in the Study of Foreign Policy," p. 247.

[5] Sebastian Harnisch, "Conceptualizing in the Minefield: Role Theory and Foreign Policy Learning," pp. 47-69.

被用来分析国家角色在国际社会中的社会化。① 卡梅隆·G.蒂斯把国家角色定位过程作为国家社会化过程，认为这一过程是一个程式化的社会化"游戏"——社会和战略互动。国家与国际体系及区域次体系的互动使国家获得角色定位，国家则凭借此角色定位确定和采取相应的外交政策。例如，1948—1956年，以色列通过与美国、苏联两个大国的社会化"游戏"，将自己在国际社会中的角色定位为一个新的主权国家，在地区各国不赞同并用冲突拒绝以色列的主权国家角色定位的情况下，以色列也报以冲突。②

其次，对国家所处国际地位的研究认为国际、国内结构能够对国家角色产生影响，这进一步拓宽了国家角色理论的适用范围。在考察、分析冷战后国家外交行为时，国家角色理论被用来分析各国自称的不同角色，在维护国际秩序方面，这些不同的国家角色增加了开展国际合作的可能性。该研究有助于评估主权国家身份角色概念中的同一性，同时也有助于识别被利益掩盖的角色冲突，及冲突产生的必然性，并明确指出了角色间存在的矛盾。③ 冷战后，日本的国家角色经历了由"民生大国"④ 向"正常国家"的转变。在这个过程中，主导东亚政治格局的两个重要双边互动结构——美日和中日，限定了日本所应扮演的

---

① Sebastian Harnisch, "Conceptualizing in the Minefield: Role Theory and Foreign Policy Learning," pp. 47-69.

② Cameron G. Thies, "International Socialization Processes vs. Israeli National Role Conceptions: Can Role Theory Integrate IR Theory and Foreign Policy Analysis?" pp. 25-46.

③ Philippe G. Le Prestre, ed., *Role Quests in the Post-Cold War Era: Foreign Policies in Transition* (Montreal & Kingston: McGill-Queen's University Press, 1997), pp. 3-9.

④ 汉斯·M.毛尔（Hanns W. Maull）教授首先提出civilian power（民生大国）概念，意指这样的国家:（1）同其他国家合作，共同推进国际目标；（2）专注于首先使用经济手段而非军事手段来实现国家目标，军事力量只是作为保卫其他手段能够得以正常实施的辅助工具；（3）致力于发展超国家结构，以解决国际管理中的核心问题。civilian power 一词，国内学者多将其翻译成"民事强权"（熊炜:《"欧洲民事强权":概念、决定性因素及其发展》,《欧洲研究》2007年第2期，第91—101页）或"民事力量"（张浚:《从亚欧会议进程看发展国际关系的"欧洲模式"》,《欧洲研究》2006年第1期，第3—16页），但"民事"一词多作为法律用语出现，用在此处并不符合中文习惯。鉴于研究日本问题的学者一般都借用船桥洋一对该词的日语翻译——"民生大国"[『日本の対外構想―冷戦後のビジョンを書く』(《日本の対外構想》)、岩波新書、1993]，本书在此将其译为"民生大国"。转引自程蕴《冷战后日本国家角色的转变过程分析——基于角色理论的探讨》,《日本学刊》2016年第4期，第26页。

国家角色的内容，同时也制约了日本的对外行为。面对双重互动结构所形成的中美两国的对日不同角色期望，日本政府分别以角色交替和角色转换的手法来化解自身所承担的角色内在冲突，缓解了东亚地区的内在紧张局势。安倍晋三第二次执政以来，日本政府明显背离了中国对它的角色期望，开始以一个现状改变者的面目出现。这种改变打破了东亚国家原有的共同期望，加剧了彼此间的不信任感。也有学者认为，安倍外交依旧处于"角色试扮演"的阶段，东亚国际政治格局并未像他所设想的那样完成角色的重新分配。[①]日本最终只能重新扮演安倍执政之前所确定的国家角色。[②]

最后，国家角色理论认为，国家角色冲突源于国家在不同层次上扮演角色的差异和国家自我认知与国际社会期望之间的差异。国家在国内、地区及国际上扮演多重角色，因而发生国家角色冲突。新旧国家角色以及国家角色自我认知与国际社会期望的差异也会导致角色冲突，影响国家的外交政策行为。例如，自德国于1990年重新统一以后，在应对冷战后的数次重大国际危机时，德国的外交决策体现出来回摇摆的特点。这一点集中表现在德国对待1990—1991年的海湾战争、1992年德军是否参与联合国维和行动、1999年的科索沃战争及2001年爆发的阿富汗战争等方面。外部对德国的角色期望、德国对自身角色认知的不一致以及德国所遵循的国际规范的不断变化，使德国持续处于国家角色冲突之中。[③]

国家角色与外交政策行为之间存在密切关系。20世纪七八十年代学界深入研究角色理论，将其用来分析外交政策，涉及外交言论与外交行为之间的关系、文化规范与国家角色之间的关系以及外交政策的起源等都涉及国家角色理论。斯蒂芬·G. 沃克（Stephen G. Walker）认为，角色理论在外交政策研究中具有优势，"它具有描述、组织和解

[①] 程蕴：《冷战后日本国家角色的转变过程分析——基于角色理论的探讨》，第25—43页。
[②] 同上。
[③] 熊炜：《论德国外交与安全政策中的角色冲突》，《德国研究》2004年第4期，第7—12页。

释的价值"①,"可以把国内资源、文化规范以及领导人认知等不同层次上的因素整合起来,对国家行为作出全面分析。角色理论也可以在特定角色结构框架下,用来研究角色冲突、角色转换以及角色生产等不同过程"。② 然而,如何以角色冲突理论为核心建立国际规范演变的理论模型,运用话语分析和话语实践来增加理论解释力,仍需理论层面的探讨。

(三)国家角色转变与国际规范演变

基于国家角色理论,本章尝试提出一个有关国家角色转变和国际规范演变的理论模型。当国际社会秩序或某一领域秩序发生危机时,国家角色发生冲突,角色身份开始不稳定和动摇,国家角色与国际社会结构持续发生复杂互动,社会现实被赋予新的意义(图7-1)。在这种互动过程中,可以通过观察话语,尤其是对立和冲突的话语来具体说明不同角色间的矛盾和张力,最终结果是主导话语的出现和国家角色的转变。转变国家角色后的国家在所拥有的资源和能力支持下,能够重塑国际规范,并将这一规范制度化、合法化。但如果没有资源和能力的支撑,或缺乏其中一项,都很难重塑国际规范,原来的国际规范仍将持续。

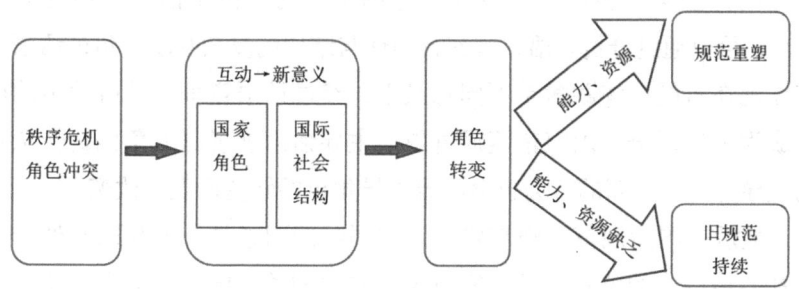

图7-1 "角色冲突—角色转变—规范重塑"模型

---

① Stephen G. Walker, ed., *Role Theory and Foreign Policy Analysis* (Durham: Duke University Press, 1987), p. 2.

② 徐正源:《中国负责任大国角色的建构:角色理论视角下的实证分析》,第35页。

首先，社会中存在角色冲突。角色冲突既存在于行为体角色内部和不同角色之间，也存在于社会对行为体的角色期望与行为体的实际表现之间。就国家角色而言，既存在旧角色与新角色之间的冲突，也存在因国家同时处于不同制度期望下而产生的角色冲突。国家角色自身以及国家角色与外部期望之间的冲突总是存在，此类张力不可避免、永续存在，并推动国际社会中行为体的行为变化和角色转变。同时，处于两个或两个以上的制度期望中的国家，会因制度期望的不同而产生角色冲突。面对角色冲突，国家一般会选择一个主导角色，如果其他角色与主导角色发生冲突，国家会首先扮演主导角色。在新旧制度交替或者社会秩序发生危机时，国家角色会经历新旧角色冲突，经过复杂互动（行为体与结构的互动）赋予社会现实新的意义，使国家身份发生改变、国家角色发生转变。

其次，国家角色与对外政策是行为体与结构的关系，存在复杂互动。行为体与结构互为因果，相互建构。国际社会和国内政治相互限制，国家角色一方面受制于结构，另一方面由于国家具有集体施动性，体现外交政策决策者的信念。国家角色与结构具有动态性关系，国家角色既有社会化的趋向，有时也会抵制规范，导致规范内化中断。国家角色与国际、国内社会结构从物质和观念两方面进行复杂互动，这种互动是国家角色转变和秩序更迭的推动力。由于话语建构社会事实[1]，可以通过分析话语，观察行为体与结构的复杂互动。角色话语冲突体现在对同一实践赋予不同意义上，经过话语竞争，最后胜出的话语成为主导话语。国家精英通过叙述主导话语展现国家角色，带来新的主导身份。国家的行为也会随着主导角色的转变而发生改变。

最后，国际规范重塑需要一定的国际国内条件，即与国家处于国际社会结构中的位置以及国家自身的实力相关。国际社会中的角色转变是否一定会导致国际规范重塑，这一问题的答案与行为体的能力与实力相关，处于国际社会主导地位的国家重塑国际规范的能力和实力

---

[1] John R. Searle, *The Construction of Social Reality* (New York: The Free Press, 1997). 本章采纳了约翰·R.塞尔的社会事实概念。

较强，而处于边缘地位的国家重塑国际规范的能力和实力较弱。国际社会与一般社会学所研究的社会有所区别，社会学中的个体只能按照社会规范和他者期望行事，社会规范不能还原到个体，即个体不能塑造社会规范。在国际社会中的行为体，一方面按照国际规范行事，另一方面也可以塑造国际规范。国际规范还可以归于某个行为体，即国际规范由某个国际政治行为体建立，比如霸权国、国际组织等。如果国家具有足够的实力，包括硬实力和软实力，以及将其实力转化为国际规范的执行力的能力，就可以按照新的角色身份重塑国际规范，使之制度化，新的国际规范也就形成了。

  从研究方法上来看，角色冲突由话语引起并表现出来，这种张力导致了角色身份变化，进而使行为体改变其行为。出于研究简化和分类的需要，可以运用谱系法[①]，按照时间轴的方向由远及近地描述和分析主导话语与边缘话语、话语实践之间的冲突。需要指出的是，首先，现实情况不是按照理论进行分类的，话语与实践总是不断交织在一起，话语的分类边界也不会如同正反两方面或条块分割般清晰。其次，由于话语冲突是持续、动态和反复的，存在语言局限以及对话语建构性的片面理解，需要进行过程对比，屈从知识法[②]在观察话语冲突过程中较为有效。最后，强调话语的作用并不否认世界的物质性，秩序危机、国家角色与国际社会结构的复杂互动、身份断裂、角色转变都是在一定的历史时期内发生的，都受到所处时代的物质条件和技术水平等因素的制约，话语对立与冲突也都在物质基础上进行。因此，无论是国家角色的转变，还是国际规范变迁，都不仅包含观念因素，也包含物质因素。

---

  ① 谱系法（genealogical method）指的是通过研究话语实践的历史，找出某一事件的所有记录。参见孙吉胜《语言、意义与国际政治——伊拉克战争解析》，第122页。
  ② 屈从知识法（subjugated knowledge method）指的是列出主导话语所建构的"真理"和处于屈从地位的知识，并继续深入探讨，以表明处于屈从地位的知识是如何被主导话语排斥甚至最后消失的。同上。

三、美国国家角色的转变与国际捕鲸规范的演变

国际捕鲸规范的演变是一个相对独立且有相对完整的发展以及演变历史维度的案例。此案例的典型之处在于国家角色转变导致国际规范变化。国际捕鲸领域的秩序遭遇危机,美国的国家角色从规范倡导者转变为规范修正者,从捕鲸国转变为护鲸国。从捕鲸话语与护鲸话语的冲突到意义和实践的改变,都可以用谱系法观察其发展脉络,用屈从知识法对话语和实践冲突进行对比。历史上的国际捕鲸规范一直处于变化之中,处于这一领域的行为体不断与结构进行复杂互动。因此,国际捕鲸规范随着美国国家角色变化的演变可以作为国家角色与国际规范演变关系合适的观察和验证案例。

(一)倡导捕鲸规范

二战以后,作为战胜国的美国已是世界的领导者和国际秩序的重塑者,需要通过各种国家间组织、国际组织(尤其是联合国)以多边形式的国际制度来规范和治理世界。在捕鲸管制领域,美国主导了二战后的国际捕鲸秩序,从召集华盛顿国际捕鲸大会到签订《国际捕鲸公约》(ICRW)以及成立国际捕鲸委员会,在捕鲸国之间建立起国际捕鲸规范。就合法性及义务性而言,此时美国国家身份和国家角色相匹配,既是捕鲸国,也是国际捕鲸规范的领导者和倡导者。

1. 角色语境

二战使世界发生了巨大改变。英国和法国在二战中都受到重创,数世纪以来的以欧洲为中心的国际格局被打破,欧洲列强主宰世界的旧时代结束。富兰克林·德拉诺·罗斯福总统认为,凭着美国实力的绝对优势,美国在战后应该居于世界的"领导地位"。二战后,美国成为资本主义世界中唯一增强了经济和军事实力的国家,整个资本主义世界三分之二以上的生产能力都集中在美国手中。[①] 布雷顿森林体系

[①] 徐天新、梁志明主编《世界通史·当代卷》,人民出版社,1997,第14、29页。

保障了美元的核心地位,美国通过对外投资和对外援助推行经济扩张,在世界各地建立军事基地,为其建立和维护世界霸权奠定了牢固基础。美国总统杜鲁门在其就职演讲中说:"在科学技术方面,我们是时代的佼佼者。我们拥有凌驾于其他国家的绝对实力,……只有我们自身强大了,我们才能带领世界走向繁荣,引导全世界走向真正的和平与发展。……能力越大,责任就越大。"① 他还一再宣称:"美国在世界上处于领导地位。"② 杜鲁门的话语清晰地表明,美国此时的角色是世界的领导者,科学技术方面的佼佼者、实力和能力拥有者以及世界责任担当者,也表明美国要带领和引领世界。

20世纪30年代末至二战结束前,并不存在一个公认的国际捕鲸规范。③ 传统捕鲸国(如挪威、英国等)意识到需要对捕鲸进行国际管制,但是由于一些新兴捕鲸国(如德国、日本等)拒绝合作,不愿意参加限制捕鲸的协议,在这一时期难以对捕鲸活动进行有效管制。此外,由于缺乏对鲸的生存、繁殖等方面进行的科学研究,没有科学信息来对捕鲸配额进行规定,对鲸的存量、年龄等都无法作出准确的判断,因此,这一阶段的管制基本上是无效的。④ 二战结束后,满目疮痍的欧洲和日本急需重建,对鲸油的需求量大幅增加,市场上的鲸油价格也急剧上升,"1945年每吨鲸油的价格为40英镑,1948年涨至110英镑,1946—1952年每吨鲸油的平均价格为100英镑"⑤,因战争而中止的捕鲸活动在世界范围内很快获得恢复。传统捕鲸国以及新兴捕鲸国都加入这一行列,日本、德国的战败也为国际社会合作对捕鲸活动进行管

---

① 王国章编译:《美国历届总统就职演说:跟美国总统学演讲》,中国商业出版社,2017,第188—190页。

② 徐天新、梁志明主编《世界通史·当代卷》,第25页。

③ 1946年之前,部分捕鲸国已签署过三项国际协议:1931年的《捕鲸管制公约》、1937年的《捕鲸管理国际协定》以及1944年的《捕鲸管理国际协定议定书》。这三项国际协定的有效性和约束力十分有限,可体现在三个方面:一是只有部分捕鲸国签署;二是只针对性地保护少部分鲸种群和伴有幼鲸的母鲸;三是没有监督执行这些协定的专门机构。

④ 孙凯:《捕鲸的国际管制及其变迁》,社会科学文献出版社,2012,第82—83页。

⑤ Michael Heazle, *Scientific Uncertainty and the Politics of Whaling* (Seattle: University of Washington Press, 2006), p. 39.

制提供了机遇。① 许多捕鲸国也意识到，二战前的国际捕鲸公约、协定及议定书基本没有约束力，需要一个新的国际公约来对各国的捕鲸活动进行管制。

2. 国际捕鲸规范

美国主导制定了新的国际捕鲸制度和规范。1946年，国际捕鲸大会（也称"华盛顿大会"）在美国首都华盛顿召开。19个国家（14个正式参会国、5个观察员国）与会，墨西哥受到邀请，但缺席。在捕鲸国中，德国和日本没有参会；非捕鲸国都没有参会。联合国粮农组织派观察员列席会议。大会发起人、美国首席代表雷明顿·凯洛格（Remington Kellogg）当选为大会主席。大会的目标是整理、编纂当时仍有效的管制捕鲸的公约、协议、议定书、修改的条款等文本，建立有效的永久性组织来监督和管理国际捕鲸活动。华盛顿大会取得的最重要成果是达成《国际捕鲸公约》。② 这是美国主导下的新的国际秩序中捕鲸领域的国际制度和国际规范，其文本体现了美国的主导话语。同时，美国通过召集各国并在华盛顿举办国际捕鲸大会、美国代表当选大会主席、起草《国际捕鲸公约》等，确立自身作为规范的制定者和倡导者的角色，并在之后不断巩固该角色地位。

《国际捕鲸公约》是二战后美国建立国际捕鲸秩序的基础性文本，为捕鲸活动管制提供了基本原则。"根据公约规定，国际捕鲸委员会的核心职能在于制定捕鲸配额。这些配额通常每年调整一次（尽管原住民捕鲸配额往往3—5年调整一次），且任何调整必须在修订附件的基础上进行。公约第五条第二款规定……附件的修订必须：（1）为了执行本公约的目的和任务，并为了谋求鲸类资源的保护、发展和最适当的利用；（2）以科学的判断为基础。"③ 由此可见，《国际捕鲸公约》是

---

① Pat W. Birnie, "International Legal Issues in the Management and Protection of the Whale: A Review of Four Decades of Experience," *Natural Resource Journal* 29, No. 4 (1989): 907. 转引自孙凯《捕鲸的国际管制及其变迁》，第86页。

② Michael Heazle, *Scientific Uncertainty and the Politics of Whaling*, p. 44.

③ Arne Kalland, *Unveiling the Whale: Discourses on Whales and Whaling* (New York: Berghahn Books, 2009), p. 114.

一个鲸资源的分配机制，领导者美国之所以倡导国际捕鲸规范，是由于以美国主导的国际捕鲸委员会掌握分配资源的权力，每年分配捕鲸配额时，扮演规范倡导者的角色以及国际捕鲸委员会领导者的角色。最初的缔约国都是捕鲸国，他们的身份都是相同的，从1946年至20世纪60年代末，捕鲸国赋予捕鲸的意义是追求捕鲸的商业价值所带来的国家利益。此时《国际捕鲸公约》的作用是对世界各国进行分类，区分捕鲸国和非捕鲸国，在建立捕鲸管制秩序的同时产生了新的身份主体：捕鲸国、非捕鲸国以及国际组织——国际捕鲸委员会。

3. 美国国家角色

美国国家角色话语通过《国际捕鲸公约》条款来具体呈现。这些条款内容已清晰表明，美国把自己塑造为国际捕鲸秩序的主导者和国际捕鲸规范的倡导者，从公约的保管、生效到缔约国的退出，都要由美国把关。《国际捕鲸公约》第十条规定："本公约须经批准，批准书交由美利坚合众国政府保存"；"凡未参加签订本公约的政府，在本公约生效后，得以书面通知美利坚合众国政府而参加本公约"；"美利坚合众国政府应将所有收到的批准书和参加公约的通知书，通知所有签订公约的政府和参加公约的政府"；还规定只有在包括美国在内的六国政府批准此公约时，公约才生效。第十一条规定，任何缔约政府退出公约，须向美国政府提出声明，公约的正本保存在美国政府的档案库中。[1] 在国际捕鲸管制领域，美国被有些学者称为"守门人"。[2] 例如，捕鲸国日本从二战前的拒绝国际合作到二战后成为国际捕鲸委员会成员国的转变，就与美国的主导作用密切相关。国际捕鲸委员会成立之初，即二战后美国对日本的占领期间，日美从属关系确立，美对日政策由削弱转变为扶持。二战后日本食品短缺，美军帮助日本渔民出海

---

[1] 《国际捕鲸公约》第十条第四款规定："本公约应在收到至少六个签约政府的批准书时，其中包括荷兰、挪威、苏维埃社会主义共和国联盟、大不列颠及北爱尔兰联合王国和美利坚合众国，即对各该政府生效。"《国际捕鲸公约》，1946年12月2日，第6页，中国条约数据库，https://treaty.mfa.gov.cn/tykfiles/20180718/1531876002589.pdf，访问日期：2024年10月22日。

[2] Charlotte Epstein, *The Power of Words in International Relations: Birth of an Anti-Whaling Discourse* (Cambridge: The MIT Press, 2008), p. 82.

捕鲸，在很大程度上解决了日本战后的食物供应问题，产出的鲸油也可供给美国军用。日本在1951年就加入了国际捕鲸委员会[①]，当时日本还不是联合国会员国。美国将日本纳入《国际捕鲸公约》体系，让日本加入国际捕鲸委员会，助其回归国际社会，均实现了美国对日本的扶持外交政策。

《国际捕鲸公约》用英语写成，以及后来的国际捕鲸委员会年会使用英语作为工作语言，也能体现出美国的主导身份和倡导者角色。二战后的许多捕鲸国并不以英语为官方语言，包括挪威、苏联、荷兰、德国及日本，且挪威作为捕鲸大国还拥有国际捕鲸统计局，存有大量相关数据和资料，《国际捕鲸公约》第四条和第七条都提及挪威桑讷菲尤尔（Sandefjord）的国际捕鲸统计局的职能。但使用挪威语记录的大量资料都被排除在国际捕鲸规范之外，用其他语言记录的资料更是如此。换言之，在美国倡导下，英语才能被用来表现、建构和重建国际捕鲸规范，成员国（非英语国）的语言都要转换成英语才能被理解，其他语言的表述要以英语为准。

设立国际捕鲸委员会是美国领导者角色的具体实践。其实质在于，美国通过话语（《国际捕鲸公约》文本）的框定和设立机构的话语实践，重新建构了一个国际社会的行为主体，使其能在国际捕鲸领域发挥主体作用，而美国通过领导这一行为主体，获得了秩序主导者的身份和规范倡导者的角色，实现了在国际捕鲸领域身份和角色的相互匹配和相互加固，初步建立了国际捕鲸秩序，并使国际捕鲸领域保持一种稳定有序的状态。

（二）角色冲突与转变

二战后，在国际捕鲸管制秩序趋于混乱的状况下，美国作为《国际捕鲸公约》的倡导者，需要将捕鲸国统一到自己麾下。美国的目标是促使各捕鲸国达成协议并签署公约，尽管各国有自身不同的利益考

[①] "Membership and Contracting Governments," International Whaling Commission, accessed March 14, 2019, https://iwc.int/members.

量。然而,在美国的主导下,为了能使各方尽快妥协,《国际捕鲸公约》条款中保留了模棱两可或者概念模糊的表述,为话语冲突以及其内在的角色冲突留下了空间。

1. 话语冲突

《国际捕鲸公约》条款中模棱两可或者概念模糊的表述包括"为科学研究的目的""以科学的判断为基础",以及"依据通过关于鲸类资源的保护和利用规则"修改附件时,"须经有投票权的委员四分之三的多数同意"等。表7–1列出了运用屈从知识法梳理的《国际捕鲸公约》条款中内涵矛盾的话语。

表7–1 《国际捕鲸公约》条款中的话语冲突

话语	捕鲸/鲸	最佳科学证据	蓝鲸单位	异议程序
经济利益话语（主导）	适当管理捕鲸渔业,养护鲸是为了捕捞	科学不确定性（按最高限捕鲸）	不论鲸的种类,均以鲸的产油量作标准	可退出《国际捕鲸公约》,"合法地"按本国计划捕鲸
保护话语（边缘）	保护鲸资源	科学不确定性（按最低限捕鲸）	按照不同种类的鲸以及该种类濒危程度确定捕捞配额	执行《国际捕鲸公约》

关于话语冲突,具体举例来看,《国际捕鲸公约》规定了两种"免除义务"的情况:一是《国际捕鲸公约》第八条规定,缔约国政府可以为科学研究向其国民颁发捕杀和加工鲸的特别许可证,《国际捕鲸公约》没有规定颁发特别许可证的数量和条件,缔约国政府根据需要自行决定;二是允许原住民以获取食物为目的继续捕鲸。运用谱系法分析可知,《国际捕鲸公约》的这两条存在争议的规定表明,话语对立的两方赋予文本描述的同一行为以不同的意义,继而导致了不同的捕鲸实践。(表7–2)

表7-2 《国际捕鲸公约》文本中"免除义务"的话语发展

话语	1946—1982年	1982—1997年	1997年至今
原住民捕鲸	作为用于提供食物的捕鲸形式而被允许,使用原始工具进行捕杀,鲸肉不可交易	作为捕鲸的一种形式被环保运动抗议	《国际捕鲸公约》缔约国的原住民被允许采取这种捕鲸形式,美国允许玛卡部落捕鲸
科学捕鲸	由于可以商议而不受重视,所获鲸肉不可用于商业目的	由于商业捕鲸被禁,此类捕鲸成为日本等国商业捕鲸的掩护	捕鲸国(如日本)认为此种捕鲸形式应受支持;反捕鲸国认为应在南极禁止此种捕鲸形式(澳大利亚诉日本案,2014年在国际法院胜诉)

2. 角色冲突与转变

话语冲突体现的是角色冲突,秩序危机是激活角色冲突的条件。国际捕鲸委员会成立后的20多年间,国际社会历经变化、美国国内遭遇困境①,在此语境下,国际捕鲸领域同样危机丛生、步履维艰,出现了秩序危机。美国作为捕鲸国的国家角色身份逐渐发生断裂,表现为一种话语冲突。在这个过程中,行为体与结构产生复杂互动,行为体角色出现转变,国际规范得以重塑。

社会语境是约束国家角色的条件。美国从捕鲸国转变为护鲸国的背景之一是美国国内环保话语的兴起。二战后,美国经济空前繁荣,带来一系列环境污染问题,这些问题的严重性和危害性引发民众反思,民众开始关注和加入保护环境的行动。20世纪60年代,美国知识分子②率先以科学知识和现实的环境污染证据教育和启发了广大民众。美国环保运动中环保知识的出现以及民众对环保理念认识水平的提高,

---

① 20世纪五六十年代,美国经济大发展,但也引发了众多社会问题。社会动荡不安,出现了大规模的黑人民权运动、反对越南战争的群众斗争和青年的反抗活动。

② 1962年蕾切尔·卡森出版了她的《寂静的春天》,成为美国环境运动兴起的里程碑,这本书也被广泛认为是有关环境问题最具典型性、代表性和影响力的作品。1968年保罗·埃利希的《人口炸弹》对于环境运动的兴起以及环保意识的增强也起到了重要作用。

改变了美国社会的观念结构。大量环保组织的成立以及各组织成员数量的不断增加都体现了民众对环保的期待和诉求。环境期刊也如雨后春笋般出现。1969年夏秋两季，环保运动席卷全美，在美国社会中形成了一阵狂热。1970年4月22日（地球日）成为环保运动的重大活动日，美国国会还为此休会一天。当天，约1000万美国青少年参加了活动，显示出广大美国民众已经投入环保运动。由于环保运动追求的目标是清洁的空气和水，这与美国民众的想法高度契合，环保运动取得了广泛成功。环保运动使美国民众意识到对地球及其丰富资源悲剧性滥用的时代应该结束，民众也必须行动起来使其尽早结束。①

但是，随着环保运动的发展，美国各利益集团与环保主义者产生了激烈冲突。美国政府不容许环境问题被用来破坏美国国家基本制度，恰好，这时的美国停止了捕鲸，环保运动带来的压力就此被转嫁给捕鲸业。美国政府大力支持护鲸，可以团结社会中环保运动的力量，同时也不得罪污染企业。这样做不仅政治成本不高，而且还可以赢得国际上的道德赞誉。这些都是护鲸话语得以创造、传播并占据主导地位的前提条件。

美国从捕鲸国转变为护鲸国的另一个背景是国际捕鲸领域出现失序状态。自1948年生效以来，《国际捕鲸公约》最初是按全球总配额执行的，这就导致各捕鲸国加大对捕鲸船的投资，以参加奥林匹克竞赛般的速度竞争②，试图更快地捕捞到足够的鲸，因为一旦达到当年的捕鲸配额，所有国家都必须停止当年的捕鲸活动。1958年之后，各捕鲸国纷纷拒绝国际捕鲸委员会的配额要求，各自设定自己国家的捕鲸配额。为了不受约束，有些捕鲸国甚至退出国际捕鲸委员会，这也导致该国际组织危机丛生。此时的《国际捕鲸公约》被认为是一个失败

---

① 庄锡昌：《二十世纪的美国文化》，浙江人民出版社，1993，第216页。
② 《国际捕鲸公约》对捕鲸做了某些限制，禁捕灰鲸、座头鲸及露脊鲸，规定了捕鲸季、捕鲸区域和总量限制，这非但没有减缓捕鲸国之间的竞争，反而加剧了这种竞争。国际捕鲸统计局规定根据统计，一旦总量达到所规定的16000蓝鲸单位，就宣布本捕鲸季结束。捕鲸国将这种做法讽刺为"捕鲸奥林匹克"，只对总量进行限制的后果是捕鲸者争相在尽可能短的时间内捕获尽可能多的鲸。

的机制，它既没有实现对鲸的适度保护，也没有使捕鲸业有序发展。[①] 尼克松就任总统后，遇到了美国历史上最严峻的国际形势和国内挑战，需要有新的战略和政策来应对。[②] 他曾对政府所面临的困难发出感叹："作为现代官僚机构，理解变化和形成新的目标变得更加困难，政府觉得旧方法很难改，新路径很难找到。"[③]

国内政策对国家角色具有共构作用。通过回顾自20世纪60年代初至70年代中期历届美国总统提出的环保政策，特别是尼克松总统任期内的环保政策，可以看到，这些环保政策将美国共构为环保运动的领导者，为其重塑国际捕鲸规范提供了能力支持。在肯尼迪担任总统期间，他支持白宫会议关于"新保护"的项目，签署了《科德角国家海岸法案》。[④] 约翰逊倡导"伟大社会"（Great Society）[⑤] 运动，支持白宫会议关于美化自然的项目，在其夫人的主持下，国会通过旨在医治路边植物的枯萎病的法案，为美国民众树立关爱周围环境的榜样。[⑥] 约翰逊执政期间，美国还颁布了多项关于空气质量及清洁水的法律。约翰逊的环保政策为尼克松执政期间推行环保政策提供了有利基础，从而间接推动了对美国作为环保运动领导者国家角色的构建。

尼克松从政后一直属于保守派，个人对环境问题并无特别见解，

[①] Steinar Andresen, "The Effectiveness of International Whaling Commission," *Arctic* 46, No. 2 (1993): 108-115.

[②] 方连庆等主编《国际关系史·战后卷》（上册），北京大学出版社，2006，第419页。

[③] Eugene R. Wittkopf, et al., eds, *American Foreign Policy: Pattern and Process*, Seventh Edition (Belmont: Thomson & Wadsworth, 2008), p. 455.

[④] Richard N. L. Andrews, *Managing the Environment, Managing Ourselves: A History of American Environmental Policy*, Second Edition (New Haven: Yale University Press, 2006): 423-424.

[⑤] 1964年美国总统林登·约翰逊发表演说宣称："美国不仅有机会走向一个富裕和强大的社会，而且有机会走向一个伟大的社会。"为实现该目标，美国国会通过了包括"向贫困宣战""保障民权"及医疗卫生等方面的400多项法律。参见徐天新、梁志明主编《世界通史·当代卷》，第161—162页。

[⑥] "The Highway Beautification Act: A Broken Law," Environmental Working Group, April 1, 1997, accessed March 14, 2019, https://www.ewg.org/research/highway-beautification-act; Arthur S. Link and William B. Catton, *American Epoch : A History of the United States Since 1900*, Fifth Edition (New York: Alfred A. Knopf, 1980), p. 854; Victor B. Scheffer, *The Shaping of Environmentalism in America* (Seattle: University of Washington Press, 1991), p. 154.

甚至更关心能源开发和经济发展,但作为总统,他审时度势,及时关注到环境问题会带来政治机会。1970年元旦,他进行了电视直播演讲。在演讲中,他宣称20世纪70年代是"环境十年","要么是现在,要么再也不可能"消除人类对环境的破坏。在其第一个国情咨文中,他再次强调"保护自然环境、制止污染的必要性"①,于2月发布一项行政令,指示所有联邦设施减少自身污染,并向国会提交了一份总统环境报告,提出了一项包含37点的环境保护计划。7月,他向国会提交了一份重组计划,要求建立一个国家环境保护局,将直接处理污染和环境毒性危害的现有联邦政府项目纳入同一个机构②,这一重组计划于当年9月生效。③"环境十年"就此拉开了大幕。在尼克松总统执政期间,几乎所有环境法律的颁布都获得压倒性的两党支持。④1969年,《国家环境政策法》颁布,这也是第一部使环境保护成为国家政策的法律。⑤1970年,《清洁空气法》颁布⑥;1971年,在1970年《清洁空气法》框架下,美国国家环境保护局又专门制定了针对五种污染物的《国家

---

① 小弗兰克·格雷厄姆:《〈寂静的春天〉续篇》,罗进德、薛励廉译,萨克达校,科学技术文献出版社,1988,第1—2页。转引自丁金光《国际环境外交》,中国社会科学出版社,2007,第126页。

② Richard N. L. Andrews, *Managing the Environment, Managing Ourselves: A History of American Environmental Policy*, Second Edition, p. 229.

③ 总统的重组计划不需要经过国会表决。在60天内,只要国会没有表示不同意,就可以自动生效。在美国商务部内建立国家海洋与气候管理局,之后又在此管理局下设海洋、渔业和沿海管理部门。Richard N. L. Andrews, *Managing the Environment, Managing Ourselves: A History of American Environmental Policy*, Second Edition, p. 457.

④ James Morton Turner and Andrew C. Isenberg, *The Republican Reversal: Conservatives and the Environment from Nixon to Trump* (Cambridge: Harvard University Press, 2018), p. 12.

⑤ 盖尔·伍德赛德、戴安娜·科库雷编著:《环境、安全与健康工程》,毛海峰等译,化学工业出版社,2006。

⑥ "Summary of the Clean Air Act," U.S. Environmental Protection Agency, accessed March 9, 2019, https://www.epa.gov/laws-regulations/summary-clean-air-act.

环境空气质量标准》①；1976年，《资源保护和恢复法》颁布②。这些基本法律和环保领域的专门法律，再加上环境管理专门机构美国国家环境保护局的设立，为美国国内环境管理提供了制度保障，带动了环境科学研究的进步和人才培养，也为其推行环境外交提供了法律、规范依据和专业技术知识准备。（表7-3）

表7-3 20世纪六七十年代美国环境法清单

颁布时间	时任美国总统	法律名称	对应英文
1960年	肯尼迪	《多用途永续产出法》	The Multiple-Use Sustained-Yield Act
1963年	约翰逊	《清洁空气法》	The Clean Air Act
1964年	约翰逊	《荒野保护法》	The Wilderness Act
1965年	约翰逊	《固体废物处置法》	The Solid Waste Disposal Act
1965年	约翰逊	《土地和水保护基金法》	Land and Water Conservation Fund Act
1965年	约翰逊	《机动车空气污染控制法》	Motor Vehicle Air Pollution Control Act
1965年	约翰逊	《水质量法》	Water Quality Act
1966年	约翰逊	《清洁水恢复法》	Clean Water Restoration Act
1967年	约翰逊	《空气质量法》	Air Quality Act
1969年	尼克松	《国家环境政策法》	The National Environmental Policy Act
1970年	尼克松	《清洁空气法》	The Clean Air Act
1972年	尼克松	《联邦环境杀虫剂控制法》	The Federal Environmental Pesticide Control Act
1972年	尼克松	《海洋保护、研究和保护区法》	Marine Protection, Research and Sanctuaries Act
1974年	福特	《安全饮用水法》	The Safe Drinking Water Act

---

① "Reviewing National Ambient Air Quality Standards (NAAQS): Scientific and Technical Information," U.S. Environmental Protection Agency, accessed March 9, 2019, https://www.epa.gov/naaqs.

② "History of the Resource Conservation and Recovery Act (RCRA)," U.S. Environmental Protection Agency, accessed March 9, 2019, https://www.epa.gov/rcra/history-resource-conservation-and-recovery-act-rcra.

续表

颁布时间	时任美国总统	法律名称	对应英文
1976年	福特	《资源保护和恢复法》	The Resource Conservation and Recovery Act
1976年	福特	《有毒物质控制法》	The Toxic Substances Control Act

资料来源：罗伯特·V. 珀西瓦尔：《美国环境法——联邦最高法院法官教程》，赵绘宇译，法律出版社，2014，第12—14页；Richard N. L. Andrews, *Managing the Environment, Managing Ourselves: A History of American Environmental Policy*, Second Edition, p. 229. 笔者参考上述资料并进行整理。

经由分析以上历史语境，我们可以看到，美国身份出现变化，其实践行为也随之改变。捕鲸对美国的意义发生了变化，捕鲸对美国而言已没有了政治上和经济上的价值。相反，护鲸对美国的政治和社会意义变得更大，尼克松政府环境外交的国内政治需要和反主流文化中的环保运动带来的意识形态和道德压力，使美国领导和倡导国际捕鲸规范的角色发生转变，成为原有国际规范的否定者和修正者。从1946年起至20世纪60年代末，捕鲸秩序中的危机日益凸显，其间美国作为捕鲸国，同时是国际捕鲸委员会的领导者和国际捕鲸规范的倡导者，角色与身份不一致，其领导力实际上没有在捕鲸管制的实践中体现出来。关于捕鲸配额的话语冲突和实践冲突更多体现的是美国的国家角色冲突。随着国际捕鲸秩序中的危机日益逼近，身份断裂已经开始呈现，秩序危机激活角色冲突，美国国家角色身份也在酝酿转化。可以看到，美国为改变其不利处境及适应新需求，积极调整其对外战略和政策，提升了护鲸话语的地位，重塑了国际捕鲸规范。

（三）重塑规范

美国作为世界领导者和国际捕鲸秩序的维护者，需要扭转国际捕鲸失序的状态。虽然1946年建立的国际捕鲸规范是由美国所倡导的，但此时美国的捕鲸国身份已经开始动摇①，旧规范倡导者这一角色已经成为次要角色，领导者角色才是美国的主导角色。在危机时刻，次要角色与主导角色产生冲突，经过行为体（美国）与结构（社会观念和环保共有知识）的复杂互动，话语冲突最终使护鲸话语胜出，美国从原来的国际捕鲸规范倡导者转变为该规范的修正者，继而重塑国际捕鲸规范。

1. 护鲸话语的出现

在国际捕鲸秩序和美国国内政治、经济、社会语境交互的过程中，围绕鲸出现了话语转变。20世纪70年代之前，关于鲸的知识有限，基本没有人了解鲸；而在20世纪70年代之后，关于鲸的知识，无论是神话、宗教、大众文化，还是政治方面的，都是基本相似且相互印证、相互建构和支撑的，形成了符合现代人道德和审美的护鲸话语。

第一类话语是对鲸的神化。鲸是海洋中古老而特殊的生物种类。在各地区神话中，各类鲸的特征被集中在一起，以现实中并不存在的"超级鲸"的形象出现。②古希腊神话中，阿波罗曾化身为海豚；日本人把鲸奉为"护渔神"；越南人认为，鲸是海神；密克罗尼西亚地区的人认为，海豚会变成人参加村庄庆典；加拿大西北海岸的海达人相信，人在海里淹死会化为虎鲸。③

第二类话语是将鲸拟人化。在这类话语中，鲸被起了人类的名字。电影《白鲸》中的白鲸叫"莫比·迪克"（Moby Dick），而参演另一部电影《人鱼童话》的明星虎鲸演员叫"惠子"（Keiko）。一些环保组织进行认养鲸的集资活动，按照不同虎鲸颜色、鳍部和尾部等不同特征，给被认养的虎鲸起名字，并建立族谱，给与它有血缘关系的虎鲸都起了名字。科学家还把鲸的生存期比作人类的生命周期，使用与

---

① 角色与身份在共构过程中是个封闭的环，即身份变化导致角色变化，带来行为改变。包吉氢：《角色冲突与国际规范演化——以国际捕鲸规范变迁为例》，博士学位论文，外交学院，2019，第34页。

② Arne Kalland, "Whose Whale Is That? Diverting the Commodity Path," *Maritime Anthropological Studies* 5, No. 2 (1992): 16-45; Arne Kalland, "Management by Totemization: Whale Symbolism and the Anti-Whaling Campaign," *Arctic* 46, No.2 (1993): 124-133.

③ Arne Kalland, *Unveiling the Whale: Discourses on Whales and Whaling*, p. 33.

人类相同的词汇及表述,如"十月怀胎""幼儿期由母亲伴随直至青春期""成年期与其他同伴嬉戏、寻找伴侣""成熟期最终选择一个伴侣至老年",并强调鲸的这些特征与人类相似。①

第三类是美化鲸的话语。鲸被描述为对人类友好的动物,被赋予温和、和平、优雅、壮观、美丽、顽皮、天真等正面形象的系列特性。②此类描述所建构的鲸的印象是:鲸是海洋里最大的哺乳动物,拥有所有动物中最大的大脑,能发出似歌声般悦耳且不同的声音。被美化了的鲸的形象大量出现在包括书籍、杂志、电视、广播、动画、录音、绘画作品等大众文化中,在全世界广为传播,深入人心,既有海豚的科幻小说,还有诗歌颂扬座头鲸的歌声。③此外,这些美化鲸的话语不断延伸到亲近鲸的实践,包括观鲸、观看主题公园里的海豚表演、玩带有海豚形象的计算机游戏等。

第四类是有关鲸的科学话语。虽然由于人类对鲸的研究和认识仍存在局限,有关鲸的科学话语也经常自相矛盾,但关于鲸的种群受到威胁、接近灭绝的话语在20世纪70年代的科学界存在共识。根据当时的统计,共有75种鲸濒临灭绝。即便与此同时,美国的统计数据显示,当时仍有约200万头的抹香鲸存量,但抹香鲸仍被列为濒危物种。④

这些对鲸的神化、拟人化、美化的话语以及有关鲸的科学话语为美国国内及国际社会提供了一种与20世纪六七十年代之前不同的社会观念,成为界定美国国家角色的社会话语结构。美国国内出现了护鲸政治话语,外交话语中也出现了护鲸理念,随之而来的便是美国国家角色的转变。

2. 美国国内护鲸政治话语

除了利用资金资源对护鲸提供保障,美国还通过一系列国内法律和行政命令,使护鲸合法化、制度化,这些正式的法律文本强化了美

---

① Arne Kalland, *Unveiling the Whale: Discourses on Whales and Whaling*, pp. 43-44.
② Paul Spong, "Why We Love to Watch Whales," *Sonar* 7 (1992): 24-25.
③ 参见 Heathcote Williams, *Whale Nation* (New York: Harmony Books, 1988)。
④ W. Aron, "The Commons Revisited: Thoughts on Marine Mammal Management," *Costal Management* 16, No. 2 (1988): 99-110.

国的护鲸话语。① 根据1969年修订的《濒危物种保护法》，美国将鲸列入濒危名单，并禁止进口这些物种及其制品。该法律还要求美国与其他国家达成双边条约，对鲸进行有效保护。② 1970年，美国内政部长将商业捕鲸所涉及的所有种类的鲸都列入濒危物种名单，禁止这些种类的鲸的制品进口，同时要求关闭美国的捕鲸加工站。③ 1971年，美国国会通过决议，宣布美国自1971年12月15日之后禁止所有形式的商业捕鲸。④ 1972年，美国颁布《海洋哺乳动物保护法》⑤，禁止进口任何含有濒危海洋哺乳动物身体部分的制成品。⑥ 另外，该法律还要求美国商务部提议修改其他国际条约，以使这些条约与《海洋哺乳动物保护法》的目标相吻合。⑦ 1973年，美国国会重新修订了《濒危物种保护法》，并加强了这一法律的实施力度，通过了《濒危物种法案》。自1966年至1973年，美国国会通过了一系列法案并修订了一系列法律，强化了美国政府的护鲸话语。经过以上这些法律上的话语建构，美国的角色已经发生了根本性改变，由捕鲸国转变为护鲸国和反捕鲸国。

3. 美国的护鲸外交话语

美国的护鲸外交话语源自对鲸无国界性的强调。科学界认为，鲸是不分国界的，因为它们在全球迁徙。尽管有些种类的鱼和鸟也有迁

---

① 美国于1966年颁布《濒危物种保护法》，1969年对此进行了修订。

② Shirley V. Scott, "International Organization as Disseminators, Legitimators, and Disguisers of Hegemonic Policy Preferences: The United States, the International Whaling Commission, and the Introduction of a Moratorium on Commercial Whaling," *Leiden Journal of International Law* 21, No. 3 (2008): 593.

③ Gare Smith, "The International Whaling Commission: An Analysis of the Past and Reflections on the Future," *Natural Resources Lawyer* 16, No. 4 (1984): 554.

④ Robert Mandel, "Transnational Resource Conflict: The Politics of Whaling," *International Studies Quarterly* 24, No.1 (1980): 106.

⑤ "Marine Mammal Protection Act of 1972 as Amended," NOAA Fisheries, accessed May 5, 2019, https://www.fisheries.noaa.gov/s3/2023-05/mmpa-2018-revised-march-2019-508.pdf.

⑥ Stephen M. Hankins, "The United States' Abuse of the Aboriginal Whaling Exception: A Contradiction in United States Policy and a Dangerous Precedent for the Whale," *UC Davis Law Review* 24 (1990): 499.

⑦ Charlotte Epstein, *The Power of Words in International Relations: Birth of an Anti-Whaling Discourse*, p. 108.

徙特征，鲸的这一特征并不突出，但美国的外交话语却唯独对鲸的无国界性特别关注，将鲸定义为全人类的资源。美国从起草《国际捕鲸公约》起就提出鲸是人类共同的资源。时任美国副国务卿艾奇逊于1946年出席国际捕鲸大会时强调，"鲸不是属于某些国家的，它是国际资源，受到全世界所有国家的保护"，因此"对鲸的保护必须基于全世界的努力，世界各国无论是捕鲸国还是非捕鲸国，最终都应该积极参与到保护这一公共资源的努力中来"。[1]《国际捕鲸公约》在前言中指出："为了保护鲸类及其后代丰富的自然资源，是全世界各国的利益。"[2] 美国还鼓励非捕鲸国加入国际捕鲸委员会。成员国构成的变化体现了鲸是人类共同资源，需要世界各国共同管理的理念。

美国依托国际捕鲸委员会这一国际组织将其护鲸外交话语合法化。1972—1981年，美国前后六次提出"暂停商业捕鲸令"提案，都未能在国际捕鲸委员会获得通过。这一实践同样也是一种话语的表达，美国以此不断表明其立场，推动护鲸力量不断向前迈进。1982年，"暂停商业捕鲸令"终于获得国际捕鲸委员会超四分之三成员国的同意，将护鲸话语在国际捕鲸委员会中制度化。国际捕鲸委员会修订了《国际捕鲸公约》的附件第十条，增加一条规定，将所有种类的以商业目的之捕鲸限额设定为零（自1986年的沿岸捕鲸季和1985—1986年的远洋捕鲸季开始执行）。国际捕鲸委员会将至迟于1990年，基于"现有最佳科学研究"对本规定进行综合评估，以确定其对鲸存量的影响，进而决定后续的修正或限额的修改。至此，美国完成了角色转变，从国际捕鲸规范的倡导者逆转为原有规范的否定者，并把国际捕鲸规范重塑为护鲸规范，而国际捕鲸委员会也由"国际捕鲸俱乐部"真正转变为"国际护鲸委员会"。

---

[1] 参见 Patricia Birnie, ed., *International Regulation of Whaling: From Conservation of Whaling to Conservation of Whales and Regulation of Whale-Watching*, 1 and 2 (New York & London & Rome: Oceana Publications Inc., 1985).

[2] 《国际捕鲸公约》，第1页。

结　语

　　人类的捕鲸实践已有相当漫长的历史，但在20世纪之前，在近海和公海捕鲸不受任何国际规范的约束。把鲸作为捕鲸国共同的渔业资源进行国际合作与管理的做法自20世纪30年代就已开始。然而，在缺乏常设机构和国际监督的情况下，尽管各捕鲸国签署过协定，但这些协定作为国际规范的有效性依然有限。二战后，美国作为世界领导者、国际秩序的重塑者、国际捕鲸规范的倡导者，主导签署了《国际捕鲸公约》并建立了国际捕鲸委员会。这成为国际社会环境资源领域中国家行为体间国际规范制度化合作的第一次尝试，所建立的国际规范一直延续至今，并仍在发挥作用。但是，自从在1972年联合国人类环境会议上提出护鲸以来，美国一直在推动国际捕鲸规范转变为国际护鲸规范，完成了自身从捕鲸国到护鲸国的转变。时至今日，世界上多数民众支持这种护鲸理念，认为拯救鲸是保护地球生态的一部分。本章通过话语分析中的屈从知识法和谱系法，分析了国际捕鲸规范的演变过程，阐明秩序危机如何激活角色冲突，美国国家角色与结构复杂互动如何推动主导话语和新意义的出现，带来角色转变，以及美国在实力和能力的支撑下如何重塑规范。

　　尽管中国是非捕鲸国，但中国仍可以从这个案例研究中得到启示。第一，国际社会中扮演领导者角色的行为体在建立国际组织、制定章程以及设置程序方面掌握主导权，可以建立国际规范，并且具备实力和能力来重塑规范。第二，中国在国际组织和多边国际公约中应发挥更积极的作用。鲸是全人类的资源，而非几个捕鲸国的资源。中国应该更多地关注和研究国际捕鲸领域的规范和各国的实践。在看似"低政治"的领域中积极地参与和学习，可以为在"高政治"领域的未来主导角色积累知识和经验。第三，环境外交可以成为中国特色大国外交的一部分。为更好地建设"21世纪海上丝绸之路"以及实现中国的强国目标，对海洋环境和资源的深入了解必不可少，这也关系到中国的政治、经济和安全利益。未来在全球环境治理的格局中，针对气候变化、可持续发展等议题，中国可以发挥更大作用。

第8章

话语竞争与知识生产

科学技术促进人类社会进步，也深刻影响国际关系的进程。正如原子能技术的发展改变了世界格局一样，人工智能、生物科技和新能源技术的发展正在对国际关系的演进产生重要影响。在重大技术变革之际，科学知识生产和科学话语传播也在不断影响和塑造国际关系进程，主要表现为问题界定、议程设置、构建认知共同体等方式。例如，20世纪50年代，美国科学家围绕石油的科学知识生产和话语传播直接影响了全球对石油问题的认知，尤其是通过学术会议、大学教材、全球科学家网络以及媒体炒作等，树立了石油峰值论这一主导话语，使美国在该领域获得了极高的话语权。该话语也成为美国能源政策和能源外交的重要决策依据。但是，实际上，石油峰值论只是一种假说，并没有得到科学验证。如果此类主导话语不是真实的，那么它是如何形成的？某种特定知识是如何生产出来的，又对国际关系产生了怎样的影响？国际关系理论较为注重研究知识如何塑造了国家、国际组织等国际关系主体。事实上，科学知识生产对构建能源危机以及解释气候变化等客观现象也具有重要影响。如果没有石油峰值论，关于石油可能枯竭的认识就没有理论基础，正如如果没有联合国政府间气候变化专门委员会（IPCC）的气候变化报告，世界对于气候危机的共识就很难达成一样。本章重点研究科学知识生产的社会政治基础，以及科学话语如何在话语竞争中树立霸权并主导特定领域的认知,以更好地理解科学知识生产和话语传播在国际关系中的重要作用。

一、科学知识、科学知识生产与知识话语竞争

现代社会给予科学知识近乎真理的地位,但如果从科学知识生产的过程来观察,科学最终呈现给世界的成果也是科学话语竞争的结果。科学知识生产会因为理论选择的不同、研究方法的差异以及研究条件的限制而得出不同的结论。

(一)科学知识

人类获取知识的途径会随着社会进步而不断拓展,科学的进步也经常会令之前的知识失去合法性。某些科学知识被广泛接受不是因为其是绝对的真理,而是特定的历史条件令相应科学话语获得了主导地位。科学知识与社会力量关系密切,往往反映了某种意识形态或权力结构,并使之得以巩固。

1. 知识与科学

当思考知识这个概念时,人们谈论的是作为主体的人在实践中形成的对世界的认识,人们预设了存在一个独立于人的意志之外的客观世界和主体建构出来的经验世界。柏拉图在其《泰阿泰德》中探讨了知识问题,该作也被认为是知识论的基础文本。书中,柏拉图考察了三种可能的定义(知识是感觉、知识是真信念、知识是真信念加逻格斯),但最终未给出确定答案。[①] 现代科学知识是某种科学推理过程的结果,即将科学方法应用于对事物的观察。在实践中,直接经验不是获取知识的先决条件。也就是说,大多数关于现实的陈述,即使不是认知者直接体验到的,也能够被接受。

但怀疑论者同时也提出,知识在大多数情况下都是建立在其他知识之上,很难找到知识的最初起点。相信并不能使该知识成为真的。

[①] 参见柏拉图《泰阿泰德》,詹文杰译,商务印书馆,2018。

人们能够认识的是头脑中的意见、观念和经验，不能认识的是它们是否与真实的世界相符。换言之，人们认识的是主观的东西，而不是物理世界或是客观世界本身。这也就意味着，知识生产都是社会建构的过程。让·皮亚杰（Jean Piaget）认为，传统的认识论只顾及高级认知活动，或某些最后结果，而没有重视认识本身的建构过程。他认为："认知的结构既不是在客体中预先形成了的，因为这些客体总是被同化到那些超越于客体之上的逻辑数学框架中去；也不是在必须不断地进行重新组织的主体中预先形成了的。因此，认识的获得必须用一个将结构主义和建构主义紧密地连结起来的理论来说明，也就是说，每一个结构都是心理发生的结果，而心理发生就是从一个较初级的结构过渡到一个不那么初级的（或较复杂的）结构。"[1] 根据皮亚杰的观点，知识是在主客体互动的历史过程中由主体建构而来的。知识具有历史性和社会性，在语言作为媒介的影响下，甚至还具有文化相对性。自17世纪科学革命以来，人类的知识呈指数级增长，但出于科学知识的复杂性、科学方法的局限性、科学与社会的关系、科学竞争以及科学普及与公众理解等多个方面的原因，知识的飞速增长反而令人产生了更多疑问和不安。

在科技飞速发展的知识社会，不可否认，是否符合科学是判定某一知识是否为真最重要的标准。只要说某种东西是科学的，那就意味着它已经最大限度地接近了某种真理。需要注意的是，虽然科学在很大程度上依赖于经验，但它也包括猜测、想象以及对不可见事物的说明。除了观察事实和做实验，科学家还需要思考如何超越可观察的事物而提出有可能对它们进行说明、解释的理论。例如，数学模型在许多科学中起核心作用。可以说，科学的真理并不只是事实的真理，它也是理论的真理。

在科学知识生产过程中，实验设计、经验观察等科学方法是科学知识获得合法性的基础。但是，实验和观察需要假说和理论的指导。假说告诉人们什么事实是需要寻找的，理论则告诉人们应当怎样去理

---

[1] 皮亚杰：《发生认识论原理》，王宪钿等译、胡世襄等校，商务印书馆，1981，第15页。

解这些事实。例如，如果没有原子学说，人们连"水由氢和氧组成"这样的观点都无法理解。事实要根据理论来阐释。也就是说，物理世界的现象只有经过科学话语的赋义实践才能成为可以谈论和判断的内容。科学观察需要在理论的指导下进行，而每一种理论都预设了一些事实，这些事实又反过来能够使理论在经验层面更具合理性。正因为如此，哲学家们往往会把注意力从一个陈述或信念本身的客观性转到人们接受它为事实的理由之上。这种注意力转移带来的后果是，对绝对真理的追求逐渐为对一个陈述或信念为真的证明所取代。一方面，哲学家们认为在某些领域，比如在科学领域，追求真理仍旧是有必要的；另一方面，哲学家和科学家对自己能够发现绝对真理这一点不再那么自信，转而致力于探讨人们对世界的认识在多大程度上是将理论、概念和实验形成的人为秩序加到自然之上而获得的。

2. 科学知识与国际关系

把科学知识的作用作为国际关系理论的重要研究对象，主要有两个方面的原因。一方面，在面对类似气候变化这类复杂问题时，科学知识可以促进全球共识的形成，促进合作。科学家可以帮助行为体化解政治冲突，因为他们可以把政治问题转化成技术问题。例如，在各国围绕气候变化的博弈过程中，最初，发达国家和发展中国家围绕发展利益进行竞争，然而在气候科学不可辩驳的证据面前，各国最终达成应对气候变化的共识。另一方面，科学技术是维护国家利益，或行使霸权的重要手段。例如，一些西方国家对芯片技术的出口限制意在遏制新兴国家的经济发展，保持自身在全球价值链中的主导地位。

如果进一步考察知识话语的传播路径和相关霸权话语的形成机制，可以从两个角度讨论科学知识对国际关系进程的影响。其中一个是认知共同体理论的角度。认知共同体是某特定社会场域中公认具有专门知识和能力的专业人士构成的社会网络，具有对特定政策领域或具体问题的相关知识和威信。在国际体系内，存在着基于共同规范与认知而形成的认知共同体。马萨诸塞大学阿默斯特分校教授彼得·M.哈斯（Peter M. Haas）认为，认知共同体主要通过两种方式产生政治影响：一是通过传播思想和理念，影响行为体的立场，包括国内外机构、政府官僚、决策者以及大众等；二是通过出任政府官员直接参与政策制定。① 认知共同体理论强调，知识理念的落实取决于持该理念的人获得和施展行政权力的能力。当理念持有人具有稳固的行政权力，认知共同体的影响也就被制度化了。从长远看，认知共同体施加政治影响的制度化是通过某种社会化进程实现的。哈斯认为，每个认知共同体内部以及成员之间在价值取向、因果关系的认定以及处理问题的方式上都存在高度的一致性。这种共同认知结构与意识形态会对共同体内的政策制定者产生规范性的约束，影响其决策偏好。由于决策者个人所掌握的专业知识有限，他们往往需仰赖认知共同体内被广泛认可的权威团体提供咨询与建议。认知共同体内的某些群体或组织基于所积累的专业能力与政策制定经验，获得决策过程的参与权，这反过来又会促进其影响力与权威性的提升。因此，认知共同体作为一种稳定的互动结构，其内在认知特征和规范会对决策偏向产生持久的制度性影响。这可为分析不同国家在国际事务中的政策偏好提供一个理论视角。

另一个角度是从实践理论出发的角度。哥本哈根大学教授克里斯蒂安·拜戈（Christian Bueger）指出，科学知识影响国际关系的一个重要途径是行为体之间的跨国实践网络。② 在这些网络中，不同国家的科学家、技术专家、决策者和外交政策制定者可以进行交流和互动。这些参与者作为一种共同体，共同对特定的国际议题进行界定、诠释和调整，并通过重复的实践逐步形成共识，进而塑造和固化对该问题的集体认知框架。这种经由实践网络达成一致的问题认知，会通过网络中具有政策制定权力的成员，被纳入各自国家的国际政治议程中。例如，在应对全球气候变化这一议题上，不同国家的科学家、环境管理官员和外交官员形成了一个跨国实践网络。通过在该网络内产出和传播各种气候变化知识与框架，并不断调整对这一问题的理解，参与者最终在对气候变化的认知上达成共识，并推动各国在此基础上开展

---

① Peter M. Haas, "Introduction: Epistemic Communities and International Policy Coordination," *International Organization* 46, No.1 (1992): 1-35.

② Christian Bueger, "Making Things Known: Epistemic Practices, the United Nations, and the Translation of Piracy," *International Political Sociology* 9, No.1 (2015): 1-18.

国际环境治理合作。该过程体现出跨国实践网络如何通过促进集体认知的形成和传播，对国际体系内的政策偏好和优先议题的设置产生制度化影响。

在日益复杂的社会中，知识（特别是科学知识）实际上已经成为使权力合法化的重要依据。在知识经济模式下，国家权力的行使日益依赖于专业知识体系的支撑。一方面，来自科学技术、经济金融和公共政策等领域的专业知识为国家决策提供理论依据，使权力机构获得公众认可；另一方面，国家权力通过资源配置将特定知识体系合法化，形成服务于既定政治目标的意识形态话语。这种知识与权力的循环互构，体现了两者的内在联系。在此过程中，权力获得知识所提供的合法性基础，知识成为实现权力目标的关键性资源。从环境政策到新技术的应用，抑或是从财富再分配到公共资金投资的决定，都体现着知识与权力之间的紧密联系。

总体而言，知识在连接人类主体和客观世界之间起重要的中介作用，而在知识爆炸、科技日新月异之时，科学知识的这一中介作用将会变得更加关键。科学知识的发展和演变会重塑人类对世界的认知，并引发相关的世界观变迁，甚至导致关于世界的话语体系转型。从认知共同体理论和实践理论来看，科学知识都对国际关系进程产生重要的影响。就国际政治体系而言，同样需要关注知识经济时代的权力运行机制，揭示科学知识在国际政治中的作用，以便更加准确地理解国际政治的现实运作。深化对科学知识在国际关系中作用的认识不仅能够开辟理解国际关系过程的新维度，对于国际关系理论的发展也具有重要意义。

（二）科学知识生产的政治经济学解读

1. 科学知识生产的社会分层

在当今社会，科学知识生产呈现出明显的社会分层特征。首先，不同科学领域的知识地位不同。自然科学领域的知识，大都是依靠精确的实证方法而获得的，被誉为权威知识。人文社会科学领域的知识，则因为难以达到可以被精确预测的标准而地位较低。其次，在不同的国家，科学知识生产的途径不同。最后，从世界范围看，知识的不平等获得与应用，形成了明显的知识鸿沟。在具备丰富教育资源的发达国家，民众更容易获取前沿科学知识。相比较而言，发展中国家民众获取高质量科学知识的机会相对有限。这种科学知识的社会分层性也影响着人们对不同类型知识的认知偏见，在一定程度上拉大了国与国之间的发展差距。因此，正确看待科学知识的社会属性，反思特定知识权威的社会塑造，对于填补既有的知识鸿沟具有重要意义。

在科学知识生产的社会语境下可以看到，不同种类的科学对于社会实践的影响不同。物理、化学、数学等所谓"硬科学"以其精确的量化表达，超越了普通大众的经验认知能力，成为高高在上的权威来源。而文学、历史、国际关系等所谓"软科学"领域的知识由于缺乏精确性（或者确定性表达方式）而被认为是不那么高级的知识。"硬科学"的权威度甚至可以超越"软科学"，衡量"软科学"结论的权威性。数学家塞尔日·朗（Serge Lang）与政治学家塞缪尔·亨廷顿（Samuel Huntington）关于加入美国国家科学院的争执就是最好的例子。1986年，亨廷顿获得了进入美国国家科学院的提名，只要在职的院士们投票通过，他就可以成为美国国家科学院院士。然而，他遇到了其中一位在职院士、耶鲁大学数学教授朗的强力挑战。朗院士选取了亨廷顿的《变化社会中的政治秩序》一书，对书中运用的数学方法做了详细考察，他的结论是，亨廷顿在书中所运用的数学方法几乎都存在科学上的错误，亨廷顿运用了伪科学的方法来支持自己的论点。因此，在以自然科学家为主的美国国家科学院院士行使投票权的时候，亨廷顿真的落选了。他后来又被提名过一次，还是没有当选。[1]

此外，在科学知识生产的制度体系中也有明确的等级制度。著名的研究型大学、研究所和专家智库构成了科学知识生产金字塔的顶端，不仅在国家层面拥有更高的声望、更多的资源和更大的影响力，而且在超越国界的认知共同体和跨国实践网络中也具有更为重要的国际影

---

[1] 贾雷德·戴蒙德：《软科学往往比硬科学还硬》，邵翘祥编译，《世界科学》1988年第11期，第28页。

响力。科学知识在这些机构中被生产出来，通过其优势平台扩散出去，在社会化过程中经过科学话语竞争成为公众认识世界的共同知识资源，即共有知识。

2. 科学知识生产的商业塑造

随着历史的发展，科学知识的商业化特征日益凸显，经常作为产品和创新要素而为商业资本所利用。与此同时，科学知识创新也越来越依赖于商业资本的支持，科学知识生产的方向和价值取向反映了资助方的经济和政治利益。可以说，科学知识商业化和科学知识创新形成了你中有我、我中有你的相互依存关系。科学知识既是获取商业利益的工具，也依靠商业资本进行生产和传播。这种互构关系深刻影响并重塑了科学知识的社会角色。

科学知识创新与商业利益互为因果。随着科学知识生产成本的逐渐增加，科学知识生产者对外部资助的依赖性也逐渐增强。科学知识生产的赞助者往往有自身的经济和政治诉求，其价值和偏好会不同程度地体现在最后的知识成果中。例如，商业利益集团对于某些转基因技术的大力资助，会促成特定类型商品的出现。当公众从不同知识维度思考，发现这些知识成果对社会伦理形成挑战，就会引发深刻的伦理话语竞争。更重要的是，现代经济活动的本质已经在很大程度上依赖于科学知识的生产和更新，以至于科学知识生产与盈利能力的联系日益紧密。这不仅适用于自然科学在工业生产和其他形式的商业活动中的应用，而且适用于社会学和心理学知识在处理劳工问题、提高生产效率、市场营销和其他经济活动中发挥的作用。

科学知识与商业形成一套紧密的互构关系，这套关系由科学知识使用者的利益和资源所决定，并表现为多种形式。从工业界和大学之间所谓"直接的合作研究"到慈善基金会对研究项目的影响，从大学内部由行业赞助的研究机构到行业自行建立的研究中心，这些因素一并促成了不同类型科学知识生产者之间的竞争。这种竞争不但表现为科学知识更新速度的竞争，还表现为商业价值大小的竞争。科学知识生产的逻辑在很大程度上表现为商业竞争的逻辑。科学知识的客观性，在以科学知识为核心的经济模式中，表现出不同程度的不确定性。

另一个值得注意的问题是，随着数字化出版逐渐取代传统出版，出版机构的影响力也在逐渐扩大。学术出版机构的影响力逐渐从教材和期刊出版渗透到教育内容提供、教学评价和科研评估等诸多环节。学术大数据的发展给教学科研带来前所未有的便利，而数据的拥有者可以通过不断出售数据的使用权而获得越来越多的"剩余价值"。有实力的学术出版机构可以通过兼并和收购，继续增加对科学知识生产全过程的控制力度。从个体研究者的角度来看，为了获得学术发表机会，其研究问题和研究方法越来越受到学术出版机构的反向控制。一些学术出版机构以市场为导向，遵循商业逻辑，使科学知识生产在一定程度上带有市场的标签。

3. 科学知识生产的国际分工

在国际层面，科学知识生产的分工不平等现象更加明显。经济活动的全球化使得科学技术和信息在世界范围内的流动日益加速。在此背景下，政治和商业利益与科学知识生产的密切关系也体现无余。世界范围内的科学知识生产结构在很大程度上反映出世界政治经济发展的不平衡状态。

国际知识体系中科学知识生产链条上的任务分配并不平等。国际知识体系表面上的开放往往掩盖了这样一个事实，即全球在科学知识生产和消费方面存在巨大差异。西方发达国家的教育科研水平最高，科学知识供给能力强，往往是全球高等教育、创新思想和高科技产品的提供者，并以此为基础，处于全球价值链中的高端。事实上，科学知识生产链条上的关键任务，如制定研究议程和方法标准，往往局限于少数国家和机构。这些国家和机构在这一体系中发挥最重要的作用，而它们几乎无一例外地位于世界经济发达地区。例如，影响全球各国的碳中和规范就是一个典型例子。2010年，英国发布《碳中和证明规范》（PAS 2060），这是全球第一个有关碳中和的规范。[1] 该规范由英国标准协会协同英国能源及气候变化部、玛莎百货（Marks & Spencer）、

---

[1] "PAS 2060 Carbon Neutrality Supporting the Energy Revolution Towards Net Zero," British Standards Institution, accessed December 15, 2023, https://www.bsigroup.com/en-HK/PAS-2060-Carbon-Neutrality/.

欧洲之星（Eurostar）以及英国合作社集团（Co-operative Group）等知名机构共同开发制定①，提供了实现碳中和状态的统一定义和公认方法，一定程度上平息了公众对一些机构减排行为的质疑和"漂绿"的指责。同时，《碳中和证明规范》成为各国机构碳中和承诺规范的重要参考，即碳中和知识体系的基础性内容。英国也在碳中和相关议题上获得了更大的制度性话语权。

国际知识体系中还存在明显的等级不均衡制度，反映了国家间经济实力和政治影响力的结构性失衡。现行国际知识体系与现行权力结构间保持着高度契合，认知共同体中代表性的失衡与参与的缺失依然存在。高度发达的核心经济体，对话语拥有较高的定义权，也享有更多知识霸权。主导知识常与强权国家和机构的利益一致。来自发展中国家的观点在融入国际知识体系时经常遭遇巨大障碍。特定行为体科学知识生产的优势在既有政治经济结构中可以转化为新的权力，也可以在以科学知识为核心的经济运行模式中，获得科学知识生产的优势制度性资源。这一点在世界银行这样的机构中尤其明显。世界银行等机构在创造和传播关于全球政策问题的知识方面发挥着关键作用。它们拥有大量的资源与数据，为全球治理提供信息，并使自身政策合法化。例如，世界银行的科学知识生产塑造了人们对社会和经济问题的集体理解，其在国际体系中的作用不仅限于对经济活动和各国政策产生影响，还包括通过标准化程序，使相关国家进入它所认可的国际知识体系。②

（三）知识话语竞争

在知识生产与政治经济结构的互动关系中，话语发挥了重要作用。一方面，知识的传播离不开话语这个载体，关于知识的话语（即知

---

① "Demonstrate your Carbon Neutrality Status with Confidence," British Standards Institution, accessed December 15, 2023, https://www.bsigroup.com/en-GB/about-bsi/media-centre/press-releases/2010/6/Demonstrate-your-carbon-neutrality-status-with-confidence/.

② Kate Williams, "Hybrid Knowledge Production and Evaluation at the World Bank," *Policy and Society* 41, No. 4 (2022): 513-527.

话语）很大程度上影响着知识的传播速度和范围。另一方面，在不确定性面前，知识话语竞争往往决定着何种知识可以成为社会共有知识。在知识生产特别是科学知识生产过程中，话语竞争伴随始终。正如科学哲学家海伦·E.朗基诺（Helen E. Longino）所指出的，现代科学的多元主义令把科学视为寻找唯一准确表述的一方和把科学视为确立社会可接受话语的另一方陷入一场语言之战。现代科学永远无法消除语言的矛盾。[①]

1. 话语理论

话语是语言的应用，是叙述特定问题的表达模式，也是知识的重要来源。自从19世纪末20世纪初哲学领域出现"语言转向"以来，话语就逐渐成为人文社会科学研究的重要认识论和方法论工具。

社会学和政治经济学领域的话语理论发展可分为三个阶段。第一阶段主要应用语言学方法，通过词频、句法、叙事结构等对文本进行结构分析，但未将政治社会背景纳入考量，仅将话语简化为符号表征，忽视了话语对社会现实的建构效果。第二阶段以诺曼·费尔克劳（Norman Fairclough）的批评话语分析和米歇尔·福柯的知识考古学为代表，认为相对稳定的社会结构是话语竞争的结果，霸权话语成为社会组织要素的观念基础。此阶段聚焦话语与权力关系，但未将非话语因素纳入分析框架。第三阶段以欧内斯托·拉克劳（Ernesto Laclau）和尚塔尔·墨菲（Chantal Mouffe）为代表，他们进一步拓展了话语理论，强调话语反映语言和非语言实践的结构总体，通过与文化符号联结塑造认知和行为，连接意义与行动，构建政治、经济和社会现实。话语被认为是一种社会结构，在特定时空建构相对稳定的意义框架，约束社会成员的行为。

在语言哲学发展过程中，对语言与现实关系的叙述由反映论转向建构论。反映论认为，语言是客观事实的冷静表达和表面描绘，建构论则认为，语言是社会问题认知的言说体系，不仅反映现实，而且也

[①] Helen E. Longino, *The Fate of Knowledge* (Princeton: Princeton University Press, 2002), p. 201.

积极建构现实。语言使用本身就体现主体的策略性选择,与利益关系密不可分,是一种多功能的工具。在此两类理论看来,话语实践是一种特殊的权力行使方式,围绕特定议题进行言说,塑造知识的范围和内涵结构。文本等符号既描述、解释认知对象,也建构知识世界。

建构主义和后结构主义都关注意义和知识的客观性,强调意义是主观建构的结果。后结构主义学者强调话语对政治的建构作用。福柯认为,在分析话语时不能忽视其自身作为语言符号的形式,包括词汇、句法、语义和语用规则等。但更为重要的是,话语应被视为一部再现历史事件的"档案",或者一幅记载历史符号的"画卷"。话语是社会语言实践,也是权力关系的体现。话语既生产权力,也受权力制约。后结构主义话语理论强调,话语实践建构政治主体的身份、制度规范、政策议题等要素,"真理"是不同话语、叙事竞争的结果。话语不是中立的,而是被特定群体主导的,反映特定群体的利益。占主导地位的话语会决定某些观念被接受为"真理",其他观点被边缘化。这些被霸权话语边缘化的"异类言说"也充分揭示了霸权话语的霸权属性。要消解话语霸权,需要对霸权话语进行解构,揭示话语背后的权力关系,让受压迫的声音获得表达。

综合观之,话语既具有内在的秩序和结构,也是动态和开放的;不只是观念的表象和体现,也是行为体交流和产生观念的手段和方法。话语过程是文化编码和组织思想的过程(包括价值观的形成),也塑造了人们的交流方式和持有的态度,使一些思想和行为得以凸显,另一些思想和行为被压制。正如政治学者约翰·德雷泽克(John Dryzek)和西蒙·尼迈耶(Simon Niemeyer)2008年发表于《美国政治科学评论》的论文《话语表象》所指出的,话语是某一群体间共享的一组概念、范畴和思想的集合体,它为群体成员理解现实情境提供了解释框架,其中蕴含了特定的判断标准、假设前提、认知能力、行为习惯和动机取向;话语还提供了进行分析、辩论、协商与反对的基本词汇体系;通过话语中的语言符号,群体成员能够将获得的信息融入既定的叙事框架之中，并彼此进行交流与互相理解。① 在社会实践中，话语既塑造又约束人的认知、言说和行动；不同话语间存在竞争，占主导地位的话语既成为行使权力的重要手段，也成为引导集体行动的工具。属于同一话语体系的人，相对更可能接收相似的知识、因果关系和规范。

2. 知识竞争与话语竞争

知识和话语相互建构，新话语由新知识的生产形成，新知识则在话语的社会化和客观化过程中得到确认和应用。与此同时，信息时代社交媒体的异军突起改变了知识的生产和传播方式，拥有强大媒体资源的行为体可以富有策略性地建构知识话语：谁的知识，在什么情况下成为大家普遍接受的知识？知识如何从学术话语成为公众话语，继而影响社会认知？在这个过程中，话语竞争在所难免。

从知识与话语的关系可以看到，知识的表象和传播需要语言，话语实践需要知识的支撑。人们在理解现实的过程中需要知识来提供认知框架，特定的知识可以塑造特定的认知。话语可以设定知识的边界，提供可用的概念和视角。由于知识是话语的理性内核，话语需要围绕特定问题的特定知识，特别是科学知识来建构，并通过竞争，成为主导话语甚至是霸权话语。以全球气候治理为例，气候谈判的核心就是气候科学知识的合法性问题。不仅如此，气候问题还涉及安全话语与发展话语等话语的竞争。不同学科都在知识竞争中争夺对世界的影响力，不同行为体也都在实践中富有策略性地使用相关知识资源，形成了以知识竞争为隐形框架的国际气候政治格局。

气候科学的困境表明，在后真相时代，科学知识建构和话语竞争成为政治研究中不容忽视的方面。事实上，正如乔治·莱考夫和马克·约翰逊（Mark Johnson）所言，人类用来描述现实的隐喻，不但强烈影响着人类对这个世界的思考和谈论方式，还可能影响到人类与世界互动的方式，包括对待其他生命体的态度，人类所建立的制度、

---

① John Dryzek and Simon Niemeyer, "Discursive Representation," *American Political Science Review* 102, No. 4 (2008): 481-493.

执行的政策，以及对领导人的选择。① 人类在生活中不仅要面对多种多样的经验知识，而且要面对所有知识被社会建构为一种"现实"的各种过程。在这些过程中，知识竞争贯穿始终。在日常生活中被客观化的事物主要由语言的意义化来维持。② 语言作为一种符号体系，对语言使用者具有约束力，当人们使用一种语言时，就会被强迫进入语言的各种结构之中。语言同时具有分类和定型的作用，可以将主观而独特的经验框定到具有普遍意义的语言系统中。除此之外，语言作为兼具声音和视觉的物质传播媒介，具有超越时间、空间的能力，可以将过去的和想象的事物呈现出来，并将意义社会化、客观化。可以说，知识竞争在社会公共场域中也表现为话语竞争。

在国际关系领域，语言的作用在20世纪80年代末的"语言转向"中逐渐得到重视。③ 随后，国际关系理论的"实践转向"又把背景知识带到了研究者的视域中，这也被称为"知识转向"。④ 学者们专门探讨了"传统国际关系理论所关注的实在性因素背后的知识结构是什么""知识和行动之间是否存在重要关联""什么样的知识对行为体的行动具有重要影响"等一系列问题，并将知识特别是背景知识视为国际关系中行为体的驱动力之一。将两种转向相互结合，即将话语建构理论纳入对背景知识的研究，有助于理解不同知识在话语竞争中如何获得合法性地位。

从历史上看，制度化话语是知识的重要来源和传播依托。例如，通过现实主义国际关系理论的学术话语，人类获得了理解国际关系现实的概念、范畴、因果关系、词汇表达等。话语制度化意味着话语合

---

① George Lakoff and Mark Johnson, *Metaphors We Live By* (Chicago: The University of Chicago Press, 2003), p. 31.

② 彼得·伯格、托马斯·卢克曼：《现实的社会建构》，汪涌译，北京大学出版社，2009，第32页。

③ 国内相关研究参见：孙吉胜《国际关系中语言与意义的建构——伊拉克战争解析》，第43—55页；孙吉胜《国际关系理论中的语言研究：回顾与展望》，第70—84页；孙吉胜《话语、身份与对外政策——语言与国际关系的后结构主义》，《国际政治研究》2008年第3期，第41—57页。

④ 秦亚青：《行动的逻辑：西方国际关系理论"知识转向"的意义》，《中国社会科学》2013年第12期，第181—198页。

法化。经过话语竞争，原先处于主导地位的话语会为新话语所替代，新话语所蕴含的知识也就获得了合法性。当现实主义被自由制度主义挑战，其知识体系的解释力和影响力显现出局限时，话语竞争中自由制度主义理论体系形成的话语就会成为主导话语，由此形成的自由制度主义话语共同体通过与现实主义理论的竞争，会不断完善和升级自己的话语体系。取得霸权或主导地位的话语继而形成相对稳定的观念结构、社会政治结构、策略资源结构等，社会秩序得以建构。

需要注意的是，国际关系理论体系的变迁主要以西方经验和观察为主，其话语建构自然受到其政治社会结构和文化特质的约束，其理论要解决的问题一定是其所属群体关注的问题。以美国的国际关系理论为例，现实主义盛行于美国"夺天下"的阶段，新自由制度主义盛行于美国"治天下"的阶段，而建构主义盛行于美国霸权相对衰落、世界向多极化发展的阶段。这表明，合法性知识的建构经常服务于社会权力体系，同时，知识话语也为权力体系的演变提供了观念基石。

3. 知识话语竞争的分析指标

对于知识话语竞争，可采取不同的分析路径。在这里，可以列出词汇、叙事以及隐喻，作为知识话语竞争的重要分析指标。

语言既是个体的表达工具，又是集体的共享符号系统。话语是语言的使用，是行动中的文本。特定话语的形成离不开词汇、语法这些基本材料和规则。语言系统制约可能的话语表达，继而限制可能的行为范围。可用的词汇范围决定了言语者能说什么以及如何去说。允许或禁止言语和词汇可以给予言语者想象和行为的能力。或者说，语言和词汇能够授权、限制、凸显或者传播行为者思考的内容，继而在某种程度上决定行为体的行为边界。彼得·A. 霍尔（Peter A. Hall）认为，通过提供词语和概念，语言决定了政治辩论的规则，为参与者提供可以在政治舞台上使用的话语资源。[①] 不但如此，一旦某些论点和短语被使用，就会产生一种"话语黏性"，并能独立对政策产生影响。例如，

[①] Peter A. Hall, ed., *The Political Power of Economic Ideas: Keynesianism across Nations* (Princeton: Princeton University Press, 1989), p. 383.

对于国际援助的辩论只能使用符合发展和扶贫的话语。

除了词汇，语言还包含决定语言使用的规则和惯例，这决定了可能引发的政治行为。在一些用心设计的言语行为中，言语本身就是行为。需要注意的是，言语只能在特定的话语结构（当时的情景背景、话语顺序）中发挥作用。正如国际关系学者弗里德里希·克拉托赫维尔（Friedrich Kratochwil）在其1988年发表于《千禧年》期刊的论文《政治的解释与"科学"：重新评估》中指出的，言语行为产生预期效果的机制，在很大程度上依赖于话语的"先发优势"，即抢夺话语权可增加言语对象对说话者主张表示认可的可能性。[①]

除词汇与行为之间的密切关联外，叙事方式亦塑造受众认知。在持续的时间和空间中，特定的叙事框架呈现出个体对世界的不同解读。个体对自身和社会经验的理解高度依赖于故事和叙事的构建。[②] 在特定社会场域中，不同话语主体的故事讲述能力存在差异，在叙事竞争中，权力也是不平等的。叙事情节和结构，特别是关于过去和未来政治环境的讲述，在很大程度上决定着人们所认为的可能情境和理想状态。从这个意义上来讲，叙事不但帮助人们理解社会现实，而且同时具有自我实现的预言作用，或者说具有建构现实的作用。叙事不仅是一个交流的领域，而且也是知识组织的方法，是个体凸显现实中的某些因素又同时忽略其他因素的普遍方法。叙事中通常有好人、坏人和受害者，正义与邪恶斗争不断。通过叙事，个体可以组织、处理和传递信息，建构具备个体意义世界的基础。[③]

在词汇与叙事之外，隐喻思维也在知识话语竞争中扮演着重要角色。隐喻作为一种语言结构，能够表达和激发情感，进而影响个体的行为。可以说，隐喻起着连接语言、思维和情感的桥梁作用。具体而

---

① Friedrich Kratochwil, "Regimes, Interpretation and the 'Science' of Politics: A Reappraisal," *Millennium* 17, No. 2 (1988): 263-284.

② Frédéric Claisse and Pierre Delvenne, "As Above, So Below? Narrative Salience and Side Effects of National Innovation Systems," *Critical Policy Studies* 11, No. 3 (2016):255-271.

③ Molly Patterson and Kristen Renwick Monroe, "Narrative in Political Science," pp. 315-331.

言,隐喻是一种认知过程,它将熟悉的喻体的特征对应到比较抽象的本体,从而帮助认知和理解这个本体。海登·怀特(Hayden White)强调,隐喻不单单呈现事物的意象,更重要的是,它引导主体去发现事物中特定的意象。[①]当某种隐喻认知在社会语境中被反复使用和验证,它就会成为行为者潜意识中的一部分。在相似的社会情境下,行为者会无意识地按照这个隐喻进行选择,并认为这种选择非常自然。也就是说,当行为体处在某个社会语境时,会自动产生某个行为,而不是通过理性思考有意识地选择这个行为。也就是说,成为主导话语的隐喻结构,会潜移默化地影响人们的社会行为。需要注意的是,由于不同的隐喻结构可能反映不同的价值观和利益,对于隐喻的选择和使用可能存在争议和不同解读。在话语竞争和社会讨论中,不同利益集团可能会利用不同隐喻来推动自身的议程和宣传,从而影响人们的社会行为。

综上,知识话语中的词汇、叙事以及隐喻是分析知识竞争的重要指标。本章以石油峰值论的知识生产和话语竞争为例,主要选取知识竞争中的叙事架构,采用定性和定量分析相结合的方式,力图展现具体语境下"知识—话语—权力"的互动机制。

二、石油峰值论的建立与影响

人类利用能源的历史大体可以分为四个时期,即薪柴时期、煤炭时期、石油时期以及新能源时期。能源利用在每个时期都促进了人类文明的巨大进步,也促使世界格局演化与重组。20世纪被称为石油的世纪,在这个世纪,美国凭借其掌握的石油资源和先进科技逐渐成为国际石油领域的霸主,同时也主导了石油相关知识话语的生产与传播。石油峰值论就是美国主导的知识话语之一,它预言了石油枯竭和能源危机,是影响国际石油领域发展的重要概念,得到了众多国家的认同。

[①] Hayden White, *Tropics of Discourse: Essays in Cultural Criticism* (Baltimore: Johns Hopkins University Press, 1978), p. 91.

可以看到，石油峰值论的影响与美国在国际能源领域内主导地位的建立密切相关，虽然这一理论在20世纪50年代就已经提出，但到了20世纪60年代中期才得到广泛传播。

（一）石油峰值论建立的背景

美国是最早将石油商业化的国家。美国第一口油井被称为"德雷克井"（Drake Well），位于宾夕法尼亚州的泰特斯维尔（Titusville）。德雷克井于1859年8月开始投入生产，这标志着美国现代石油工业的起步。第一次世界大战之前，煤炭是最主要的能源，石油并没有受到各国的重视。1914年9月，在保卫巴黎的战斗中，由于法国前线兵力缺乏，情急之下，600辆巴黎出租车承担了快速运兵到前线的任务，并扭转了战局，这是石油第一次在战争中显示出巨大威力。自此之后，以石油和内燃机驱动的战争武器成为各国争相追求的目标，石油开始被称为"胜利的血液"。1918年8月，英国占据了位于里海巴库的石油基地，断绝了德军的石油供应，给德军以致命的打击。仅仅几个月之后，德军就缴械投降。石油的作用再一次得到了彰显。

1914年，美国的石油产量约占全球石油总产量的60%；到1917年，这一数字升至67%，其中的四分之一供出口。[①] 在第一次世界大战中，美国为协约国提供了八成以上的石油，在那之后，直到20世纪40年代，美国一直是世界石油的主要供应者。1939年前，中东各国的石油尚未得到大规模的勘探和开发，也没有发现大型的油田，因此它们在国际石油市场中的作用很小，其产量只占世界产量的5%。中东各国在满足本国消费以外，还出口少量石油到邻近国家，或者通过苏伊士运河出口到西欧。对西欧而言，因为石油储量和炼制能力薄弱，其石油资源主要由美国提供，从中东进口的石油量仅约占其消费总量的五分之一。[②]

在第二次世界大战后，这种情形发生了变化，美国等国的石油公

[①] 丹尼尔·耶金：《石油·金钱·权力》（上），钟菲译，新华出版社，1992，第177页。

[②] Peter R. Odell, "The Significance of Oil," *Journal of Contemporary History* 3, No. 3 (1968): 95.

司纷纷进入中东地区。据统计,1945年波斯湾出产的石油还不足5000万吨,5年后就迅速上升到1亿吨,1960年高达2.5亿吨,已探明石油储量从1945年的30亿吨提高到1960年的300亿吨。① 与之相反,美国石油在世界石油市场中所占的份额逐年下降。1948年,美国开始从中东进口石油。美国把控制中东石油视为其全球战略中仅次于欧洲的重要目标,这势必与传统上在中东拥有强大影响力的英国发生矛盾。英美在中东地区争夺石油霸权的斗争,在1956年的苏伊士运河危机中达到了高潮。在苏伊士运河危机之后,美国取代英国成为中东地区的霸权力量。可以说,煤炭的使用成就了英国,而美国依靠对石油的使用和控制崛起为世界强国。这样一种霸权更是加速了石油峰值论的传播。

(二)石油峰值论话语霸权的建立

石油峰值论是美国石油地质学者哈伯特提出的,主要观点是石油储量有限,总会达到一个峰值。当地时间1956年3月8日星期四上午,在美国得克萨斯州圣安东尼奥的美国石油学会(API)年会上,哈伯特宣布美国已开采近一半的可开采石油资源。哈伯特画出了一个钟形曲线,该曲线显示,到1965年,美国石油产量会到达"峰值",假设在储量基础从1500亿桶扩大到2000亿桶的情况下,峰值则会在1970年前后到来。在跨越峰值之后,他预测美国石油产量将每年永久性地下降约5%—10%。②

石油峰值论的理论基础是石油有机成因论。如果石油是有机物形成的,那么石油的总产量就不会超过地球上特定时期有机物的总量。为确立石油峰值论的话语霸权,美国利用其在科学领域的领先地位,将石油有机成因论写进了教科书,在各个大学中树立了石油有机成因论的权威地位。例如,由美国学术出版社于1985年出版、1997年再版的石油地质学经典教材《石油地质学基础》指出:"大多数地质学家都

---

① Peter R. Odell, "The Significance of Oil," p. 96.
② M. King Hubbert, "Nuclear Energy and the Fossil Fuels" (Presented before the Spring Meeting of the Southern District Division of Production, American Petroleum Institute, San Antonio, March 7-9, 1956), pp. 1-57.

认为，石油是由埋藏在地下的有机物经沉积作用而形成的。"① 接下来，这本书在谈及石油形成的条件时，就把石油的有机成因作为毫无争议的前提条件。例如，在石油形成的五个地质条件中，首要的就是，"石油、天然气一定是（must be）生成于富含有机物的岩石中"。② 此外，美国还利用英语在国际学术出版和交流中的优势地位，建立了石油有机成因论的话语霸权，并通过其主导的国际学术网络压制不同声音。

其实，石油有机成因论并不是唯一的石油成因理论。早在1876年，元素周期表的创始人门捷列夫（Mendeleev）就提出了截然不同的观点，认为地球内无机物在过热的地下水作用下形成的碳氢化合物，在沿地壳裂缝上升过程中冷凝，最后形成石油。俄国天文学家索柯洛夫（Sokolov）在1889年提出石油成因的宇宙说，认为地球在形成之初是一个处于熔融状态的大火球，从周围环境中吸收了碳氢化合物，而随着地球不断冷却，被吸收的碳氢化合物也慢慢冷凝并埋藏在地壳中形成石油。③ 苏联基于石油无机成因论，在石油有机成因论认为不可能发现石油的地质环境中找到了大型油田，包括位于西西伯利亚和伏尔加-乌拉尔地区的油田。除石油无机成因论之外，动植物混合成因说、分子生油说、干酪根热降解成因说、岩浆说等学说层出不穷。但是，由于语言的限制，持石油无机成因论及其他成因论的学者（以俄国、苏联学者为代表），在国际学术圈中的声音微弱，即便能够在国际会议上发出声音，也往往被视为异类，甚至被蓄意冷落。

石油峰值论预言，全球石油产量将不可避免地达到峰值并下降，这引发了人们广泛的担忧和恐慌。这种对石油前景缺乏信心的普遍心理，为某些势力成功扩大和利用局部次要因素影响石油供需提供了契机。具体来说，在石油峰值论影响下，人们更容易受到某些短期供应中断的恐慌情绪感染，在恐慌购买中推高油价，这可为个别投

---

① Richard C. Selley, *Elements of Petroleum Geology*, Second Edition (San Diego: Academic Press, 1997), p. 7.

② Ibid., p. 8.

③ "Petroleum Oil," The Free Dictionary, accessed February 28, 2024, https://encyclopedia2.thefreedictionary.com/Petroleum+Oil.

机者所利用进行炒作。2005年，美国银行家马修·西蒙斯（Matthew Simmons）出版《沙漠黄昏》一书，大力宣扬石油峰值论[1]，之后他不断在媒体上接受采访，表示世界石油产量早已超过峰值，能源枯竭迫在眉睫。2002年至2008年，纽约原油期货价格一度从每桶24美元左右上涨到每桶147.27美元。在此期间，关于石油峰值和石油枯竭的讨论也达到了历史最高频率，这些讨论也导致了油价的变化。仅从2007年1月到2008年6月，美国西得克萨斯中质原油（WTI）的月平均价格就由每桶54美元左右上升到每桶120美元左右，短短一年半时间升幅达120%。显然，这不能仅归因于供需形势变化、美元贬值，也不仅是政治局势剧烈变化的结果。油价的飙升凸显出其首要因素是投机性炒作。投机者之所以能借助于放大某些影响供需的局部性次级因素而成功炒作，就在于利用了普遍存在的对石油未来供应缺乏信心的恐慌心理。石油峰值论所宣扬的石油枯竭说为这种危机感奠定了"理论基础"。不少研究者认为，石油峰值论是油价陡涨的根本原因。就连一些石油峰值论者自己也承认，该论点是油价异乎寻常高升的"幕后推手之一"。[2] 可见，石油峰值论源自少数与石油企业关系密切且具有不可分割的利益关系的人的观点。在利益驱使下，在石油大亨们的策划和资助下，西方石油贵族们运用手中的无疆界资本、国际话语权和政治影响力，不断炮制和传播石油峰值论。

实际上，就连石油峰值论本身，也存在错漏。其中一个错漏在于未考虑到技术进步的潜力。早在1938年，哈伯特就对美国石油峰值到来的时间作出了预测，只是预测的时间太早，提前了20年。他指出："（美国石油下跌的开始）不太会迟于1950年，有可能是在之前。"他预测的基础是这样一个事实，即"容易找的石油已经找完了"。哈伯特当时的预测就是基于当时已探明的美国石油储量的规模，即"110亿或120亿桶"。他在此犯了一个明显的错误，正如他所说，探明储量代

---

[1] 参见Matthew Simmons, *Twilight in the Desert: The Coming Saudi Oil Shock and the World Economy* (Hoboken: John Wiley & Sons, Inc., 2005)。

[2] 张抗：《从石油峰值论到石油枯竭论》，《石油学报》2009年第1期，第157页。

表着"已经探明的石油"。①像许多追随他的人一样，他本人也被误导，认为探明储量是衡量石油可开采量的一个有用指标。当时，美国石油可能的储量实际上要大得多；仅得克萨斯州东部就有超过50亿桶的储量。哈伯特低估了勘探和生产技术进步的潜力。从数据提供的清晰证据来看，哈伯特的逻辑模型无法解释美国石油生产的现实。由于水力压裂技术的应用，自2008年以来，美国页岩油产量迅速增长，远高于哈伯特所预测的峰值。当然，1956年之后获得发展的其他技术也对石油产量产生了影响，如深水钻井技术和水平钻井技术。

除未考虑到技术进步的潜力外，单论其提出本身，石油峰值论也不是建立在科学数据的基础之上的。哈伯特用来预测美国石油峰值的高斯曲线并未采用油田实际生产数据，而是采用他所声称的对所有油田都适用的理想数值。他先估算美国境内的生物沉积总量，然后以此为依据，推导出所谓"石油的最大储量"。1989年，哈伯特在去世前不久的一次访谈中承认，自己用来估算美国石油储量的方法与科学毫无关系。②事实上，美国石油峰值的出现与美国政府推行的规范与措施有很大关联。美国政府在1947年、1957年、1959年、1968年和1971年频繁出手干预美国的原油市场，限制本土原油出口，并实施强制性进口配额和价格管制等行政和立法规范，造成对石油领域的投资减少，在其挤出效应下出现了假峰值。实际上，这是对原产地资源资产采取最大保护措施导致的。

石油大亨们出于自身利益的考量，利用各类科学和学术平台，炮制出石油峰值论，并通过学术会议等认知共同体建构相关话语，再通过其掌握的话语权，不断强化和复制此类话语。实际上，基于石油峰值论、石油枯竭说等的石油危机并没有确实的依据。但是，石油危机话语为限制美国国内石油开采、增加石油进口提供了科学话语支撑，并在进一步的政治化运作中，对美国的石油政策以及大国间的石油竞

---

① M. King Hubbert, "Determining the Most Probable," *Technocracy*, Series A, No. 12 (1938), accessed November 5, 2024, https://trentfisher.github.io/technocracy/periodicals/technocracy/a12/mostprob.html.

② 陈柳钦:《破解"石油峰值"论》,《中国石化》2013年第1期, 第68页。

争产生了影响。

(三)石油峰值论的制度化

随着时间的推移,石油峰值论逐渐走向制度化,而这种制度化主要表现在以下两个方面。首先,石油峰值论的话语从地质学转向了经济学。1998年3月,《科学美国人》刊发了两位石油地质学家的文章《廉价石油的终结》[1],认为石油危机迫在眉睫,而且这次危机不会像20世纪70年代那样,是一种暂时出现的供应短缺,而是一种长期状态。在《科学美国人》这样的科普杂志上发表地质学专业文章,事实上是将有关石油峰值和"廉价能源终结"的论点从石油供应模型的专业文献中剥离了出来。正如艾玛·赫明森(Emma Hemmingsen)指出的那样,在地质学和经济学之间的边缘地带,石油峰值论被转化为流行的经济学理论,这样做有助于引入一种新的叙事和对石油短缺的想象。[2] 这种不一致性意义重大,不是因为它维持了关于生态灾难的流行观念,而是因为在过去的几年里,它开始影响国家政策制定,成为对能源安全和气候变化关注的一部分。例如,在美国,研究者赫希(Hirsch)在向能源部提交的报告中称,世界石油峰值带来了史无前例的问题,如果不及时提出对策,这一问题将会是普遍的,持续的时间也会很长。[3]

其次,石油峰值论话语的传播和发展引起了世界其他一些国家政府部门对石油峰值问题的重视,并将其纳入国家战略政策的考虑范围。瑞典政府是世界上第一个从政策层面承认并接受石油峰值论,并通过立法和经济政策认真采取对策的政府。为此,瑞典政府成立了一个研究石油峰值并提出对策的专门委员会,针对如何降低对石油的过度依赖向决策者们提出建议。作为世界最大的石油消费国和进口国,美国

---

[1] Colin J. Campbell and Jean H. Laherrère, "The End of Cheap Oil," *Scientific American* 278, No. 3 (1998): 78-83.

[2] Emma Hemmingsen, "At the Base of Hubbert's Peak: Grounding the Debate on Petroleum Scarcity," *Geoforum* 41, No. 4 (2010): 531-540.

[3] Robert L. Hirsch, "The Inevitable Peaking of World Oil Production," *Bulletin of the Atlantic Council of the United States* 16, No.3 (2005):8.

能源部委托美国国家石油委员会对石油峰值论进行全面深入的研究，并据此制定长期的能源战略，研究组成员包括石油工业、汽车业和环保业等领域的知名人士。美国众议院也曾在2005年召开以"理解石油峰值论"为主题的听证会，并邀请石油峰值研究会（ASPO）时任主席谢尔·阿列克利特（Kjell Aleklett）教授作了专题演讲。[①] 澳大利亚政府也非常重视石油峰值问题。2005年11月，石油峰值研究会的分支机构澳大利亚石油峰值研究会（ASPO-Australia）成立。2005年至2007年，澳大利亚石油峰值研究会已经向澳大利亚能源管理部门提出了200多条建议。2007年2月，澳大利亚联邦议会参议院举办了一个关于澳大利亚未来石油供应的会议，并将石油峰值问题提上了议事日程。[②]

三、围绕石油峰值论的科学话语竞争

围绕石油峰值论的科学话语竞争主要在经济学与地质学两个学科之间展开，其背后也隐藏着地质学家与经济学家所代表的社会力量之间的竞争。

（一）经济学对地质学的挑战

17世纪科学革命以来，人类的知识在现代教育的框架下被分为越来越细的学科，每个学科根据不同的理论假设和研究日程不断生产新的知识，累积的知识形成了各自分离的知识体系，在人类社会中间形成了不同的认知共同体。为了获得更多的社会资源和更高的地位，不同的学科在现代知识社会中不可避免地展开了争夺对世界解释权的斗争。在美国学界，围绕石油峰值论的科学话语竞争主要在地质学和经

---

① "Understanding the Peak Oil Theory" (Hearing Before the Subcommittee on Energy and Air Quality of the Committee on Energy and Commerce, House of Representatives, Washington, D.C., December 7, 2005), accessed December 18, 2023, https://www.govinfo.gov/content/pkg/CHRG-109hhrg25627/html/CHRG-109hhrg25627.htm.

② 唐旭等：《关注石油峰值：世界石油峰值研究迅速兴起》，《中国石油和化工》2007年第9期，第7页。

济学之间展开，主要聚焦于石油是否可以被有效替代，从而避免能源危机的发生。

在所有学科的专家中，经济学家最反对将石油峰值作为一个单一的问题来看待。经济学家从市场经济和资源配置的角度研究石油供需关系和能源转型。他们关注石油价格、供应和需求的相互作用，以及石油峰值对经济的潜在影响。经济学家认为，在市场机制的作用下，当石油供需关系发生变化时，价格会上涨，从而刺激替代能源的发展和利用。他们认为，市场的自由调节机制将推动能源转型，令石油峰值的出现难以导致能源危机。可见，经济学家更加乐观，相信市场机制和技术创新能够有效地解决能源问题，并避免能源危机的发生。经济学家认为，如果石油峰值很快出现，那也是由于经济力量，而不是由于能源短缺。经济学家们认为，无论出于何种原因，高油价都会降低石油需求。石油替代品将变得更具经济吸引力，并因此而被纳入整体能源结构中。因此，石油峰值应该是经济学关注的问题。关于可开采石油产量的辩论一直持续到美国石油产量到达哈伯特所预测峰值之后的几十年。2004年，即哈伯特去世15年后，美国石油行业刊物《石油与天然气杂志》(*Oil & Gas Journal*)的主编指出，围绕全球石油产量峰值展开的这场辩论已经变得越来越"两极分化，越来越具有敌意，尤其值得注意的是，越来越政治化"。[①]

在这场高度政治化的辩论中，任何一个思想流派都没有重视历史或地理背景，也不提供对社会因素、环境因素或政治因素特别深入的分析，他们的论点都具有特殊性，并且充满了政治利益上的考量。在辩论中，与哈伯特一样，反对者们在引用哈伯特的数学模型和钟形曲线的过程中脱离了当时的社会背景。这种脱离社会背景的做法，导致石油行业和某些政府部门只关注预测全球石油峰值到来时间的讨论，而没有解决哈伯特模型所暗示的更广泛的问题，如人口增长与资源消费之间的矛盾，以及石油生产由政府主导还是由石油公司主导等问题。这不能不说有权力上的考量。此外，在关于石油峰值的知识话语竞争

[①] B. Williams, "Next Big Thing: Peak Oil," *Oil & Gas Journal* 102, No.15 (2004): 15.

中,学术组织和专家网络在哈伯特之后发挥了重要作用。与个别权威极高的专家的个人影响力不同,学术网络的影响力更为广泛,可以形成更大的话语空间,影响相关政策。学者、石油公司、政府部门给这样一个学术问题赋予了极大的个人、职业和政治意义,权力和利益都对其产生了重要影响。

(二)石油峰值论的叙事框架

叙事框架不仅是个体理解和解释世界的方式,也是社会构建和传播共识的重要工具。它决定了我们如何组织和解读信息,如何构建事件、问题或现象的故事线,以及哪些元素被视为重要或无关紧要。

首先,叙事框架能够影响个体的认知和情感反应。通过突出某些细节,淡化其他信息,叙事框架可以引导人们关注特定的方面,形成特定的观点和情绪反应。例如,同一事件可以通过不同的叙事框架进行描述,从而引发公众的不同反应和评价。其次,叙事框架在塑造社会共识中也发挥着关键作用。媒体、政府、社会组织等通过选择和推广特定的叙事框架,可以影响公众对某个问题或事件的理解和看法,进而影响社会共识的形成。例如,对于移民问题而言,一种叙事框架可能强调移民对社会经济的贡献和人权问题,而另一种叙事框架可能强调他们对本地就业和文化的威胁。这两种不同的叙事框架可能会引导公众形成截然不同的共识。因此,选择和运用叙事框架是一个重要的策略性过程,它涉及权力、价值观和利益的博弈。

叙事框架的选择直接影响了石油峰值论叙事竞争的结果。关于石油峰值论,有两个叙事框架,即从地质学发展出来的"地下框架"和从经济学发展出来的"地上框架"。地质学家使用地质理论和测量数据来定义石油,从而以某种方式"想象"石油。科学家们发表论文,并在纪录片中接受采访。在"地下框架"中,人类能源的未来充满了挑战。在界定这些挑战的过程中,包含了应对这些挑战的方法。科学论文和石油峰值纪录片将石油定义为一种具有内在价值的产品。该价值是根据石油作为燃料燃烧时输出的能量得出的。在这种"地下框架"叙事中,首先要考虑的是能源储量本身,而不是经济因素。石油被认为是一种可开采的能源，其消耗和随后的替换取决于地质因素，而且其总量是有限的。该框架所显示的挑战只能通过地质和技术手段来解决，而这些手段可以提供更多能源。尽管经济激励措施也被提及，但石油被认为是特殊的能源，难以被替代。从知识与话语的视角来看，此类关于石油峰值的讨论最初是基于一个假设，即存在一个独立而客观的现实，不受人们主观认知的影响，等待人类去发现和认识。在这个假设下，地质学家和能源科学家根据他们认为客观、科学的理由，形成了有关石油储量和开采情形的一整套叙事体系。他们运用这些专业知识话语来确定和论证能源领域的运行规律。在这个过程中，不同的知识诉求通过将某些说法进行社会化和客观化的方式，共同建构起人们对现实的认知，并影响人们在能源利用等方面的实际行为。

从经济学发展出来的"地上框架"描绘了另一个世界。在这个世界里，人类可以生产石油，或者石油的替代品，其供应是无止境的，而对石油的需求是受价格限制的，当价格上升到一定程度，对于石油的需求量就会下降，因为人类会转而寻求廉价替代品，继而石油产量也会下降，形成所谓的"石油峰值"。在气候变化以及全球能源转型的背景下，可再生能源的比例逐渐提高，石油枯竭之前人类的能源结构会逐步被优化，石油会像煤炭一样逐渐从战略资源变成普通商品。[①]

实际上，无论哪种理论，其谈论的对象都是同一个，那就是石油的应用和替代。因理论视角、经济利益和价值观不同，同一事物或是现象经常被赋予不同的意义和未来，直接影响社会的发展进程。这两个相互竞争的框架赋予石油不同的价值，而在这两个框架中，对石油供应和石油需求之间关系的描述完全不同。一个框架说明人们给予石油经济价值，另一个框架说明石油本身具有能源价值。在关于石油峰值的故事建构中，核心问题是石油峰值到底是一个事实还是一种理论，以及如果是一个事实，超越它的方法又是什么。地质学研究的是地面以下的资源形成和储量情况，并利用本学科的知识体系不断预测地区

---

① 关于"地下框架"和"地上框架"，可参见 Gavin Bridge and Andrew Wood, "Less Is More: Spectres of Scarcity and the Politics of Resource Access in the Upstream Oil Sector," *Geoforum* 41, No.4 (2010): 565-576。

或全球石油峰值到来的时间。地质学框架展示了一个"非人类行为体"[①]制造石油的世界，石油的供应有限，而石油的需求是无限的。基于石油有机成因理论，地球上石油的总量是固定的，而石油具有不可替代性，石油危机必然发生。经济学框架强调人的主体性，石油的角色和价值是人类行为体赋予的，人类有充分的自由选择替代能源，因此石油危机可以通过技术创新和市场调节来解决。在实际应对石油危机的过程中，通常需要综合考虑这两种框架，并采取综合性的措施来提高能源效率、发展替代能源和促进可持续能源发展。

（三）石油峰值论的隐喻建构

隐喻在科学话语中的使用可以强化特定视角，激发公众情感，从而提升话语接受效果。通过使用隐喻，媒体可以将科学知识与公众熟悉的日常经验或具体形象联系起来，使得科学概念更加生动、具体，并且容易引起公众的兴趣和情感共鸣。但是，由于隐喻是基于类比和象征的方式进行表达的，可能存在误导或引起误解的风险。当科学知识涉及复杂的概念或理论时，虽然隐喻可以将其转化为更具体、更易于理解的形象或比喻，但这种转化过程可能会使科学问题变成服务于特定利益的手段，甚至可能会使之丧失准确性或完整性。

关于石油峰值的理解就是从一个颇具说服力的隐喻开始的。在1956年的论文中，哈伯特开篇就使用航海作为类比，这一类比成为其对于石油未来认识的隐喻框架。这一类比表明，他所使用的图表可以被类比为导航图，就好像它们代表了一个只需人类认识和了解的独立、客观世界。一旦绘制了导航图，接下来就仅仅是一个规划有效路线的问题。为描绘美国石油产业发展的历程，哈伯特做了一个简短的历史总结，指出"再没有什么比化石燃料开采的年度统计数据更能表现其利用历史了"。[②]然后，他展示了几张描述过去石油产量呈指数增长的图表，并提出了问题："在产量达到天文数字之前，可以持续翻倍几

[①] Bruno Latour, *Reassembling the Social: An Introduction to Actor-Network-Theory* (New York: Oxford University Press, 2005), p. 10.

[②] M. King Hubbert, "Nuclear Energy and the Fossil Fuels," p. 6.

次?"[①] 在讨论了预测储量和展示了预测美国生产周期所涉及的数学公式之后,他还展示了一个带有钟形曲线的图表:"曲线必会在1965年左右达到顶点,然后必会以与早期增长率相当的速度下降。"[②] 这条完美而对称的钟形曲线成为石油峰值的象征,也成为公众理解石油问题最直观的符号。公众在认为自己理解这一理论的基础上,也接受了这样的一个理论。

很明显,在哈伯特的上述陈述中,通过使用航海隐喻与钟形曲线,他假设了一个客观现实的存在。然而,社会学研究表明,仅仅基于声称的客观现实来推广一个概念是十分困难的。近年来,也有西方学者质疑了石油峰值论对全球石油生产前景的看法,认为其需要更多的证据支持。不管怎样,正如本章所描述的,石油峰值论通过科学话语的有效建构,在特定的政治经济条件下,借助全球知识网络成为认识石油问题的主导话语,影响了全球石油地缘政治。

结　语

在知识生产中,科学知识是最接近真理的知识形态,也是话语建构的重要基础。相反地,由于话语本身具有主体性、意向性、策略性,通过实践,话语可以将科学知识社会化、合理化、常识化、制度化,从而塑造人们对世界的认知。科学知识生产在国际关系中发挥重要作用,对于理解和解释现实世界中的重大问题具有深远影响。在科学不能给予确定答案的领域,科学论断并不必然成为共识,这些领域中也会存在博弈和斗争,具体表现为科学话语竞争。科学话语竞争的结果在很大程度上决定了何种理论或相关推论可以成为被人们接受的科学知识。本章以石油峰值论为例,探讨了科学知识生产如何塑造国际关系研究,并展示了科学话语在话语竞争中树立霸权并主导特定领域的认知。20世纪50年代,西方跨国石油公司在利益驱使之下推动了针对

[①] M. King Hubbert, "Nuclear Energy and the Fossil Fuels," p. 8.
[②] Ibid., p. 24.

石油成因的知识话语竞争，先是促进了石油有机成因论的传播，后是建构了石油峰值论。这些理论进一步加速了石油危机话语的传播，为石油安全化提供了知识和话语空间，同期存在的其他学说则被排除在霸权话语之外。

在此基础上，我们必须认识到科学知识生产的复杂性和局限性，以及它对国际关系所带来的挑战。首先，科学知识并非绝对的真理，而是在特定历史条件和社会力量的影响下形成的。不同的理论选择、研究方法和研究条件可能导致不同的结论。科学知识之间的竞争以及科学话语与国际关系的相互作用，是一个复杂而动态的过程。其次，未来，科学知识生产对国际关系的影响将继续存在，并可能进一步加深。随着科技的不断进步和新兴领域的涌现，科学知识的专业性要求国际关系学者在知识维度上不断进行拓展，从而更好理解国际关系的现实。同时，科学话语的竞争也可能更加激烈，不同国家和利益相关方将积极争夺在关键领域中的话语权。这将对国际关系的演进产生重要影响，可能引发新的冲突抑或合作机会。最后，为了更好地应对科学知识生产对国际关系的挑战，需要鼓励科学界的开放性、透明性和多样性的增强。科学研究应该秉持客观、严谨和可验证的原则，同时重视不同学科间的交叉和互补。政策制定者和决策者应该重视科学的贡献，并将科学知识纳入决策过程，同时保持对科学话语的批判性思维。

第9章

话语燃烧与话语安全

国际政治中存在一种话语现象：国际社会中存在的共性问题，在一段时期的话语作用下，却演变成针对某个特定国家的个性化问题，使该国陷入话语不安全状态。恐怖主义本是国际社会共同面对的问题，却在一段时期的话语重构下被改变为尤其与伊斯兰国家紧密相关的问题；新冠疫情本是威胁国际社会的共性问题，却在一段时期的话语作用下演变成专门用于指责中国的"利器"。一个在国际上具备共性的问题是如何逐步演变成为针对某个行为体的个性化问题的？既有安全化理论、污名化理论能较好地从安全化行为体和污名化施污方的视角来阐释话语的作用机制，但二者均忽略了安全化以及污名化所处的时代背景以及主体间性的作用，难以充分解释特定话语缘何通过动态演进而凝聚到某个行为体上。本章认为，对于国家行为体而言，话语安全是影响国家安全的主要因素之一。针对话语安全的相关研究，既有理论，如安全化理论、霸权护持理论等，更多将重点放在掌握话语权的一方，而相对忽略了话语弱势一方所面临的话语风险与风险应对。实际上，对于话语实力处于相对弱势的国家而言，研究话语安全更具理论意义与现实意义。为深入阐释话语安全，本章将借鉴物理学中的燃烧概念，在社会物理学视域下建构话语场域中的燃烧概念及对话语安全的影响。话语燃烧现象由话语燃烧基础、话语燃点、话语助燃三个结构性因素相互作用而形成。国际共性话题演变成针对某个行为体的标签化过程,是经由偶发性、关联性、指向性三个话语燃烧阶段而形成的。

一、话语安全与话语不安全

话语缘何不安全?在关于话语的现象学、阐释学研究范式出现之前,话语研究一贯停留在分析哲学的层面上。随着哲学"语言转向"的出现,话语与世界的关系研究进入新阶段。话语因具有能动性、建构性、解构性而被学界日益重视,并被纳入国际政治的分析视域。在后现代主义视域下,理性不再是一种普遍的、恒定的人类能力或原则,新的话语可对原有科学理性话语体系产生破坏性作用。[1] 处于主导地位的行为体可将自身价值观建构成备受认可的宏大叙事,进而建构价值观的同一性,以维持自身合法性;处于话语弱势地位行为体的叙事则通常难以突破既有宏大叙事的束缚和孤立。[2] 在国际话语场域进行话语建构时,话语相对弱势的行为体时常在话语相对强势的行为体的重构下走向背离自身意愿的话语方向,甚至威胁到自身的话语安全。

(一)话语安全与话语不安全的概念阐释

要研究话语安全与话语不安全,需首先明确"话语安全""话语不安全"的概念。安全意指"没有危险的客观状态",包含外在威胁和内在无序的消解。[3] "话语安全"即话语不受威胁的状态。"话语不安全"则可被阐释为行为体力求表达和建构的话语内容,在他者的影响下,在话语场域中呈现出背离行为体预期的不安全状态。在研究过程中,

---

[1] Jean-François Lyotard, *The Postmodern Condition: A Report on Knowledge*, trans. Geoff Bennington and Brian Massumi (Minneapolis: University of Minnesota Press, 1984), p. 61.

[2] Jean-François Lyotard, *The Differend: Phrases in Dispute*, trans. George van den Abbeele (Minneapolis: University of Minnesota Press, 1988), pp. 5, 80;张庆熊等:《合法性的危机和对"大叙事"的质疑——评利奥塔的后现代主义》,《浙江社会科学》2001年第3期,第93—97页。

[3] 刘跃进:《"安全"及其相关概念》,《江南社会学院学报》2000年第3期,第17页。

需要特别注意以下两个方面。

第一，要从广义和狭义两个方面来研究话语安全和话语不安全。一般而言，行为体会被赋予生产和传播话语的意愿和能力。话语建构过程包括话语生产、话语传播、话语呈现、话语接受等不同环节，每一个环节的安全状态均可能影响到行为体的话语安全。研究话语安全与话语不安全需明确话语的哪些方面不受威胁。广义来说，研究行为体的话语安全包括研究话语生产过程、话语传播与媒介、话语体系建构、话语权斗争、话语接受过程等不同环节。这些体系因素的不安全均可能导致话语不安全状态。在现实国家安全研究中，当国家行为体建构话语时，话语传播以及媒介建构已然成形且在短期内难以改变。因此，狭义来说，研究话语安全与话语不安全主要在于研究国家行为体提出一种话语后，如何确保其话语意图能够按照预期在国际话语场域中得以呈现。研究话语安全与话语不安全，需要基于案例分析、经验积累、机制探讨、学理研究，来探讨行为体力求建构的某种话语缘何在话语场域中呈现出背离行为体预期的话语表现。

第二，需正确看待话语安全与话语不安全之间的辩证关系。安全意指一种状态，而状态并非一成不变。在话语主体建构话语之后，其话语能够完全传达至每个话语对象，其他行为体对话语建构不加干预，话语主体与话语对象在认知层面上不存在矛盾，话语能够完全被话语对象接受，这种理想状态就是话语安全状态。然而，在现实社会中，这种绝对理想状态基本不存在。即便将最具话语优势的行为体作为话语主体来分析，因其并非掌握全部的话语传播途径，且受其他行为体话语干扰因素等影响，加之其与话语对象之间或多或少存在的认知差异，所建构的话语也并不意味着绝对安全。例如，美国作为话语优势方，虽然掌控着国际体系的主导权，但也不能完全确保其话语一直处于安全状态。话语安全与不安全是相对的，或者说是动态变化的。某一时刻话语的相对安全不意味着未来话语仍然安全。同理，也可采取措施将话语不安全状态提升为相对安全的状态。因此，维护一国的话语安全，即维护国家话语处于不受威胁的状态，与维护经济、文化等其他领域的安全相同，需要通过系统性的研究、分析和研判，防范话语风险上升为影响国家安全高度的严峻话语危机,并研拟应对措施,确保风险处于可控状态。

(二)影响话语安全的主要方面和因素

既然话语安全与话语不安全是相对状态,行为体的话语安全与否是一个动态变化过程,二者可相互转化,那么对于行为体而言,话语处于相对安全状态时,往往不会引起行为体的重视。如何开展对话语不安全的分析和应对,是行为体更为关注的方面。为了研究话语的不安全状态,有必要先对影响话语安全的主要方面和因素作出解释。

1. 影响话语安全的主要方面

在话语场域中,各行为体立足于各自的立场和需求进行话语建构。按照话语互动进程中的行为体的关系,话语建构过程的参与方可以分为话语主体、话语对象和话语第三方,即影响话语安全的三个主要方面。

第一个方面是话语主体。从话语产生、传播和接受的过程来看,话语主体是话语过程的初始方,即话语的建构者。在国际关系互动过程中,国家行为体存在国际归属和提升国际影响力的需求[①],而这种需求的驱动力是国家行为体维护本体安全的身份诉求。在后结构主义视域下,话语建构是国家行为体塑造其身份的唯一方式。[②] 如果失去话语建构能力,国家行为体在国际关系中的身份和地位就无法显现和被传达。因此,从国家行为体自身的视角出发,话语主体的话语安全维护尤为必要。不同话语主体在国际关系中的身份和地位存在差异,在进行话语建构的过程中,话语所受到的威胁程度也大不相同。国际体系中的等级结构,决定了处于边缘地带的国家,相较于处于中心地带的国家,在国际关系博弈过程中所面临的话语风险偏大,话语安全的维护成本也更高。例如,东方国家传统上处于话语场域的边缘地带,这

[①] 苏平:《国家行为的需求层次分析》,《武汉大学学报(哲学社会科学版)》2009年第2期,第251页。

[②] 赵洋:《语言(话语)建构视角下的国家身份形成——基于建构主义和后结构主义的研究》,《国外社会科学》2013年第5期,第12—22页。

使得传统上处于中心地带的西方国家,更容易建构一种非真实的、异质的东方国家的存在。① 这种话语实践过程压制了东方国家的话语呈现,实现了西方国家的"真理统治"。② 东方国家话语的不安全,导致东方国家的身份和形象的真实性在国际话语场域中存在的缺失,使东方国家在国际话语场域中长期处于弱势地位,成为被异质化、被丑化的"真实"存在。

第二个方面是话语对象。与话语主体相对的是话语对象。话语对象是话语主体开展话语表达和实践的接收对象。在话语场域中,话语的互动性决定了话语主体和话语对象是一组相对概念。话语主体在完成话语实践过程后,便可短暂脱离其话语主体身份;话语对象因存在话语构建需求,也可通过话语实践成为话语主体。在单一话语构建过程中,话语主体完成话语实践后仍面临一个核心问题,即话语内容是否能为话语对象所接受。针对国际社会中的同一话语或事实,不同国家之间的理解和回应存在差异。③ 话语对象如同文学作品中的读者,是对话语主体的话语进行解读和接受的关键因素。通常情况下,话语主体希望其自身构建的话语能够为话语对象所理解和接受。但在实际话语解读过程中,话语对象与话语主体因语境、背景等方面存在差异而难以形成统一的话语认知,导致不同话语对象在解读和接受话语主体的话语意义上存在一定偏差,话语的接受过程存在不确定性。从现实来看,话语对象与话语主体之间的认知矛盾,是话语主体处于话语不安全状态的主要原因。例如,作为话语主体,某国提出希望发展中国家担负起全球碳排放的责任。从话语预期来看,该话语主体希望通过该话语,使它所提出的发展中国家责任论获得广泛接纳。然而,不同话语对象对同一个话语会产生不同的解读。就这个例子而言,部分发展中国家强烈反对该观点,认为现有发达国家更应该承担起碳中和的责任。这种反对声音将引发诸多具有相同利益诉求国家的共鸣,不同

---

① Edward Said, *Orientalism* (New York: Pantheon, 1978), pp. 1-28.
② 孙吉胜:《语言、身份与国际秩序:后建构主义理论研究》,第27页。
③ 孙吉胜、何伟:《国际政治话语的理解、意义生成与接受》,《国际政治研究》2018年第3期,第38—62页。

话语对象形成的一致反对声音，成为塑造该话语主体的话语不安全状态的主要压力。

第三个方面是话语第三方。话语主体在进行话语实践时，除面临话语对象的解读外，还面临话语第三方的影响。话语第三方的介入同样可以影响话语对象的解读和话语演变的方向。在现实国际关系中，因为国际关系和话语场域的复杂性，不同国家行为体之间的话语建构能力存在差异。美英等西方强国在语言、媒体、网络等方面具备绝对优势，在国际话语的影响力和掌控力方面具有相对优势。话语主体通常对话语场域的掌控力较强，对话语场域的介入意愿和能力更强，更容易影响话语演变的方向。当话语主体开展话语实践时，若与诸多话语对象之间存在认知差异，加之话语第三方介入实践过程，将这种差异扩大化，话语主体所面临的话语风险就会增大。例如，某话语主体在目标国开展区域性合作时忽视当地环保政策，引发目标国民众的不满，原本只是该目标国的媒体对此进行报道，但在话语第三方的推动下，该事件就可能在国际话语场域中广泛传播，使该话语主体处于话语不安全状态。

2. 影响话语安全的主要因素

从话语主体、话语对象、话语第三方这三个方面的影响机制来看，影响话语安全的主要因素，包括话语主体与话语对象之间的认知矛盾、话语第三方尤其是话语权势方的介入以及话语热点。

第一个影响因素是话语主体与话语对象之间的认知矛盾，主要由两方面构成。一是话语主体开展话语实践过程中的不确定性。在话语场域中，话语主体在进行话语实践时，受自身意图、身份、背景、途径等因素所限，无法实现话语预设的全部内容。这将或多或少在话语场域中留下话语空白，引发话语不确定性。话语主体的话语实践中存在的空白越多，话语对象在话语解读过程中需要填充的内容就越多，也就为话语曲解和误读提供了更多空间。例如，A国提出向B国投资开发矿产的合作倡议，但A国在话语塑造方面，并没有明确该合作倡议是否会考虑到当地的产业可持续发展问题，是否会解决当地就业问题，是否会确保当地生态的安全问题。这些空白为话语对象解读该合作倡议话语提供了更多可能性。他国在解读该合作倡议话语时,在话语空白处既可以填充"可持续发展""共同发展"等有利于A国的话语内容,也可以填充"资源掠夺""生态破坏"等不利于A国的话语内容。除话语空白外,话语内容的非协同性表达也会导致话语不确定性的生成。例如,在A国的对外话语实践中,话语预设内容是构建全人类"绿色""生态"的能源合作,符合话语对象的话语期待。然而,A国企业在对外合作进程中却存在诸多涉及污染和破坏生态的现象。由这些现象所衍生的符号化和形象化语言与话语预设内容形成了差异。这种非协同性会阻碍话语预设内容的有效表达。二是话语主体预设与话语对象预期之间的差异。这一差异的大小决定了话语主体所构建的话语是否能够为话语对象所接受。举例来说,A国发布一项对外经济合作倡议,若该国在话语实践时所预设的目标人群为B、C、D国的中低收入人群,则A国在话语实践过程中会围绕中低收入人群的需求来塑造话语,如"解决贫困落后问题"。然而,这只是A国按照预期所设定的话语内容,并不代表这一话语内容完全符合B、C、D国的预期。若这些国家的中低收入人群的预期是基于生态和谐的合作,而A国在话语实践过程中恰巧忽视了生态环保问题,即A国的话语预设与B、C、D国的话语预期相背离,那么A国的话语实践就存在被B、C、D国解读成"环境污染""生态破坏"的风险。

第二个影响因素是话语第三方的介入。当一部文学作品完成后,由文学批评家所组成的专家团体对该作品内容的解读与评价会影响普通读者对内容的诠释。当一部电影上映后,影评人对电影的评价会影响普通观众的认知和评价。在国际话语场域中,当话语主体完成话语实践后,话语内容的诠释则由掌控国际话语权的话语第三方(即由掌控国际话语优势的国家行为体或超国家行为体所组成的话语权势集团)所主导,影响话语安全。例如,A国在某项经济合作的话语实践时,本意在于帮助B国的经济发展。但C、D、E、F国所组成的话语权势集团,将该项合作解读成"地缘政治""滋生债务",致使A国所力求传达的"共同发展"话语处于受威胁的状态,即形成了A国经济合作话语的不安全状态。可以看出,话语第三方的介入,尤其是话语权势方的推波助澜，会加剧话语风险的升级。相反，若A国的话语实践，被C、D、E、F国所组成的话语权势集团解读成"合作共赢""促进发展"等有利于A国的话语，则A国所构建的话语处于不受威胁的状态。由此可见，话语主体对其与话语第三方的关系，尤其是与话语权势集团的利害关系的维护，会影响话语实践过程中存在话语矛盾时话语主体所处的风险等级系数。

第三个影响因素是话语热点。在话语场域中，当话语实践留有空白、存在话语内容的非协同性表达以及话语主体预设与话语对象预期相背离时，所引发的话语认知差异偏大。话语第三方对于话语主体与话语对象之间矛盾的推波助澜，则会进一步激化话语主体的话语风险。这两个影响因素之间存在一个逻辑衔接问题，即话语第三方如何注意到话语主体与话语对象之间的矛盾。也就是说，假设话语第三方有意对话语主体的话语构建过程施加影响，它应当从何入手？在这里，需引入另一个维度的概念，即话语热点。话语热点是话语主体与话语对象之间认知矛盾激化的显性表现，同时也是话语第三方推波助澜的"抓手"。当话语主体与话语对象之间的认知矛盾初具规模时，它就能被纳入话语第三方的视线。在话语热点出现之前，话语第三方也可以激化话语主体与话语对象之间的认知矛盾，刺激话语热点的生成。

二、话语燃烧与话语不安全

前文显示，影响话语安全的因素主要包括话语主体与话语对象之间的认知矛盾、话语热点、话语第三方的介入。为进一步阐释这三个因素之间的作用机制，更加形象化、结构化地阐释话语不安全状态的生成与演变，本章引入社会物理学中的燃烧理论，建构"燃烧基础—燃点—助燃"话语燃烧分析框架，以阐释话语不安全状态是如何生成并演变为更大范围、更具风险性的话语不安全状态的。

（一）话语燃烧的理论基础

自然界的燃烧需要具备三个基本条件，即可燃物、助燃剂和燃点。

有学者受自然界燃烧的启发，建构了社会物理学中的燃烧理论，试图解释社会当中的燃烧现象。① 这一燃烧理论认为，社会燃烧也须具备与自然界的燃烧相同的三个基本条件。其中，"可燃物"指的是社会中人与人、人与自然的不和谐因素；"助燃剂"指的是社会动乱中的人为煽动、恶意攻击、推波助澜；"燃点"指的是具有一定规模的突发性事件。② 很多学者用该理论解释社会群体性事件的生成以及情绪传播。③ 鉴于话语燃烧与物理燃烧、社会燃烧之间的通约性，本章将该理论引入话语领域，尝试建构话语燃烧理论，以分析话语不安全状态是如何生成及演变的。

首先，自然界、社会、话语燃烧三者的燃烧过程具有相似性。燃烧过程从本质上讲即矛盾激化和释放的过程。自然界的燃烧过程，释放的是能量累积与承载之间的矛盾；社会燃烧过程释放的是社会当中人与人、人与自然之间的不和谐因素；而话语场域中的燃烧过程释放的是话语主体和话语对象之间的认知矛盾。此外，这三种燃烧过程均可分为点燃、燃烧、燃尽三个阶段。无论是针对个人还是国家的话语燃烧，都需经历这三个阶段。

其次，自然界、社会、话语燃烧三者的场域具有可类比性。自然界的燃烧是在存在空气的自然界中发生的，存在空气的自然界即其燃烧场域。社会燃烧则是以人类社会为背景，将社会这一无形空间作为社会燃烧的场域。一些社会学家已对社会场域理论展开了系统性研究，

---

① 牛文元：《社会物理学与中国社会稳定预警系统》，《中国科学院院刊》2001年第1期，第15—20页。

② 参见：牛文元《社会物理学：学科意义与应用价值》，《科学》2002年第3期，第32—35页；牛文元、叶文虎《全面构建中国社会稳定预警系统》，《中国发展》2003年第4期，第1—4页；范泽孟、牛文元《社会系统稳定性的调控机理模型》，《系统工程理论与实践》2007年第7期，第69—76页。

③ 参见：王晟旻等《基于社会燃烧理论的突发公共卫生事件网络情绪传播模型》，《中国安全科学学报》2021年第2期，第16—23页；柳冰芬《政府形象危机生成机理与管理策略——基于社会燃烧理论的视角》，《青年记者》2019年第8期，第8—9页；孙一凡等《基于社会燃烧理论的网络谣言风险对策研究》，《现代情报》2015年第5期，第14—19页；张懿雯、朱春阳《政治信任：政府危机传播中的"燃点控制器"——以"庆安枪案事件"为例的分析》，《新闻界》2015年第18期，第41—45页；单飞跃、高景芳《群体性事件成因的社会物理学解释——社会燃烧理论的引入》，《上海财经大学学报》2010年第6期，第26—33页。

认为场域是位置之间的"客观关系的网络和构型"。①而话语燃烧可以被视为由文本、口头表达等狭义话语和包含形象、符号等广义话语在内的不同话语类别构成的无形空间内出现的燃烧。有学者运用场域理论来分析话语权问题,认为既有话语场域由美西方霸权掌控,中国应另辟新的话语场域,不断提升国际话语权。②可以看出,自然界、社会、话语的燃烧过程均在其各自场域中完成。

再次,自然界、社会、话语燃烧三者遵循相同的燃烧结构。话语燃烧与自然界燃烧、社会燃烧的燃烧机理具有相似性,遵循相同的燃烧结构。其一,三者均需要"可燃物"。自然界燃烧需要实际存在的可燃物;社会燃烧需要人与人、人与自然的不和谐因素;话语燃烧同样需要"可燃物",即话语主体与话语对象之间的话语认知矛盾。其二,三者均需要"助燃剂"。自然界燃烧、社会燃烧需要"助燃剂",话语燃烧过程同样需要话语助燃,否则只有话语苗头,无法大范围燃烧起来。其三,三者均需要"燃点"。和自然界、社会燃烧一样,话语燃烧同样需要"燃点",即话语燃点。没有话语燃点,只能在话语场域中形成亟待燃烧的状态,无法真正燃烧起来。

最后,自然界、社会、话语燃烧三者的影响具有可比性。行为体在国际关系互动中的形象、身份和认同均需要语言来建构,话语场域中的语言环境直接决定了行为体自我建构的完整性。在话语建构的过程中,可以通过话语重构来应对偶尔出现的异类声音,但若大量异类声音出现,行为体开展话语建构的环境便会濒于彻底崩溃。③与自然界燃烧、社会燃烧类似,话语燃烧同样会影响话语主体的本体安全。自然界的燃烧现象可引发火灾,社会中的燃烧现象可引发大规模群体性事件,而话语燃烧的不断蔓延可引发话语风险乃至话语危机,进而解构行为体的形象、身份和认同。国际政治中的很多安全危机实际是在

---

① 宫留记:《布迪厄的社会实践理论》,《理论探讨》2008年第6期,第58页。

② 岳圣淞:《场域视角下的国际话语权:理论、现实与中国实践》,《当代亚太》2020年第4期,第124—155页。

③ 孙吉胜:《语言、身份与国际秩序:后建构主义理论研究》,第29页。

语言的"推波助澜"作用下形成的。① 如果对某个话语问题不重视，经由国际话语燃烧，轻则形成话语风险，重则形成话语危机，上升为国家安全议题，解构原有国家形象、身份和认同，倒逼行为体改变行为。

（二）话语燃烧结构："燃烧基础—燃点—助燃"分析框架

将前述话语主体与话语对象之间的认知矛盾、话语热点和话语第三方介入三个因素逐一对应到话语燃烧过程，即可获得话语燃烧结构的三个维度——话语燃烧基础、话语燃点和话语助燃。现依次对各个维度进行阐释。

第一个维度是话语燃烧基础。话语燃烧基础即引发话语不安全状态的话语主体与话语对象之间的认知矛盾。具体而言，在某一国家内部或国与国之间，制度、政策、民族、宗教、文化等方面的差异推动认知上潜在的不和谐因素或矛盾构成了话语燃烧基础。② 如果将整个国际话语场域作为话语燃烧的空间，并从这一角度进行考量，可见，某一国家所出现的话语不安全问题之所以能够形成国际话语风险甚至引发国际话语危机，在于国际社会的接受和认同。而国与国之间、国民与国民之间既有的认知矛盾，正是国际社会对于行为体话语建构过程接受度和认可度的影响因素。这种话语认知偏差或矛盾根植于话语主体与诸多话语对象之间各不相同的背景，形成于话语主体建构预设与话语对象预期之间的偏差，以及话语主体实践的不确定性。分析国际话语场域中话语主体在开展话语建构时的燃烧基础，可从三个方面展开渐进式分析：首先分析话语主体与诸多话语对象在制度、政策、民族、宗教、文化等领域的不同；其次分析话语主体的预设与话语对象预期之间的偏差；最后分析话语主体开展话语实践过程中的不确定性，即话语空白以及话语表达的非协同性。

---

① 孙吉胜：《从话语危机到安全危机：机理与应对》，第41页。
② 关于话语燃烧基础的概念界定，本文一方面参考了社会燃烧理论关于燃烧基础的定义，另一方面参考了塞缪尔·亨廷顿关于文化与经济合作的论述，即共同的文化、文明、价值观更有利于建立国与国之间合作的基础，差异则会增添误解、障碍、对抗。参见塞缪尔·亨廷顿《文明的冲突与世界秩序的重建（修订版）》，周琪等译，新华出版社，2010，第110—114页。

以对外合作中的环保问题为例。在进行对外合作的过程中，双方在环保背景上的差异会体现在具体合作过程中，话语主体在环保问题上的预设可能会与话语对象的预期之间形成差异，在话语实践不确定性的叠加作用下，生成话语燃烧基础。在与环保制度和理念相似的国家开展合作时，话语预设与话语预期较为相符，产生的环保问题纠纷相对较小，出现话语燃点的可能性相对较低，引发话语燃烧的可能性也相对较低。而在与环保制度和理念差异较大的国家开展合作时，如忽视了对环保问题的磋商和解决，双方则会在环保层面上产生矛盾。无论是在政府层面还是在民众层面，双方对于环保制度和理念的认知差异均会催生话语燃烧基础。与此同时，该国在话语实践过程中的不确定性，如在环保政策话语表达上的失语，即话语空白的形成，或话语表达在不同层面上的不一致，即话语表达的非协同性，均可能引发话语解读偏差，进一步巩固话语燃烧基础。

第二个维度是话语燃点。基于某国内部或国与国之间的不和谐因素（话语燃烧基础）而产生的初具规模的话语热点即话语燃点。与社会燃烧过程中群体性事件发生需要突发性事件作为燃点相似，话语燃烧的形成同样需要话语燃点。话语燃点的关键作用在于，一方面，话语燃点是基于话语燃烧基础而形成的，是话语燃烧基础自我累积或经事件发酵而萌生的结果；另一方面，话语燃点也是话语助燃的着眼点。经由话语助燃，话语燃点触发燃烧过程，令燃烧的广度和深度得以加强。自然界中，燃点包括自燃点和引燃点两种。自燃点是指可燃物"自行着火并维持燃烧"的最低温度；引燃点则指可燃物被"外界火源"引燃并维持燃烧的最低温度。[①] 话语燃点的形成同样可分为两种情形：一种情形是话语燃烧基础持续性累积所形成的话语热度不断上升直至达到话语燃点，即自身热度攀升而形成"自燃"，类似于自然界中的自燃现象；另一种情形则是在话语燃烧基础初具规模的基础上，他者制造一个"引火源"，用该"引火源"的热度引燃话语燃烧基础，直至达到话语燃点，类似于人为提供火源而引发的燃烧现象。在通常的话语

---

① 骆介禹：《燃烧反应和燃烧三要素》，《森林防火》1994年第4期，第11页。

燃烧所引发的危机中,"自燃"现象相对较少,由他者主动或不慎制造"引火源"而引发的燃烧现象则相对更为普遍。一场突发事件的新闻报道,一条言辞激烈的名流评论,一份针对性报告的发布,一幅讽刺意味强烈的图画,均可能成为引发规模性话语燃烧的"引火源"。自然界中,引火源是导致"物质开始燃烧的外部热源"[①];同理,话语"引火源"是话语燃烧的导火索,刺激着话语燃烧基础的释放,同时也吸引话语第三方的关注和介入。但是,并不是所有"引火源"都能引发燃烧,只有"引火源"释放的能量足够高时,燃烧现象才会形成。[②] 例如,由于某国与部分国家的环保制度和理念存在差异,该国与这些国家的对外经济合作中存在有关环保问题的话语燃烧基础。在外力不介入的情况下,话语燃烧基础的存在尚不足以引发"自燃"。但如果此时第三方国家的政客发文抨击称两国合作中存在生态破坏、污染环境的情况,这篇文章就会成为针对该问题话语燃烧的导火索,刺激前期两国围绕环保问题而形成的话语燃烧基础。在该案例中,若将第三方国家政客换成普通民众,即便同样发文揭露环保问题,大概率也难以引发关注而形成广泛的燃烧现象。可见,"引火源"自身释放的话语热度也十分关键。

第三个维度是话语助燃。话语风险乃至话语危机的生成都需要话语助燃。话语助燃既指他国政府及下辖机构、学术团体、各类媒介、民间交流等具有国际话语权的话语第三方进行煽动、造谣抹黑、推波助澜,将某国内部发生的或国与国之间形成的话语燃点引向国际话语场域,形成在国际层面持续的话语燃烧,也指异见领袖、反对派媒体等媒介和个人通过恶意煽动、造谣,在一国内部形成广为传播的话语风险。对国家而言,话语安全与话语第三方的话语助燃密切相关。话语第三方的话语助燃可以是对既有的话语燃点给予推波助澜,将话语燃点从一国内部引向国际话语场域,也可以是在话语燃点尚未出现时

---

① 郑胜中:《火灾调查中起火点和引火源的认定研究》,《今日消防》2020年第8期,第123页。

② 张加伍等:《分析认定起火点和引火源的探讨》,《消防科学与技术》2011年第10期,第975页。

着力刺激话语燃烧基础，以促生话语燃点。举例来说，某国因与部分国家的环保制度和理念不同而生成话语燃烧基础，后因某个合作项目的环保问题被当地媒体披露，形成话语燃点。在原本尚未形成广泛话语燃烧的情况下，掌握一定国际话语权的第三方国家的政府首脑在国际场合公开披露此事，建构威胁，或者以第三方国际媒体报道、智库报告、环保组织在网络平台上的抗议等不同话语方式将此事在国际社会上广泛传播，引发话语燃烧。可见，经由话语第三方的话语助燃，某国通过对外经济合作所努力构建出的发展型、互助型的话语，被重构成危害合作对象国及其他注重环保理念国家的威胁型话语，严重影响该国的国际形象及后续合作的开展。由于国与国之间的国际话语权存在差异，各国的话语助燃效果也不同。一般来讲，霸权国的话语影响力强，其话语助燃效果也大[①]，假设在上述例子中，进行话语助燃的是霸权国，那么对某国产生的影响势必比一般的国家要大。

在上述三个维度共同作用下，负面话语得以在国际话语场域广泛燃烧。首先，话语燃烧基础是基础性因素。若缺乏广泛的话语燃烧基础，即便存在话语燃点，话语第三方加以助燃，话语也无法在国际话语场域持续和广泛燃烧。其次，需要话语燃点。在国际话语场域中，通常由"自燃源"或"引火源"的显现带动话语热度的提升，以引起话语第三方的介入。燃点的显现是话语燃烧的直接因素，"自燃源"或"引火源"的出现，让本来隐藏在话语场域中的矛盾得以显化，以某类标签、某个论调、某种热点的方式呈现在话语场域中，一方面激化矛盾，促使累积的矛盾找到燃烧方向和出口，另一方面也吸引受众甚至话语第三方的注意，将已经显化的矛盾传播出去。因此，若缺乏话语燃点，那么话语场域便缺少燃源，隐藏的矛盾无法通过具有一定热度话题的方式显露在话语场域之中，无法真正燃烧起来。再次，广泛性燃烧需要话语助燃，即通过第三方国际化媒介对"自燃源"进行刺激和传播，或不断制造和介入相关"引火源"，保持或提升话题热度，促使话语燃烧范围变得更广、烈度变得更强。话语助燃是一种外力作用，

---

① 孙吉胜：《从话语危机到安全危机：机理与应对》，第44页。

激化话语场域中的矛盾，对显露出的话语燃点进行推波助澜。若缺乏话语助燃，则即便显露出话语燃点，也只能小范围地燃烧，类似于自然界物质燃烧时产生的火苗，虽然显露在场域中，但由于缺乏持续助燃过程，无法广泛和持续地燃烧起来。

三、话语燃烧的不同阶段及影响

话语燃烧会经历怎样的过程？自然界的燃烧过程由点燃、上升、峰值、下降、熄灭组成。话语燃烧同样遵循这样的过程。因为话语燃烧基础、话语燃点不会永远存在，话语第三方的助燃能效有限，关于某个议题的单次话语燃烧不会无止境地处于燃烧上升的态势，终会到达峰值进而下降，走向相对平稳的状态。当然，燃点的再次出现可以再次激化话语矛盾，引发话语复燃，进而呈现出波动的燃烧态势。从长周期来看，一个议题可能在一个长周期内不断复燃，这种复燃会不断加剧话语主体的话语不安全风险。

回到本章伊始提出的问题：一个在国际上具备共性的问题是如何逐步演变为针对某个行为体的个性化问题的？通过话语燃烧结构及过程来看，其原因在于国际社会与行为体在共性问题上存在认知上的矛盾，即话语燃烧基础。在他者的助燃下，行为体不断"引火上身"，将针对共性问题的燃烧转变成针对该行为体的个性化燃烧。按照"点燃—燃升—高燃"的由低到高的燃烧过程，可将这种"共性—个性"的话语演变过程划分为偶发性阶段、关联性阶段、指向性阶段。

（一）偶发性阶段

在话语场域中，每一个行为体都可以成为话语主体，这就建构了一个复杂的"主体-对象"关系网络。在这个复杂的关系网络中，每个行为体均可能面对话语不安全的风险。也就是说，在外力不介入的情况下，每个行为体都可能受到话语燃烧的影响。例如，在国际话语场域中，各国关于某个话题大体存在共识。而一旦某个国家在话语表达或实践时偏离了共识，则该国与大多数存在共识的国家之间就存在话语燃烧基础,随着话语燃点的显现,话语燃烧就有可能出现。在这个阶段,由于话语燃烧基础相对较小、话语燃点少且分散、话语助燃意愿和能力不强等,话语的燃烧呈现点状燃烧特点,即呈现偶发性的话语燃烧态势。

客观上,话语场域中存在着固有的话语燃烧基础。话语场域中的行为体,对于事物的认知本就存在偏差,对于违背法律、道德、习俗的话语表达与实践,则存在认知矛盾。例如,对于国际社会上的海盗活动、恐怖袭击、人口贩卖等事件,国际话语场域中就存在着固有的话语燃烧基础。各个行为体若不慎触及这些事件,话语燃点就会出现,在话语第三方的助燃下,则会发生一定规模的话语燃烧。在这个阶段,话语燃点的出现具有偶发性,无法与某个国家或某几个国家相关联,话语燃点与话语燃点之间的关联性不强。在话语助燃方面,由于话语燃点呈现偶发性的特点,话语第三方的助燃意愿有限,甚至没有任何助燃兴趣。这导致即便出现了话语燃点,话语燃烧的广度和烈度也是有限的。此外,在偶发性阶段,由于话语燃烧并不针对某个确切的行为体,即便某个行为体不慎触发了某个议题的话语燃烧过程,话语燃烧的能效有限,如果行为体加以控制,让话语燃点不再出现,行为体的话语实践就是相对安全的。在偶发性阶段,话语燃烧并不会对话语主体的话语安全构成明确挑战。

以近年来燃烧较为剧烈的非法捕捞问题为例。非法捕捞问题具备固有的话语燃烧基础。渔业涉及全球基本公共利益,因此存在公共资源的非法损害不被公众接受的基本逻辑。尤其对于一些沿海且经济欠发达的国家来讲,渔业是主要收入来源。非法捕捞的行为危及这些国家的基本生存需求,自然会在这些国家的民众心目中形成矛盾基础。此外,非法捕捞还涉及经济安全、生态安全、生物安全等诸多领域的安全问题,在国际社会中存在广泛的话语燃烧基础。一旦某国渔船出现非法捕捞的情形,就很容易被关注。

虽然非法捕捞问题在国际社会中存在广泛的话语燃烧基础,但在

2001年以前，国际社会还未形成对非法捕捞行为的明确定义。[①] 各国对于非法捕捞行为的认定尚未形成共识。因此，在2001年以前，即便出现了非法捕捞的行为，因其定义尚未明确，话语燃点也因热度不够而难以在国际话语场域内显现。而在2001年3月联合国粮农组织渔业委员会给出了明确定义和分类之后，虽然国际上关于非法捕捞的定义和打击问题形成初步共识，但并未形成共同打击非法捕捞问题的体系。2001—2009年，各国在远洋海域的非法捕捞行为更多被视为孤立的事件来对待。由于网络媒体尚未得到广泛普及和发展，加之国际社会的重视程度不够，非法捕捞行为的监控和发现难度大、专业性研究不足等，在这一阶段，引发话语燃点的燃源数量有限，仅有个别偶发性的话语燃源出现，话语燃点之间尚未形成强关联。例如，2005年9月，西班牙渔业商人安东尼奥·比达尔·佩戈（Antonio Vidal Pego）被美国政府起诉，罪名是试图在该国非法售卖智利海鲈鱼。[②] 涉案人员被指控多次开展非法捕捞，且存在参与黑帮的嫌疑；此外，有消息披露，西班牙政府参与资助和窝藏涉嫌非法捕捞的渔船。该起事件成为一个针对西班牙涉嫌非法捕捞问题的话语燃点。作为典型案件，该事件却并未引起国际媒体广泛关注和报道，仅在美国渔业非政府组织网站上被披露。2005年10月，欧洲非政府组织"贝娄娜"（Bellona）披露"一艘俄罗斯拖网渔船在被检查后逃离，已抵达俄罗斯领海"。[③] 该事件的发生可被视为一个话语燃点，但该话语燃点仅被作为一次突发性事件来报道，缺乏话语热度，并未引发广泛的话语燃烧过程。话语燃点之

[①] 2001年，联合国粮农组织通过了《防止、阻止和消除非法、不报告、不受管制捕捞的国际行动计划》，并明确了非法捕捞的定义，即"非法"（illegal）、"不报告"（unreported）和"不受管制"（unregulated）的捕捞，简称"IUU捕捞"。参见FAO, *International Plan of Action to Prevent, Deter and Eliminate Illegal, Unreported and Unregulated Fishing* (Rome: FAO, 2001), pp. 1-2, accessed October 8, 2022, https://www.fao.org/3/y1224e/y1224e.pdf。

[②] Andrew Sharpless, "Sea Bass Smuggler Cops a Plea in Miami," Grist, November 15, 2006, accessed July 14, 2022, https://grist.org/article/miami-vice/.

[③] Charles Digges, "Arrested Russian Fishing Trawler Flees for Home with Two Detained Norwegian Coast Guard Inspectors," Bellona, October 18, 2005, accessed July 14, 2022, https://bellona.org/news/climate-change/international-climate-conferences/2005-10-arrested-russian-fishing-trawler-flees-for-home-with-two-detained-norwegian-coast-guard-inspectors.

间也未呈现出关联性。

在这一时期，针对非法捕捞问题的话语助燃具有一定限度，主要表现出以下特点。一是话语第三方的助燃意愿低。内陆国家的关注重点不在渔业问题上，本身对非法捕捞问题的关注度就不高，更不用说话语助燃的意愿了。相比于内陆国家，沿海国家更为重视非法捕捞问题。然而，单就沿海国家而言，也并不是所有的沿海国家都会参与对这一问题的话语助燃。落后地区的沿海国家并不具备话语助燃的能力；有些沿海国家在区域乃至国际社会上具备话语助燃的能力，但并不具有强烈话语助燃意愿。二是助燃方式较少。由于此时的燃点呈现偶发性，很少见到美国和欧洲的海洋强国通过政治型、学术型话语施加助燃，而更多是通过媒体型话语施以助燃，助燃方式较为单一。三是助燃影响较小。由于话语第三方的助燃意愿低且方式单一，即便产生了话语燃点，也无法形成广泛的话语燃烧范围，仅在小范围内形成话语燃烧现象，燃烧广度和烈度有限。上述案例中，案例一的西班牙商船涉嫌非法捕捞问题，话语燃源起自美国，但该话语燃源并未引起澳大利亚、加拿大等沿海国家的显性话语助燃，也鲜有主流媒体转发或评论；案例二所提及的俄罗斯渔船逃逸事件，由总部位于奥斯陆的非政府组织所披露，报道者以英国广播电台[①]和美国自由欧洲电台[②]为主，凸显了英美大国的一定助燃意愿，但它们并未大力给予话语助燃，致使针对该事件的话语燃烧过程很短、覆盖面也很窄。

（二）关联性阶段

自然界中，不同的点状燃烧相互作用，会形成面状的燃烧态势。社会场域中，不同地域出现的相似的个别事件相互作用，会引发群体性、规模性的社会运动。话语场域中，经历了针对某一个议题的、偶发性阶段的话语燃烧之后，累积的话语燃烧能效会令话语对象的认知

---

① "Fleeing Trawler in Russian Waters," BBC News, October 19, 2005, accessed July 14, 2022, http://news.bbc.co.uk/2/hi/europe/4351136.stm.

② "Fleeing Russian Trawler Enters Russian Waters," Radio Free Europe/Radio Liberty, October 19, 2005, accessed July 14, 2022, https://www.rferl.org/a/1062243.html.

发生改变。若各方行为体不对自身的话语实践加以控制，那么话语燃烧基础就会进一步得到巩固，话语燃点之间则会呈现出强关联性，引起话语第三方的助燃意愿。一旦话语燃烧烈度和广度加大，话语燃烧就会进入关联性阶段。例如，国际社会中偶然出现的一次人口贩卖事件，倘若引发媒体报道，便可被视为偶发性的话语燃烧现象。若短期内不再出现类似事件，则话语燃烧很快停止。但如果随着时间推移，在不同国家和地区均发生人口贩卖事件，那么这些事件就会被关联在一起。原本在偶发性阶段，参与话语助燃的仅有个别媒体；在关联性阶段，则会有非政府组织、智库等包括民间机构在内的专业性机构加入话语助燃进程，话语燃烧的广度和烈度也会随之增加。并不是所有的话语燃烧都会经历关联性阶段。由于燃烧次数少、跨度大，针对某些议题的话语燃烧在很长时期内均处于偶发性阶段；而针对另一些议题的话语燃烧，由于一定时期内燃烧次数和密集度均达到一定的规模，容易进入关联性阶段。

从偶发性阶段进入关联性阶段是一个演变过程，并非某一个时刻，难以精确定位。关联性阶段呈现出以下突出特点：随着话语场域中的话语对象对相关议题的认知差异加深，相关法律条款逐步出台，专业性研究机构相继成立，各类相关报告更密集地出现，话语燃烧基础得以巩固。在偶发性阶段，话语燃点的出现更多是偶然的和相对独立的，而在关联性阶段，话语燃点之间的关联性更强，原本偶然出现的话语燃点会被密切联系在一起。在话语助燃方面和话语类型方面，关联性阶段也呈现出一定的特点。在这个阶段，话语第三方的助燃意愿增强，相关助燃机构的数量增加，话语第三方采用政治型、学术型、媒体型、民间型话语进行话语助燃的意愿和能力均进一步增强。

在关联性阶段，相关法律、学术、非政府组织相继成立，加大了对于经历话语燃烧过程议题的关注度和曝光度，话语燃烧过程不再是一个单一的过程，而会被关联在一起分析。若话语主体未能有效控制自身的话语实践，不慎被卷入该阶段的话语燃烧过程，话语实践与国际场域的话语期待相背离，且不断有话语燃点出现，那么话语主体就会被纳入关联性分析进程中，话语安全风险也会进一步升级。虽然在这一阶段话语燃烧尚无明确的指向性,但话语燃烧会被关联性分析,成为被关注的目标之一。因此,就话语不安全程度而言,在关联性阶段,话语主体的不安全程度较偶发性阶段加深,主要表现在话语第三方对议题的关注度加大,话语主体与话语对象之间的认知矛盾被放大,更易引发话语燃烧现象,相关话语主体面临更大的话语压力。因此,当某个议题进入关联性阶段后,对于各个行为体来讲便是一个警示信号:若未能有效管控自身话语表达与实践,则容易"引火上身",将话语矛盾引向自身,形成针对自身的指向性话语燃烧。

以非法捕捞为例。在2009年之后,随着偶发性话语燃烧次数的累积,有关非法捕捞的话语燃烧逐渐进入关联性阶段。首先,话语燃烧基础得以增强。在这一时期,各国对于打击非法捕捞的重视程度加深;与此同时,各国争夺远洋渔业资源的态势也更加激烈。关于这一点,最突出的特征是相关机构相继成立,各类研究报告、报道、法律条款密集发布。例如,本文选取IUU和Illegal fishing(非法捕捞)作为关键词,以2009年作为时间节点,在过刊全文数据库中检索2001—2009年和2009—2017年两个时段的文章数量,发现2001—2009年间有88篇相关学术文章,而2009—2017年间的文章数达到286篇。除相关文章数量增加外,关于非法捕捞问题研究的广度和深度也获得进一步提升。欧洲学者对非洲、拉美、太平洋地区的非法捕捞问题展开论述,认为需要出台更多措施以应对全球范围内的非法捕捞问题。[①] 有研究认为,非法捕捞是墨西哥渔业发展受阻、鱼类多样性遭破坏的主要原因,应采取调整罚款力度、更好利用技术、建立海上警察部队、搜集行业信息等举措来加以解决。[②] 有研究提出,西非海域的一些非法捕

[①] Isolina Boto, et al., eds. "Fighting against Illegal, Unreported and Unregulated (IUU) Fishing: Impacts and Challenges for ACP Countries" [Reading Material for the 16th Brussels Development Briefing on Illegal, Unreported and Unregulated (IUU) Fishing, Brussels, April 29, 2009, Revised by September 2012], accessed August 22, 2022, https://brusselsbriefings.files.wordpress.com/2012/10/reader-br-10-iuu-fisheries-eng.pdf.

[②] "Illegal and Irregular Fishing in Mexico: A Barrier to Competitiveness," Environment Defense Fund, accessed August 22, 2022, https://www.edf.org/sites/default/files/content/illegalfishing.pdf.

捞船一年365天都在作业，对渔业资源造成巨大压力。① 另一些研究则专注于探讨北极圈的非法捕捞问题。② 除关注具体国别和区域外，将非法捕捞问题细化，开展"非法捕捞+相关问题"研究也是关联性阶段的特点之一。有研究关注非法捕捞与人权、可追溯性之间的关系③，有研究关注阻止非法捕捞的贸易举措④，有研究则关注非法捕捞与跨国有组织犯罪问题之间的关联⑤。与此同时，国际社会的相关法律条款逐步出台。2008年9月，作为世界上最大水产品进口市场，欧盟颁布第1005/2008号法规，建立防止、阻止和消除非法捕捞的共同体体系。⑥ 2009年11月，联合国粮农组织制定《港口国措施协定》(PSMA)，旨在防止并消除IUU捕捞活动。2014年6月，奥巴马政府发布《建立全面框架以打击非法、不报告和不受管制的渔业和海鲜欺诈》的总统备忘录。2015年11月，奥巴马将《非法、不报告和不受管制的捕捞执法法案》签署成法，以法律形式阻止非法捕捞的鱼类进入美国，并在世界各地推动可持续渔业的发展。

其次，话语燃点之间呈现出强关联性的演变态势。在偶发性阶段，虽然国际社会对于非法捕捞行为持反对态度，但它更多地被视为一般性的海上违法事件，不足以上升到国家安全、大国博弈等涉及国家安

---

① Alen Soldo, *Evolution and Realties of the Illegal Fishing* (Report for the Fight Against the Illegal Fishing-Committee on Fisheries, Brussels, September 22, 2014), accessed August 22, 2022, https://www.europarl.europa.eu/cmsdata/67054/att_20140925ATT89814-5515190418691501142.pdf.

② Magdalena A.K. Muir, "Illegal, Unreported and Unregulated Fishing in the Circumpolar Arctic," *Arctic* 63, No. 3 (2010): 373-378.

③ "The Links between IUU Fishing, Human Rights, and Traceability," Fishwise, March 2018, pp. 1-5, accessed August 22, 2022, https://fishwise.org/wp-content/uploads/2018/03/The-Links-between-IUU-fishing-human-rights-and-traceability.pdf.

④ Kathleen Auld, "Trade Measures to Prevent Illegal Fishing and the WTO: An Analysis of the Settled Faroe Islands Dispute," *World Trade Review* 17, No.4 (2018): 665-692.

⑤ Anastasia Telesetsky, "Laundering Fish in the Global Undercurrents: Illegal, Unreported, and Unregulated Fishing and Transnational Organized Crime," *Ecology Law Quarterly* 41, No. 4 (2014): 939-997.

⑥ The Council of the European Union,"Council Regulation (EC) No. 1005/2008 of 29 September 2008," EUR-Lex, September 29, 2008, accessed July 16, 2022, https://eur-lex.europa.eu/legal-content/EN/TXT/PDF/?uri=CELEX:02008R1005-20110309&from=NL.

全和国际安全的高度。随着非法捕捞事件的不断出现，由传统海洋强国为主导的国际社会开始加强对这一问题的重视、研究、分析程度。在此背景下，非法捕捞事件开始更多地被关联性地看待，话语燃点之间的关联性变得更强，原有的点状话语燃烧态势，在关联性阶段，呈现由点到面的演变态势。

最后，在关联性阶段，话语第三方的助燃意愿和能力显著增强。美国、加拿大、澳大利亚、英国等海洋强国对于非法捕捞问题的助燃意愿明显加强。通过谷歌趋势搜索IUU和illegal fishing两个词汇，可以发现，习惯用IUU来开展搜索的国家主要集中在东亚、南亚、非洲和拉美国家，而采用illegal fishing来表述的国家以美国、加拿大、澳大利亚、英国等国为主。① 据此，可以推断，亚非拉国家更多采取IUU来表述非法捕捞问题，更注重词汇的学术和法律层面的官方性表述，将非法捕捞问题视为全球性问题来加以解决，而美英等海洋强国更热衷于用illegal（非法）这一词汇来建构自身的正义性，将参与非法捕捞的国家视为他者，凸显二元对立性。在助燃机构方面，以美国为代表的海洋强国相继成立专门机构，用以研究、报告、应对非法捕捞等远洋渔业相关问题。2009年，美国海鲜新闻网站创立，专注于提供有关海鲜供应和贸易领域的资讯，时常披露有关非法捕捞的信息。2011年，全球倡议组织在纽约成立，后总部搬至日内瓦，专注打击跨国有组织犯罪问题，近年来着重关注非法捕捞问题。2017年，全球捕鱼观察这一专注于大数据监测非法捕捞问题的机构成立，从不同话语途径对非法捕捞问题实施话语助燃。随着专业助燃机构的不断成立，话语第三方的助燃能力和助燃意愿进一步增强。同样是非法捕捞事件，发生在不同时期，话语燃烧的效果大不相同。2005年10月，一艘俄罗斯渔船因涉嫌非法捕捞被拦截后逃离，事件仅仅引发英国广播公司等个别媒体的助燃，话语燃烧的广度和烈度有限。2014年1月，另一艘俄罗斯渔船因涉嫌非法捕捞被塞内加尔方面扣押，该事件则引发了包括

---

① "IUU" and "illegal fishing", Google Trends, accessed August 21, 2022, https://trends.google.com/trends/explore?date=all&q=IUU,illegal%20fishing.

英国广播公司、路透社、卫报、美联社、彭博社、伊朗塔斯尼姆通讯社、绿色和平等多家机构的助燃,话语燃烧的广度和烈度更大。

(三) 指向性阶段

在关联性阶段,话语主体若未注意到话语燃烧态势,抑或未有效控制自身的言行,则可能在不断加剧的关联性话语燃烧过程中将话语认知矛盾引向自身,使话语燃烧进入指向性阶段。

在指向性阶段,政治型、学术型、媒体型、民间型话语的矛头均会指向某个相对确定的话语主体。从构成话语燃烧过程的三个维度来看,在这一阶段,话语燃烧基础、话语燃点、话语助燃均有一定的指向性。在话语燃烧基础方面,各类研究报告、学术文章、专题报道都从所谓"理性""客观"的角度有指向性地将认知矛盾引向某个相对确定的话语主体;在此背景下,关于该话语主体的话语燃点更容易被激化和呈现;话语第三方的助燃意愿和能力也随之大幅加强。

从关联性阶段进入指向性阶段是一个话语矛盾释放和转移的过程。但是,在关联性阶段积蓄的大量话语矛盾进入指向性阶段后,无法快速获得释放,因此,话语燃烧会呈现出进一步细化和深化的特点。例如,国际话语场域中所积蓄的关于贩卖人口的不满,在进入指向性阶段后,其矛头便指向了某个特定的国家。前一阶段积蓄的话语矛盾会推动话语燃烧沿着"贩卖人口+贩毒""贩卖人口+疾病""贩卖人口+宗教"等各类被细分出来的方向发展。这种特定方向的出现与生物界的病毒传播颇为相似。病毒寻找自身的宿主,有的宿主不易感染,而有的宿主非常易感。最终,病毒在特定的易感宿主身上生存、变异、传播。

在指向性阶段,话语燃烧对话语主体的话语安全产生的威胁最大。人类社会是一个复杂的关系网络。一旦进入指向性阶段,话语主体所面临的话语压力就不是来自单一的话语对象,而是来自全方位的、不同的话语对象。在这一阶段,关于某个问题的话语燃烧是全面和有针对性的。话语主体面对强势的、来自各个方面的指向性话语燃烧,无法继续按照原有的进程建构话语。也就是说,指向性话语燃烧阻碍并迫使话语主体改变原有的话语建构进程。以环保问题为例，话语主体原本计划开发大量煤矿，并制订了多年发展计划。然而，针对话语主体的指向性话语燃烧使话语主体面临前所未有的话语压力，若话语主体继续推进其发展计划，则会进一步激化话语矛盾，针对自身的指向性话语燃烧会进一步增强。为削减话语压力，话语主体有必要调整其发展计划，以削弱话语燃烧基础、降低燃点出现的可能性并降低助燃能效，进而阻止话语燃烧进一步升级。

结　语

　　行为体参与国际事务时常常遭遇一种话语困境：原本在国际社会中具有共性的问题，经由话语的影响，逐步演变成针对自身的个性化问题，对行为体话语安全构成威胁。为解释这一困境形成的原因，本章首先分析了影响话语安全的主要方面和因素，指出话语主体与话语对象之间的认知矛盾、话语热点以及话语第三方的介入都能影响话语不安全状态的生成与演变。在此基础上，本章建构了话语燃烧的理论框架，并以后现代社会中显现的各类负面话语为案例，展示了这一理论框架的阐释作用。随着后现代社会中"去中心化"话语范式的蔓延，行为体面临的话语挑战越来越多，话语燃烧理论的适用范围也将越来越广泛。

　　偶发性阶段、关联性阶段、指向性阶段这三个阶段构成了话语燃烧的上升过程。从不同阶段所带来的影响来看，指向性阶段的话语燃烧给话语主体造成的话语风险最大。在偶发性阶段，话语燃烧是偶发性、短暂性的，且并不针对话语主体，虽然偶尔波及话语主体，但燃烧能效有限。话语主体可以通过有效的话语表达和实践消除偶发性话语燃烧带来的负面影响。在关联性阶段，话语燃烧基础的扩大导致话语与话语之间的关联性加大，话语矛盾基础亟待迅速释放，话语燃烧广度和烈度提升，话语燃点与燃点之间形成较强的关联性。该过程虽未直接针对话语主体，但对话语主体的话语实践构成一定的压力。在该阶段，话语主体需要注意防范关联性燃烧过程所无法释放的矛盾经由话语权势方的助燃而形成针对话语主体的指向性话语燃烧。一旦任由话语燃烧发展到指向性阶段,话语主体所受到的话语压力剧增。话语对象在话语权势方的强势助燃下,偏离原有接受路径,话语对象的期待与话语主体力求构建的方向也会产生较大偏差,话语主体原有的话语实践进程被打破,陷入话语高风险的危险境地。在该阶段,话语主体较为被动,不得不作出调整。

需要说明的是,整个话语燃烧过程不仅包括上升过程,也包括下降过程,即关于一个议题的话语矛盾上升到顶点后,随着话语主体转变并作出话语应对,话语燃烧会从指向性阶段开始逐步减弱。鉴于本章着重回答缘何国际上的共性问题会演变成针对某个国家的个性化问题,本章将分析重点放在话语燃烧的上升过程。话语燃烧的下降过程及其对话语主体的影响,还有待未来进一步的探索和研究。

第10章

场域与国际话语权[*]

自20世纪90年代以来,中国以持续十余年的高速经济增长,从一个积贫积弱的发展中国家迅速发展为经济体量位居全球第二、综合国力和各领域国际竞争力均获显著提升的世界大国。中国的崛起被认为是21世纪的标志性事件之一。面对中国的快速发展,国际社会对中国的关注空前高涨[1],一些西方国家对中国未来发展战略意图的疑虑不断显现,经常从冷战思维和零和博弈思维出发来审视中国,"中国威胁论""挑战美国霸权论"等负面话语层出不穷,严重影响了中国的国际形象和声誉。[2] 中国面临着消除国际社会上针对中国的偏见与质疑,更好地向世界展现中国的艰巨任务,迫切需要提升国际话语权。中国已经在提升国际话语权方面作了诸多努力,从最初在国际事务中的"试探性发声",到逐步扩展议程,再到广泛而深入地参与国际规则制定;从被动跟随到主动融入,再到积极引领和塑造国际议题。尽管如此,但是中国的国际话语权仍与中国的实力和国际地位不相匹配。可以预

---

* 本章主要内容发表于《当代亚太》2020年第4期。

[1] Sheng Ding, "Branding a Rising China: An Analysis of Beijing's National Image Management in the Age of China's Rise," *Journal of Asian and African Studies* 46, No. 3 (2011): 293-306.

[2] 张志洲:《和平崛起与中国的国际话语权战略》,《当代世界》2012年第7期,第13页。

见，在未来的一段时间内，随着中国国际交往范围的不断扩大和利益的不断延伸，这种矛盾还将继续存在。这种矛盾也需要中国深化对国际话语权的研究，加深对国际话语权的认识和理解。

近年来，国内学界围绕中国国际话语权问题展开了广泛而深入的研究。现有研究可以分为两类。一类研究是以国际关系学、语言学、经济学、社会学和心理学等学科的相关理论为基础开展的关于中国国际话语权问题的学理性研究。这一类的研究议程主要包括在国际关系现实主义理论视域下探讨物质性权力和话语权力之间的对比关系与转化机制及其对中国提升国际话语权的启示[1]；结合新自由制度主义和建构主义相关理论分析中国在国际公共产品提供、国际制度和规范的生成、演化与传播过程中的经验教训[2]，分析中国的国际身份与其国际话语行为之间的互动与演进[3]；以及结合软实力理论分析中国在参与国际事务中所实施的软实力战略。[4] 在这一类研究中，也有从后实证主义视角出发，分析中国话语在国际社会语境下被诠释、理解和再造，中国话语与国际话语的结构性融合，以及中国如何在国际语境中框定意义、塑造认知、建构国际认同和共识的话语战略等问题的。[5] 另一类研究以中国在参与国际事务过程中特定领域的案例为研究对象，偏重实证性的案例分析。这一类研究主要涵盖两个核心议题：第一，中国的国际事务话语权，即中国参与涉及政治、经济、安全、人文等领域的国际问题与争议的解决，相关国际规则的制定和全球治理过程中的话语实践，着重剖析中国在特定领域内国际话语权的现状、原因、挑战及对

---

[1] 参见王宏仁《中国话语权意涵：一种主观认识论途径》，《国际安全研究》2013年第5期，第138—153页。
[2] 参见苏杭《命运共同体、国际公共产品与制度性话语权提升——以中美关于中国对非洲投资的角色论争为例》，《区域与全球发展》2017年第2期，第113—126页。
[3] 参见谢晓光、李彦东《构建社会主义核心价值观的国际话语权："自我"与"他者"语境》，《江南社会学院学报》2017年第3期，第46—50页。
[4] 参见项久雨《新发展理念与文化自信》，《中国社会科学》2018年第6期，第4—25页。
[5] 参见岳圣淞《后殖民主义视角下中美"对非援助"的话语博弈》，《武陵学刊》2017年第1期，第51—63页。

策等①;第二,中国的国际形象话语权,即中国如何在国际社会上对自身的对外政策和发展战略进行解释,以消除国际社会的疑虑和误解;对国际社会出现的关于中国形象的负面话语进行驳斥,并主动展开各种形式的对外宣传。②

总体而言,国内学界对中国国际话语权的现有研究已日益系统化,但具体案例研究占比较大,学理性研究依然缺乏;绝大多数研究都是以现有国际话语体系规范为前提而展开,因而不可避免地受体系制约,具有一定的局限性。本章将社会学领域的场域理论(field theory)引入国际话语权研究中,试图突破既往理论范式的桎梏,为探索中国国际话语权提升的理论路径提供新思路。

一、场域视角下的国际话语权

(一)解读场域理论

场域理论是社会学研究人类社会行为模式的一种重要理论范式。③"场"(field)的概念最早来源于19世纪中叶的物理学,用以描述一种特定的空间区域,如磁场和引力场等,其中具有一定性质的物体能对与之不相接触的类似物体施加一种力。这一自然科学概念逐渐被纳入社会科学的研究范畴。以库尔特·考夫卡(Kurt Koffka)和库尔特·勒温(Kurt Lewin)为代表的社会心理学家于20世纪30年代首先将"场"的概念引入社会心理学研究,提出"心理场"的概念,即物理学意义上的"场"在心理学范畴内的概念映射。④学界普遍认为,真正将场域理论系统化,并广泛应用于社会学各领域研究的是法国著名

---

① 参见赵长峰、吕军《近年来国内学界关于中国国际话语权研究述评》,《社会主义研究》2018年第3期,第153—161页。

② 参见刘强《新一轮"中国威胁论"的内因检视及对策思考——中国对外宣传的技术误区因素分析》,《世界经济与政治论坛》2018年第4期,第74—90页。

③ Dan O'Hara, "Capitalism and Culture: Bourdieu's Field Theory," *American Studies* 45, No.1 (2000): 43.

④ 参见 Mitchell G. Ash, *Gestalt Psychology in German Culture, 1890-1967: Holism and the Quest for Objectivity* (Cambridge: Cambridge University Press, 1998).

社会学家皮埃尔·布迪厄。

场域理论是布迪厄社会实践理论的核心。根据布迪厄的定义,场域指的是"在各种位置之间存在的客观关系的一个网络或一个构型","正是在这些位置的存在和它们强加于占据特定位置的行动者或机构之上的决定性因素之中,这些位置得到了客观的界定,其根据是这些位置在不同类型的权力(或资本)……的分配结构中实际的和潜在的处境(situs),以及它们与其他位置之间的客观关系"[①]。本质上,布迪厄将场域界定为一种由具有特定身份相似性的社会成员按照一定逻辑要求而构建的社会化关系的网络空间。在这个网络空间里,存在着错综复杂的位置关系,其中的行为体则依据同整个网络空间的关系占据相应的权力地位,界定自己的位置。[②]

布迪厄认为,场域的边界是观念性的、无形的,每个场域都有特定的价值体系,按照特定的规则运行,而行为体选择加入一个特定场域完全是基于其对场域规则的理解认同、与场域内行为体身份的相关性认知及自我利益的界定,是自愿而非强制性的。正是以这种"观念共识"作为基础,场域稳定性才能获得保证,不会轻易被解构。但与此同时,布迪厄认为,场域是时刻处在动态调整中的;通过借鉴物理场论的核心假定,他指出,社会学场域中也有类似于物理学意义上的"力"在不停地流动,场域内行为体之间的互动正是在"力"的推动下实现的。这种"力"不是场域内生的,而是在不同的行为体之间的互动之中产生的,是具有社会性的权力:"贯穿于社会场域和行动者的动力学原则,就是行动者个人和群体之间的权力关系。"[③]在场域中,权力既是手段也是目的:权力赋予了行为体参与场域中互动的资格与能力,同时,权力差距也是行为体间竞争的直接原因。不同行为体为获取更大权力、改变在场域中的定位和身份而展开争夺。正如布迪厄所说,"一个场就是一个有结构的社会空间,一个实力场——有统治者和

[①] 皮埃尔·布迪厄、华康德:《实践与反思——反思社会学导引》,李猛、李康译,邓正来校,中央编译出版社,1998,第133—134页。
[②] 高宣扬:《布迪厄的社会理论》,同济大学出版社,2004,第138—140页。
[③] 同上书,第141页。

被统治者,有在此空间起作用的恒定、持久的不平等的关系——同时也是一个为改变或保存这一实力场而进行斗争的战场"。①

那么,场域中的行为体竞争的逻辑是什么?场域中权力的本质又是什么?为了回答上述问题,布迪厄提出了"惯习"与"资本"两个概念。

惯习是对场域行为逻辑的根本性概括。每个场域在创设之初,都需要首先确立一套基本规则,其中包括对场域基本特性的界定、对场域成员身份和资格的限制、有关场域内行为体定位的等级制,以及场域内的行动准则等。这套基本规则既源于历史经验,也立足于现实;既具有相对客观性,也反映了场域建构者的主观意志②——基于人类社会共同历史经验的规则更容易得到认同和遵循,有助于建构场域的合法性;基于现实社会的需要而建立的规则,则有助于建构场域的必要性。在此基础上,主导创设场域的行为体更倾向于将主观意志融入场域的创始规则中,以期能够一直塑造场域的演进路径,主导场域的治理,并从中获益。

当场域进入常态化运作之后,场域规则就会随着行为体之间的互动而不断得到实践,并逐渐被行为体内化;与此同时,行为体也会通过被内化了的场域规则不断展开新的实践,这也会不断强化场域规则的合法性。③这种通过实践将社会结构内化的倾向(disposition)就是惯习,布迪厄称之为"持续的、可转换的倾向系统"。④惯习综合经验、

---

① 皮埃尔·布迪厄:《关于电视》,许钧译,辽宁教育出版社,2000,第46页。

② Chandra Mukerji, "The Cultural Power of Tacit Knowledge: Inarticulacy and Bourdieu's Habitus," *American Journal of Cultural Sociology* 2, No. 3 (2014): 348-375.

③ Bernhard Wagner and Kenneth Mclaughlin, "Politicizing the Psychology of Social Class: The Relevance of Pierre Bourdieu's Habitus for Psychological Research," *Theory & Psychology* 25, No. 2 (2015): 202-221.

④ Pierre Bourdieu, *Outline of a Theory of Practice*, trans. Richard Nice (Cambridge: Cambridge University Press, 1977), pp. 82-83, cited in Jane E. Goodman, "The Proverbial Bourdieu: Habitus and the Politics of Representation in the Ethnography of Kabylia," *American Anthropologist* 105, No. 4 (2003): 783.

指导实践，能够依据环境变化加以转换，以完成千差万别的任务[①]；惯习与场域相互建构、相互诠释、不可分割。随着场域规模不断扩大、成员不断增加、关系网络逐渐变得复杂，惯习所发挥的作用也变得越发关键。它一方面维系着每一个处在场域内关系网络节点上的行为体与整体场域的关系，另一方面也维系着不同行为体之间的关系。场域的规则借助惯习而不断得到扩散，并最终成为每一个行为体潜意识下的实践知识。[②] 与此同时，惯习还能够培养群体性默契——布迪厄称之为"没有指挥的合奏"——关系网络内的不同行为体由于拥有了共同惯习而联系在一起，使关系网络更加巩固。

简言之，场域中的惯习能够让身处其中的行为体加深对自我身份和所处网络中位置的认知与服从，通过培养其特定惯习，引导其形成"不假思索地服从秩序"的类似应激反应，进而将场域主导者在场域创设之初所确定的等级制合法化。惯习具有迁移性，可以指导社会生活的不同领域。在特定情形下演化而来的惯习有可能发展成为具有普遍性的惯习，甚至可能超出特定场域的限制，演变成为跨场域的通行规范。

资本是场域变化的原动力，是在特定场域中有效的权力资源。如果说社会性的权力是驱使不同行为体在特定场域中展开竞逐的动力，那么资本就是权力的根本来源，或者说是权力的价值尺度和表现形式。因此，从本质上说，场域中权力竞争的逻辑就是资本的逻辑。布迪厄将资本定义为"一种积累起来的劳动"，并指出，"行动者或行动者群体在私有的——也就是独占排外的——前提下占有利用它时，他们便可以因此占有利用具有物化形式，或者体现为活生生的劳动的社会能量"。[③]

[①] habitus（惯习）与habit（习惯）存在差异。尽管两个词语同源，但布迪厄还是沿用了拉丁语的拼写方法，以示其与心理学中占主导地位的"习惯"概念的区别。布迪厄试图将"惯习"描述为具有文化无意识的内在行为，它偏重实践，并非有意识的心理习惯。

[②] Moishe Postone, et al., eds., *Bourdieu: Critical Perspectives*, Second Edition (Chicago: The University of Chicago Press, 1993), pp. 27-34.

[③] 宫留记：《场域、惯习和资本：布迪厄与马克思在实践观上的不同视域》，《河南大学学报（社会科学版）》2007年第3期，第79页。

布迪厄将流动于场域中的资本划分为四个基本类型：经济资本、社会资本、文化资本与象征资本。① 经济资本是最基本的资本形式，不同资本之间可以根据行为体的需要相互转换，但转换的规则与形式必须服从于场域规则。需要指出的是，在进入特定的场域之前，不同行为体所具有的资本总量并不相同，这决定了场域竞争从一开始就是不公平的。

（二）国际话语场域互动的逻辑

场域理论为20世纪中后期的社会学研究开辟了一个全新的领域。它将观察视角设定在介于社会和身处其中的个人之间的中观层面，有效避免了传统二元论将个人与社会尖锐对立的弊端。② 国际关系理论在建构之初就深受社会学相关理论的影响，而国际社会的概念模型更是直接借鉴了社会学的本体论和基本假设，这种学科之间的理论共通性为将包括场域理论在内的社会学理论引入国际关系研究带来了天然优势。③

场域理论对国际关系研究的重要启示在于：类似于社会与个人的关系，国际社会与身处其中的行为体也并非完全对立，二者之间还存在另一个层面，即由众多行为体构成的非实体性集群——场域。国际社会中遍布着功能大小和影响范围各异的场域。这些场域相互交织叠加，形成了一股股维护国际体系稳定和运转的无形力量，也使行为体与整个体系的沟通成为可能。场域视角既避免了对微观层面行为体的完全忽视，又弥补了现有微观研究的不足——在场域视角下的国际社

---

① 宫留记：《场域、惯习和资本：布迪厄与马克思在实践观上的不同视域》，第79—80页。具体来说，根据布迪厄的定义，经济资本主要指货币财富以及可以轻易转化为货币财富的物质财富；社会资本主要指行为体与场域内其他行为体之间的关系网络，这种关系网络可以帮助行为体在特定情况下结盟，形成权力的叠加，以在资本竞争中获得更大的胜算；文化资本可以被理解为特定行为体所获得的各类知识的总和，是一种无形的资本；象征资本主要指行为体通过在场域中互动所积累的评价、声誉和信任，对于场域中处于支配地位的行为体来说，象征资本能够帮助其改善管理、收拢民心、扩展权力、增加财富。

② Didier Bigo, "Pierre Bourdieu and International Relations: Power of Practices, Practices of Power," pp. 225-258.

③ 参见郭树勇《英国学派的研究方法及其演变》，《欧洲研究》2004年第5期，第24—37页。

会中，行为体不是孤立存在的，而是各自具有某些集群属性、彼此相互关联的。这就决定了国际社会中的行为体不仅能独立发挥作用，而且也会参与在特定的群体/场域中的互动。

布迪厄本人对美学、法律、宗教、政治、文化和教育等社会场域进行过深入研究，尽管研究案例中并未直接包含话语场域，但其本人却对话语在人类社会生活中的作用，特别是话语在场域中的角色与意义相当重视，并对此作过一系列详尽论述。《语言与象征力量》一书收录了布迪厄在1975年至1984年间发表的一系列语言学专题论文，被认为是布迪厄的语言观走向理论化和系统化的标志。总体来看，布迪厄的语言观是建立在对以索绪尔和乔姆斯基为代表的系统语言观的批判基础之上的，并受到了福柯话语权力论的重要影响——布迪厄否认语言的抽象性，否认语言是独立于使用者之外的封闭系统，认为语言的意义并不取决于内在法则和生成语法，而取决于语言使用者。[①] 在此基础上，布迪厄与福柯一样承认话语力量的内生性，但同时认为社会场域对话语力量的发挥必不可少。支撑语言发挥其社会性作用的是一套完整的政治经济学逻辑：它涉及生产关系，关乎社会行为，其力量来自人们置身于其中的权力场，以及它们在场中占据的位置。[②]

不同的行为体凭借其被认可的国际社会成员身份加入国际话语场域，这种共有身份决定了国际话语场域中成员的共同利益和责任，即通过协商机制解决国际社会共同关心的问题。理论上，所有成员都享有质询关乎其自身利益的国际问题并设定议程的权利，能够将与其他成员之间无法调和的矛盾和争议诉诸国际社会寻求帮助，对特定问题表达观点、提出建议以及维护自身国家利益和国际形象等。但在现实中，不同成员所拥有的实际权力差异很大，影响行为体话语权大小的因素主要有三个：自身积累的各种类型的资本总量、在话语场域关系网络中的位置以及场域规则。资本是场域中各种权力的基础，不同权

---

① 宫留记：《文化资本、误识与制造麻烦的科学——布迪厄对当代西方科学共同体的批判》，《自然辩证法研究》2016年第5期，第124—128页。

② 参见 Pierre Bourdieu, *Language and Symbolic Power*, ed. John B. Thompson, trans. Gino Raymond and Matthew Adamson。

力对不同类型资本的依赖程度各异。① 就话语权而言，物质性的经济资本是其得以产生的基础，因此经济发达、军事力量强大，同时领土和资源等自然禀赋指标居于前列的国家总体上拥有较大的话语权；象征资本、文化资本和社会资本三种非物质性资本则有助于话语权的提升，因此在国际社会中具有良好口碑和信誉的国家，与国际社会深度融合、与不同国家建立机制化交往关系网络的国家，具有丰富的历史文化积淀和文化影响力的国家，以及在特定的知识领域拥有国际竞争优势的国家，都具备较大的话语权提升空间。②

场域关系网络中的位置也会对行为体的话语权产生重要影响。场域中的关系本质上是二元对立的，包含两对最基本的对立关系，即主导者与被主导者、自我与他者。这两对关系分别以场域规则和意识形态为标准，将场域中的行为体划分为四个基本类型，并由此确定了行为体在场域中的身份和等级定位。其中，主导者相较于被主导者具有更大的话语权；自我阵营中的行为体相较于他者阵营中的行为体具有更大的话语权。行为体的定位会因行为体之间的不断互动而产生变化。总体来看，意识形态的界限相较于场域规则的界限更难跨越，因为意识形态差异源于行为体内在观念和其国内的制度实践，难以在短时间内发生改变。场域规则则是行为体在互动中形成的，具有较强的可塑性。因此，行为体从他者到自我的转型要难于从被主导者到主导者的转变。在现实的国际社会中，以意识形态为划分标准的二元对立身份定位十分常见，如"民主国家"与"非民主国家"、"人权捍卫者"与"人权践踏者"、"自由国家"与"集权国家"、"成熟政权"与"失败政权""正义国家"与"恐怖组织"等。这些定位都具有非黑即白的鲜明对立色彩，是一种本质上的对立，因而不存在交集或部分转换的可能；虽然在以场域规则进行分界的身份之间也存在一定对立，但并不是本质上的对立，而是具有现实的可协商性和可转换性的，甚至具备一定的交集，一般都是以特定的资本或易于量化的指标作为划分标准，如

---

① 宫留记：《布迪厄社会理论的哲学维度》，《社会科学论坛》2006年第12期，第17—19页。
② 皮埃尔·布迪厄：《一种新资本》，宫留记译，《世界哲学》2008年第1期，第75—79页。

"发达国家"与"发展中国家"、"市场经济国家"与"非市场经济国家"、"能源国家"与"非能源国家"、"劳动力输出国"与"技术输出国"等。

对于话语场域来说,最基本的规则就是话语规则。行为体在进入话语场域之前,受到自身文化、历史和风俗等内在因素的影响,已经形成了一套自身的完整话语体系。但在进入话语场域之后,每个行为体都必须遵守话语场域中的话语规则,否则它们的话语将无法被有效接受,也就无法产生意义。[①] 这也是中国近年来对外宣传话频频遇阻的重要原因之一。由于缺乏对国际话语规则的了解,中国早期的对外话语始终面临"水土不服"的局面,不能被其他国家正确和充分地理解。[②] 诚然,国际话语规则的建立能够有效提升国际话语场域活动的效率和成员之间的认同感,但也会影响成员对特定问题的认知,对成员的话语造成干扰、扭曲和压制,从而限制了话语在国际话语场域内交流的自由。[③] 国际话语场域的主导者还会通过主动搭建或借助于现有的国际多边交流机制来巩固话语规则。作为现实国际话语场域的主导者,美国始终重视参与世界不同区域内的多边对话和交流机制,也主张并建立了一系列由其主导,涉及政治、经济、安全、文化和科技等领域的跨国沟通交流机制。通过对这些跨国沟通交流机制的深度参与和塑造,美国得以更广泛地传播其以"民主、自由、人权"为核心的"普遍价值"[④],进而间接地将其融入国际话语规则,以巩固其主导地位。

通过不断的实践强化,行为体得以将话语场域规则内化为自我认

[①] 关于国际话语规则,本章在理解布迪厄的话语观的基础上,结合现有对国际话语权制度方面的研究,尝试将其定义为:关于约束和规范国际话语场域中行为体的话语生产、话语传播、话语竞争、话语融合和话语解构等一个完整的话语演化周期内相关行为的制度总和。有关国际话语规则的研究,参见:王磊《美国战争话语的分类、范式变化及话语规范》,《外语研究》2017年第5期,第31—35页;史姗姗、骆郁廷《国际话语权的生成逻辑》,《马克思主义与现实》2017年第5期,第175—182页。

[②] 孙吉胜、何伟:《国际政治话语的理解、意义生成与接受》,第38—62页。

[③] Tristen Naylor, "Deconstructing Development: The Use of Power and Pity in the International Development Discourse," *International Studies Quarterly* 55, No.1 (2011): 177-197.

[④] Rhona Smith, "'To See Themselves as Others See Them': The Five Permanent Members of the Security Council and the Human Rights Council's Universal Periodic Review," *Human Rights Quarterly* 35, No.1 (2013): 1-32.

知结构和话语结构的一部分,形成话语惯习。话语惯习为行为体在未来认知特定问题并形成观点提供了一种模式化的解决方案。基于对以往话语场域互动经验的总结,行为体将倾向于提出更容易被场域中其他行为体接受和认可的话语。[1] 话语惯习的形成也具有两面性:它既能帮助行为体适应场域环境并融入其中,也能在一定程度上影响其对特定问题的认知和独立思考能力,使之容易形成思维定式。

相较于其他场域,话语场域的独特之处在于,身处其中的行为体竞争的直接目标并不是有形资本,而是一种象征资本,即特定话语符号所产生的象征意义。[2] 当特定的话语符号及其所代表的意义获得了合法性认同,就可以被兑现为获取有形资本的权力,如对物质资源分配、调动、选择和使用等的权力,并最终转化为有形资本。布迪厄认为,话语权的核心是命名权。语言承载着意义,在特定场域中掌握话语权的行为体能够根据其认知、偏好、需求和利益对场域中的事物进行命名,进而决定它在场域中的意义和价值。

当话语场域中出现需要讨论的议题时,不同行为体各抒己见,形成了针对同一议题的差异化话语。这些话语在场域内相互竞争,争夺最终被承认的合法性地位。此时,命名权的功能得到了凸显:具备资本和位置优势的行为体掌握了命名权,因而在竞争中占据主动。面对其他话语的竞争,拥有命名权的行为体可以采取三种不同的策略:第一,对场域规则进行命名,即主动塑造场域规则,使其有利于行为体话语的合法性建构;第二,对其他行为体的身份和在场域关系网络中的位置进行命名,通过"污名化""他者化""安全化"或其他政治修辞手段,对其他行为体的身份进行负面建构[3],使其间接丧失话语竞争资格;第三,对其他行为体发起话语的合法性依据进行命名,令其失

---

[1] 袁莎:《言语习惯与安全困境:超越物质主义与理性主义的思考》,《国际安全研究》2016年第1期,第78页。

[2] Pierre Bourdieu and Jean-Claude Passeron, *Reproduction in Education, Society and Culture*, Reprinted Edition (New York: Sage Publications, 1990), p. 147.

[3] 张箫雨、张美芳:《修辞与说服——政治说辞批评分析模式探讨》,《外国语言与文化》2018年第3期,第90—101页。

去支撑基础。相比之下,掌握资本较少的行为体在竞争中处于不利地位,但并非全无胜算:部分处于相对劣势的行为体可能会基于共同的利益考量,或基于在关系网络中的联系而结为联盟,将资本聚合,以一个权力更大的行为体身份参与竞争。

二、国际话语场域的演化与中国实践

(一)中国参与国际话语场域中互动的历史经验

新中国成立之初,面对当时严峻的国际环境,基于维护新生政权、争取国际支持与认同、保卫国家安全以及推动战后反帝反殖民运动的考量,在"一边倒"的外交战略方针指导下,中国加入了苏联主导的社会主义阵营,并尝试参与其话语场域中的互动,以巩固自身的国际地位,增强社会主义阵营的整体力量,共同对抗来自西方阵营强大的话语压力。

经过不断摸索,中国借助在多边场合参与国际争端解决的契机,积累了重要的话语资本和互动经验。1954年4月至7月,周恩来率领中国代表团参加日内瓦会议,主动同英国和法国等西方国家,以及老挝和柬埔寨等东南亚国家的代表进行接触。这是新中国首次以五大国之一的地位和身份参加讨论国际问题的重要会议。[①] 中国在印度支那和平进程、柬埔寨与老挝问题以及越南问题上分别提出了建设性意见,发挥了劝和促谈的关键作用。通过日内瓦会议,中国在一定程度上改善了同西方国家的紧张关系,有力提升了中国的国际地位与形象;更重要的是,通过这次会议,中国看到了获得国际话语权对维护国家利益的重要作用,坚定了中国积极参与国际话语互动的信心和决心。

1954年6月,周恩来访问印度和缅甸,分别同印度总理尼赫鲁(Nehru)和缅甸总理吴努(U Nu)举行会晤。在6月底发表的中印和中缅总理的联合声明中,周恩来和尼赫鲁及吴努一起,确认了和平共

---

① 宋晓芹:《日内瓦会议:新中国多边外交的初步尝试》,《当代中国史研究》2004年第6期,第64—71页。

处五项原则是适用于整个国际关系的普遍准则。1955年4月，中国参加了在印度尼西亚万隆举行的亚非会议。这是亚非国家在没有殖民国家参与的情况下自主召开的第一次大型国际会议。会上，中国基于广大亚非国家在战后反殖民主义斗争中的共同利益，提出了"求同存异"的重要理念并获得了与会各国的广泛认同。在会议通过的《关于促进世界和平与合作的宣言》中，和平共处五项原则的精神被完整纳入[①]，成为指导发展中国家间交往的重要原则。和平共处五项原则与"求同存异"是中国在建国初期参与国际话语互动过程中取得的重要话语成就。鉴于当时复杂不利的国际环境以及中国的实力水平，这样的话语成就更是意义重大。通过积极参与社会主义话语场域中的互动，中国不仅有力维护了自身利益，为广大发展中国家在国际社会中地位的提升作出了重要贡献，还增强了国际威望，加强了与社会主义国家之间的联系，积累了重要的社会资本和象征资本，提升了自身的话语权。

自20世纪60年代开始，中国逐渐成为社会主义阵营的中坚力量，综合实力和国际话语权都得到了有力提升，与掌握社会主义话语场域主导权的苏联之间的实力和地位差距进一步缩小。随着苏联在社会主义阵营内部的霸权主义倾向愈发明显，且在对马克思主义意识形态、社会主义制度和道路的理解方面与其他国家产生了明显分歧，为维护自身的主权，中国借助社会主义话语场域中的各种平台同苏联展开了长达十年的论战。[②] 这一时期中国在国际话语场域中的互动也主要集中在意识形态斗争领域。中苏论战是导致中苏关系破裂最直接的因素，而在1969年3月中苏爆发大规模边境武装冲突后，中国与苏联主导的社会主义阵营彻底决裂，并由此进入了一个相对游离于国际社会之外

---

① 罗建波：《和平共处五项原则的提出及其历史意义》，《学习时报》2022年7月8日，第7版。

② 学界普遍认为，中苏论战肇始于1960年6月社会主义国家共产党和工人党代表在布加勒斯特召开的会议。在这次会议之后，苏联将中苏两党的分歧扩大到国家关系方面，公然撕毁中苏签订的所有协议、合同，从中国撤走全部苏联专家。有关中苏论战的起源、影响与历史评价，参见：李捷《从结盟到破裂：中苏论战的起因》，《党的文献》1998年第2期，第83—92页；沈志华《毛泽东、赫鲁晓夫与一九五七年莫斯科会议》，《历史研究》2007年第6期，第82—109页；左凤荣、潘正祥《中苏大论战：起因、焦点与教训》，《当代世界社会主义问题》1999年第1期，第50—59页。

的战略调整期。在这段时间里，中国与世界两极——美国和苏联的关系均趋于恶化，处于孤立状态，中国在国际话语空间中的参与度也明显降低。因此，中国转而同广大亚洲、非洲和拉丁美洲国家保持双边层面的交流，团结它们以成为反美反苏的重要力量。[①]

自20世纪70年代起，随着在联合国合法席位的恢复，中国的国际地位大幅提高，并由此开启了新一轮参与国际话语场域互动的实践，中国国际话语权的提升再次被提上日程。中国所面临的外部环境也有所改善：中苏分裂令中国面临的外部压力持续增大，但也为中国与西方关系的改善提供了客观条件；中国提出了"一条线"和"一大片"的外交战略方针，为团结不同意识形态的国家联合抗苏扫除了机制障碍。[②] 在这一背景下，中国于1972年同日本实现了邦交正常化，并同美国展开建交谈判，于1979年正式建交。整个20世纪70年代见证了新中国的第三次建交高潮：中国先后同非洲25国、美洲13国、欧洲15国、亚洲12国和大洋洲5国建交。截至1979年底，同中国建交的国家已达120个，遍布世界五大洲。[③] 随着对外关系网络的进一步完善，中国的国际身份和地位得到显著提升。这些都为中国再次回归国际话语场域提供了客观基础。

中国在20世纪70年代之后再次参与国际话语场域中互动的实践历程可以划分为三个阶段：从20世纪70年代末至90年代初的尝试性融入阶段；从20世纪90年代初至2010年前后的实力提升阶段；以及从2010年至今的身份转型阶段。

20世纪70年代，中国在国际话语场域中的参与度并不高，也没有

---

① 姜安：《毛泽东"三个世界划分"理论的政治考量与时代价值》，《中国社会科学》2012年第1期，第4—26页。

② "一条线"思想是1973年2月毛泽东在会见美国国家安全事务助理基辛格时提出的，他说："要搞一条横线，就是纬度，美国、日本、中国、巴基斯坦、伊朗、土耳其、欧洲。"而"一大片"思想是1974年1月毛泽东在会见日本首相大平正芳时提出的，他说："美国、日本、中国、巴基斯坦、伊朗、土耳其，阿拉伯世界，欧洲，都要团结起来呀。一大片的第三世界要团结。"中共中央文献研究室编《毛泽东年谱（1949—1976）》，中央文献出版社，2013，第469、518页。

③ 《中华人民共和国与各国建立外交关系日期简表》（截至2024年11月，共183个国家），中国外交部网站，https://www.mfa.gov.cn/web/ziliao_674904/2193_674977/200812/t20081221_9284708.shtml，访问日期：2024年11月3日。

提出具有国际影响力的话语。作为社会主义国家,西方国家赋予中国的身份标签是中国融入由西方国家主导的国际话语场域时首先要克服的困难。此前,美国始终以具有强烈意识形态色彩的身份标签来指称中国。这种现象直至中美建交后才不再那么明显。[①] 受主观认知局限与自身物质资本匮乏的影响,中国在场域关系网络中是处于被统治地位的他者,对场域的主动塑造、对自我形象和身份的管理能力不高,因而话语权和影响力也均处于较低的水平。此外,中国需要逐步适应相关的场域规则,包括转变对不同国际机制的认知和对这些机制的试探性参与。

进入20世纪80年代,随着十一届三中全会将党的工作重心转移到经济建设上来,制定改革开放的方针,中国加快了融入国际机制和国际体系的步伐:在经济领域,中国于1980年恢复在国际货币基金组织和世界银行的合法席位,自1986年起正式申请恢复在关贸总协定中的缔约方地位;在安全领域,中国自1980年开始正式参加日内瓦裁军谈判会议,1992年正式加入《不扩散核武器条约》,1996年签署《全面禁止核试验条约》。[②] 通过积极加入各领域的国际机制和国际组织,中国得以更快地熟悉现有国际话语场域的互动规则,为更加深入地参与该场域中的互动奠定了基础。

20世纪90年代初,苏联的解体为数十年的冷战画上了句号。国际话语场域的分裂局面至此终结,这也意味着意识形态差异将不再成为国家间话语互动的主要障碍。国际话语场域也由此发生了从以意识形态斗争为先向全面服务于全球治理与维护世界和平与稳定的功能性转变。中国在20、21世纪之交正式成为世界贸易组织的成员,并由此开启了此后十余年经济飞速增长的序幕。

2008年起始于美国并迅速席卷全球的国际金融危机成为中国提升国际话语权的重要转折点。当西方国家普遍因国际金融危机而陷入经

[①] 陶文钊主编《中美关系史·第二卷(1949—1972)》(修订本),上海人民出版社,2016,第336—362页。

[②] 杨娜:《改革开放40年:中国参与全球治理的特点及启示》,《教学与研究》2018年第8期,第40页。

济衰退无法自拔之时,中国通过一系列宏观调控政策,采取了一系列相应举措,率先摆脱了国际金融危机的影响,实现了经济总体稳定,并同一批新兴经济体一道将亚洲打造成为带动全球经济复苏的重要引擎。与此同时,中国在二十国集团领导人峰会、亚太经合组织领导人非正式会议、金砖国家领导人会晤等国际场合提出了推动全球经济治理变革的中国方案,明确了变革的前景,以及变革内容和具体路径。[1]这令世界看到了中国显著增长的实力、在发展中国家中的号召力、对国际规则的影响力以及潜在的全球治理领导力。此后,中国也越来越意识到现有国际体制和机制的不足,开始利用现有国际话语场域主动提出全球治理和发展的新理念和新话语,呼吁改革现有全球治理体系,以维护自身的合理权益、充分释放包括中国在内的广大发展中国家的发展潜力。

2010年,中国超过日本成为世界第二大经济体。物质实力的显著提升帮助中国在国际话语场域中实现了地位跃升和身份转型,从原本单纯受制于场域规则的被动角色一跃成为能够在一定程度上塑造规则、引领议题、影响议程的重要行为体。中国话语在国际话语场域中的竞争力越来越强,主要表现为:在国际问题解决中,中国角色和中国方案越来越受到有关各方重视;在各领域国际规则制定中,中国的话语权重明显上升、对制度本身的塑造能力明显增强[2];通过资源的集中投入、加大对外宣传的力度,中国得以逐步掌握对自我国际身份和形象建构的主动权;在涉及全球各国乃至全人类普遍利益的重大发展议程中,中国在总结自身成功发展经验基础上提出的倡议和主张的吸引力不断提升,正在逐步打破西方发展模式垄断的局面。[3]越来越多的国家开始关注并探索借鉴中国模式的可行性,也表达了对中国未来在全球

---

[1] 梁国勇:《中国方案推动全球经济治理变革》,《经济参考报》2018年2月14日,第7版。
[2] 张志洲:《增强中国在国际规则制定中的话语权》,《人民日报》2017年2月17日,第7版。
[3] 方松华、马丽雅:《中国道路,打破西方模式垄断》,中国共产党新闻网,2016年9月20日,http://theory.people.com.cn/n1/2016/0920/c40531-28727498.html,访问日期:2024年12月20日。

治理中发挥更重要作用的期待。①

（二）中国参与国际话语场域中互动所面临的现实挑战

根据场域理论，场域规则是指导场域中各行为体互动的基本准则，它既源于历史，也立足于现实；既反映场域主导者的主观意志，也通过场域中的互动而被其他行为体内化，成为其观念结构中的一部分。主导现有国际话语场域的价值体系源自西方国家所长期秉持的价值理念。国际话语权不仅体现在解决现实问题的量化层面上，更关键的是，也体现在能够在多大程度上掌握对国际话语场域主导价值观念体系的界定权和解释权的层面上。②在这一点上，中国仍旧面临严峻的挑战。尽管中国在20世纪70年代以后逐渐为现有国际体系所接纳，但是始终无法摆脱身份定位的困境。由于场域中固有的意识形态偏见，中国始终被定位为观念中的他者。即使在经历了40余年的改革开放之后，中国已经与国际社会深度融合，不断刷新着开放和文明进步的纪录；尽管中国各领域的积累已经足以支撑其完成从被主导者到主导者角色的转换，但却始终难以跨越意识形态的分界线。这意味着中国在国际话语场域中的所有话语都终将被打上他者的烙印，因而在场域中遭受不公的价值评判，这也是中国在现有场域规则下面临的最主要的结构性矛盾。

进入21世纪以来，随着中国崛起逐渐成为现实，国际话语场域中诸如"中国威胁论""中国责任论""中国衰退论""中国崩溃论"等对华负面话语开始变得层出不穷，严重影响了国际社会对中国形象的认知。③不可否认，这些负面话语得以建构并长期发挥影响的背后必然存在个别行为体主观推动的因素，但场域自身的制度性因素也在维系这

---

① 法比奥·马西莫·帕伦蒂：《鼓舞发展中国家探索适合自身的发展道路》，《人民日报》2024年4月10日，第3版。
② 陈岳、丁章春：《国家话语权建构的双重面向》，《国家行政学院学报》2016年第4期，第19—22页。
③ 金灿荣：《从"中国威胁论"到"中国责任论"——中国国际舆论环境的变化与应对》，《绿叶》2009年第5期，第63—70页。

些话语生存的过程中持续发挥着重要作用:随着西方的价值观念逐渐从场域规则演化为惯习,其他行为体在场域内话语行为的主动性将受到严重制约,进而形成一种安全化话语模式。① 在这一背景下,一旦中国的形象和中国的话语被嵌入安全化话语模式之中,"中国的威胁"就将成为一种"自我实现的预言",而中国的自我辩护也会由于场域规则的限制而无法获得合法性认同,非但无法从根本上消除负面话语的影响,甚至会反过来进一步压缩中国的国际话语空间。②

不仅如此,由于场域中的行为体同处于一个关系网络中,大多数行为体受场域规则和自身条件的限制而处于被支配的地位,相较于实力较强、在场域中处于主导地位的行为体,处于弱势地位的行为体对特定问题的认知更容易受场域规则和主导者主观观念的影响。如果中国不能对场域中负面话语的传播采取及时有效的干预措施,广大发展中国家对中国的认知将很有可能被误导甚至被扭曲。鉴于中国在国际话语场域中无法有效行使合理的发言权和自我辩护权的状况,中国有必要开辟新的思路,考虑通过创设新的国际话语场域来规避现有场域规则的制约,充分利用中国现有的经济资本、文化资本、社会资本与象征资本,主动塑造新的场域规则和价值导向,以增强中国的议题设定和议程引领能力;也有必要立足亚洲,深度挖掘中国与亚洲其他国家间历史和文化的共通性,并将其转化为场域构建的内生动力,营造公平公正的话语互动环境,使中国话语能够得到正确的阐释和认知,从而提升中国国际话语权。

---

① "安全化"的概念最早由欧洲国际关系学界的哥本哈根学派提出,代表人物包括巴里·布赞、奥利·维夫和迪·怀尔德等。该学派借鉴了奥斯汀和塞尔的言语行为理论,提出了"安全即言语行为"的论断,认为施动者基于主观认知将某个问题说成是安全问题的过程,就是安全化的过程。有关安全化的定义、理论框架和案例分析,参见:袁莎《"巴黎学派"与批判安全研究的"实践转向"》,《外交评论》2015年第5期,第139—156页;余潇枫《共享安全:非传统安全研究的中国视域》,《国际安全研究》2014年第1期,第4—34页;王凌《安全化的路径分析——以中海油竞购优尼科案为例》,《当代亚太》2011年第5期,第74—97页。

② 参见朱锋《"中国崛起"与"中国威胁"——美国"意象"的由来》,《美国研究》2005年第3期,第33—59页。

三、亚洲文明对话的场域创设与中国国际话语权提升

2019年5月15日，亚洲文明对话大会在北京隆重开幕。来自亚洲全部47个国家和世界其他地区国家及国际组织的1352位会议代表共同出席大会。① 中国国家主席习近平出席大会开幕式并发表主旨演讲。会议聚焦"亚洲文明交流互鉴与命运共同体"这一主题，旨在传承与弘扬包括亚洲国家在内的世界各国璀璨辉煌的文明成果，搭建文明互学互鉴、共同发展的平台，增强亚洲文化自信，促进亚洲协作互信，凝聚亚洲发展共识，激发亚洲创新活力，为亚洲命运共同体和人类命运共同体建设提供强有力的精神支撑。② 大会举办了开幕式和"亚洲文明互鉴与人类命运共同体构建""亚洲文明传承与发扬的青年责任""亚洲文明全球影响力""亚洲国家治国理政经验交流""文化旅游与人民交往""维护亚洲文明多样性"等六场平行分论坛，以及亚洲文化嘉年华、亚洲文明周和亚洲美食节等活动。在广泛凝聚各方共识的基础上，会议发表《亚洲文明对话大会2019北京共识》。同时，参加大会的中外机构签署了一系列多边和双边倡议和协议，发布了一批重大项目成果和研究报告，形成了一批推动文明交流互鉴的务实举措和合作成果。③

在保护主义和逆全球化思潮抬头的背景下，亚洲文明对话大会的召开引发了国际社会对"文明对话"概念的热烈讨论，为重新审视国际秩序的发展变化、探寻国际争端与冲突的根源和解决方案提供了一

---

① 《多彩·平等·包容——写在亚洲文明对话大会召开之际》，亚洲文明对话大会官方网站，2019年5月14日，http://www.2019cdac.com/2019-05/14/c_1210134008.htm，访问日期：2019年8月12日。

② 《中国将举办亚洲文明对话大会 促进亚洲文明交流互鉴——中国国务院新闻办公室负责同志就举办亚洲文明对话大会答记者问》，中国政府网，2019年3月18日，http://www.gov.cn/xinwen/2019-03/18/content_5374814.htm，访问日期：2019年8月9日。

③ 《亚洲文明对话大会筹委会负责人发布本次大会成果》，亚洲文明对话大会官方网站，2019年5月24日，http://www.2019cdac.com/2019-05/24/c_1210143244.htm，访问日期：2019年8月9日。

个超越种族、国家和意识形态界限的宏大视角；通过深度挖掘不同文明间的共通性，以对话消除误解、增进信任，加强亚洲各国整体的文化认同、身份认同和利益认同，为促进各领域的交流合作奠定坚实的基础。① 对于中国而言，更重要的是，"文明对话"本身就是对国际社会话语互动规则的全新探索，可以被视为中国开辟新的国际话语场域的一次重大而有意义的尝试。正如习近平在亚洲文明对话大会开幕式上的主旨演讲中所指出的，在世界多极化、经济全球化、文化多样化、社会信息化深入发展的同时，国际形势的不稳定性和不确定性更加突出。应对共同挑战，迈向美好未来，既需要经济科技力量，也需要文化文明力量。亚洲文明对话大会为促进亚洲及世界各国文明开展平等对话、交流互鉴、相互启迪提供了一个新的平台。②

（一）场域规则的构建："文明冲突"与"文明对话"之辩

国际社会对世界不同文明的差异化认知在很大程度上影响了国家间话语互动的目标和方式。受到以"文明冲突"为代表的西方文明观影响③，现有国际话语场域的排他性趋势愈发明显，其标志为不同领域西方话语霸权的形成。国家间文明对话进程的开启本身就意味着对国际话语互动规则的一次重大革新。从这一点来说，现有的国际话语场域已经丧失了部分维护世界和平与稳定的功能，甚至在某种程度上成为矛盾积聚和冲突爆发的源头。

对话语的压制并不意味着话语可以自动消失，当不同国家的诉求

---

① 马利哈·洛迪：《亚洲文明对话大会促进亚洲及世界和谐发展》，钱珊铭译，《国际传播》2019年第3期，第1—2页。

② 习近平：《深化文明交流互鉴 共建亚洲命运共同体——在亚洲文明对话大会开幕式上的主旨演讲》，人民出版社，2019，第2页。

③ "文明冲突"（clash of civilizations）的概念由美国哈佛大学教授塞缪尔·亨廷顿在《外交事务》季刊1993年夏季号的文章《文明的冲突？》中首次提出。这一观点在其之后出版的专著《文明的冲突与世界秩序的重建》中得到了全面系统化和理论化的阐述，并被学界普遍概括为"文明冲突论"。"文明冲突论"认为，冷战结束后，国际冲突的根源将不再是意识形态或经济，而是在具有不同文明的国家和国家集团间展开；对西方文明最大的威胁将来自伊斯兰文明和以中华文明为代表的东方文明。这一论调在"9·11"事件发生之后一度引发学界热议；而其最近再次获得国内外关注则是源于对中美之间"文明冲突"的解释。

无法通过现有的话语渠道得到充分表达和有效回应时，它们往往会转而采取其他手段寻求宣泄和解决，其中就包括武力冲突甚至战争等极端方式。国际社会始终存在着致力于推动世界不同文明之间展开对话交流，尊重世界文明多样性的力量。作为"文明冲突论"的提出者，亨廷顿本人也指出，他提出"文明冲突"的本意是呼吁世界各国重视文明对话的重要意义。他曾在其专著《文明的冲突与世界秩序的重建》的中文版序言中写道，"我唤起人们对文明的冲突的危险性的注意，将有助于促进整个世界上'文明的对话'"。① 而事实上，"文明对话"这一概念也并非中国首创。早在1998年，联合国大会就曾通过第53/22号决议，确定2001年为"不同文明对话年"，强调全球化过程不仅仅包括经济、金融和技术方面，也必然包括人类的文化、精神诸方面以及人类相互依赖及其丰富的多样性。② 联合国教科文组织在1998年的《世界文化报告》中也陈述了坚持文化多样性的七项根据，并始终将其作为推动不同国家和地区之间进行文明对话的理论基础。

主张文明对话的文明观以包容的姿态接纳具有不同文化背景的国家展开交流，尊重不同国家享有的平等话语权，保证不同诉求的充分表达，最大限度地消除误解、增进信任，并在此基础上实现更加深入和广泛的合作。对话的本质是不同观点间以寻求共识、形成统一认知为目标而展开的协商。对话的主题既决定了协商的根本目标，也决定了协商的方式和规则。亚洲文明对话大会的成功举办初步证明了以文明对话为规则基础创设全新的国际话语场域的优势与潜力。不可否认，文明对话场域目前依旧处于概念化、雏形化阶段。根据场域理论，场域之间的竞争始终是激烈而残酷的，具有相似或相同功能的场域不断竞争是常态，但只有机制成熟并获得广泛认同的少数场域才能幸存，

---

① 塞缪尔·亨廷顿：《文明的冲突与世界秩序的重建（修订版）》，周琪等译，第4页。
② 关于"不同文明对话年"相关活动，可参见 "United Nations Year of Dialogue among Civilizations," United Nations, November 9, 2001, accessed August 12, 2019, https://www.un.org/webcast/ga/yeardac/。

并最终成为公共产品。① 因此，文明对话场域未来的发展会不可避免地与现有国际话语场域产生重叠甚至竞争。尽管双方的范围和功能存在很强的互补性，可以共同为国际社会的话语互动提供健全的机制保障，但作为新创设的场域，仍要面临诸多困难，如较高的时间成本——场域的创设和发展需要经过一个漫长的周期，需要在运作中不断完善自身的制度设计，以扩大场域的影响力、维护场域的稳定性，并在此基础上逐步提升场域的实际效用。场域得以存续的根本在于一定数量的行为体参与其中，并进行常规、稳定的互动。因此，建立并维护与场域中其他行为体之间的关系应当成为中国未来推进文明对话场域建设的关键。

（二）场域规则的重塑：全球伙伴关系网络与人类命运共同体理念

场域规则决定了关系网络的基本构型。西方话语场域规则本质上的对抗性和排他性决定了其关系网络必须遵循严格的二元对立等级制，因此行为体在场域中的位置总体呈由高到低的纵向分布。相比之下，文明对话场域摒弃了意识形态分野，其场域规则强调平等交流和各种话语的公平竞争，因而关系网络呈横向排列。鉴于亚洲国家国情和国家间关系的现实复杂性，中国作为新场域的开辟者和引领者，可在关系网络构建的过程中发挥关键的枢纽作用，借助成熟的对外政策工具，促进亚洲国家间形成统一的身份认同。对于中国来说，文明对话场域的构建不仅是中国致力于为国际社会提供更加公平、合理、高效的国际公共话语平台的体现，还是中国实现国际身份转型和推进重要对外战略目标的关键机遇：通过加强与亚洲各国在文明对话场域中的身份认同和利益联系，中国可以进一步推进人类命运共同体理念和全球伙伴关系网络的发展以及在亚洲地区的扩散。

作为现阶段中国对外交往的重要理念，全球伙伴关系网络与人类

---

① Sadiya Akram, et al., "(Re)Conceptualising the Third Face of Power: Insights from Bourdieu and Foucault," *Journal of Political Power* 8, No. 3 (2015): 345-362.

命运共同体理念之间具有很强的内在关联性，可以视作中国为进一步扩大国际交往半径而建立的双层架构机制：在双边层面，通过与其他国家和区域组织建立不同层级的伙伴关系，加强双方共有身份和利益认同以推进各领域的务实合作；建立与伙伴关系层级相匹配的战略对话机制，以解决涉及彼此核心利益和共同关心的问题的沟通渠道。自1993年同巴西建立第一对战略伙伴关系以来，中国的伙伴关系网络不断扩大。[①]截至2024年5月，中国已经同五大洲的不同国家建立了共计100多对不同类型、不同层级的伙伴关系，此外，还同多个国际组织建立了不同的伙伴关系。在亚洲地区，中国先后与中亚、东亚和南亚的不同国家和区域国家组织建立了数十对伙伴关系，区域伙伴关系网络结构已经基本形成。作为亚洲区域内覆盖范围最广、机制化程度最高的国家关系网络，中国在亚洲地区建立的伙伴关系网络可以为亚洲文明对话场域的构建提供重要的制度支撑；同时，通过发挥在伙伴关系网络中的枢纽作用，中国的区域影响力也可以得到进一步的提升。

中国努力推动构建人类命运共同体，先后在联合国大会、中非合作论坛、中阿合作论坛、中国—欧盟领导人会晤、亚太经合组织领导人非正式会议、博鳌亚洲论坛、东盟峰会、亚信峰会、二十国集团领导人峰会等重大国际场合提出构建区域层次和全球层次上的命运共同体，并通过对其内涵的不断丰富、对其重要意义的深刻阐释，以及主动规划构建的阶段性目标和路径，使命运共同体理念在各个层次、各个区域得到广泛传播和持续深化[②]，相继形成了中非命运共同体、中欧命运共同体、中阿命运共同体、中国—东盟命运共同体等具有共同核心内涵兼具区域特色的命运共同体。[③] 2015年9月，习近平主席在第70届联合国大会一般性辩论中发表了题为《携手构建合作共赢新伙伴，

---

① 肖晞、马程：《中国伙伴关系：内涵、布局与战略管理》，《国际观察》2019年第2期，第73页。

② 参见宋秀琚、余姣《十八大以来国内学界关于中国参与全球治理的研究述评》，《社会主义研究》2018年第6期，第155—163页。

③ 参见任洁《人类命运共同体：全球治理的中国方案》，《东南学术》2018年第1期，第10—17页。

同心打造人类命运共同体》的重要讲话，从政治、安全、经济、文化和生态五个主要方面全面阐述了构建人类命运共同体的总体框架和实践路径。[①] 2017年1月，习近平主席在联合国日内瓦总部发表了题为《共同构建人类命运共同体》的主旨演讲，进一步提出"对话协商，共建共享，合作共赢，交流互鉴和绿色低碳"五个构建人类命运共同体的基本原则[②]，使这一理念受到广泛国际关注。

人类命运共同体理念的提出体现了中国基于自身传统文化和外交实践所形成的独特的秩序观和世界观，对文明对话场域的构建具有重要指导意义：首先，作为一个完整的理论体系，人类命运共同体理念根植于中华优秀传统文化，体现了中国对文明价值意义的推崇[③]，可以作为文明对话的理论基础；其次，作为一种实践路径，人类命运共同体理念强调共同价值、共同利益、共同身份，同时包容不同的价值取向、尊重不同的利益诉求并寻求不同身份间平等共处的可能[④]，可以为文明对话的开展提供关键的方法论支撑；最后，作为对人类文明未来走向的根本判断，人类命运共同体理念也为文明对话的未来发展指明了方向。

（三）中国国际话语权提升：语境重构与意义再阐释

任何话语都存在意义边界，即语境。在同一言语活动中的行为体之所以能够正确理解彼此话语的意义，就在于共同语境的存在。理解特定话语离不开其意义生成的语境基础，正确理解特定国家在国际话

[①] 习近平：《携手构建合作共赢新伙伴，同心打造人类命运共同体》，载《习近平外交演讲集》（第一卷），中央文献出版社，2022，第285—291页。

[②] 习近平：《共同构建人类命运共同体》，载《习近平谈治国理政》（第二卷），第541—544页。

[③] 参见秦亚青、魏玲《新型全球治理观与"一带一路"合作实践》，《外交评论》2018年第2期，第1—14页。

[④] Denghua Zhang, "The Concept of 'Community of Common Destiny' in China's Diplomacy: Meaning, Motives and Implications: Concept of Community of Common Destiny," *Asia & Pacific Policy Studies* 5, No.2 (2018): 196-207.

语场域中的话语意义则离不开对其文明和文化语境的考察。①自二战结束以来，以西方价值体系为评判标准的"文明优劣论"一直在为"文明冲突"等观念的推行提供理论支撑。②语言文化深植于作为其发源地和兴盛之源的文明，而当文明被人为界定了优劣和等级高低的时候，必然会对传承或代表该文明的国家所提出的话语在国际场域中的价值产生影响。长期以来，中国在国际话语场域中的互动都深受"文明优劣论"的影响，导致中国话语在很多情况下都不得不被置于西方的语境中加以审视、理解和评判，造成其意义被严重扭曲、价值被严重低估，影响了中国国际话语权的整体提升效果。

如果将中国话语置于中国传统文化的语境之下加以重新审视，就可以发现其清晰的文化传承脉络：在政治领域，中国坚持多边主义、倡导国际关系民主化，推动全球治理体系改革，主张通过对话协商解决国际问题，建设一个持久和平的世界，这是对中国传统"仁义"、"以和为贵"、实现"天下大同"的思想的继承③；在安全领域，中国提出以"互信、互利、平等、协作"为核心的新安全观，基于共建共享原则，以建设一个普遍安全的世界为目标，是对中国传统文化强调仁、义、礼、智、信，追求兼济天下的"王道"，反对唯我独尊和唯利是图的"霸道"思想的继承④；在经济领域，中国强调合作共赢、建设一个共同持久繁荣的世界，主张充分考虑各国发展阶段不同、国情不同的现实情况，坚持兼收并蓄，在可持续发展的基础上实现持久繁荣，是对中国传统文化"和谐共生"思想的继承；在文化领域，中国作为世界首屈一指的、具有悠久历史的文明古国，更加重视对多元文化的包容和传承，坚持各种文化交流互鉴，推动形成一个更加开放包容的世界，是对中国传统文化"和而不同"思想的继承；在生态环保领域，

---

① 参见：胡壮麟《语境研究的多元化》，《外语教学与研究》2002年第3期，第161—166页；黄华新、胡霞《认知语境的建构性探讨》，《现代外语》2004年第3期，第248—254页。

② 参见杜维明《文明对话的发展及其世界意义》，《南京大学学报（哲学·人文科学·社会科学版）》2003年第1期，第34—44页。

③ 参见孙吉胜《改革开放以来中国国际关系理论发展——话语、实践与创新》，《世界经济与政治》2018年第8期，第4—29页。

④ 马跃堃：《"和"文化与亚洲安全观》，《公共外交季刊》2015年第3期，第27—32页。

中国提倡绿色低碳的发展理念，建设一个清洁美丽的世界，是对中国古代以"天人合一"为基调的生态伦理思想的继承，体现了中国倡导人与自然和谐共生的生态伦理思想。[①]

然而，当中国话语被错置于西方的语境中进行阐释时，中国传统文化所具有的深刻内涵和独特的东方哲学思辨都在很大程度上被压制和摒弃，取而代之的是基于西方传统权力观念对中国的进攻性和威胁性解读。在这一背景下，中国提出的国际倡议和议程难以得到正确认识和有效推进，反而会令国际社会对中国的误解和忧虑随着话语的持续扩散而加深，在国际话语场域内形成话语意义的恶性循环。文明对话场域的构建为中国通过重构文明语境、充分释放其话语的内在活力、掌握对话语意义解释的主动权提供了重要契机：只有在中国话语回归中国文化语境的基础上，通过对自我形象、发展理念和对外战略话语的再阐释，中国的国际话语权才有可能得到真正意义上的提升。

结　语

场域理论为国际话语权研究提供了一个全新的理论视角。国际话语权本身具有很强的抽象性和流散性，影响国家行为体在国际社会不同领域话语权的因素纷繁复杂，参与国际话语权竞争的行为体在内在特质和行为方式上存在不确定性，这些都决定了对国际话语权问题的研究既不能照搬对物质性权力的传统研究方法，也不能完全忽视微观层面行为体的主观因素。场域理论给国际话语权研究带来的最重要的理论启示在于，它提供了一个介于宏观体系结构层面和微观个体层面之间的研究单位——场域，赋予了处于高度分散化的国际话语权竞争一以贯之的行为逻辑，使之在高度理论化层面上探讨国际话语权的分配规律和演化模式成为可能。与此同时，通过对中国在国际话语场域中的互动行为进行系统性分析，加深了对中国国际话语权提升过程中

[①] 王立平、王正：《中国传统文化中的生态思想》，《东北师大学报（哲学社会科学版）》2011年第5期，第191页。

所面临的现实挑战的认知，也进一步探索了新路径的可能性。开辟新的话语场域、突破既有国际话语场域的制约、真正实现中国国际话语权的提升，是中国可以努力的一个重要方向。

但必须明确指出，新话语场域的构建并不意味着中国有必要、有能力完全退出既有国际话语场域的互动。构建话语场域需要持续不断的大量资本投入，也必须应对场域之间的激烈竞争。鉴于中国现实国情、新场域规模和影响力的限制，在未来相当长的时间内，中国仍需继续积极参与既有国际话语场域中的互动。这既是中国对外交往的客观需要，也符合场域演化的根本规律。一方面，既有的国际话语场域经过多年发展，已经成为国际社会公认、具有较高权威性和影响力的话语互动空间。在中国逐渐扩大对外交往范围的背景下，主动退出既有国际话语场域的互动无异于自我孤立，因而维护好在既有国际话语场域中的身份定位和与其他国家间的关系至关重要。另一方面，新话语场域并不一定意味着与既有场域形成根本对立。事实上，二者在功能、范围甚至规则方面存在很强的互补性。通过推进亚洲文明对话场域的进一步发展，中国得以实现在亚洲区域内影响力和号召力的全面提升，发挥重要的枢纽作用，为调和亚洲国家间因历史、文化、政治和安全等领域产生的复杂矛盾发挥建设性作用，这本身就是国际话语权提升的重要体现。一旦既有场域在全球治理和区域治理方面失灵，新话语场域就可以提供重要的功能补充。

第11章
中国国际话语权的塑造与提升路径*

国际话语权是一个国家实力和影响力的体现,也是大国博弈的一个重要方面。掌握了国际话语权就意味着掌握了更多的主动权和发言权。回顾世界历史,一个崛起大国经济实力的快速增强并不代表国际话语权的自然提升,国际话语权的提升需要有意识的战略设计、多维塑造和全面提升。以美国为例,美国的经济总量在1894年超越英国成为世界第一,但是从那之后,自美西战争到第二次世界大战,美国又经历了半个多世纪才成为在各领域都具备强势话语权的国家。在这段时间里,美国利用其政治、军事、经济、文化等方面的绝对优势,展开全球战略布局,尤其是在第二次世界大战后,在安全领域形成了从欧洲到东亚以美国为中心的同盟体系;在经济领域,美国主导设计了国际货币基金组织、世界银行和关贸总协定,建立起以美国为核心的西方经济秩序;在意识形态领域,美国使用"自由欧洲电台""美国之音""和平队"等传播工具,在全球推广美国价值观,逐渐在各个领域塑造了强势话语权。

党的十八大以来,中国对国际话语权高度重视,国际话语权成为

---

* 本章为笔者主持的国家社会科学基金专项项目"中国传统文化、中国外交战略与中国外交话语体系构建"(项目编号:16ZZD029)的阶段性成果,主要内容发表于《世界经济与政治》2019年第3期。

中国各领域的高频词,无论是在政府、学术还是媒体领域,都经常出现"中国需要提升国际话语权"的表述,在外交领域也同样如此。国家通过制定对外政策体现自己的外交理念、价值关怀、国家利益诉求,通过各类外交活动展示国家地位和实力,表达和实现自己的理念、主张和诉求。可见,外交是一个国家获取国际话语权最重要的途径之一,也是国家谋求国际话语权较易有所作为的领域。① 中国强调的国际话语权内涵是什么?中国认为自己的国际话语权状况如何?中国在外交实践方面是如何来提升国际话语权的,取得了哪些进步,还存在哪些问题?本章旨在通过系统研究党的十八大以来中国提升国际话语权的实践及效果,探索中国国际话语权的塑造与提升路径,为未来中国继续提升国际话语权提供启示。

一、国际话语权的内涵及影响

话语权是权力的重要组成部分,是衡量一个国家实力、国际影响力和感召力的重要指标。权力一直是世界政治中的一个核心要素,学者们对权力的定义和理解也不尽相同,但都重点强调控制和影响他人、支配他人意志和行动的能力。最初,国际政治领域的关注重点在于与物质有关的实力,尽管同时一些非物质内容的重要性也不断被强调。例如,汉斯·摩根索(Hans Morgenthau)认为,国家强权所依赖的因素包括物质的或物质与人复合的因素和纯粹人的因素两大方面,如地理状况、自然资源、工业能力、战备状况、人口、国民性、国民士气以及外交素质和政府要素等。② 1990年,约瑟夫·奈(Joseph Nye)提出了软实力(软权力)概念,权力进而被分为软实力、硬实力两大类。软实力与硬实力相比,主要强调文化、政治价值观、对外政策以

---

① 张胜军:《提高中国国际话语权需要"草船借箭"》,《公共外交季刊》2014年夏季号第5期,第27页。
② 汉斯·摩根索著,肯尼思·汤普森、戴维·克林顿修订:《国家间政治:权力斗争与和平(第七版)》,徐昕等译、王缉思校,北京大学出版社,2006,第139—189页。

及国际制度等所产生的影响力和感召力①,更强调权力吸引而非强制的一面,它在国际关系中同样可以发挥不可替代的作用。美国前驻联合国代表苏珊娜·诺塞尔(Suzanne Nossel)以及前国务卿希拉里·克林顿等则强调巧实力(smart power),即把硬实力与软实力巧妙结合起来运用。②迈克尔·巴尼特(Michael Barnett)和雷蒙德·杜瓦尔(Raymond Duvall)则把权力分为强制性权力、制度性权力、结构性权力和生产性权力。③秦亚青在其《国际政治中的关系理论》中基于中国文化与传统提出了关系性权力,对权力进行了有别于西方国际关系理论的阐释。④实际上,在以上类别的权力中,软权力、制度性权力和生产性权力都与话语权有关。例如,制度性权力直接决定了一个国家在国际制度中的代表权、发言权、投票权等,这些都会直接转化为影响力。生产性权力则关注话语、社会过程和知识体系,只有通过这些,有意义的事物才得以产生、确定、生存和转换。⑤

话语权的重要性主要与话语的本质相关。话语是社会文化语境下互动过程的产物,不仅强调语言本身,而且也强调一个社会过程,即语言通过积累,沉淀为某种话语,最终影响意义。⑥后现代学者如雅克·德里达(Jacques Derrida)、米歇尔·福柯等特别强调话语的社会作用。具体而言,一是强调话语的建构功能,认为话语不仅呈现、传递信息,具有表象功能,同时也可以建构社会现实。从这个角度看,具备了话语权就具备了定义社会事实和社会意义的权力,即话语权决定了定义权、解释权和说明权。二是强调话语本身作为一种权力,也可以产生权力。话语可以体现知识和意义的生产,人们也因此把研究

---

① Joseph S. Nye, Jr., *The Paradox of American Power: Why the World's Only Superpower Can't Go It Alone?* (New York: Oxford University Press, 2002), p. 9.
② 尉洪池、孙吉胜:《国际政治中的权力》,载秦亚青主编《当代西方国际思潮》,世界知识出版社,2012,第139—141页。
③ Michael Barnett and Raymond Duvall, "Power in International Politics," *International Organization* 59, No. 1 (2005): 39-75.
④ 参见 Yaqing Qin, *A Relational Theory of World Politics* (Cambridge: Cambridge University Press, 2018).
⑤ 赵长峰:《国际政治中的新权力观》,《社会主义研究》2017年第2期,第107—109页。
⑥ 吴贤军:《中国国际话语权构建:理论、现状和路径》,复旦大学出版社,2017,第12页。

对象从语言层面转到了话语层面，从社会关系的角度探讨话语背后所蕴含的意义以及由此编织的权力关系网络。三是强调话语是一种特殊的社会实践，可以建构社会存在，与社会制度紧密相连，是产生社会意义的重要途径和载体。安东尼奥·葛兰西（Antonio Gramsci）、尤尔根·哈贝马斯（Jürgen Habermas）以及皮埃尔·布迪厄等学者都从不同视角探讨话语与权力的关系，而福柯正是基于话语与权力的关系提出了话语权概念[1]，即通过语言来体现权力、运用权力，甚至从某种意义上来说，话语本身也是一种权力[2]。简言之，话语权可以被理解为言说者以语言、文字或其他文化形式为载体，表达思想观点、解释现象、传播信息、影响舆论的权力和权利。[3] 话语权之所以重要，是因为它可以衍生出一系列相关内容，如概念内涵、理论逻辑、核心价值、意识形态、规则、规范等。[4] 具备了话语权就可以继续获得更多制度性权力，而制度性权力又直接影响规则和规范的塑造、制定和实施。话语权的重要性也令其成为国际政治领域各大国博弈的一个重要方面。

经梳理以往的研究，可以看出，在国际政治领域，国际话语权有特殊的定义和内涵。有学者认为，国际话语权指以国家利益为核心，就社会发展事务和国际事务等发表意见的权力，体现对知情、表达和参与权的综合运用，涉及对国际事务、国际事件的定义权，对各种国际标准和游戏规则的制定权以及对是非曲直的评议权、裁判权，从而获得在国际关系中的优势地位和主动权[5] 以及对国际议程的动员权[6]，占据国际舆论的制高点。也有学者强调，国际话语权是指由主权国家

---

[1] 李智：《再论国际话语权及其提升路径》，载程曼丽主编《北大新闻与传播评论》（第九辑），2014，第200页。

[2] 庄琴芳：《福柯后现代话语观与中国话语建构》，《外语学刊》2007年第5期，第95页。

[3] 张新平、庄宏韬：《中国国际话语权：历程、挑战及提升策略》，《南开学报（哲学社会科学版）》2017年第6期，第2页。

[4] 赵庆寺：《中华传统文化与中国国际话语权的建构路径》，《探索》2017年第6期，第115页。

[5] 梁凯音：《论中国拓展国际话语权的新思路》，《国际论坛》2009年第3期，第43页；《论国际话语权与中国拓展国际话语权的新思路》，《当代世界与社会主义》2009年第3期，第110页。

[6] 邹应猛：《国际体系转型与中国国际话语权提升战略》，《东南亚纵横》2010年第10期，第86页。

通过正式外交、媒体传播、民间交流等渠道，将蕴含一定文化理念、价值观念和意识形态等因素的话语渗透到国际社会中，使其他国家自愿接受并认同的能力。[①] 实际上，国际话语权是一个国家在世界上"说话"的权力以及"说话"的有效性和威力（影响力）的体现。[②] 外交领域的国际话语权更多强调国家围绕国际政治议题，以官方外交为主要渠道，也借助媒体、民间外交、文化交流等其他渠道，在国际社会参与规则制定、发表意见、传播价值观念，对国际事件进行描述和解释等的权利和权力，它强调一个国家的主张在国际舞台和外交场合的具体权重与影响，事关对国家主权、尊严和利益的捍卫以及国家的国际地位和影响力。世界各国能否维护国家利益和民族利益，捍卫国家主权、荣誉和尊严，合理承担国际义务与责任等，国际话语权的大小是一个决定性因素。[③]

本章认为，话语权在中国的语境下包含权利和权力两个层面的含义。话语权包括表达声音、观点等"说话"的权利，指在国际事务中的表决权、代表权、投票权、所占份额等，同时也包含"说话"产生的权力，具体指话语、理念或主张的影响力和感召力。这种影响力和感召力是一种软实力、软影响力，以文本或是话语的形式对外呈现，从而进一步改变其他国家的认知或行为。从中国政府在不同语境中所强调的国际话语权，可以看出不同的侧重点。例如，2013年，中共中央政治局就提高国家文化软实力研究进行第十二次集体学习时，习近平强调，提高国家文化软实力，要努力提高国际话语权。[④] 这里强调中国话语的影响力和感召力。2014年7月，习近平在巴西国会发表《弘扬传统友好　共谱合作新篇》的演讲时强调："我们应该加强在联

[①] 王啸：《国际话语权与中国国际形象的塑造》，《国际关系学院学报》2010年第6期，第59页。

[②] 鲁炜：《经济全球化背景下的国家话语权与信息安全》，《求是》2010年第14期，第13页。

[③] 张国祚：《把握内涵实质　改进方式方法　努力提高中国国际话语权》，2017年5月16日，人民网，http://opinion.people.com.cn/n1/2017/0516/c1003-29277135.html，访问日期：2018年6月24日。

[④] 《习近平在中共中央政治局第十二次集体学习时强调　建设社会主义文化强国　着力提高国家文化软实力》，《人民日报》2014年1月1日，第1版。

合国、世界贸易组织、二十国集团、金砖国家等国际和多边机制内的协调和配合,凝聚发展中国家力量,积极参与全球治理,为发展中国家争取更多制度性权力和话语权。"[①] 这里不仅强调话语的影响力,而且更多地强调制度性权力,如投票权、所占份额等,体现的是发展中国家在该组织中的代表性。2016年2月,习近平在党的新闻舆论工作座谈会上指出,提高话语权,应大力推动新闻舆论工作理念、内容、体裁、形式、方法、手段、业态、体制、机制创新,提高传播力、引导力、影响力、公信力,努力在众声喧哗中定基调、在思想激荡中立主导、在国际传播中奏强音。[②] 这里更多强调感召力和吸引力。2021年5月,中共中央政治局就加强中国国际传播能力建设进行第三十次集体学习,习近平再次强调,要深刻认识新形势下加强和改进国际传播工作的重要性和必要性,下大气力加强国际传播能力建设,形成同中国综合国力和国际地位相匹配的国际话语权。[③] 这里所强调的国际话语权既包含纯话语方面的吸引力,也包含制度性话语权以及各种理念的影响力、感召力和塑造力。

二、中国对国际话语权的认知和诉求

中国对国际话语权的认知和诉求经历了一个长期的过程:从模糊认识到日益强调,再到努力塑造及提升。这种变化同中国在不同阶段的国家实力、国际影响力和自我身份定位密切相关,也直接影响了中国争取国际话语权的实践。

---

① 习近平:《弘扬传统友好 共谱合作新篇——在巴西国会的演讲》,人民出版社,2014,第8页。
② 张文雄:《牢牢把握新闻舆论工作领导权管理权话语权》,《人民日报》2016年3月25日,第7版。
③ 《习近平在中共中央政治局第三十次集体学习时强调 加强和改进国际传播工作 展示真实立体全面的中国》,《人民日报》2021年6月2日,第1版。

（一）党的十八大以前中国对国际话语权的认知和诉求

新中国成立初期，尽管远不具备提升国际话语权的条件和能力，中国还是努力发声。此时的中国，国力特别是经济实力尚弱，1952年中国国内生产总值仅为679亿元人民币，还处于一个非常不友好的国际环境中，一直面临着以美国为首的西方阵营的强势话语和意识形态打压。中苏关系破裂后，中国又面临来自苏联的压力。可以说，中国基本游离于国际体系之外，在很长一段时间内于众多的国际组织中处于缺位状态。新中国加入的国际组织的数量非常少，在制度性权力方面几乎为零，国际话语权更是无从谈起。面对中国所面临的话语困境以及国际政治格局的变化，巩固和发展新生社会主义政权、扩大在国际上的影响成为毛泽东时期中国对外话语工作的主要任务。尽管这个阶段的中国制度性权力较弱，但是中国的国家领导人还是努力提出自己的主张，表达对世界的看法，尤其是一些战略主张和政策思想。毛泽东一直重视国际话语权的作用，强调通过世界舆论来扩大中国话语的世界影响。他曾说过，凡是要推翻一个政权，总要先造成舆论，总要先做意识形态方面的工作。[1] 意识形态是理念表达和建构话语权力的重要组成部分，国际话语权也可以反映出国家意识形态的国际认同。[2] 20世纪60年代，中国同苏联围绕无产阶级、马克思主义、修正主义等问题展开论战，明确提出了反对帝国主义、殖民主义和霸权主义的主张，体现了中国在积极发声、提升自身话语权尤其是在概念主张方面话语权的努力。中国也努力在一些重要国际会议上发声，阐明自己的观点，这些会议包括1954年的日内瓦会议以及1955年的亚非会议等。这些努力也使很多第三世界国家接受了中国的外交政策话语[3]，对团结亚非拉

---

[1] 中共中央党史和文献研究院编《建国以来毛泽东文稿》（第十六册），中央文献出版社，2023，第411页。

[2] 刘一鸣：《试论中国的国际话语权困境与对策》，《新闻世界》2015年第7期，第228—229页。

[3] 郑永年：《确立中国外交政策的国际话语权》，《公共外交通讯》2010年春季号（创刊号），第12页。

国家，调动相关国际力量反对霸权主义，提升中国在世界格局中的话语地位发挥了重要作用。

自改革开放以来，直到20世纪末，中国一直坚持"韬光养晦"，集中发展国内经济，在国际话语权的追求方面保持低调态势。20世纪80年代末和90年代初，东欧剧变，苏联解体，世界形势出现复杂严峻的变化，给中国带来了严峻的外部挑战。与此同时，西方"和平演变"势力不断增强，以美国为首的西方国家在国际上封锁、孤立和制裁中国，使中国遭受了巨大的经济、政治和话语压力。鉴于当时中国的基本国情和国际力量格局，中国把主要精力用于发展自己、做好自己的事，避免卷入不必要的国际纷争。1992年4月28日，邓小平明确指出："我们再韬光养晦地干些年，才能真正形成一个较大的政治力量，中国在国际上发言的分量就会不同。"[1] 由此可见，当时的中国对自己的国际地位和国际话语权有清楚的认知，认为自己还不具备提升国际话语权的国际和国内条件，即使发言了，其他国家也不会接受。这段时间，中国在国际事务的实践中，也是低调、有选择性地参与，甚至保持沉默。在多数情况下，只有当议题与自身利益密切相关，同时对取得结果有十分把握时，中国才会选择参与。[2]

进入21世纪后，中国开始日益重视软实力和国际话语权。奈提出软实力概念后，该概念很快就进入中国学者的视野，中国学界出现了研究软实力的高潮。这种对权力的多维认识也使中国政府对权力和影响力的认识更加全面，越来越意识到软实力和国际话语权对于国家形象和国家利益的重要性。中国开始从政府层面提出要重视提高软实力，努力根据中国传统、中国理念提出自己的外交理念和外交主张，也陆续提出了和平发展、和谐世界等外交理念，这些理念逐渐也成为一定阶段中国的主导外交话语，体现出中国在关注自身的同时，也更加关注世界。2006年11月10日，胡锦涛在中国文联第八次全国代表大会、

---

[1] 中共中央文献研究室编《邓小平年谱（1975—1997）》（下），中央文献出版社，2004，第1346页。

[2] 参见孙吉胜等《互构与变革：中国参与国际社会文化体系进程研究》，世界知识出版社，2016。

中国作协第七次全国代表大会上,使用了"国家软实力"这一概念。①一年之后,"国家文化软实力"概念被正式写入党的十七大报告,这标志着在政府层面正式明确软实力是中国发展战略的重要组成部分。②随着中国成功举办2008年奥运会和2010年上海世博会,以及成功应对2008年国际金融危机,中国的自信心和大国意识逐渐增强。中国在政府文件中开始提及要"提高国际话语权""规则制定权"等,在政府层面也开始提出国际话语权的概念。2008年3月5日,温家宝在《政府工作报告》中论及中国外交时提到,"积极开展多边外交,推动重大热点问题和全球性问题的妥善解决"。③这意味着继"韬光养晦""决不当头"之后,中国的外交政策开始向更加积极、更加主动的方向转变,中国开始有意识地推动一些重大热点问题的解决。④2008年10月,温家宝在莫斯科举行的第三届中俄经济工商界高峰论坛开幕式上明确提出,要"提升新兴国家及发展中国家的知情权、话语权和规则制定权"。⑤2010年,中国的经济总量超过日本,成为世界第二大经济体,经济上的强大与国际话语权上的弱势对比更加明显。国际上对中国的质疑、歪曲不时出现,导致中国的国际形象经常被他塑,与客观事实相去甚远。2010年1月,李长春在全国宣传部长会议上强调,宣传思想文化战线要在提高舆论引导能力、国际传播能力、掌握话语权上迈出新步伐,在推动中华文化"走出去"、提升国家文化软实力上取得新进展。⑥这是中国首次把国际话语权与对外宣传结合在一起。2011年

---

① 胡锦涛:《在社会主义先进文化引领下建设和谐文化》,载《胡锦涛文选》(第二卷),人民出版社,2016,第539页。

② 胡锦涛:《高举中国特色社会主义伟大旗帜,为夺取全面建设小康社会新胜利而奋斗》,同上书,第639页。

③ 温家宝:《政府工作报告——2008年3月5日在第十一届全国人民代表大会第一次会议上》,载全国人民代表大会常务委员会办公厅编《中华人民共和国第十一届全国人民代表大会第一次会议文件汇编》,人民出版社,2008,第41页。

④ 张剑荆:《中国外交进入话语权意识高涨时代》,《南风窗》2008年第6期,第26~27页。

⑤ 温家宝:《携手开创中俄经贸合作新局面——在第三届中俄经济工商界高峰论坛开幕式上的致辞》,《人民日报》2008年10月29日,第3版。

⑥ 《全国宣传部长会议在北京举行 李长春出席并讲话》,2010年1月4日,中国政府网,http://www.gov.cn/ldhd/2010-01/04/content_1502833.htm,访问日期:2019年2月15日。

10月召开的党的十七届六中全会通过《中共中央关于深化文化体制改革推动社会主义文化大发展大繁荣若干重大问题的决定》，强调"创新对外宣传方式方法，增强国际话语权，妥善回应外部关切，增进国际社会对我国基本国情、价值观念、发展道路、内外政策的了解和认识，展现我国文明、民主、开放、进步的形象"。[①] 这些都体现出中国清楚地意识到对外讲述中国、改善中国形象的重要性。这段时期，中国也日益关注学术研究对于国际话语权的影响。2012年6月，李长春在马克思主义理论研究和建设工程工作会议上首次强调中国在学术领域的国际话语权，指出"用中国的理论研究和话语体系解读中国实践、中国道路，不断概括出理论联系实际的、科学的、开放融通的新概念、新范畴、新表述，打造具有中国特色、中国风格、中国气派的哲学社会科学学术话语体系，是理论界和学术界面临的重大而紧迫的时代课题"，要"深入开展对外交流，努力扩大我国在国际学术领域的话语权和影响力"。[②]

（二）党的十八大以来中国对国际话语权的认知和诉求

党的十八大以来，中国对国际话语权日益重视，并将其上升到国家战略和整体外交层面。中国更加有意识地提升自身国际话语权，在世界经济、政治、外交、技术和规则制定等多个领域，中国国际话语权的内涵和外延都进一步扩展。2013年，党中央召开一系列重要会议，多次强调提升国际话语权，使之成为政府层面的一个显性词汇。在当年召开的全国宣传思想工作会议上，习近平指出，讲清楚中华优秀传统文化是中华民族的突出优势，是中国最深厚的文化软实力。要精心做好对外宣传工作，创新对外宣传方式，着力打造融通中外的新概念

[①] 《中共中央关于深化文化体制改革推动社会主义文化大发展大繁荣若干重大问题的决定》，《人民日报》2011年10月26日，第5版。

[②] 李长春：《在马克思主义理论研究和建设工程工作会议上的讲话》，《人民日报》2012年6月4日，第2版。

新范畴新表述，讲好中国故事，传播好中国声音。①2013年11月，党的十八届三中全会通过《中共中央关于全面深化改革若干重大问题的决定》，指出要加强国际传播能力和对外话语体系建设，推动中华文化走向世界。这是中央全会文件第一次明确提出建设对外话语体系的任务。②此外，在一些重大外交场合，国际话语权也不断被强调。2014年7月，习近平在会见俄罗斯总统普京时表示，双方要在国际事务中开展更多共同行动，携手推动金砖国家合作，提升话语权和影响力，完善全球治理，推动国际关系民主化，促进世界和平与发展。③

除政府层面高度重视外，在实践中，中国在意识形态领域、对外宣传领域、公共外交领域等都进行了诸多提升国际话语权的努力。④在2008年之后，随着中国国力的增强和国际影响力的提升，中国学界对国际话语权的研究日益增多。中国学界出现"国际话语权"一词是在2007年，主要出现在对福柯的话语观与中国话语的研究之中。⑤在中国知网，以"国际话语权"为主题词进行检索，截至2023年2月5日，共搜索到2175条结果。2008年关于国际话语权的研究多是从国际传媒角度强调中国需要在媒体领域提升国际话语权，增加国际报道和传播能力。国际层面对西藏"3·14"事件、奥运火炬传递等的歪曲报道令中国学者越发意识到在国际传播方面提升国际话语权的重要性。到2010年之后，对国际话语权的研究范围开始扩展至国际关系领域。除了对国际话语权的整体研究，如国际话语权的特征、演变特点等，研究范围还扩展至具体问题领域的国际话语权，如外交政策、气候变化、互联网、国际形象、对外宣传、人权、跨文化传播、学术研究等。自2013年中国国家领导人在全国宣传思想工作会议等几个重要会议上强

---

① 《习近平在全国宣传思想工作会议上强调　胸怀大局把握大势着眼大事　努力把宣传思想工作做得更好　刘云山出席会议并讲话》，《人民日报》2013年8月21日，第1版。

② 《中共中央关于全面深化改革若干重大问题的决定》，人民出版社，2013，第41—42页。

③ 《习近平出席金砖国家领导人会晤并访拉美四国精彩话语集》，人民网，2014年7月17日，http://jhsjk.people.cn/article/25291774，访问日期：2018年12月20日。

④ Kejin Zhao, "China's Rise and Its Discursive Power Strategy," *Chinese Political Science Review* 3, No. 1 (2016): 554-560.

⑤ 庄琴芳：《福柯后现代话语观与中国话语建构》，第94—96页。

调国际话语权以来,国际关系学界、传播学界、语言学界等领域针对国际话语权的研究明显增多,议程更加广泛。从研究成果看,根据在中国知网的检索,从2014年起,公开发表的、有关这一主题的论文数量明显增多:2013年为51篇;2014年增加到86篇;2015年至2020年,每年都有100多篇论文发表;2021年至2023年,每年发文数量都超过200篇。

(三)中国始终强调作为发展中国家一员来提高国际话语权

除了强调中国自身的国际话语权,中国也始终强调作为发展中国家的一员,要与其他发展中国家一起提升发展中国家的制度性权力和国际话语权。进入21世纪以来,世界经历的一个重要变化就是发展中国家努力把握经济全球化和世界多极化趋势所带来的发展机遇,不断调整内外战略,实现了幅度不一的较快发展。中国、印度、巴西、南非、墨西哥、阿根廷、沙特、土耳其、印度尼西亚的发展举世瞩目,这九个国家也因此被纳入二十国集团。发展中国家的群体性快速发展态势导致世界力量对比发生重大变化。2010年,全球前三十大经济体中有十二个是发展中大国,前十大经济体中,发展中大国占了三个。[①]为争取广大发展中国家的生存权和发展权,发展中大国也需要跻身国际经济与政治事务的中心舞台。但是,长期以来,西方大国在国际体系和国际秩序塑造方面一直居主导地位,导致包括发展中大国在内的发展中国家群体难以对世界秩序塑造发表意见。而近年来,西方大国主导的全球治理体系遭遇一系列治理失灵甚至治理失败的状况,使全球面临治理赤字。从国际金融危机到气候变化,从核风险到恐怖主义,全球性挑战有增无减。全球治理体系急需改革和调整,提升发展中国家群体的话语权成为大势所趋。正如2018年7月习近平在金砖国家工商论坛上的讲话中再次强调的,要"继续推进全球经济治理改革,提高新兴市场国家和发展中国家代表性和发言权。不管是创新、贸易投

---

① 董漫远:《全球17个发展中大国群体性崛起》,中国新闻网,2010年3月29日,http://www.chinanews.com/gj/gj-lwxwzk/news/2010/03-29/2196185.shtml,访问日期:2018年6月25日。

资、知识产权保护等问题，还是网络、外空、极地等新疆域，在制定新规则时都要充分听取新兴市场国家和发展中国家意见，反映他们的利益和诉求，确保他们的发展空间"。①

（四）中国强调要在各具体问题领域提升国际话语权

党的十八大以后，随着中国世界大国身份的确定，中国领导人意识到中国国际话语权的弱势体现在多个方面，在经济、科学技术、哲学社会科学领域都存在类似问题，明确要求在各领域提升和拥有国际话语权。在经济领域，中国具有较强的国际影响力，提升经济领域的制度性话语权一直是重中之重。2015年10月召开的党的十八届五中全会强调，坚持开放发展，"必须顺应我国经济深度融入世界经济的趋势，奉行互利共赢的开放战略，……发展更高层次的开放型经济，积极参与全球经济治理和公共产品供给，提高我国在全球经济治理中的制度性话语权，构建广泛的利益共同体"。②在科学技术领域，2015年7月16—18日，习近平在吉林省调研时强调，要把装备制造业作为重要产业，加大投入和研发力度，奋力抢占世界制高点、掌控技术话语权，使中国成为现代装备制造大国和强国。③2015年10月，习近平在《关于〈中共中央关于制定国民经济和社会发展第十三个五年规划的建议〉的说明》中强调，要形成代表国家水平、国际同行认可、在国际上拥有话语权的科技创新实力，成为抢占国际科技制高点的重要战略创新力量。④在网络安全领域，在2016年4月召开的网络安全和信息化工作座谈会上，习近平指出，大国网络安全博弈，不单是技术博弈，还是理

---

① 习近平：《金砖国家要为构建人类命运共同体发挥建设性作用》，载《习近平谈治国理政》（第三卷），外文出版社，2020，第448页。
② 《中共中央关于制定国民经济和社会发展第十三个五年规划的建议》，人民出版社，2015，第9页。
③ 《习近平：保持战略定力增强发展自信 坚持变中求新变中求进变中突破》，人民网，2015年7月19日，http://jhsjk.people.cn/article/27325865，访问日期：2018年12月10日。
④ 习近平：《关于〈中共中央关于制定国民经济和社会发展第十三个五年规划的建议〉的说明》，载《中共中央关于制定国民经济和社会发展第十三个五年规划的建议》，第56页。

念博弈、话语权博弈。① 在哲学社会科学领域，习近平在2016年5月召开的哲学社会科学工作座谈会上指出，面对世界范围内各种思想文化交流交融交锋的新形势，如何加快建设社会主义文化强国、增强文化软实力、提高中国在国际上的话语权，迫切需要哲学社会科学更好发挥作用。② 以上这些努力和要求显示出中国政府对提升国际话语权的高度重视，同时也表明中国提升国际话语权需要多维发力，实现多领域综合提升。

三、中国在外交领域提升国际话语权的努力

党的十八大以来，中国外交提出了很多新理念、新布局和新实践，取得了很多外交理论和实践创新的新成果，其中一个重要成果就体现在全方位提升国际话语权上。具体而言，中国在外交领域提升国际话语权的努力，主要有以下四个方面的体现。

（一）精心设计，主动发声，提高话语存在和话语效力

话语存在是提升国际话语权的基础，中国的话语存在首先体现在有来自中国的声音，避免中国的失语状态。要做到这一点，中国不仅需要在政界发声，也需要在学界和媒体上多发声。

首先，中国国家领导人在对外交往中日益重视话语的影响力。党的十八大以来，中国国家领导人利用到国外进行访问的机会有意识地在当地主流媒体发声，提高中国的话语存在。党的十八大以来，中国国家领导人到国外进行访问，大都会在当地主流媒体发表署名文章，除了介绍中国的国情和具体发展状况，也会专门提及当地的具体国情以及与中国的特殊关系和历史，拉近与国外受众的距离。2017年6月，习近平在对哈萨克斯坦进行国事访问前，在《哈萨克斯坦真理报》发

---

① 习近平:《在网络安全和信息化工作座谈会上的讲话》，人民出版社，2016，第19页。
② 习近平:《在哲学社会科学工作座谈会上的讲话》，人民出版社，2016，第7页。

表题为《为中哈关系插上梦想的翅膀》的署名文章。[①] 2018年1月，李克强在出席澜沧江—湄公河合作第二次领导人会议并访问柬埔寨前夕，在柬埔寨柬、英、华文主流媒体《柬埔寨之光》《高棉时报》《柬华日报》发表题为《为澜湄合作与中柬友好架桥铺路》的署名文章。[②] 由于出访前后是当地民众比较关注中国的一个时间节点，在这一时间节点发声，所获关注度相对更高，话语影响更大。

其次，在面临一些具体问题和挑战时，中国外交部积极发声，阐明中国立场和观点，避免中国在事件中处于失语状态。在2016年菲律宾南海仲裁结果公布前后，外交部多位大使围绕南海争端在国内外发表文章或接受当地媒体采访，从不同角度系统阐述中国观点和中国立场。在一些重要节点，相关人员也在国外一些重要智库的高端论坛上讲述中国故事和中国观点。2016年7月，当中美关系由于南海问题处于紧张状态时，戴秉国到美国战略与国际问题研究中心发表演讲，直接从怎么看世界、怎么看中国、怎么看中美关系三个方面表达中国主张。[③] 2018年，在美国将中国定位为"战略竞争者"后，傅莹出席宾大沃顿中美峰会，及时阐明中国立场，明确提出世界需要一个"新剧本"，构建人类命运共同体是21世纪更好的选择。[④]

（二）重视话语内容，改变语言风格，增强话语感召力

提升话语权的一个重要方面是增强话语的感召力和影响力。要增强话语的感召力和影响力，既要从话语内容方面着手，也要改变语言风格。

---

① 《习近平在哈萨克斯坦媒体发表署名文章　为中哈关系插上梦想的翅膀》，人民网，2017年6月8日，http://politics.people.com.cn/n1/2017/0608/c1001-29325029.html，访问日期：2024年11月4日。

② 《李克强在柬埔寨主流媒体发表署名文章：为澜湄合作与中柬友好架桥铺路》，中国政府网，2018年1月9日，https://www.gov.cn/guowuyuan/2018-01/09/content_5254716.htm，访问日期：2024年11月4日。

③ 《戴秉国在美国战略与国际问题研究中心就中美关系发表演讲》，人民网，2016年7月2日，http://world.people.com.cn/n1/2016/0702/c1002-28518711.html，访问日期：2024年9月29日。

④ 《傅莹："构建人类命运共同体"蓝图是21世纪更好的选择》，新华网，2018年4月16日，http://www.xinhuanet.com/world/2018-04/16/c_129851624.htm，访问日期：2024年11月4日。

首先,重视话语内容,拉近与国际受众的距离。话语内容会影响话语受众对话语的接受度。中国国家领导人在与国外受众进行交流时,经常讲述当地故事和成就,增强话语感染力。例如,2016年11月,习近平在访问秘鲁前,在秘鲁《商报》发表题为《共圆百年发展梦 同谱合作新华章》的署名文章,指出"秘鲁山水雄奇,资源禀赋得天独厚,'南美洲脊梁'安第斯山脉纵贯南北,亚马孙河浩浩荡荡,是矿产、能源、森林、生物资源的聚宝盆。秘鲁人民勤劳勇敢,历史文化底蕴深厚,印加文明悠久灿烂,马丘比丘遗址、纳斯卡地画等古文明瑰宝令人向往,《山鹰之歌》等安第斯民歌旋律悠扬,深受世界各国人民喜爱"。[①] 为拉近和国际受众的距离,中国国家领导人的署名文章也经常提及中外交往史上的佳话,凭借一个个娓娓道来的故事体现与对象国的传统友谊和共同利益。例如,习近平在2017年1月访问瑞士前在署名文章中写道:"上世纪50年代,瑞士成为最早承认并同新中国建交的西方国家之一。1954年,周恩来总理率团出席日内瓦会议,向世界展示了新中国外交的风格和特色。""中国实行改革开放之初,瑞士企业就在华设立了第一家中外合资工业企业。进入新世纪,瑞士在欧洲国家中率先承认中国完全市场经济地位。"[②] 2018年7月,习近平在访问塞内加尔前在《太阳报》发表《中国和塞内加尔团结一致》的署名文章,文中讲道:"当年,桑戈尔总统看到中国援助塞内加尔的农业专家同当地人民一样劳动、一样满手泥巴,非常感动。今天,中国专家仍在田间地头,同塞内加尔兄弟姐妹一起切磋水稻和蔬菜种植技术。友谊在两国人民心中扎下了根。2013年,65岁的塞内加尔老人比拉马参加'感知中国'知识竞赛。他从全球25万名参赛者中脱颖而出,获得了最高奖,并被邀请到中国旅游,实现了多年来的访华

[①] 《习近平在秘鲁媒体发表署名文章 共圆百年发展梦 同谱合作新华章》,《人民日报》2016年11月18日,第1版。

[②] 《习近平在瑞士媒体发表署名文章 深化务实合作 共谋和平发展》,《人民日报》2017年1月14日,第1版。

夙愿。"①

其次,改变语言风格,给国际受众留下深刻印象。在国际舞台上,中国领导人日益重视个人演讲风格,经常引经据典,也使用很多接地气的话以及很多形象的语言。例如,习近平在世界经济论坛2017年年会开幕式主旨演讲中,把世界经济论坛在达沃斯举办生动地比喻成"施瓦布经济学"。在谈到中国坚定反对贸易保护主义时,更是运用了"黑屋子"的比喻,"搞保护主义如同把自己关进黑屋子,看似躲过了风吹雨打,但也隔绝了阳光和空气。打贸易战的结果只能是两败俱伤"。②该比喻即刻在世界各大媒体引起热议,并被很多报道直接引用。在2018年举办的首届中国国际进口博览会开幕式上的主旨演讲中,习近平在谈到中国经济时指出,"中国经济是一片大海,而不是一个小池塘。大海有风平浪静之时,也有风狂雨骤之时。没有风狂雨骤,那就不是大海了。狂风骤雨可以掀翻小池塘,但不能掀翻大海。经历了无数次狂风骤雨,大海依旧在那儿!"③这样的比喻对于国际受众而言生动形象、易于理解,容易使他们产生深刻印象。在谈到中国与经济全球化的关系时,指出"中国经济要发展,就要敢于到世界市场的汪洋大海中去游泳,如果永远不敢到大海中去经风雨、见世面,总有一天会在大海中溺水而亡。所以,中国勇敢迈向了世界市场。在这个过程中,我们呛过水,遇到过漩涡,遇到过风浪,但我们在游泳中学会了游泳。这是正确的战略抉择"。④生动的语言不仅提升了交流效果,也体现了中国的自信。

---

① 《习近平在塞内加尔媒体发表署名文章 中国和塞内加尔团结一致》,《人民日报》2018年7月21日,第1版。

② 习近平:《共担时代责任,共促全球发展》,载《习近平谈治国理政》(第二卷),第476、481页。

③ 习近平:《共建创新包容的开放型世界经济——在首届中国国际进口博览会开幕式上的主旨演讲》,人民出版社,2018,第10页。

④ 习近平:《共担时代责任,共促全球发展》,载《习近平谈治国理政》(第二卷),第478页。

(三)扩大制度性话语权,提高代表性、表决权和发言权

制度性话语权的主要表现是通过规则、程序、制度、规范等来影响和塑造他人行为,维护自身利益。中国在制度领域可以说是后来者,直到改革开放后,中国才开始努力融入国际社会,而当时整个世界秩序的主要规则已经制定完毕,中国开启了漫长的学习和融入之旅。直到20世纪90年代,中国才迎来了加入各类国际组织的高潮。正因如此,中国在国际组织运行、国际规则制定、国际议程设定、国际道义维护、国际秩序运转等方面的引导力和影响力相对薄弱。党的十八大以来,中国努力扩大制度性话语权,提高代表性、表决权和发言权,具体有以下三个方面的体现。

首先,积极创设国际组织和机构,使中国在一开始就具备制度影响力。在第二次世界大战以后美西方所主导的国际秩序中,几乎没有中国创设的国际组织和机构,中国在此方面的影响力先天不足。而一般来说,国际体系中的强者经常决定国际制度的基本性质和运行规则,并通过此类制度安排确立对国际事务的主导话语权。党的十八大以来,中国明显加大了在这一方面的努力。最典型的例子是亚洲基础设施投资银行的顺利成立。这不仅体现了中国倡议在全球的成功推行,也提升了中国在全球经济治理中的影响力。与此类似,中国创设了丝路基金、金砖国家新开发银行、上海合作组织银行联合体等。除了在全球经济层面,中国也在区域合作、区域治理层面不断努力,积极创设区域机制,如聚焦与中东欧国家合作的中国—中东欧国家合作、中国与拉美国家之间的中拉论坛,以及针对澜湄六国的澜湄合作机制等。

其次,改革和转变既有国际机制,增加包括中国在内的发展中国家的制度性话语权。国际社会的很多既有国际机制和制度都是第二次世界大战后在美国等西方国家主导下所建立的,而近年来随着世界力量格局的改变,新兴大国和发展中国家的作用日益上升,这些国家希望打破发达国家在国际体系中的垄断地位,提升自己的话语权。在此背景下,中国在很多领域做出了改革和转变现有机制的努力。例如,中国努力用好二十国集团这一重要平台,通过举办二十国集团领

导人杭州峰会，努力推动二十国集团从危机应对平台向长效治理机制转型，把中国理念融入其中，创新世界经济增长方式，向世界贡献中国智慧和中国方案。再如，中国努力推动世界银行和国际货币基金组织的改革，整体提升发展中国家的权力。在世界银行投票改革过程中，中国的投票权在2010年由原来的2.77%扩大到4.42%，使中国成为继美国和日本之后的第三大股东国，发展中国家的整体投票权也由原来的44.06%扩大到47.19%，中国逐步开始拥有在世界银行的核心话语权。[1]国际货币基金组织一直以成员国向其缴纳的份额为依据进行加权，而这种加权方式正是美欧国家利用该组织影响世界金融的决策基础，美国对重大事项可以一票否决，发达国家投票权占60%以上。经过中国等发展中国家的努力，2016年1月27日，该组织宣布其《董事会改革修正案》已正式生效，将约6%的份额向新兴市场和发展中国家转移，中国份额占比从3.996%升至6.394%，排名从第六跃居第三，仅次于美国和日本。中国、巴西、印度和俄罗斯四个新兴经济体跻身该组织股东行列前十名[2]，中国在综合决策、阻止行动以及行动倡议方面的能力随之提升。2016年10月，人民币正式加入国际货币基金组织特别提款权货币篮子，中国的影响力进一步提升。

除此之外，中国还创设了一些国际机制的运行模式，提升了中国和其他发展中国家的群体影响力。例如，自从2010年南非被纳入金砖国家合作模式之后，金砖国家正式体现了非洲声音，更具代表性。2017年金砖国家领导人第九次会晤举行，埃及、几内亚、墨西哥、塔吉克斯坦和泰国五国领导人受邀出席，创立了"金砖+"机制。2023年8月，金砖国家领导人第十五次会晤宣布，邀请沙特、埃及、阿联酋、阿根廷、伊朗、埃塞俄比亚正式成为金砖大家庭成员。2024年1月1日，六国成员资格正式生效，金砖机制成功扩容。中国用实际行动表明，"金砖+"机制是可以为发展中国家提供开放合作的平台，同时也

---

[1] 吴晓宇：《理性看待中国在世界银行投票权的扩大》，《中共山西省委党校学报》2010年第4期，第98页。

[2] 《中国正式成为IMF第三大股东》，中国政府网，2016年1月29日，https://www.gov.cn/xinwen/2016-01/29/content_5037031.htm，访问日期：2019年2月4日。

是具有全球影响力的南南合作的新平台。

最后,努力为国际组织输送高级人才,提升中国人在国际组织中的任职数量和质量。虽然中国于1971年恢复了在联合国的合法席位,但在此后漫长的三十余年里,除因历史因素未经竞选即担任联合国副秘书长等职位外,中国人极少参与联合国及其专门机构的高层职位竞选,在其他非联合国系统的国际组织之中,也鲜有中国人进入领导层。随着中国经济实力的不断上升,中国向各国际组织缴纳会费数额大幅增加,客观上为更多中国籍人员到国际组织任职创造了有利条件。从2003年开始,中国"缺席"国际组织领导层的局面开始改观。在之后的十余年里,中国人当选国际组织高官的数量逐渐增多。2003年,曾在中英香港问题谈判中担任法律顾问的史久镛当选国际法院院长,成为国际法院自1946年成立以来的首位中国籍院长。2005年,章新胜当选为联合国教科文组织执委会主席。2006年,陈冯富珍当选为世卫组织总干事,这也是华人首次担任世卫组织"掌门"。2007年,沙祖康出任联合国副秘书长。2008年,林毅夫被任命为世界银行高级副行长兼首席经济学家,成为首位在世界性金融机构担任要职的中国人。2010年,唐虔被任命为联合国教科文组织负责教育事务的助理总干事。2011年,朱民出任国际货币基金组织副总裁,为1944年以来该组织中的首位中国籍副总裁,也是史上首位进入高级管理层的中国人。2013年见证了中国人担任国际组织高官的小高潮:6月,李勇当选联合国工业发展组织总干事;8月,易小准获任世贸组织副总干事,徐浩良被任命为联合国助理秘书长;9月,张晓刚当选国际标准化组织主席;11月,郝平当选联合国教科文组织大会主席。2014年,赵厚麟当选国际电信联盟秘书长,成为该组织近150年历史上的首位中国籍秘书长。2015年,柳芳担任国际民航组织秘书长,金立群被任命为亚洲基础设施投资银行的首任行长。2016年,杨少林被世界银行任命为首任常务副行长兼首席行政官。[①] 2018年,曲星被任命为联合国教科文组织副

---

① 《又有一位中国人当上了国际组织高官》,中国新闻网,2017年6月10日,https://www.chinanews.com.cn/m/gn/2017/06-10/8247054.shtml,访问日期:2019年2月5日。

总干事。2023年7月，屈冬玉连任联合国粮农组织总干事。不仅如此，中国还在高等教育层面增加了相关工作力度，鼓励大学生到国际组织实习和任职，并提供政策帮助和支持。教育部也要求各高校要有组织、有计划地培养能在国际组织任职的人才，以改变在国际组织任职的中国人在人数、职位等方面与大国地位不相称的实际境况。[1] 国家留学基金委专门设立到国际组织实习资助项目，支持在校学生赴国际组织实习。

（四）外交实践创新

中国在外交实践方面也努力进行了许多创新，以期提升中国的国际话语权，具体体现在以下几个方面。

首先，充分利用主场外交发出中国声音，把中国话语转为世界话语。党的十八大以来，中国日益重视主场外交，并通过主场外交宣传中国理念和中国主张。例如，中国在人权领域经常受到以美国为首的西方国家的质疑和攻击，话语权相对较弱。2017年12月7日，首届"南南人权论坛"在北京举办，凝聚发展中国家在人权领域的共同语言，强调生存权和发展权是首要的基本人权。论坛通过的《北京宣言》强调，国际社会对人权事项的关切，应始终遵循国际法和国际公认的国际关系准则，尊重国家主权、领土完整和不干涉内政。同时也强调发展中国家应该坚持人权的普遍性和特殊性相结合的原则，不断提高人权保障水平，这些理念改变了西方国家在人权领域占据话语霸权地位的局势，也将对全球人权治理产生影响。2017年11月30日至12月3日，中国共产党与世界政党高层对话会召开，来自世界各地120多个国家、200多个政党和政党组织的领导人齐聚北京。此次大会是出席人数最多的全球政党领导人对话会，也是中国共产党首次与全球各类政党举行的高层对话会。截至2023年12月31日，该对话会已经成功举办了三届。与此类似，中国还通过举办夏季达沃斯论坛、亚信峰会、亚太

---

[1] 《教育部发文 200家国际组织面向高校学生开放》，人民网，2017年7月20日，http://edu.people.com.cn/n1/2017/0720/c1053-29417016.html，访问日期：2024年9月29日。

经合组织领导人非正式会议、博鳌亚洲论坛、中非合作论坛、二十国集团领导人峰会、金砖国家领导人会晤等重要活动和会议,扩大中国影响力。

其次,主动提出中国倡议和中国理念,努力争取议程设置权和规则制定权。纵观中国与国际体系的关系,中国经历了从局外者到学习者、从改革者到某些领域引领者的演变。在过去相当长的一段时间内,中国都是在西方设置的议程之下行事,遵守西方主导下制定的国际规则和规范,经常处于被动地位。随着中国国力的提升,中国也日益意识到主动提出倡议、主动设置议程和参与规则制定的重要性。党的十八大以来,中国在这些方面的努力明显增多,最典型的就是"一带一路"倡议的提出。该倡议自2013年提出以来,逐渐成为中国外交最重要的抓手,也成为进一步扩大对外开放和深化国际合作的新平台。"一带一路"倡议经历了从概念到行动、从倡议到落实再到收获的不同发展阶段。中国所倡导的政策沟通、设施联通、贸易畅通、资金融通、民心相通成为国际合作的新模式,把相关130多个国家和组织聚合到一个新的丝路网络中。"一带一路"倡议是中国向世界提供的新的公共产品,体现出中国改变西方话语下中国"搭便车"形象的努力,也是中国在国际合作领域的一种制度创新。它所秉持的和平合作、开放包容、互学互鉴等精神也体现了中国文化的传统。"一带一路"倡议已经引起了世界的关注。希腊驻华大使莱奥尼达斯·罗卡纳斯(Leonidas Rokanas)指出,"一带一路"倡议为解决全球性挑战提供了开创性思路。[①]在EBSCO数据库(史蒂芬斯数据库)进行检索,截至2024年1月,输入"一带一路",共可检索出1730多篇文章,可见"一带一路"已成为世界上重要的中国词汇和中国标识。

除了积极提出倡议,中国也不断提出中国外交新理念。最有代表性的理念是构建人类命运共同体。2013年3月,习近平在莫斯科国际关系学院发表演讲时首次在国际上提出人类命运共同体理念。2017年1月,他在联合国日内瓦总部发表演讲,深刻阐释人类命运共同体理念,

---

① 《"'一带一路'提供开创性思路"》,《人民日报》2018年1月18日,第21版。

强调超越民族国家和意识形态,强调天下一家,既表达了中国追求和平发展的愿望,也体现了中国与各国合作共赢的理念。之后,该理念于2017年10月被写入党的十九大报告,于2018年3月被正式写入宪法。该理念提出后也逐渐被世界理解和接受,多次被写入联合国等国际和地区组织文件。例如,2017年2月联合国社会发展委员会第55届会议通过的"非洲发展新伙伴关系的社会层面"决议就指出,国际社会要本着合作共赢和人类命运共同体的精神,支持非洲经济社会的发展。2017年3月,中国在联合国人权理事会第34次会议上发表题为《促进和保护人权,共建人类命运共同体》的联合声明,本次会议通过的关于经济、社会、文化权利和粮食权的两个决议也明确提出要构建人类命运共同体。联合国安理会则以15票赞成一致通过了关于阿富汗问题的第2344号决议,强调应本着合作共赢的精神推进地区合作,有效促进阿富汗及其地区的安全、稳定和发展,构建人类命运共同体。在2017年11月召开的第72届联大一委(联合国大会负责裁军和国际安全事务委员会)上,"构建人类命运共同体"被写入了本届联大一委通过的"防止外空军备竞赛的进一步切实措施"和"不首先在外空放置武器"两份安全决议。人类命运共同体理念逐渐由中国理念和中国话语转变为世界理念和世界话语。此外,中国围绕中国特色大国外交还提出了新型大国关系、亲诚惠容、真实亲诚、正确义利观、中国梦等理念,同时提出了中国的发展观、安全观、合作观、文明观、全球治理观,体现出中国建立自身外交话语体系的努力。

最后,中国积极参与全球治理,提升全球治理话语权。随着世界力量对比发生变化,世界秩序经历了深刻调整,由西方建立并主导的国际政治经济秩序已不能完全适应变动的时局,改革和完善现有全球治理体系成为整个国际社会面临的重要任务。全球治理体系中的话语权之争日益激烈,不仅涉及对原有治理体系的维护,也涉及对原有体系的改革和调整,同时还涉及新的治理机制的创设。从某种意义上说,大国话语权竞争开始由传统话语权之争转向全球治理话语权之争。① 党的十八大以来，中国高度重视全球治理。2015年10月和2016年9月，中共中央政治局两次针对全球治理组织集体学习，习近平提出，要弘扬共商共建共享的全球治理理念，要推动国际秩序向更加公平公正的方向发展。在这个过程中，中国倡导国际关系民主化，坚持国家不分大小、强弱、贫富一律平等，支持联合国发挥积极作用，支持增加发展中国家在国际事务中的代表性和发言权。总结党的十八大以来中国在全球治理方面的努力，可以看到中国着力在诸如全球经济治理、金融治理、气候变化等领域发挥建设性甚至引领作用。在多边国际舞台上，中国通过二十国集团领导人峰会、亚太经合组织领导人非正式会议等重要会议，努力使一系列中国方案和中国倡议转化为国际共识和全球行动，提升中国议程设置权、规则制定权和机构设置权，国际话语权得到显著提升。在总结2023年的中国外交时，王毅强调，要"增加发展中国家在全球治理体系中的代表性和发言权，……坚定维护发展中国家共同和正当权益，推动国际秩序朝着更加公正合理的方向发展"。②

四、中国外交提升国际话语权的主要路径

从上文可以看出，在提升中国国际话语权方面，中国在外交领域进行了诸多努力与创新，也取得了不少成绩，未来可以从进行整体战略设计、发挥发展中国家集群效应、将中国外交的主导话语转换为影响世界的话语、加强对外话语体系建设、整体提升中国的国际交流和沟通能力以及对中国提升国际话语权的措施和努力进行效果评估等几个方面继续努力。

---

① 吴志成、李冰：《全球治理话语权提升的中国视角》，《世界经济与政治》2018年第9期，第5页。

② 王毅：《自信自立、开放包容、公道正义、合作共赢——在2023年国际形势与中国外交研讨会上的演讲》，中国外交部网站，2024年1月9日，https://www.mfa.gov.cn/web/ziliao_674904/zyjh_674906/202401/t20240109_11220573.shtml，访问日期：2024年1月5日。

第一,充分意识到国际话语权的提升需要从国家层面进行整体战略设计,需要多维推进、综合提升。国际话语权的提升基于坚实的综合国力和物质基础。早在1894年,美国的经济总量就超过了英国,跃居全球首位,这一地位迄今已保持了100多年。但在美国成为世界第一经济强国后多年,美国才成为一个掌握世界话语权的大国,在政策议程、学术议程和媒体议程等方面,美国作为世界大国都经历了长期的塑造和提升过程,涉及政治、经济、社会、文化等多个维度。[1]这也表明,综合国力是提升国际话语权的必备条件,而从崛起国转变为真正的世界大国需要一个长期的学习和历练过程。因此,中国在提升国际话语权方面,需要对自己的国内基础与国际地位有清晰的认知,认清自己的优势和劣势,要有战略思维和长远规划,需要多维推进。当然,随着中国经济实力的增强,中国在世界经济、金融、贸易等领域的影响力会继续增强,在这些领域,中国在制度性话语权方面比较容易取得进展。但是,话语权的另一些方面,如影响力、感召力等,仅凭在制度性话语权方面的进展还远远不足以提升,还需要媒体、学界等多方面的努力,实现话语内容、话语风格、传播手段等的多维互动,以全面完善中国的对外话语体系。例如,学术界的努力直接影响中国理念是否能转化为一种世界理念,进而作为一种知识在世界传播,为中国提升国际话语权提供实质性的智力支撑。此外,我们也需要注意到,国际话语权也正在由国家向国际组织、网络、个人等非国家行为体扩散,突破了原有的以国家为主的态势。各类社交媒体和网络打破了原有的信息发布和流动模式,也成为展示和争夺国际话语权的平台。特朗普对推特的运用、西亚北非政治动荡信息在网络上的发酵等都值得深思。

第二,发挥发展中国家的集群效应,提升机制创设能力、国际规则制定能力和议程设置能力。话语权博弈的一个重要方面是规则制定和议程设置的能力,这是提升制度性话语权的基础。国际秩序经历深

---

[1] 李新烽等:《美国新生大国转型期的国际话语权建构》,《世界经济与政治》2018年第7期,第69—91页。

刻变革的一个重要体现就是在国际规则领域的话语权竞争。在专业领域制定规则、设置国际议程实际上是国际话语权的综合体现，衡量一个国家的国际话语权是否得到认同的关键指标就是这个国家能否按照自己的理念来提出议题、设定议程、制定规则。通过总结可以发现，无论是在理论层面还是在实践层面，很多国际议程都是由西方主导的，呈现"西强中弱"态势。在国际体系中，主要国际组织的创设、制度运行以及议程设定基本由西方国家主导。在理论层面，学界所熟知的一些理论，如"历史终结论""文明冲突论""修昔底德陷阱""霸权稳定论""民主和平论""保护的责任"等，不时成为世界讨论的热门话题。在实践层面，"气候变化""汇率操纵""全球化陷阱"等话语也都是西方塑造的。因此，中国需要提升机制创设能力、国际规则制定能力和议程设置能力，并在具体的外交实践中实施并运行。在这个过程中，需要体现逻辑性、创新性与说服力，以中国价值观和人类共同价值观的交点为原则，对不合理的国际体制进行规则博弈和秩序完善。不仅如此，中国所参与的领域不能仅仅限于经贸等，还要向其他领域尤其是社会文化等领域拓展，这些领域是未来中国软影响力拓展的基础。面对国际秩序的深刻变革，以美国为代表的发达国家会不断调整国家战略，力图维护对国际关系的主导权，给发展中国家带来更多阻力。它们对中国的焦虑、疑虑会一直持续甚至增强，甚至可以从经贸领域外溢到政治、安全等领域。中国需要运筹好与美国等发达国家的关系，充分意识到与其竞争的长期性、全面性和复杂性，同时需要继续依托发展中国家、动员发展中国家的力量，表达发展中国家的利益诉求及改革现有国际体系不完善的愿望，在国际规则制定和议程设置方面发挥发展中国家的群体影响力，而非仅凭一己之力。无论是在科技创新、贸易投资、知识产权保护等领域，还是网络、外空、极地、海洋、人工智能、生命科学等新疆域，中国都可以与新兴市场国家和发展中国家一起，提升其整体代表性和发言权。

第三，努力把中国外交的主导话语转换为影响世界的话语。一个国家除了维护自身利益，也要对世界秩序和国际社会的发展进程和走向产生影响，对于大国而言，这是一种责任。当中国越来越体现出大国担当时,世界也越来越期待中国可以为世界带来什么、中国将如何影响当前世界秩序等问题的答案。这些也为中国的外交主导话语进一步转化为影响世界的话语提供了机遇。中国本身已具备了与历史上其他时期相比更有利的客观条件和更强的主观意愿。党的十八大以来,中国提出了很多新的外交理念和主张。例如,以真实亲诚理念发展同发展中国家的关系,以亲诚惠容的周边外交理念发展同周边国家的关系,以共商、共建、共享原则进行全球治理等。但是,受文化背景、历史经历、语言与思维的差异等因素影响,即使对于同样的话语,处于不同背景中的人也会产生不同的理解。[①] 而对于这些意义高度浓缩、语言表述简练的外交理念和主张来说,使国际社会准确理解其内涵并非易事。如果宣传解释和行动支撑不到位,一是这些理念难以足够重视,容易变为中国自说自话;二是对其理解不到位,违背中国提出这些理念的初衷。如何使这些外交新理念真正在世界范围内传播,并被国际社会普遍理解和接受,甚至产生世界影响,都是中国在外交领域提升国际话语权所面临的重要任务。这也提醒我们在提出一些新理念时需要经过充分论证,使其可以与世界话语接轨。在理念提出后,也要重视对这些理念的精准翻译,尽量避免将同一个词语翻译成不同的名称,导致不同的理解。例如,"一带一路"和人类命运共同体理念提出后,其标准译法都经过几次调整修改才最终确定。此外,要充分解释理念背后的文化传统理念与现实之间的逻辑关联以及理念对当前国际秩序的影响,阐明其世界意义。

第四,加强对外话语体系建设,提升话语质量,从话语内容方面增强中国话语的吸引力、影响力和感召力。随着国际力量对比的不断变化,各国间的话语博弈也日益激烈。各国话语吸引力除有背后的硬实力支撑外,话语体系所包含的价值取向、意识形态、逻辑论证和具体的表述方式都是影响它的重要因素,这些因素聚合在一起,最终使所传达的信息和思想能够为不同制度和文明下的人们所接受和共享。逻辑说服力、公正的价值理念、科学依据和实证基础等都是影响话语

---

① 孙吉胜、何伟:《国际政治话语的理解、意义生成与接受》,第38—62页。

权的因素。① 只有在这些因素的影响下,某种话语才可能被转化为一种具有世界影响力的话语。例如,18世纪以来,以弘扬理性精神为特征的启蒙运动把近百年来西方所倡导的民主、平等、自由等提高到前所未有的高度,理性与科学的话语逐渐取代宗教信仰,成为西方主导话语,并成为西方话语体系的基石。② 话语体系的具体内容是历史与现实的体现。中国对外话语体系的完善要基于中国的历史、文化、实践和逻辑:一是要体现中国的价值观。中国人在几千年的历史长河中形成了自己的价值观,如重视"和合"的传统、强调"仁义礼"、追求天下和谐的大同理念等,强调这些价值观并不是对西方价值理念的否定,二者可以相互补充,更好地体现世界的多元性。二是要讲清楚中国的文化传统。中国悠久的历史与丰富的文化传统塑造了中国人的思维方式和行为方式。提升中国的国家话语权首先要把这些文化传统讲清楚,讲清楚它们与中国行为之间的逻辑关联,从而形成自己的话语体系。纵观中国的外交实践,中国外交也一直有自己的价值取向,如一直强调不干预、互利共赢,援助中不带政治条件,在解决热点和难点问题时运用武力、制裁等总是最后选项,这些都与西方的实践存在较大差异。③ 如果要提升中国话语的吸引力,首先要系统挖掘中国传统文化的精髓,提炼文化对中国外交实践和外交理论构建的影响,增加话语的可信度和可接受度。三是要讲好中国的发展和成就。中国在40年内成功使8亿人脱贫;2013年至2021年,中国对世界经济增长的平均贡献率达到30%;2022年,中国主要的贸易伙伴已包括140多个国家和地区。这些发展成就本身就值得总结、提炼,对于其他发展中国家具有现实意义,也更容易被普通人接受和理解。

第五,整体提升中国的国际交流和沟通能力。在国际话语权中,除了制度性话语权,理念与主张的影响力在很大程度上受国际交流和

---

① 张志洲:《增强中国在国际规则制定中的话语权》。
② 王翼:《国际话语权演变特点与中国话语建构》,《毛泽东邓小平理论研究》2016年第4期,第67页。
③ 孙吉胜:《传统文化与十八大以来中国外交话语体系构建》,《外交评论》2017年第4期,第1—31页。

沟通能力的影响。在这一方面，中国还存在不少短板。实际上，在影响国家形象建构的诸因素中，交流（communication）的作用是最明显的。交流作为一种叙事不断地产生、维护、修正、改变现实。[①] 由于各种叙事之间也存在竞争，不同的叙事针对同一事实或实践可以讲述不同的故事，形成不同的交流效果。中国亟须提升国际交流与沟通能力。为此，要加强自觉意识，把有限的话语权平台资源充分利用好，研究对内宣传与对外宣传的差异，必要时对一些相关重要人员给予一定的国际交流和沟通能力训练，综合提升国际交流和沟通的效果。

第六，对中国提升国际话语权的措施和努力进行效果评估。近年来，随着大国意识的增强，中国在提升国际话语权方面付出了诸多努力，也取得了有目共睹的成果。但是，在这一过程中，也出现了一些手段不当或是言过其实的情况，如过于夸大中国实力等，一些过度争取的行为有时也在国际社会引起了对中国不必要的警觉与防范，进而影响了中国发展的大环境。尤其是自2008年以来，国际社会中有关"中国强硬论"的声音不绝于耳。随着美国对中国遏制力度的增强，有关中国对未来秩序影响的不确定感、担忧、焦虑甚至恐慌也随处可见。这就对中国争取国际话语权的行为提出了更高要求，即在争取国际话语权的同时不能在国际社会中引起过激反应。因此，需要对争取国际话语权的工作进行适当评估，发现哪些措施或话语得当，哪些不然，从而进行相应调整。例如，有学者通过对中国在国际组织中的表决实践进行研究，指出中国的表决态度基本是保守的，属于防御式的表决模式。[②] 未来，中国可能就需要做出一些调整，更明确地表明自己的观点，减少国际上不必要的猜忌，更鲜明地承担大国责任。鉴于此，中国需要加强对国际话语权本身的相关理论研究，如国际话语权的本质、生成逻辑、消长规律等，同时也需要加大对其实践效果的评估。实际上，国际话语权在一定程度上依赖于综合国力、文化认同、媒体传播、

[①] James W. Carey, *Communication as Culture: Essays on Media and Society* (Boston: Unwin Hyman, 1989), p. 18.

[②] 蔡高强：《论国际组织表决机制发展中的中国话语权提升》，《现代法学》2017年第3期，第153页。

同人们心理期待的契合性以及制度的比较优势等。因此，提升国际话语权，需要深刻把握这些因素与国际话语权之间的内在联系。①

结　语

未来一段时间里，国际话语权将是各大国博弈的重要方面。外交也是体现和提升国际话语权的重要领域。2008年后（尤其是2013年后），中国对国际话语权日益重视，在外交领域也进行了诸多争取国际话语权的探索与实践，并取得了许多实质性效果，如在世界金融领域制度性话语权的提升、人类命运共同体理念越来越引起世界关注、"一带一路"倡议等成为中国外交的主导话语。同时，我们也需要意识到在当前的国际话语权格局中，中国还是处于不利地位。现有世界秩序仍然由西方国家建立和主导，中国在向世界表达自己的主张方面，尤其是在价值观、理念和主张的翻译、讲述和传播方面，还存在很多局限和不足，学术界在对中国外交提供理论与实践支撑以及国际学术影响力等方面都还有提升空间。未来中国在提升国际话语权方面还需要做出更多实质性努力，如加强整体战略布局、提升各领域制度性话语权、完善对外话语体系建设、促进中国外交主导话语向世界话语转变、建立国际话语权提升措施评估机制等。只有这样，中国才能继续在提升国际话语权方面取得更多进展，获得与自身实力相匹配的国际话语权，也只有这样，才可以为中国未来进一步发展营造良好的话语环境，减少不必要的质疑、担忧甚至摩擦。

---

① 张志洲：《增强中国在国际规则制定中的国际话语权》。

第12章
话语能力与中国对外话语体系建设*

党的十八大以来,中国日益重视对外话语体系及话语的国际传播,强调要讲好中国故事,传播好中国声音,展示真实、立体、全面的中国,加快构建中国话语和中国叙事体系。① 国家发出了号召,提出了要求,各级政府部门、媒体、学界等也加大工作力度,在完善对外话语体系,提升国际传播影响力、中华文化感召力、中国形象亲和力、中国话语说服力、国际舆论引导力等方面不断努力。与此同时,中国在国际舆论场上也面临诸多压力和挑战,有时是话语陷阱和话语屏障,有时是话语诋毁和话语攻击,有时是需要紧急应对和化解舆论热点,有时是对外发声与收效不成正比。在对外话语的吸引力、感召力和影响力方面,中国与一些大国相比存在差距,不能有效引领国际舆论。如何加强对外话语体系建设成为当前中国亟须破解的一个难题。

加强对外话语体系建设是一个系统工程,对外话语能力是基础,国际传播则是话语产生效果的关键。在整个过程中,需要明确话语重点,在重要方面加大话语投入;需要及时调整话语风格,鼓励多元话语主体有效发声,拓宽对外传播渠道,培养跨领域人才。只有这样,

---

* 本章主要内容发表于《外交评论》2022年第3期。
① 《习近平在中共中央政治局第三十次集体学习时强调 加强和改进国际传播工作 展示真实立体全面的中国》。

才能从多个维度确保对外话语体系建设达到理想的国际传播效果，在国际舆论场中塑造客观、立体、全面的中国形象和中国认知。

一、国家对外话语能力与对外话语体系建设

对外话语体系是一个国家或一个民族与外界交流、沟通和互动的载体和体现，可以从狭义和广义两个方面理解其侧重点。狭义而言，对外话语体系一是强调对外交流过程中所使用的语言，二是强调通过某些语言的频繁使用和社会化过程而沉淀出来的主要话语，三是强调对自身和外部世界的主要问题形成的相对稳定的表象，四是强调在交流过程中所形成和延续的主要叙事风格和言语习惯。它蕴含着一个国家和民族的政治立场、价值取向、文化传统和语言表达等多种要素。[①] 它不仅承载一个国家的客观现实、传统思想和精神，还体现对外部世界的认知、与外部世界的互动过程，也是外界了解和认识一个国家的重要媒介。国家通过对外话语体系展示和宣介自己的国家意志、诉求和行动，回应外界关切，促进沟通交流。广义而言，对外话语体系是一个系统，强调对外交流的具体语言、话语内容、对外话语主体、对外话语媒介、对外话语传播平台及传播效果等多个方面，这些因素相互影响、缺一不可，共同作用于国家形象构建、国际话语权提升和国家利益维护。其中，提升国家对外话语能力是对外话语体系建设最基本的一环。

国家对外话语能力主要指一个国家在对外交流过程中有效实现交流意图、达到所期待的交流效果的能力，其强弱直接影响对外话语体系建设的成效。国家对外话语能力主要有以下几个方面的体现。

（一）基本对外交流能力

基本对外交流能力主要指用外语进行日常交流、满足日常基本交

---

① 王晓辉：《讲好中国故事，创新话语体系》，《天津外国语大学学报》2021年第6期，第7页。

往需要的能力。英语是中国当前对外交流中使用的主要语种。由于汉语与印欧语系语言的差异，与母语为英语的国家以及欧洲很多非英语国家相比，中国在基本对外交流能力上不占优势。因此，改革开放以来，中国日益重视外语教育，尤其是英语教育。1983年，英语正式被列为高考主科，成绩100%计入高考总分。自此，无论是中学教育还是高等教育中的英语专业和公共英语教育，都获得了快速发展。中国分别在1987年和1989年首次举行大学英语四级考试和大学英语六级考试。到了20世纪90年代，中国的外语教育开始更加注重提高外语运用能力。1999年教育部颁布的《大学英语教学大纲》（修订本）和2000年经教育部批准实施的《高等学校英语专业英语教学大纲》都强调培养复合型人才和外语运用能力。经过多年的积累和努力，中国各高校在英语教育和人才培养方面取得了很大成绩。截至2010年，各高校设立了近1000个英语专业点[①]，每年招收约16万名英语专业的学生，每年有约15.7万名学生参加英语专业四级考试。非英语专业的学生在大学期间也没有中断英语学习，每年有约1000万名学生参加大学英语四、六级考试。这些努力使中国民众的基本英语交流能力得到很大提升。当然，在国际交流中，能用对方的母语交流效果更好，更容易拉近距离、增强交流效果。近年来，尤其是自提出"一带一路"倡议以来，中国日益重视非通用语种人才培养。很显然，如果要取得更好的国际交流和传播效果，针对不同国家使用不同国家的母语是最佳选择。

（二）专业能力

话语背后是有内容的。语言只是呈现内容的载体，内容需要有专业能力和专业素养的支撑。随着中国对外交往深度和广度的拓展，中国对外话语涉及的领域日益多元，涉及政治、经济、文化、科技等各领域的议题不断增多。以中国外交为例，过去的外交更多事关政治、安全等高政治领域，而新时代的外交既关乎高政治领域，也涉及金融、

[①] 李莉文：《英语教育发展》，载王定华、杨丹主编《人类命运的回响——中国共产党外语教育100年》，外语教学与研究出版社，2021，第120页。

贸易、气候变化、生物多样性、公共卫生、能源、科技等低政治领域，涉及网络、太空、深海、极地、人工智能等新领域的问题不断涌现。此外，由于各问题专业性强，不同层次和领域的问题也经常相互影响、相互交织，且知识更新速度快，仅接受外语专业训练已无法满足新时代的对外交流需求。对外交流要确保能够使用外语有效讨论专业性问题，专业能力直接影响交流的深度和质量。此外，专业能力还体现在是否具有区域国别知识，是否掌握各类具体政策等方面。可见，外语和专业能力缺一不可，假设专业能力不足，就很难保证在交流过程中立场鲜明、观点明确、有理有据。

（三）舆论把控能力

在日常生活中，语言不仅是用来交流的，也具有建构作用。频繁使用某些语言有助于建构和沉淀一些主要话语，形成针对某个问题乃至某个国家相对稳定的表象。而且，这些表象会成为国家对外话语体系的组成部分，塑造外界的认知结构。选择哪些内容使其进入话语过程并对国际舆论产生影响至关重要。在对外交流过程中，能否塑造特定话语，以及能否在国际舆论场中保持话语影响力，进而影响、引导和塑造国际舆论，是不同国家话语塑造能力和舆论把控能力强弱的直接体现。就具体方法而言，议程设置是重要方法之一，即构建话语主题，选择时机发布，迅速引起大众关注，经过高频重复成为舆论焦点或热点，进而影响相关决策和行为。根据研究，议程设置主要是让人们选择性地注意某些问题，并忽视其他问题。马克斯韦尔·麦库姆斯（Maxwell McCombs）等人关于议程设置的研究表明，媒体不仅可以影响公众对所关注核心问题的选择，还可以影响公众对这些问题的属性认知。[1] 如果能够在国际舆论场中巧妙铺垫语境、塑造议题，就可以引领国际舆论的话题走向。另一个重要方面是将话语内容、叙事风格和修辞手段相结合，使其产生影响力、感召力，更好地实现传播效果，

---

[1] 参见马克斯韦尔·麦库姆斯《议程设置：大众媒介与舆论（第二版）》，郭镇之、徐培喜译，北京大学出版社，2018。

进而引导国际舆论。例如，在中国提出"一带一路"倡议后，一些国家挑起了"债务陷阱"这一话题，错误地将"一带一路"倡议与"债务陷阱"关联起来，影响了世界对"一带一路"倡议的客观认知。这类话语的负面影响不可忽视。很多时候，语言可以塑造话语危机，话语危机可以引发安全危机，甚至助推战争。[①] 2003年，美国发动伊拉克战争，美国塑造的话语危机对于给这一战争赋予合法性起到了至关重要的作用。

（四）跨文化交际能力、思辨能力和共情能力

国家对外话语能力的强弱还体现在跨文化交际能力、思辨能力和共情能力的强弱上。跨文化交际能力强调交际者在交流过程中必须超越特定文化界限，摆脱单一文化思维模式。思辨能力体现在阐明自己的观点、反驳他人观点以及说服他人接受自己的观点这些方面。共情能力主要是指设身处地体验他人处境、感受和理解他人心情的能力，强调的是能感同身受地理解他人。在对外交流过程中，这些能力的强弱决定了是否会把自己的观点生硬地强加于他人，能否照顾到话语受众的言语习惯、文化传统和认知基础，能否从话语受众角度选择话语内容和叙事风格，使自己的话语能被客观理解和接受，从而达到更好的交流效果。与上文所述的基本对外交流能力相比，这些能力的运用对言语者的外语水平要求更高，超越了简单日常交流的水平，要求言语者能够用外语进行反驳、辩论、说服等话语层面的博弈。在一些国际场合，不少人可以用外语阐述自己的论文观点或是简单发言，但是由于在讨论环节无法做到即时互动，经常不能有效应对相关人士的提问。此外，就跨文化交际能力而言，对外交往的跨文化特点需要言语者具有文化敏感性和包容性，清楚文化共性和文化差异，了解不同文化的交流禁忌以及所隐含的"政治正确"，据此选择言语内容和言语方式。例如，在一些文化语境中，政治观点、宗教、种族、性别等都是敏感话题，不要说展开讨论，就是提及相关内容都需格外谨慎，否则

[①] 参见孙吉胜《从话语危机到安全危机：机理与应对》，第39—62页。

即便发声也往往效果不彰,有时甚至还会产生负面影响。

二、中国加强对外话语体系建设的举措

党的十八大以来,中国日益认识到建设对外话语体系的重要性,多次强调加强对外话语体系建设,重视对外话语的影响力和感召力,提升国际话语权和国际传播能力。

(一)在思想上高度重视

一方面,中国强调要在对外宣传中讲好中国故事。2013年8月,习近平总书记在全国宣传思想工作会议上强调,要精心做好对外宣传工作,创新对外宣传方式,着力打造融通中外的新概念新范畴新表述,讲好中国故事,传播好中国声音。① 2013年9月,党的十八届三中全会通过《中共中央关于全面深化改革若干重大问题的决定》,指出要加强国际传播能力和对外话语体系建设,推动中华文化走向世界。② 2013年12月,中共中央政治局就提高国家文化软实力研究进行第十二次集体学习时,习近平总书记强调,提高国家文化软实力,要努力提高国际话语权,加强国际传播能力建设,精心构建对外话语体系,发挥好新兴媒体作用,增强对外话语的创造力、感召力、公信力,讲好中国故事,传播好中国声音,阐释好中国特色。③ 2016年10月,习近平总书记在党的十八届六中全会上提出,要实施国际传播能力建设工程,加强对外话语体系建设,积极传播中国声音。④

---

① 《胸怀大局把握大势着眼大事 努力把宣传思想工作做得更好》,人民网,2013年8月21日,http://www.people.com.cn/24hour/n/2013/0821/c25408-22635863.html,访问日期:2022年1月22日。

② 《中共中央关于全面深化改革若干重大问题的决定》,第41—42页。

③ 《习近平在中共中央政治局第十二次集体学习时强调 建设社会主义文化强国 着力提高国家文化软实力》。

④ 《加强国际传播能力建设,总书记要求下大气力》,求是网,2021年6月2日,http://www.qstheory.cn/zhuanqu/2021-06/02/c_1127522717.htm?ivk_sa=1024320u,访问日期:2021年7月8日。

另一方面，中国强调要让中国对外话语产生国际影响。2016年2月，在党的新闻舆论工作座谈会上，习近平总书记指出，中国在世界上的形象很大程度上仍是他塑而非自塑，在国际上有时还处于有理说不出、说了传不开的境地，存在信息流入流出的"逆差"、中国真实形象和西方主观印象的"反差"、软实力和硬实力的"落差"。他明确要求，要下大气力加强国际传播能力建设，加快提升中国话语的国际影响力，让全世界都能听到并听清中国声音。① 2021年5月，中共中央政治局就加强中国国际传播能力建设进行第三十次集体学习，习近平总书记强调，要加强国际传播能力建设，形成同综合国力和国际地位相匹配的国际话语权，构建具有鲜明中国特色的战略传播体系，着力提高国际传播影响力、中华文化感召力、中国形象亲和力、中国话语说服力、国际舆论引导力。②

可以看出，中国清楚认识到加强对外话语体系建设的必要性和紧迫性，同时也认识到，加强对外话语体系建设，讲好中国故事、提升国际话语权与提升国际传播能力相互关联，也是未来的工作重点。

（二）在行动中多方努力

要加强对外话语体系建设，一是加大对外发声力度，确保话语在场和话语有效。话语在场是话语产生影响的基础，可以减少话语缺失，避免中国故事总是被他述、中国议题总是被他议、中国形象总是被他塑的情况。正如习近平总书记所强调的，"落后就要挨打，贫穷就要挨饿，失语就要挨骂。形象地讲，长期以来，我们党带领人民就是要不断解决'挨打''挨饿''挨骂'这三大问题。经过几代人不懈奋斗，前两个问题基本得到解决，但'挨骂'问题还没有得到根本解决。"③

党的十八大以来，中国日益重视在国际层面对外发声，明确表达

---

① 《加强国际传播能力建设，总书记要求下大气力》。
② 《习近平在中共中央政治局第三十次集体学习时强调　加强和改进国际传播工作　展示真实立体全面的中国》。
③ 《习近平在全国党校工作会议上的讲话》，中国共产党新闻网，2016年5月3日，http://dangjian.people.com.cn/n1/2016/0503/c117092-28320564.html，访问日期：2021年2月8日。

中国观点和立场。中国国家领导人往往会在出访的重要时刻在当地主流媒体上发表署名文章，介绍中国的发展、中国与到访国的历史和友谊以及中国的主张和政策。例如，2019年，习近平主席在出访尼泊尔前夕，在其主流报纸发表题为《将跨越喜马拉雅的友谊推向新高度》的署名文章。在谈到中尼友好交往历史时，习近平主席指出，"1600多年前，中国高僧法显、尼泊尔高僧佛驮跋陀罗互访对方国家，合作翻译了流传至今的佛教经典。中国唐代时，尼泊尔尺尊公主同吐蕃赞普松赞干布联姻，高僧玄奘到访释迦牟尼诞生地兰毗尼并留下珍贵文字记录。元代时，尼泊尔著名工艺家阿尼哥率工匠来华，主持修建了北京妙应寺白塔等宏伟建筑。这些友好佳话，激励着两国人民世世代代相知相亲、携手前行"。[①]

除在主流媒体发表文章外，在一些重要时刻，中国国家领导人还直接接受国外媒体采访，以这一方式与当地受众直接交流。2019年6月4日，习近平主席在对俄罗斯进行国事访问前，接受了俄罗斯塔斯社以及《俄罗斯报》的联合采访，不仅提及中俄友好历史、贸易往来，还专门谈到中国经济发展前景，金砖合作以及"一带一路"合作等，涵盖中俄全面战略协作关系发展的多个方面。[②]这些文章、讲话和访谈拉近了中国领导人与当地受众的距离，为外界更好地认识和理解中国发挥了重要作用。

二是积极主动阐明中国立场。新冠疫情暴发后，为向世界更好地宣介中国的抗疫努力和主张，2020年2月14日，中国国务委员兼外长王毅在柏林接受路透社专访，明确表示："我们以中国速度日以继夜抢救每一位患者的生命，用中国力量众志成城阻止疫情的进一步蔓延。经过艰苦努力，疫情总体上得到了控制……中国采取的果断措施

[①] 《习近平在尼泊尔媒体发表署名文章》，中国外交部网站，2019年10月11日，https://www.fmprc.gov.cn/web/ziliao_674904/zyjh_674906/201910/t20191011_9870487.shtml，访问日期：2021年12月21日。

[②] 《习近平接受俄罗斯主流媒体联合采访》，中国外交部网站，2019年6月5日，https://www.fmprc.gov.cn/web/ziliao_674904/zyjh_674906/201906/t20190605_7946114.shtml，访问日期：2021年12月21日。

是正确和有效的，这次疫情总体上也是可控和可治的。"他同时强调："作为一个负责任大国，中国从一开始就采取公开、透明的态度，及时向国际社会通报疫情信息，开展国际合作，努力阻止疫情在全球扩散。"① 再如，拜登就任美国总统后把中国定为"最严峻的竞争对手"，表示中美将展开极为激烈的竞争。对此，中国外交部发言人明确表态，阐明中国有关中美关系的原则和立场："中方致力于同美方发展不冲突不对抗、相互尊重、合作共赢的关系，同时将继续坚定维护国家主权安全发展利益。希望美方顺应两国民意和时代潮流，客观理性看待中国和中美关系，采取积极、建设性的对华政策，同中方相向而行，聚焦合作，管控分歧，推动中美关系健康稳定向前发展。"②

三是通过更加多元的渠道对外发声。近年来，中国的对外发声渠道日益多元。在一些事关中国主权、安全和发展利益的重要国际问题上，中国的外交人员接受采访或发表署名文章，努力传播中国声音。例如，在抗疫的关键时期，中国驻美大使崔天凯在2020年4月6日于《纽约时报》发表《同舟共济，定克时艰》的署名文章，指出中美面对疫情应团结合作、互帮互助，强调中美两国加强合作的重要性。③ 在每天的例行记者会上，中国外交部发言人直面问题，在必要时直接进行话语反击，阐明中国观点和立场。例如，在谈到美国拼凑"民主同盟"、组织"民主峰会"时，中国外交部发言人表示，此次"民主峰会"草草收场，完全在意料之中，因为"美方无视自身种种问题和劣迹，

---

① 《国务委员兼外长王毅接受路透社专访实录》，中国外交部网站，2020年2月15日，https://www.fmprc.gov.cn/web/ziliao_674904/zyjh_674906/202002/t20200215_9870581.shtml，访问日期：2021年12月21日。

② 《2021年2月5日外交部发言人汪文斌主持例行记者会》，中国外交部网站，2021年2月5日，https://www.fmprc.gov.cn//fyrbt_673021/jzhsl_673025/202102/t20210205_5419823.shtml，访问日期：2022年1月5日。

③ "Ambassador Cui Tiankai: China and the U.S. Must Cooperate against Coronavirus," Embassy of the People's Republic of China in the United States of America, April 6, 2020, accessed January 5, 2022, http://us.china-embassy.gov.cn/eng/dszl/dsjh/202004/t20200406_4903707.htm.

反而炮制'民主对抗威权'的伪命题,将民主'标签化''政治化'"。①

此外,不少中国外交人员和媒体人士还利用新媒体、在国内外社交平台上积极发声,宣传中国主张和观点,对国外一些针对中国的污名化、标签化的不实报道和评论进行有理有力的回击。英国于2020年7月14日宣布禁用华为5G设备后,时任中国驻英大使刘晓明连续在推特上发声强调:中国将全面、认真评估英方关于华为的决定,采取一切必要措施来保护中国企业的合法权益;中国一直将欧洲视作平等的伙伴而不是竞争对手;中国的发展为欧洲创造了机遇,而不是挑战,更不是威胁;双方应加强互信,通过合作实现双赢。中国外交部发言人也经常在推特上发声,阐明中国观点,与国外受众互动。中国国际电视台主持人刘欣以及该台驻美主持人、记者王冠等在推特平台上"主动出击",推送中国时政新闻资讯以及热点事件评论,助力提升中国媒体音量。②

四是更加全面地建设对外话语体系,增强博弈、斗争意识。受冷战思维、不同意识形态等影响,世界上很多人对中国的认识没有跟上中国的发展变化,其脑海中存在很大的认知偏差。一些有关中国的偏见和误解更是根深蒂固。近年来,中国加大了对自身的宣介力度,以便让外界更全面地认识和理解中国,形成全面、客观的中国观。仅在2021年,中国国务院新闻办公室就发布了15部白皮书,涉及中国的民主、减贫实践、应对气候变化、全面小康、生物多样性保护、尊重和保障人权、新型政党制度、国际发展合作及"一国两制"等多个方面,对一些国家的无理抹黑和攻击进行有理有力的系统回应。③ 针对一些国家在国际舆论场中围绕新疆的发展变化大做文章,甚至用所谓"强迫劳动"等不实诬蔑之词攻击中国,中国国务院新闻公室专门发布《新

---

① 《2021年12月31日外交部发言人赵立坚主持例行记者会》,中国外交部网站,2021年12月31日,https://www.fmprc.gov.cn/web/wjdt_674879/fyrbt_674889/202112/t20211231_10478030.shtml,访问日期:2022年1月12日。
② 姬德强、朱泓宇:《"网红外宣":中国国际传播的创新悖论》,《对外传播》2022年第2期,第54页。
③ 具体可参见2021年白皮书目录,中国国务院新闻办公室网站,http://www.scio.gov.cn/zfbps/ndhf/2021n_2242/index.html,访问日期:2024年10月10日。

疆的劳动就业保障》《新疆各民族平等权利的保障》《新疆的人口发展》等白皮书,全面介绍新疆的实际情况和发展势头。2023年是中国提出人类命运共同体理念和"一带一路"倡议十周年,就在这一年,中国国务院新闻办公室专门发布《携手构建人类命运共同体:中国的倡议与行动》《共建"一带一路":构建人类命运共同体的重大实践》等白皮书,全面宣介中国的理念、倡议与实践。中国外交部为了更好地宣介中国风貌,还开展系统推介活动,以省市为单位定期向全球推介,展示各地的特色和成就。

在全面宣介自己的同时,中国也在对外话语层面增强了博弈和斗争意识,揭批一些指责中国的国家自身存在的种种问题。例如,2012年至2013年,澳大利亚军人在阿富汗频频参与暴行、侵犯人权。对此,中国外交部发言人在记者会上予以鲜明谴责,表明中国态度。[①]针对美国针对中国新冠疫情防控的不实报道和污名化,2020年5月,新华社发布《美国关于新冠肺炎疫情的涉华谎言与事实真相》,逐条回击种种谎言。[②]美国经常借人权问题抹黑攻击中国,对此,中国专门发布《2020年美国侵犯人权报告》,指出美国存在的疫情失控、政治混乱、种族歧视、社会动荡、贫富分化、践踏国际规则等人权问题。[③]

五是提高国际传播能力,使中国的对外话语获得有效传播。对外话语只有在国际层面获得有效传播才能产生效果。整个世界正在经历以互联网和人工智能为代表的信息技术革命,全球的国际传播景观被重新塑造。脸书、推特、油管等互联网平台在全球传播中发挥着巨大影响力,打破了原来由专业新闻机构和影视文化产业所主导的传统国际传播模式。如何统筹传统媒体和网络媒体、社交平台的作用是当前需要关注的重点。

[①]《2021年9月23日外交部发言人赵立坚主持例行记者会》,中国外交部网站,2021年9月23日,https://www.fmprc.gov.cn/fyrbt_673021/jzhsl_673025/202109/t20210923_9584070.shtml,访问日期:2022年1月22日。

[②]《美国关于新冠肺炎疫情的涉华谎言与事实真相》,新华网,2020年5月9日,http://www.xinhuanet.com/world/2020-05/09/c_1125963436.htm,访问日期:2022年1月22日。

[③]《(受权发布)2020年美国侵犯人权报告》,新华网,2021年3月24日,http://www.xinhuanet.com/2021-03/24/c_1127250192.htm,访问日期:2024年10月10日。

为此，一方面，中国改变国际传播意识，强调对外宣传和对内宣传的差异，坚持内外有别、外外有别，在对外宣传时充分考虑不同国家间的差异，选取不同话语内容和传播方式。要考虑国际层面直接话语对象的感受，同时也需要照顾到第三方，以至所有国际受众的感受。另一方面，各类媒体积极改善传播基础设施，加强国际传播能力建设。国际传播能力建设是各国媒体话语权和传播话语权竞争的一个重要方面。近年来，中国媒体努力搭建传播平台，促进传播基础设施建设。作为三大央媒，中央广播电视总台、新华社和《人民日报》努力建设国际传播新矩阵，通过技术、体制、管理、平台创新等手段提升国际传播能力。[①] 2016年12月，中国国际电视台开播，包括六个电视频道、三个海外分台、一个视频通讯社和新媒体集群。同时，该台英文等外语直播客户端在各大平台上架，以文字新闻、视频新闻、移动直播、数据新闻和短视频等不同内容形式进行融合传播，满足新媒体时代的传播需求，使中国电视对外传播向前迈进了一大步。2017年10月10日，中国国际电视台融媒中心正式投入运营。2017年10月15日，《人民日报》英文客户端上线。2018年1月23日，新华社英文客户端上线。2022年1月，中国外文局对外名称由"中国国际出版集团"正式改为"中国国际传播集团"。此外，各大主流媒体也纷纷"借船出海""借筒传声"，在多个外国社交平台开通账户，逐渐形成了广播、电视、报纸、互联网等全方位、多角度媒体"走出去"的矩阵。[②]

六是加强和深化学界有关对外话语体系建设和国际传播能力的研究。笔者在中国知网以"对外话语体系"为主题词进行检索，截至2023年底，共检索到372篇文章，其中2007—2013年共有12篇，2014年增加到17篇，此后文章的数量逐年增加，2023年为70篇，这表明2013年以来对对外话语体系建设的强调也带动了学界的相关研究。以"国际传播能力"为主题词进行检索，共检索到1606篇文章。通过分析可以看出，从2008年起，学界开始重视国际传播能力研究；2009年的

---

① 刘战伟、李嫒嫒：《转型与抉择：中央三大央媒对外传播机构设置、平台建设与话语模式》，《新闻传播》2019年第24期，第4页。

② 巩育华：《中国主流媒体"走出去"之路》，《群言》2020年第11期，第22页。

研究成果明显增多，文章数量从7篇增加到36篇；2023年，文章数量达到209篇。这些变化与中国在举办2008年奥运会过程中遇到的国际舆论问题以及学界对国际传播能力研究的重视密切相关。此外，不同学科对对外话语体系和国际传播能力的重视，也促进了学科交叉和学科融合，尤其是外国语言文学、传播学和国际政治之间的相互学习和借鉴，为中国加强对外话语体系建设、提升国际传播能力提供了智力支持。

三、中国在国际舆论场中面临的主要挑战

尽管中国日益重视对外话语体系建设，在外交和对外宣传等方面作了很多努力，但中国在国际舆论场中仍面临诸多挑战。

（一）中国主题他议和中国形象他塑现象依然普遍

近年来，中国时常成为国际舆论的焦点，国外媒体提及中国的频率极高，但是直接来自中国的声音仍很有限，中国人接受媒体访谈和举行对话的机会以及中国自身对外文图书的出版仍不充分。在学术领域，尤其是哲学社会科学领域，中国仍面临一些"赤字"，如世界上很多有影响的学术期刊都是用英文出版的，而中国学术期刊的英文版数量有限，无法产生大的国际影响。例如，根据中国知网和清华大学图书馆联合研制的2021年版《中国学术期刊国际引证年报》，在国际影响力位列前10%的160种人文社会科学期刊中，只有37种是用双语出版的。再以国际问题研究领域为例。中国一直面临发展自己的国际关系理论和外交理论的任务，而在国际影响力排在前10%的160种人文社会科学期刊中，入选的国际关系领域的中文期刊仅有《世界经济与政治》《现代国际关系》《外交评论》，说明该领域中文期刊的国际影响力有限。此外，中国学者在国际学术期刊尤其是在国际名刊上发文数量有限，这直接影响了中国的学术话语权，在一定程度上限制了中国学术成果的国际传播。整体而言，在国际舆论场中，中国直接给世界提供的一手信息和资料不够，有时发声质量不高，发声渠道不够多元，

能够真正产生影响的声音就更少。诚如傅莹指出的,外界关于中国的"资讯赤字"广泛存在。①

(二)国际上有关中国的信息和认知偏差

国际舆论场中关于中国的信息与中国实际经常存在错位,形成了有关中国的信息和认知偏差。世界对中国的认知很多根植于历史或碎片化的信息及个别经历,有些刻板印象一旦形成,即使有新的事实也很难改变,甚至会因为被转化为立场而被固化。②根据沃尔特·李普曼(Walter Lippman)提出的拟态环境(pseudo-environment)及相关研究,媒介建构的现实不是对客观现实的镜式反映,而是会产生一定的偏差,现实世界在人们头脑中的再现是思想、感情、行为的决定因素。③很多外国人对中国的认知就是如此。同时,国际舆论场上一直存在针对中国的话语屏障。在西方世界,一直存在针对中国的主导叙事,不少人的论述带有浓重的意识形态色彩,异己特征明显,其背后是深刻的社会、文化和心理鸿沟。④再加上很多外国人对中国历史文化和现实政策不了解,对中国存在误读、误解甚至偏见,这些因素往往成为阻挡中国声音的话语屏障,即使面对很多新事实和新变化,他们也难以突破这种话语屏障。

国外一些媒体和政客出于政治目的针对中国进行断章取义式的报道或讨论,有意误解、曲解中国,更加强化了对中国的信息和认知偏差。例如,新冠疫情暴发后,中国很快有效地控制了新冠疫情,实现了快速复工复产,恢复了经济,并且向多个国家伸出援手,开展紧急人道主义援助。中国是最早承诺将新冠疫苗作为全球公共产品,也是最早支持新冠疫苗知识产权豁免的国家,但是在国外一些媒体和政客的干扰下,中国的国际形象并未得到改善。国外一些民调结果显示,近年来,国外民众对中国的好感度不升反降。尽管民调结果不一定客

---

① 傅莹:《看世界2》,中信出版集团,2021,第338页。
② 陈晋:《问答中国:只要路走对,谁怕行程远?》,新星出版社,2021,第11页。
③ 沃尔特·李普曼:《舆论》,常江、肖寒译,北京大学出版社,2018,第22页。
④ 周鑫宇:《中国故事怎么讲》,五洲传播出版社,2017,第160页。

观,但也从一个侧面表明,很多关于中国的信息并没有反映中国的实践和实情。新冠疫情防控本身就是对各国不同方面的大考,也显示了不同国家之间的理念差异、文化差异和行为差异,各国在抗疫的同时进行着叙事之争,从而使中国面临的国际环境变得更加复杂,凸显中国加强对外话语体系建设、提升国际传播能力的紧迫性和重要性。

(三)针对中国的质疑和攻击经常误导世界舆论

长期以来,国际舆论不时出现针对中国的质疑甚至攻击。例如,从20世纪90年代起,一些国家就不断挑起"中国威胁论"。进入21世纪后,以美国为首的西方国家对中国的快速发展愈发感到焦虑、防范意识上升,澳大利亚和印度等国则借机炒作新一轮"中国威胁论",歪曲中国的发展道路和发展成就,把话语重点转向中国对未来国际秩序、价值观等的"认同威胁"。[①] 随着中美关系的变化,美国对中国加紧战略打压,全面封堵、遏制,在话语方面不断搅动国际舆论,利用涉港、涉疆、涉疫情话题等对中国肆意攻击,推动冷战、"脱钩"叙事,不时批评、质疑、污蔑甚至诋毁中国,并依赖其强势话语权和国际传播能力塑造有关中国的负面认知,影响国际舆论走向。一些发展中国家对西方媒体存在长期的路径依赖,经常把西方媒体作为信息源,直接转引西方媒体报道,导致针对中国的质疑和攻击被转换为国际舆论场中的一种"普遍性"话语,甚至成为整体国际舆论的组成部分。这些都需要中国切实地加以应对和回击。

(四)一些国家无理打压中国媒体

尽管中国在对外宣传和国际传播方面投入了大量人力、财力和物力,但是长期以来,中国媒体在海外自主可控的传播渠道有限,而且随着中国国际影响力的提升,一些国家不断加大对中国权威媒体机构防范和打压的力度,特别是美英等国,它们的干涉更加影响了中国信

---

① 孙吉胜:《从话语危机到安全危机:机理与应对》,第52—53页。

息在海外的传播。① 2020年2月18日,美国将新华社、《中国日报》美国发行公司、中国国际电视台、中国国际广播电台、《人民日报》(海外版)美国总代理(海天发展有限公司)等五家中国媒体驻美机构列为"外国使团"。2020年6月22日,美国再次宣布,将中央电视台、《人民日报》《环球时报》和中国新闻社四家中国媒体增列为"外国使团"。这两种举动严重损害了中国媒体的声誉和形象②,不少中国媒体记者被变相驱逐。英国通信管理局将技术问题政治化,于2021年2月宣布吊销中国国际电视台英语新闻频道在英国的落地许可,终止了该频道在英国18年的落地播出。

除了针对中国权威媒体机构,西方国家还直接打压中国的自媒体,压制支持中国的声音。例如,2019年,推特、脸书删除了近千个参与揭露乱港分子不法行径的中国内地账号,油管则关闭了210个涉港频道。相反地,支持反华意见的账号却没有受到西方国家的任何限制,大量反华的假新闻、谣言随意传播,充斥国际话语空间。③

新冠疫情暴发后,从《华尔街日报》妄称"中国是真正的亚洲病夫",到西方一些政客和媒体不断掀起"中国隐瞒论""中国责任论""中国赔偿论""疫苗外交论"等各种论调④,一些国家围绕新冠疫情对中国进行的话语打压从未停止。在可以预见的将来,中国媒体在国际舆论场中仍将继续面对此类话语博弈和挑战。

---

① 胡正荣、潘登:《系统性创新与交互演化——试析世界深度变局时代的国际传播精准化进路》,《对外传播》2021年第7期,第7页。
② 《2020年7月1日外交部发言人赵立坚主持例行记者会》,中国外交部网站,2020年7月1日,https://www.mfa.gov.cn/wjdt_674879/fyrbt_674889/202007/t20200701_7816363.shtml,访问日期:2024年10月10日。
③ 李宇:《关于新形势下国际传播底线思维与风险防控的思考》,《现代视听》2021年第4期,第82页。
④ 参见彭涛等《后疫情时代中国国际传播的机遇、挑战和实践路径》,《对外传播》2021年第2期,第31页。

四、中国加强对外话语体系建设的主要方向

面对以上境况,中国必须更好地回应国际社会的期待和关切,在世界上塑造公正、客观、全面的中国观。为此,我们需要与时俱进、夯实基础、强化本领,在话语内容、话语风格、话语主体、话语平台以及话语人才等方面锐意进取、开拓创新。

(一)多层话语内容

就话语内容而言,对外话语体系建设首先需要明确话语重点,清楚对外应该重点讲什么。选取话语内容应基于扎实的学理研究,而不能照搬对内宣传的内容,甚至直接将这些内容全部译成外文。在不同国家,其话语受众的背景知识、文化传统及认知基础都可能大不相同,因此,需要研究话语受众的对华认知基础及认知差异,注意话语偏差和话语鸿沟,确定宣介重点。在选择内容前,需要明确是要针对已有误解误读进行增信释疑,还是自主设置话语议程来主动宣介。需要根据国外对华的认知基础,聚焦不同层面的话语内容,以加强话语的针对性、多样性和有效性。

在具体实践中,首先要选择一些纠偏性话语,有针对性地进行解释、说明,化解有些国家原来存在的针对中国的误解和误读。例如,针对有些国家对中国的人权状况缺乏全面客观了解的情况,在话语内容上,可以有针对性地解释和说明中国人权观所强调的发展权和生存权、中国人权发展的渐进性、个人自由与集体责任的关系等。正如时任中国国务委员兼外长王毅在联合国人权理事会第49届会议高级别会议上所说的:"人民过上幸福生活是最大的人权。一国人权状况好不好,根本上要看人民对美好生活的向往是否得到满足,人民的所需所急所盼是否得到解决,人民的获得感、幸福感、安全感是否得到增

强。"①再如，有些国家对"一带一路"存在误读，这就需要对"一带一路"的内涵和建设效果进行更多的话语投入，多聚焦"一带一路"带给当地普通民众的利益，以具体事实来体现中国建设"一带一路"所持的共商、共建、共享原则，开放、绿色、廉洁理念和高标准、可持续、惠民生的目标。

加强话语主动性，主动设置话语议程，特别是要加大以下几个方面的话语投入。一是要加大对中国文化理念、文化内涵和中国国情的话语投入。党的十八大以来，中国提出了很多新理念、新主张、新政策、新倡议，既体现了中国的世界观、秩序观、价值观，也体现了中国人的思维方式和处世之道。但是，不少外国人并不太了解中国的文化理念。根据相关调查，发达国家受访者大都认为中餐是最能代表中国文化的元素，而发展中国家的多数受访者认为是中医药和武术。②可见，有关中国文化，很多外国人首先想到的是一些显性的文化符号，对理念、价值观等文化的内在机理和根本了解很少或似懂非懂，而这些往往更能体现中国文化的精髓。由于很多外国人缺少有关中国文化理念方面的背景知识，即使将一些抽象理念直接译成外语，他们一般也很难产生中国所期待的那种理解和共鸣，极易产生"同样的话语，不同的理解"的现象。③由于体量、历史和发展特点不同，中国国情也与很多国家的国情大不相同，许多词汇在中国语境下有其独特含义。例如，中国语境下"现代化""小康""美好生活"等词汇的内涵就可能与其他国家所表达的并不完全相同。再如，在中国文化中，"勤奋工作"是一种美德，但有些外国人会把它理解为对人性的压抑乃至威胁。可见，加大对中国文化理念、文化内涵和中国国情的话语投入，可以起到信息铺垫④、重塑话语语境的作用，只有这样才可以更好地引导受

---

① 王毅：《坚持公平正义 推动全球人权事业健康发展——在联合国人权理事会第49届会议高级别会议上的讲话》，中国外交部网站，2022年2月28日，https://www.mfa.gov.cn/web/ziliao_674904/zyjh_674906/202202/t20220228_10646313.shtml，访问日期：2022年5月10日。
② 陈晋：《问答中国：只要路走对，谁怕行程远？》，第239页。
③ 参见孙吉胜、何伟《国际政治话语的理解、意义生成与接受》，第38—62页。
④ 参见马克斯韦尔·麦库姆斯《议程设置：大众媒介与舆论（第二版）》，郭镇之、徐培喜译，第141—145页。

众的理解方向，避免对中国理念和中国话语的误读。

二是加大对中国政治领域的话语投入。中国政治涉及中国共产党、人民代表大会制度、中国共产党领导下的多党合作和政治协商制度等多方面内容。受冷战思维等意识形态因素影响，一些国外人士仍旧停留在过去的思维框架内，经常先入为主地理解中国，对中国共产党和中国政治制度缺乏全面认识和了解，误解和误读时有发生，认知鸿沟明显。针对中国政治加强对外话语体系建设，宜多选取具体事例，减少宏大抽象语言，尽可能与国际话语体系接轨，使国际社会真正了解中国的政治体制、中国共产党的历史及执政理念、中国共产党和中国人民的紧密联系以及中国共产党带领中国人民所取得的实实在在的成就。

三是加大对中国实践的话语投入。改革开放以来，中国基于自身实践探索取得了非凡成就，社会长期稳定，经济快速发展。在经济建设方面，1979年至2023年，在世界各国国内生产总值年均增长率仅为3%的情况下，中国国内生产总值年均增长率接近10%。1981年至2013年，中国使8.5亿人摆脱了极端贫困。"坚持发展是第一要务""要想富先修路""稳定压倒一切""精准扶贫"等话语描述的正是中国的发展历程和故事。在环保与应对气候变化方面，中国做了大量工作，取得显著成效。例如，前些年，北京被雾霾困扰，但经过努力治理，2021年，北京市空气质量全面达标，全年空气质量优良天数达288天，这被联合国环境规划署誉为"北京奇迹"。[①] 在对外援助方面，中国坚持不对对外援助附加政治条件，不仅"授人以鱼"，更"授人以渔"，在维和行动上更强调发展和平。在全球治理方面，中国主张标本兼治，强调共同与平等治理、关联治理、过程治理和发展治理。[②] 习近平总书记在谈到中国实践与中国理论的关系时强调，要用中国理论阐释中国实

---

① 《本市生态环境质量交出亮眼"成绩单" 2021年空气质量首次全面达标》，北京市人民政府网站，2022年3月31日，https://www.beijing.gov.cn/ywdt/gzdt/202203/t20220331_2644125.html，访问日期：2024年10月10日。

② 孙吉胜：《"人类命运共同体"视阈下的全球治理：理念与实践创新》，《中国社会科学评价》2019年第3期，第121页。

践,用中国实践让中国理论升华。① 对中国实践进行总结、提炼、验证和知识转化,是把中国实践学理化、知识化的必经路径。

四是加大对中国理论的建设和话语投入。中国迫切需要发展和构建自己的理论体系和知识体系。很多国际关系理论,包括外交理论,都是基于西方思想、西方概念和西方经验,而且已经被固化为一种西方逻辑和西方叙事,并不能被用来解释中国外交,更不能被用来预测中国与其他大国乃至世界的关系。其实,中国优秀文化理念和中国实践都是可以进行理论探索的重要领域,中外学者也已作出卓有成效的努力。例如,赵汀阳聚焦"天下"②,秦亚青聚焦"关系"③,阎学通聚焦"道义"④,他们都围绕自己提出的核心概念和核心问题进行了系统性的理论探索,引起了国际学界的广泛关注,进而引发了更多的学理讨论。埃米利安·卡瓦尔斯基(Emilian Kavalski)等国外学者也围绕"关系"概念进行了不少研究。⑤ 他们对这些概念和问题的研究与传播,加深了对中国理念和中国实践的认识,扩大了中国理念和中国实践的国际影响。大国之间一直存在理念、知识和叙事之争。中国作为历史悠久的世界大国,更需要强化从实践到理论、从理论到知识、从知识到话语的努力,打破长期存在的西方一元叙事以及西方知识的霸权地位。

选择多层话语内容,要注意与世界话语体系的融通,多强调共性,而不总是突出特性,多强调共同价值和共同理念,真正做到求同存异。要多利用世界通用的语言,把中国故事融入世界故事,把中国话语融入世界话语,实现话语共情。要区别对待各种针对中国的质疑和批评:

---

① 《习近平在中共中央政治局第三十次集体学习时强调 加强和改进国际传播工作 展示真实立体全面的中国》。

② 参见 Tingyang Zhao, *All Under Heaven: The Tianxia System for a Possible World Order*, trans. Joseph E. Harroff (Oakland: University of California Press, 2021)。

③ 参见秦亚青《世界政治的关系理论》,上海人民出版社,2021;Yaqing Qin, *A Relational Theory of World Politics*。

④ 参见 Xuetong Yan, *Leadership and the Rise of Great Powers* (Princeton: Princeton University Press, 2019)。

⑤ 参见 Emilian Kavalski, "Guanxi or What Is the Chinese for Relational Theory of World Politics," *International Relations of the Asia-Pacific* 18, No. 3 (2018): 397-420; *The Guanxi of Relational International Theory* (London: Routledge, 2017)。

对于立场性话语，可有理有力地表明态度；对于概念性语言，可进行话语谱系溯源，对其加以解构和重塑，以免落入话语陷阱；对于情感性语言，则可置之不理，不计较一时得失。

（二）多样叙事风格

加强中国对外话语体系建设，要清楚需要使用什么叙事风格。学界针对如何叙事进行了很多研究。例如，有学者专门研究美国的安全叙事，对比从罗斯福总统到奥巴马总统对于美国面临的安全挑战的叙事，指出为什么有些成功，有些不成功。[1] 叙事一般可以分为两类，一类是论证，一类是"讲故事"。一般来说，当面对的形势和所讲述的内容比较确定时可以选择论证，当形势和内容不十分确定时可以选择"讲故事"。如果论证，就需要言而有信、以理服人，可以用具体数字、表格及图像等加以辅助。如果"讲故事"，则要突出叙事特点，把看似无关联的内容通过某种情节和各类修辞手段有条理地联系起来，形成一个完整的故事。[2] "讲故事"的关键是情节要吸引人，情感要动人，以情陈事，以情明理。无论采用哪种方式讲述，重要的是受众易听、易懂、易记，能激起认识和情感共鸣。展开宏观论述，可从小事讲起，从小处入手讲大题目，以小故事来传播大道理。要少讲大话、空话，尽可能以真实声音、真实感受讲述真实故事。

在选择叙事风格时，要有针对性地研究话语的受众，针对不同受众使用差异化的语言，选择不同的叙事风格。一般来说，人们在对外讲述时，时常会自觉或不自觉地沿用惯性思维，多遵循演绎方法，如先讲时代背景，再讲政策依据，然后讲影响和意义，但是这种方式并不一定适用于所有受众。因此，在讲述前要倾听和观察对方，基于受众群体的特点和偏好进行选择。例如，有学者指出，即使在美国，也至少存在两种中国观，一种是精英版中国观，一种是大众版中国观。[3]

---

[1] 参见 Ronald R. Krebs, *Narrative and the Making of US National Security*。
[2] 朱莉·里夫斯：《文化与国际关系：叙事、本地人和游客》，朱振明、郭之恩译，华夏出版社，2019，第18页。
[3] 吴旭：《西方为什么误读中国》，五洲传播出版社，2017，第26页。

针对持不同中国观的受众可选择不同叙事风格：针对官员，可多用官方话语表明政策和立场，保持语言严谨、逻辑缜密；针对社会精英，需多注意学理上的支撑；而针对普通大众，则需减少官方色彩，通俗易懂。同时，要弄清对方的思维和行为方式及其兴趣点和主要关切，在共性基础上再进行个性化表达。例如，美国人习惯于霸权思维，习惯于民主自由的那套话语，也经常以此来主观臆断他国行为，批评抨击中国。对此，中国在对外讲述时也可从民主入手，只不过中国的民主更强调协商性、过程性，而不是仅仅通过最终投票来体现。总之，了解话语对象，从共性入手，以个性化方式，聚焦熟悉的事，以生动、有趣、有情节的方式来讲述，让世界听到不同风格的声音和观点，在沟通中实现情感共鸣，应当是构建对外话语体系过程中努力的一个方向。

（三）多元话语主体

加强对外话语体系建设，要清楚需要由谁来讲，谁可以成为对外话语主体，提高发声广度、密度和强度。近年来，中国的政府官员以及媒体人员在对外宣传和对外交流过程中发挥了重要作用，让世界更好地了解和认识了中国。但一般来说，不同的对外话语主体的言语习惯不同、叙事风格不同，话语重点也存在差异，因此关于对外话语主体，也应力争多元。尤其要增加民间群体的对外发声力度，以与官方话语相互补充，确保在不同场合都有来自中国的声音。不同的话语对象在信息接收方面偏好不同，多元话语主体可更好地影响不同话语受众，满足其话语关注点。

除了政府官员、主流媒体等，民间组织以及专家学者、青年学生、驻外企业等都可以成为对外话语主体的组成部分，通过相互补充、相互促进，从多个角度塑造多元、立体、可亲、可信的中国形象，通过讲述中国文化、中国故事、中国精神、中国贡献等来向外界全面展示真实鲜活、生动立体的中国。例如，中国在非洲承担了大量修建铁路、公路等基础设施工程的任务，相关企业针对每个工程都可以讲述很多内容，如为当地创造的就业机会、对当地以及当地人日常生活的改善，让这些话语真正贴近当地民众。再如，"李子柒"在油管上以短视频方式展示乡村生活和中国传统工艺，以1410万的订阅量（2021年2月）刷新最多订阅量的油管中文频道的吉尼斯世界纪录，这正是多元话语主体产生传播效果的一个典型例证。[①] 此外，多鼓励外国人讲述中国故事也是增强中国话语可信度的一个方面。例如，英国的李·巴雷特（Lee Barrett）和奥利·巴雷特（Oli Barrett）父子及杰森·莱特福特（Jason Lightfoot）、美国的马特·加拉特（Matt Galat）和郭杰瑞（Jerry Kowal）等都以自己的镜头拍摄了很多在中国的经历，展现了很多亲身感受，这些都很有助于增进外国人对中国的全面了解。

（四）多维话语平台

数字时代，信息无处不在、无所不及、无人不用，舆论生态、媒体格局，传播方式都发生了深刻变化。[②] 随之而来的是，国际传播呈现出很多新特点，展示出很多新规律，日益网络化、智能化、数据化、移动化。对人工智能等新技术的开发和应用成为重构国际传播新秩序的新契机。[③] 对外话语的传播范围远远超出电视、报纸等传统媒体，各种网络和社交平台在信息传播过程中的影响力日益凸显。对外话语的传播主体不再仅限于国家，个体也可以成为话语的生产者、传播者和塑造者。网络和社交平台的信息即时性、跨国性和情感性都优于传统媒体，是国际传播必须关注、重视和研究的领域。

加强对外话语体系建设，要清楚可以利用哪些平台发声。一方面，需要花大力气搭建对外传播平台，拓宽发声渠道。另一方面，也可挖掘非主流媒体、网络媒体、自媒体等传播资源，让它们共同参与国际传播，与官方媒体相互补充。要加强对智能媒体技术的开发与应用，综合运用大数据、云计算、新闻写作机器人、智能影像等技术，提升国际传播效能。同时，要多利用现有的国际信息传播平台，如重要媒

---

① 陈晋：《问答中国：只要路走对，谁怕行程远？》，第238—239页。
② 习近平：《论党的宣传思想工作》，中央文献出版社，2020，第354页。
③ 段鹏：《党性与人民性的再统一：习近平关于新闻与传播重要论述的研究》，《现代传播》2019年第9期，第28页。

体、论坛和对话机制，积极参与讨论，增加发声广度和频率。针对误解和误读，可通过不同渠道把分歧讲清楚，防止矛盾积累和外溢，影响整体外部氛围和环境。与此同时，要积极提供信息，避免美国等西方大国主流媒体的资讯占据所有话语空间。此外，应加强针对不同媒体的信息传播规律的研究，关注首发效应等信息传播特点，主动择机传播信息。

（五）多学科人才培养

对外话语体系建设需要有大量人才作为保障。在人才培养过程中，要注重学科融通，兼顾外语能力、专业素质和通识素养。受教育体制和人才培养模式的影响，中国的学科界限比较分明，这在一定程度上影响了学科融通性，导致在对外交往过程中，经常出现通外语但缺专业或者精专业但外语弱的情况。

在人才培养方面，一要确保人才的政治素质和能力。加强对外话语体系建设的大背景是日益复杂的国际环境，所需人才要保证在对外交往过程中具备政治意识和敏感性，不断提高政策水平和应对各类国际场合的政治素质和能力。二要确保人才的外语能力，确保其能够在国际场合运用外语自如交流，尤其要提高非外语专业学生的外语实际运用能力。这就意味着外语学习不能仅停留在读写层面，还要向听、说、辩层面倾斜，不仅要保证能够在场发声，还要避免勉强或者无效交流，确保发声有效。三要注重拓宽人才的国际视野。对外话语体系建设根植于国际政治，无论从事哪个领域、哪个环节的工作，都需要了解国际关系、国际政治的基本情况，否则就会顾此失彼，只见树木不见森林。四要培养人才的家国情怀。所需人才要真正理解和热爱中国，理解中国的价值观、历史和文化、国情和成就、道路与制度、政策与立场等，否则很难向外界讲述、呈现一个全面、客观的中国。五要训练人才的思维能力，培养跨文化交际能力和思辨能力，注意了解和把握不同文化与传统的差异、禁忌和偏好，避免不必要的疏忽和失误。尤其要注重培养特定领域的人才，如国际组织人才、区域国别人才、国际传播人才、全球治理人才等。唯有如此，才能筑牢、强化中国对外话语体系建设的基础。

结　语

党的十八大以来，中国高度重视对外话语体系建设，在提升国际传播能力方面作出诸多努力，取得了突出成就。但对外话语体系建设和国际传播能力提升是一个系统工程，既涉及外语能力、话语内容和叙事风格，也涉及话语主体和国际传播权，这些要素缺一不可。当今世界正处于百年未有之大变局，不确定性、不稳定性凸显，新变化、新态势不断出现。中国日益走近世界舞台中央，时刻处于世界的聚光灯下，经常成为国际舆论场中的焦点。一些国家还不时对中国进行话语诋毁和攻击，给中国制造舆情和外交压力。同时，中国在对外交往过程中的积极性和主动性日益增强。不断提出新理念新主张新倡议需要国际社会更多的理解和支持，需要凝聚更多共识和力量。作为负责任的大国，中国也需要更好地回应国际社会在一些重要国际问题上的关切。这些都对中国的对外话语体系建设提出了更高要求。因此，中国需要从话语内容、叙事风格、话语主体、话语平台和人才培养等方面加大努力，同时为维护国家利益、提升国家形象塑造良好的国际话语和舆论环境，增进与各国间的相互信任，加强团结合作，共同应对风险挑战，与各国携手构建人类命运共同体。

主要参考文献

一、中文文献

（一）经典著作

《习近平谈"一带一路"》，中央文献出版社，2018。

《习近平谈治国理政》（第二卷），外文出版社，2017。

《习近平谈治国理政》（第三卷），外文出版社，2020。

中共中央文献研究室编《邓小平年谱（1975—1997）》（下），中央文献出版社，2004。

（二）中文专著

楚树龙：《国际关系基本理论》，清华大学出版社，2003。

戴秉国：《战略对话：戴秉国回忆录》，人民出版社、世界知识出版社，2016。

孙吉胜：《语言、意义与国际政治——伊拉克战争解析》，上海人民出版社，2009。

孙吉胜主编《国际政治语言学：理论与实践》，世界知识出版社，2017。

孙凯：《捕鲸的国际管制及其变迁》，社会科学文献出版社，2012。

王健平：《语言哲学》，中共中央党校出版社，2003。

吴贤军：《中国国际话语权构建：理论、现状和路径》，复旦大学出版社，2017。

徐祥运、刘杰编著：《社会学概论（第五版）》，东北财经大学出版社，2018。

徐正源：《中国负责任大国角色的建构：角色理论视角下的实证分析》，中国人民大学出版社，2015。

（三）中文译著

安德鲁·赫里尔：《全球秩序与全球治理》，林曦译，中国人民大学出版社，2018。

彼得·艾夫斯：《葛兰西：语言与霸权》，李永虎、王宗军译，社会科学文献出版社，2018。

彼得·伯格、托马斯·卢克曼：《现实的社会建构》，汪涌译，北京大学出版社，2009。

丹尼尔·耶金：《石油·金钱·权力》（上），钟菲译，新华出版社，1992。

格雷厄姆·艾利森：《注定一战：中美能避免修昔底德陷阱吗？》，陈定定、傅强译，上海人民出版社，2019。

汉斯·摩根索著，肯尼思·汤普森、戴维·克林顿修订：《国家间政治：权力斗争与和平（第七版）》，徐昕等译、王缉思校，北京大学出版社，2006。

杰拉德·普林斯：《叙事学：叙事的形式与功能》，徐强译，中国人民大学出版社，2013。

杰里尔·A.罗赛蒂：《美国对外政策的政治学》，周启朋等译，吴妙发等校订，世界知识出版社，1997。

罗伯特·V.珀西瓦尔：《美国环境法——联邦最高法院法官教程》，赵绘宇译，法律出版社，2014。

罗伯特·斯科尔斯等：《叙事的本质》，于雷译，南京大学出版社，2015。

米歇尔·艾碧：《语言的力量》，孙晓斐译，鹭江出版社，2016。

米歇尔·福柯：《福柯说权力与话语》，陈怡含编译，华中科技大学出版社，2017。

皮埃尔·布迪厄:《实践感》,蒋梓骅译,译林出版社,2003。

乔纳森·H. 特纳:《现代西方社会学理论》,范伟达主译、卢汉龙校订,天津人民出版社,1988。

乔治·莱考夫:《别想那只大象》,闾佳译,浙江人民出版社,2013。

热拉尔·热奈特:《叙事话语　新叙事话语》,王文融译,中国社会科学出版社,1990。

塞缪尔·亨廷顿:《文明的冲突与世界秩序的重建(修订版)》,周琪等译,新华出版社,2010。

沃尔特·李普曼:《舆论》,常江、肖寒译,北京大学出版社,2018。

亚历山大·温特:《国际政治的社会理论》,秦亚青译,上海人民出版社,2014。

伊曼纽尔·阿德勒、文森特·波略特主编《国际实践》,秦亚青等译,上海人民出版社,2015。

(四)中文文章

艾喜荣:《话语操控与安全化:一个理论分析框架》,《国际安全研究》2017年第3期,第57—78页。

包吉氢:《角色冲突与国际规范演化——以国际捕鲸规范变迁为例》,博士学位论文,外交学院,2019。

曹德军:《大国竞争中的战略叙事——中美外交话语博弈及其叙事剧本》,《世界经济与政治》2021年第5期,第51—79页。

程蕴:《冷战后日本国家角色的转变过程分析——基于角色理论的探讨》,《日本学刊》2016年第4期,第25—43页。

单飞跃、高景芳:《群体性事件成因的社会物理学解释——社会燃烧理论的引入》,《上海财经大学学报》2010年第6期,第26—33页。

刁大明、蔡泓宇:《竞争性对华战略调整的美方争论》,《国际政治科学》2020年第4期,第115—149页。

杜维明:《文明对话的发展及其世界意义》,《南京大学学报(哲学·人文科学·社会科学版)》2003年第1期,第34—44页。

樊吉社:《新冠疫情下的中美关系:态势与愿景》,《外交评论》2020年第4期,第49—70页。

傅强、袁正清:《隐喻与对外政策:中美关系的隐喻之战》,《外交评论》2017年第2期,第85—112页。

姜鹏:《角色认知与话语建构:美国选择性干预的政治逻辑》,《太平洋学报》2015年第4期,第23—34页。

金灿荣、董春岭:《"9·11"十年反思及对中国的影响》,《现代国际关系》2011年第9期,第16—21页。

雷建锋:《国家身份、国家角色视域下的中俄关系》,《东北亚论坛》2019年第5期,第102—126页。

李巍、罗仪馥:《从规则到秩序——国际制度竞争的逻辑》,《世界经济与政治》2019年第4期,第28—57页。

李新烽等:《美国新生大国转型期的国际话语权建构》,《世界经济与政治》2018年第7期,第69—91页。

李峥、张磊:《美国"2019财年国防授权法案"主要特点及影响》,《国际研究参考》2018年第9期,第21—24页。

梁凯音:《论国际话语权与中国拓展国际话语权的新思路》,《当代世界与社会主义》2009年第3期,第110—113页。

梁凯音:《论中国拓展国际话语权的新思路》,《国际论坛》2009年第3期,第43—47页。

刘强:《新一轮"中国威胁论"的内因检视及对策思考——中国对外宣传的技术误区因素分析》,《世界经济与政治论坛》2018年第4期,第74—90页。

刘一鸣:《试论中国的国际话语权困境与对策》,《新闻世界》2015年第7期,第228—229页。

刘永涛:《签字声明:一个鲜为人知的美国总统单边政策工具》,《教学与研究》2009年第7期,第57—63页。

刘跃进:《"安全"及其相关概念》,《江南社会学院学报》2000年第3期,第17—23页。

柳冰芬：《政府形象危机生成机理与管理策略——基于社会燃烧理论的视角》，《青年记者》2019年第8期，第8—9页。

莫寰：《政策传播如何影响政策的效果》，《理论探讨》2003年第5期，第94—97页。

牛文元：《社会物理学：学科意义与应用价值》，《科学》2002年第3期，第32—35页。

牛文元：《社会物理学与中国社会稳定预警系统》，《中国科学院院刊》2001年第1期，第15—20页。

秦亚青：《行动的逻辑：西方国际关系理论"知识转向"的意义》，《中国社会科学》2013年第12期，第181—198页。

苏平：《国家行为的需求层次分析》，《武汉大学学报（哲学社会科学版）》2009年第2期，第250—254页。

孙吉胜：《话语、身份与对外政策——语言与国际关系的后结构主义》，《国际政治研究》2008年第3期，第41—57页。

孙吉胜：《国际关系理论中的语言研究：回顾与展望》，《外交评论》2009年第1期，第70—84页。

孙吉胜：《传统文化与十八大以来中国外交话语体系构建》，《外交评论》2017年第4期，第1—31页。

孙吉胜：《中国国际话语权的塑造与提升路径——以党的十八大以来的中国外交实践为例》，《世界经济与政治》2019年第3期，第19—43页。

孙吉胜：《"一带一路"与国际合作理论创新：文化、理念与实践》，《国际问题研究》2020年第3期，第1—20页。

孙吉胜：《从话语危机到安全危机：机理与应对》，《国际安全研究》2020年第6期，第39—62页。

孙吉胜：《新冠肺炎疫情与全球治理变革》，《世界经济与政治》2020年第5期，第71—95页。

孙吉胜、何伟：《国际政治话语的理解、意义生成与接受》，《国际政治研究》2018年第3期，第38—62页。

孙一凡等：《基于社会燃烧理论的网络谣言风险对策研究》，《现代情报》2015年第5期,第14—19页。

陶文钊:《美国对华政策大辩论》,《现代国际关系》2016年第1期,第19—28页。

王宏仁:《中国话语权意涵:一种主观认识论途径》,《国际安全研究》2013年第5期,第138—153页。

王立新:《美国国家身份的重塑与"西方"的形成》,《世界历史》2019年第1期,第1—26页。

王晟旻等:《基于社会燃烧理论的突发公共卫生事件网络情绪传播模型》,《中国安全科学学报》2021年第2期,第16—23页。

王逸舟等:《热话题与冷思考——新冠肺炎疫情与国际关系未来走向》,《当代世界与社会主义》2020年第3期,第4—11页。

吴志成、李冰:《全球治理话语权提升的中国视角》,《世界经济与政治》2018年第9期,第4—21页。

谢晓光、李彦东:《构建社会主义核心价值观的国际话语权:"自我"与"他者"语境》,《江南社会学院学报》2017年第3期,第46—50页。

熊炜:《论德国外交与安全政策中的角色冲突》,《德国研究》2004年第4期,第7—12页。

尉洪池、孙吉胜:《国际政治中的权力》,载秦亚青主编《当代西方国际思潮》,世界知识出版社,2012,第139—141页。

袁莎:《"巴黎学派"与批判安全研究的"实践转向"》,《外交评论》2015年第5期,第139—156页。

袁莎:《话语制衡与霸权护持:美国"亚太再平衡"战略话语评析》,博士学位论文,外交学院,2017。

岳圣淞:《后殖民主义视角下中美"对非援助"的话语博弈》,《武陵学刊》2017年第1期,第51—63页。

岳圣淞:《场域视角下的国际话语权:理论、现实与中国实践》,《当代亚太》2020年第4期,第124—155页。

张超、吴白乙:《"泛安全化陷阱"及其跨越》,《国际展望》2022年第2期,第19—35页。

张清敏：《对外政策研究的主要维度及其内在逻辑》，《国际政治研究》2019年第1期，第9—31页。

张庆熊等：《合法性的危机和对"大叙事"的质疑——评利奥塔的后现代主义》，《浙江社会科学》2001年第3期，第93—97页。

张箫雨、张美芳：《修辞与说服——政治说辞批评分析模式探讨》，《外国语言与文化》2018年第3期，第90—101页。

张懿雯、朱春阳：《政治信任：政府危机传播中的"燃点控制器"——以"庆安枪案事件"为例的分析》，《新闻界》2015年第18期，第41—45页。

张志洲：《和平崛起与中国的国际话语权战略》，《当代世界》2012年第7期，第12—17页。

赵鼎新：《集体行动、搭便车理论与形式社会学方法》，《社会学研究》2006年第1期，第1—21页。

赵庆寺：《中华传统文化与中国国际话语权的建构路径》，《探索》2017年第6期，第114—121页。

赵洋：《语言（话语）建构视角下的国家身份形成——基于建构主义和后结构主义的研究》，《国外社会科学》2013年第5期，第12—22页。

赵长峰、吕军：《近年来国内学界关于中国国际话语权研究述评》，《社会主义研究》2018年第3期，第153—161页。

朱国华：《习性与资本：略论布迪厄的主要概念工具》（上），《东南大学学报（哲学社会科学版）》2004年第1期，第33—37页。

邹应猛：《国际体系转型与中国国际话语权提升战略》，《东南亚纵横》2010年第10期，第85—90页。

二、英文文献

（一）英文著作

Adler-Nissen, Rebecca, ed. *Bourdieu in International Relations: Rethinking Key Concepts in IR*. London: Routledge, 2012.

Andrews, Richard N. L. *Managing the Environment, Managing Ourselves: A History of American Environmental Policy*, Second Edition. New Haven: Yale University Press, 2006.

Bamberg, Michael, and Molly Andrews, eds. *Considering Counter-narratives: Narrating, Resisting, Making Sense*. Amsterdam: John Benjamins Publishing, 2004.

Betts, Richard K. *Enemies of Intelligence: Knowledge and Power in American National Security*. New York: Columbia University Press, 2007.

Biddle, Bruce J., and Edwin J. Thomas, eds. *Role Theory: Concept and Research*. New York: John Wiley & Sons, Inc., 1966.

Birnie, Patricia. *International Regulation of Whaling: From Conservation of Whaling to Conservation of Whales and Regulation of Whale-Watching*, 1 and 2. New York, London, Rome: Oceana Publications, Inc., 1985.

Bourdieu, Pierre, and Jean-Claude Passeron. *Reproduction in Education, Society and Culture*, Reprinted Edition. New York: Sage Publications, 1990.

Bourdieu, Pierre. *Language and Symbolic Power*. Edited by John B. Thompson. Translated by Gino Raymond and Matthew Adamson. Cambridge: Harvard University Press, 1991.

Bourdieu, Pierre, and Loïc J. D. Wacquant. *An Invitation to Reflexive Sociology*. Chicago: University of Chicago Press, 1992.

Bourdieu, Pierre. *Outline of a Theory of Practice*. Translated by Richard Nice. Cambridge: Cambridge University Press, 1977.

De Graaf, Beatrice, et al., eds. *Strategic Narratives, Public Opinion and War: Winning Domestic Support for the Afghan War*. London: Routledge, 2015.

Derian, James Der, and Michael J. Shapiro. *International/Intertextual Relations: Postmodern Readings of World Politics*. New

York: Lexington Books, 1989.

Edelman, Murray. *Politics as Symbolic Action: Mass Arousal and Quiescence*. Chicago: Marham Publishing Company, 1971.

Epstein, Charlotte. *The Power of Words in International Relations: Birth of an Anti-Whaling Discourse*. Cambridge: The MIT Press, 2008.

Fischer, Frank, and John Forester. *The Argumentative Turn in Policy Analysis and Planning*. Durham: Duke University Press, 1993.

Fischer, Frank. *Reframing Public Policy: Discursive Politics and Deliberative Practices*. Oxford: Oxford University Press, 2003.

Gross, N., et al. *Explorations in Role Analysis: Studies in the School Superintendency Role*. New York: John Wiley & Sons, Inc., 1958.

Hall, Peter A., ed. *The Political Power of Economic Ideas: Keynesianism Across Nations*. Princeton: Princeton University Press, 1989.

Halliday, M. A. K. *Language as Social Semiotic: The Social Interpretation of Language and Meaning*. London: Edward Arnold, 1978.

Harnisch, Sebastian, et al., eds. *Role Theory in International Relations: Approaches and Analyses*. London: Routledge, 2011.

Heazle, Michael. *Scientific Uncertainty and the Politics of Whaling*. Seattle: University of Washington Press, 2006.

Hinchman, Lewis P., and Sandra K. Hinchman. *Memory, Identity, Community: The Idea of Narrative in the Human Sciences*. Albany: State University of New York Press, 1997.

Kalland, Arne. *Unveiling the Whale: Discourses on Whales and Whaling*. New York: Berghahn Books, 2009.

Keohane, Robert O. *After Hegemony: Cooperation and Discord in the World Political Economy*. Princeton: Princeton University Press,

1984.

Kilcrease, Emily, et al. *Containing Crisis: Strategic Concepts for Coercive Economic Statecraft*. Washington, D.C.: Center for a New American Security, 2021. Accessed January 10, 2024. https://s3.us-east-1.amazonaws.com/files.cnas.org/documents/ContainingCrisis_EES_Web_2023-06-13-185746.pdf.

Krebs, Ronald R. *Narrative and the Making of US National Security*. Cambridge: Cambridge University Press, 2015.

Kupchan, Charles A. *How Enemies Become Friends: The Sources of Stable Peace*. Princeton: Princeton University Press, 2010.

Lakoff, George, and Mark Johnson. *Metaphors We Live By*. Chicago: The University of Chicago Press, 2003.

Latour, Bruno. *Reassembling the Social: An Introduction to Actor-Network-Theory*. New York: Oxford University Press, 2005.

Link, Arthur S., and William B. Catton. *American Epoch: A History of the United States Since 1900*, Fifth Edition. New York: Alfred A. Knopf, 1980.

Lyotard, Jean-François. *The Postmodern Condition: A Report on Knowledge*. Translated by Geoff Bennington and Brian Massumi. Minneapolis: University of Minnesota Press, 1984.

Lyotard, Jean-François. *The Differend: Phrases in Dispute*. Translated by George van den Abbeele. Minneapolis: University of Minnesota Press, 1988.

Martin J. R., and P. R. R. White. *The Language of Evaluation: Appraisal in English*. New York: Palgrave Macmillan, 2005.

Martin, James. *Politics and Rhetoric: A Critical Introduction*. London: Routledge, 2013.

Mattern, Janice Bially. *Ordering International Politics: Identity, Crisis, and Representational Force*. New York: Routledge, 2005.

McCormick, John P. *Carl Schmitt's Critique of Liberalism:*

Against Politics as Technology. Cambridge: Cambridge University Press, 1997.

McSweeney, Bill. *Security, Identity, and Interests: A Sociology of International Relations*. Cambridge: Cambridge University Press, 1999.

Miskimmon, Alister, et al., eds. *Forging the World: Strategic Narratives and International Relations*. Ann Arbor: University of Michigan Press, 2017.

Mitchell, W. J. T., ed. *On Narrative.* Chicago: The University of Chicago Press, 1981.

Nye, Joseph S., Jr. *The Paradox of American Power: Why the World's Only Superpower Can't Go It Alone?* New York: Oxford University Press, 2002.

Prestre, Philippe G. Le, ed. *Role Quests in the Post-Cold War Era: Foreign Policies in Transition*. Montreal& Kingston: McGill-Queen's University Press, 1997.

Qin, Yaqing. *A Relational Theory of World Politics*. Cambridge: Cambridge University Press, 2018.

Said, Edward. *Orientalism.* New York: Pantheon, 1978.

Scheffer, Victor B. *The Shaping of Environmentalism in America*. Seattle: University of Washington Press, 1991.

Schiffrin, Deborah. *Approaches to Discourse*. Oxford: Blackwell, 1994.

Schiffrin, Deborah, et al. *The Handbook of Discourse Analysis*. Oxford: Blackwell, 2001.

Searle, John R. *The Construction of Social Reality*. New York: The Free Press, 1997.

Selley, Richard C. *Elements of Petroleum Geology*. San Diego: Academic Press, 1997.

Steele, Brent J. *Ontological Security in International Relations:*

Self-Identity and the IR State. London: Routledge, 2008.

Walker, Stephen G., ed. *Role Theory and Foreign Policy Analysis*. Durham: Duke University Press, 1987.

Williams, Heathcote. *Whale Nation*. New York: Harmony Books, 1988.

White, Hayden. *Tropics of Discourse: Essays in Cultural Criticism*. Baltimore: Johns Hopkins University Press, 1978.

Wittkopf, Eugene R., et al., eds. *American Foreign Policy: Pattern and Process*, Seventh Edition. Belmont: Thomson & Wadsworth, 2008.

(二) 英文文章

Agius, Christine. "Drawing the Discourses of Ontological Security: Immigration and Identity in the Danish and Swedish Cartoon Crises," *Cooperation and Conflict* 52, No. 1 (2017): 109-125.

Akram, Sadiya, et al. "(Re)Conceptualising the Third Face of Power: Insights from Bourdieu and Foucault," *Journal of Political Power* 8, No.3 (2015): 345-362.

Barnett, Michael, and Raymond Duvall. "Power in International Politics," *International Organization* 59, No.1 (2005): 39-75.

Berenskötter, Felix. "Parameters of a National Biography," *European Journal of International Relations* 20, No. 1 (2014): 262-288.

Bigo, Didier. "Pierre Bourdieu and International Relations: Power of Practices, Practices of Power," *International Political Sociology* 5, No.3 (2011): 225-258.

Bridge, Gavin, and Andrew Wood. "Less Is More: Spectres of Scarcity and the Politics of Resource Access in the Upstream Oil Sector," *Geoforum* 41, No. 4 (2010): 565-576.

Campbell, John L. "Ideas, Politics, and Public Policy," *Annual*

Review of Sociology 28 (2002): 21-38.

Carney, Zoë Hess, and Allison M. Prasch. "'A Journey for Peace': Spatial Metaphors in Nixon's 1972 'Opening to China'," *Presidential Studies Quarterly* 47, No.4 (2017): 646-664.

Cristian, Cantir, and Juliet Kaarbo. "Contested Roles and Domestic Politics: Reflections on Role Theory in Foreign Policy Analysis and IR Theory," *Foreign Policy Analysis* 8, No.1 (2012): 5-24.

Connor, Brian T. "9/11 – A New Pearl Harbor? Analogies, Narratives, and Meanings of 9/11 in Civil Society," *Cultural Sociology* 6, No. 1 (2012): 3-25.

Dijk, Teun A. van. "Discourse and Manipulation," *Discourse and Society* 17, No.3 (2006): 359-383.

Ding, Sheng. "Branding a Rising China: An Analysis of Beijing's National Image Management in the Age of China's Rise," *Journal of Asian and African Studies* 46, No.3 (2011): 293-306.

Dryzek, John, and Simon Niemeyer. "Discursive Representation," *American Political Science Review* 102, No. 4 (2008): 481-493.

Flockhart, Trine. "The Problem of Change in Constructivist Theory: Ontological Security Seeking and Agent Motivation," *Review of International Studies* 42, No. 5 (2016): 799-820.

Flockhart, Trine. "Is This the End? Resilience, Ontological Security, and the Crisis of the Liberal International Order," *Contemporary Security Policy* 41, No. 2 (2020): 215-240.

Franzosi, Roberto. "Narrative Analysis—Or Why (and How) Sociologists Should be Interested in Narrative," *Annual Review of Sociology* 24, No.1 (1998): 517-554.

Goodman, Jane E. "The Proverbial Bourdieu: Habitus and the Politics of Representation in the Ethnography of Kabylia," *American Anthropologist* 105, No.4 (2003): 782-793.

Gordon, Carol, and Asher Arian. "Threat and Decision Making," *Journal of Conflict Resolution* 45, No.2 (2001): 196-215.

Guerlain, Pierre. "Obama's Foreign Policy: 'Smart Power,' Realism and Cynicism," *Society* 51, No.5 (2014): 482-491.

Haas, Peter M. "Introduction: Epistemic Communities and International Policy Coordination," *International Organization* 46, No. 1 (1992): 1-35.

Hagström, Linus, and Karl Gustafsson. "Narrative Power: How Storytelling Shapes East Asian International Politics," *Cambridge Review of International Affairs* 32, No. 4 (2019): 387-406.

Hankins, Stephen M. "The United States' Abuse of the Aboriginal Whaling Exception: A Contradiction in United States Policy and a Dangerous Precedent for the Whale," *UC Davis Law Review* 24 (1990): 489-520.

Harnisch, Sebastian. "Conceptualizing in the Minefield: Role Theory and Foreign Policy Learning," *Foreign Policy Analysis* 8, No. 1 (2012): 47-69.

Hermwille, Lukas, and Lisa Sanderink. "Make Fossil Fuels Great Again? The Paris Agreement, Trump, and the US Fossil Fuel Industry," *Global Environmental Politics* 19, No. 4 (2019): 45-62.

Herschinger, Eva. " 'Hell Is the Other' : Conceptualising Hegemony and Identity through Discourse Theory," *Millennium Journal of International Studies* 41, No. 1 (2012): 65-90.

Holsti, K. J. "National Role Conceptions in the Study of Foreign Policy," *International Studies Quarterly* 14, No. 3 (1970): 233-309.

Holzscheiter, Anna. "Between Communicative Interaction and Structures of Signification: Discourse Theory and Analysis in International Relations," *International Studies Perspectives* 15, No. 2 (2014): 142-162.

Johnston, Alastair Iain. "How New and Assertive Is China's New

Assertiveness?" *International Security* 37, No. 4 (2013): 7-48.

Kalland, Arne. "Whose Whale Is That? Diverting the Commodity Path," *Maritime Anthropological Studies* 5, No. 2 (1992): 16-45.

Kalland, Arne. "Management by Totemization: Whale Symbolism and the Anti-Whaling Campaign," *Arctic* 46, No.2 (1993): 124-133.

Khoury, Nadim. "Plotting Stories after War: Toward a Methodology for Negotiating Identity," *European Journal of International Relations* 24, No. 2 (2018): 367-390.

Kinnvall, Catarina, and Jennifer Mitzen. "Ontological Security and Conflict: The Dynamics of Crisis and the Constitution of Community," *Journal of International Relations and Development* 21, No. 4 (2018): 825-835.

Kratochwil, Friedrich. "Regimes, Interpretation and the 'Science' of Politics: A Reappraisal," *Millennium* 17, No. 2 (1988): 263-284.

Kuusisto, Riikka. "Comic Plots as Conflict Resolution Strategy," *European Journal of International Relations* 14, No. 4 (2009): 601-626.

Legro, Jeffrey W. "What China Will Want: The Future Intentions of a Rising Power," *Perspectives on Politics* 5, No. 3 (2007): 515-534.

Lerner, Adam B. "The Uses and Abuses of Victimhood Nationalism in International Politics," *European Journal of International Relations* 26, No. 1 (2020): 62-87.

Magid, Alvin. "Methodological Considerations in the Study of African Political and Administrative Behavior: The Case of Role Conflict Analysis," *African Studies Review* 13, No. 1 (1970): 75-94.

March, James G., and Johan P. Olsen. "The New Institutionalism: Organizational Factors in Political Life," *The American Political Science Review* 78, No. 3 (1984): 734-749.

Mearsheimer, John J. "The Gathering Storm: China's Challenge to US Power in Asia," *The Chinese Journal of International Politics* 3,

No. 4 (2010): 381-396.

Mitzen, Jennifer. "Ontological Security in World Politics: State Identity and the Security Dilemma," *European Journal of International Relations* 12, No. 3 (2006): 341-370.

Muir, Magdalena A. K. "Illegal, Unreported and Unregulated Fishing in the Circumpolar Arctic," *Arctic* 63, No. 3 (2010): 373-378.

Mukerji, Chandra. "The Cultural Power of Tacit Knowledge: Inarticulacy and Bourdieu's Habitus," *American Journal of Cultural Sociology* 2, No.3 (2014): 348-375.

O'Hara, Dan. "Capitalism and Culture: Bourdieu's Field Theory," *American Studies* 45, No.1 (2000): 43-53.

Odell, Peter R. "The Significance of Oil," *Journal of Contemporary History* 3, No. 3 (1968): 93-110.

Pratt, Simon Frankel. "A Relational View of Ontological Security in International Relations," *International Studies Quarterly* 61, No.1 (2017): 78-85.

Rice, Condoleezza. "Promoting the National Interests," *Foreign Affairs* 79, No.1 (2000): 45-62.

Rikard, Bengtsson, and Ole Elgström. "Conflicting Role Conceptions? The European Union in Global Politics," *Foreign Policy Analysis* 8, No. 1 (2012): 93-108.

Ringmar, Erik. "Inter-Textual Relations: The Quarrel over the Iraq War as a Conflict between Narrative Types," *Cooperation and Conflict* 41, No. 4 (2006): 403-421.

Rumelili, Bahar. "Identity and Desecuritisation: The Pitfalls of Conflating Ontological and Physical Security," *Journal of International Relations and Development* 18, No. 1 (2015): 52-74.

Ryan, Marie Laure. "Toward a Definition of Narrative." In *The Cambridge Companion to Narrative*, edited by David Herman, pp. 22-36. Cambridge: Cambridge University Press, 2007.

Schmidt, Vivien A. "Discursive Institutionalism: The Explanatory Power of Ideas and Discourse," *Annual Review of Political Science* 11 (2008): 303-326.

Scobell, Andrew. "Crouching Korea, Hidden China: Bush Administration Policy toward Pyongyang and Beijing," *Asian Survey* 42, No.2 (2002): 343-368.

Scott, Shirley V. "International Organization as Disseminators, Legitimators, and Disguisers of Hegemonic Policy Preferences: The United States, the International Whaling Commission, and the Introduction of a Moratorium on Commercial Whaling," *Leiden Journal of International Law* 21, No. 3 (2008): 581-600.

Shenhav, Shaul R. "Political Narratives and Political Reality," *International Political Science Review* 27, No. 3 (2006): 245-262.

Silvius, Ray. "China's Belt and Road Initiative as Nascent World Order Structure and Concept? Between Sino-Centering and Sino-Deflecting," *Journal of Contemporary China* 30, No. 128 (2020): 314-329.

Smith, Gare. "The International Whaling Commission: An Analysis of the Past and Reflections on the Future," *Natural Resources Lawyer* 16, No. 4 (1984): 543-567.

Somers, Margaret R. "The Narrative Constitution of Identity: A Relational and Network Approach," *Theory and Society* 23, No.5 (1994): 605-649.

Spencer, Alexander. "Narratives and the Romantic Genre in IR: Dominant and Marginalized Stories of Arab Rebellion in Libya," *International Politics* 56, No. 4 (2019): 123-140.

Spong, Paul. "Why We Love to Watch Whales," *Sonar* 7 (1992): 24-25.

Subotić, Jelena. "Narrative, Ontological Security, and Foreign Policy Change," *Foreign Policy Analysis* 12, No. 4 (2016): 610-627.

Swaine, Michael. "Perceptions of an Assertive China," *China Leadership Monitor,* No.32 (2010): 1-19.

Telesetsky, Anastasia. "Laundering Fish in the Global Undercurrents: Illegal, Unreported, and Unregulated Fishing and Transnational Organized Crime," *Ecology Law Quarterly* 41, No. 4 (2014): 939-997.

Thies, Cameron G., and Marijke Breuning. "Integrating Foreign Policy Analysis and International Relations through Role Theory," *Foreign Policy Analysis* 8, No.1 (2012): 1-4.

Vliert, E. van de. "A Three-Step Theory of Role Conflict Resolution," *The Journal of Social Psychology* 113, No.1 (1981): 77-83.

Waterman, Richard W. "The Administrative Presidency, Unilateral Power and the Unitary Executive Theory, " *Presidential Studies Quarterly* 39, No.1 (2009): 5-9.

Wehner, Leslie E., and Cameron G. Thies. "Role Theory, Narratives and Interpretation: The Domestic Contestation of Roles," *International Studies Review* 16, No. 3 (2014): 411-436.

Wendt, Alexander. "Anarchy Is What States Make of It: The Social Construction of Power Politics," *International Organization* 46, No. 2 (1992): 391-425.

Williams, Michael C. "Securitization and the Liberalism of Fear," *Security Dialogue,* 42, No. 4/5 (2011): 453-463

Wojczewski, Thorsten. "Global Power Shifts and World Order: The Contestation of 'Western' Discursive Hegemony," *Cambridge Review of International Affairs* 31, No. 1 (2018): 33-52.

Yuan, Zhengqing, and Qiang Fu. "Narrative Framing and the United States' Threat Construction of Rivals," *The Chinese Journal of International Politics* 13, No. 3 (2020): 419-453.

Zarakol, Ayşe. "Ontological (In)Security and State Denial of

Historical Crimes: Turkey and Japan," *International Relations* 24, No.1 (2010): 3-23.

三、网络资源

国际捕鲸委员会网站，访问地址：https://iwc.int/。
联合国粮农组织网站，访问地址：https://www.fao.org/。
美国白宫网站，访问地址：http://www.whitehouse.gov/。
美国参议院网站，访问地址：http://www.senate.gov/。
美国哥伦比亚广播公司网站，访问地址：http://www.cbsnews.com/。
美国国防部网站，访问地址：http://www.defense.gov/。
美国国会网站，访问地址：http://www.congress.gov/。
美国国际发展金融公司网站，访问地址：http://www.dfc.gov/。
美国国家档案馆网站，访问地址：https://www.archives.gov/。
美国国家环境保护局网站，访问地址：https://www.epa.gov/。
美国国家情报总监办公室网站，访问地址：https://www.odni.gov/。
美国国务院网站，访问地址：https://www.state.gov/。
美国总统计划数据库，访问地址：https://www.presidency.ucsb.edu/。
纽约时报网站，访问地址：http://www.nytimes.com/。
人民网，访问地址：http://www.people.com.cn/。
新华网，访问地址：http://www.xinhuanet.com/。
亚洲时报网站，访问地址：https://asiatimes.com/。
中国外交部网站，访问地址：https://www.fmprc.gov.cn/，https://www.mfa.gov.cn/。
中国新闻网，访问地址：http://www.chinanews.com/。
中国政府网，访问地址：http://www.gov.cn/。